GIDS VOOR MODERNE guide TO
MODERN

ARCHITECTUUR IN
ARCHITECTURE IN

NEDERLAND
THE NETHERLANDS

UITGEVERIJ 010 PUBLISHERS

Deze uitgave is mede mogelijk gemaakt door een
financiële bijdrage van het Ministerie van Welzijn,
Volksgezondheid en Cultuur
This publication has been made possible by a grant of
the Netherlands Ministry of Welfare, Health and
Cultural Affairs

vormgeving/design: Arthur Meyer, Rudo Hartman, Den Haag
vertaling/translation: John Kirkpatrick, Rotterdam
kaarten/maps: Mapminded, Zoetermeer
fotografie/photography: Piet Rook, Vlaardingen
druk/printing: Rosbeek bv, Nuth
overige afbeeldingen/other illustrations: Architectengemeenschap
Van den Broek & Bakema, Architext, Benthem Crouwel Architecten,
Dienst Ruimtelijke Ordening en Stadsvernieuwing Rotterdam,
Paul Groenendijk, Historisch Archief de Erven de Wed. J. van Nelle,
Nederlands Documentatiecentrum voor de Bouwkunst, Office for
Metropolitan Architecture, Hein Salomonson, Piet Vollaard

CIP
Groenendijk, Paul
Gids voor moderne architectuur in Nederland = Guide to modern
architecture in the Netherlands / Paul Groenendijk, Piet Vollaard;
inl. / introd. Hans van Dijk; fotogr. / photogr. Piet Rook; [vert. / transl.
John Kirkpatrick]. – Rotterdam : Uitgeverij 010. – Ill., foto's
Tekst in het Nederlands en Engels. – Met lit. opg., reg.
ISBN 90-6450-029-0
SISO 716.8 UDC 72(492)"19"
Trefw.: architectuur ; Nederland ; geschiedenis ; 20e eeuw.

GIDS VOOR MODERNE ARCHITECTUUR IN NEDERLAND
GUIDE TO MODERN ARCHITECTURE IN THE NETHERLANDS

PAUL GROENENDIJK
PIET VOLLAARD
inleiding/introduction:
HANS VAN DIJK
fotografie/photography:
PIET ROOK

UITGEVERIJ 010 PUBLISHERS, ROTTERDAM

INHOUD/CONTENTS

VOORWOORD

De 'Gids voor Moderne Architectuur in Nederland' is een reisgids die belangstellenden in de moderne Nederlandse architectuur behulpzaam is bij het bezoeken van gebouwen en projecten. Het handzame formaat en de geografische rangschikking van de projecten zijn op het gebruik als reisgids afgestemd.

De projectbeschrijving van circa vijfhonderd architectonische en stedebouwkundige objecten vormt het hoofdbestanddeel van de gids. Van de objecten zijn een foto van de huidige staat en een korte beschrijving opgenomen, alsmede gegevens over de ontwerper(s), ontwerp- en bouwjaar, adressen en literatuurverwijzingen. Aan een aantal projecten die van bijzondere betekenis worden geacht is in tekst en illustratie ruimer aandacht besteed.

De selectie van de projecten beoogt een representatieve keuze te zijn uit het werk van architecten en architectuurstromingen die een relevante rol hebben gespeeld in de ontwikkeling van de moderne architectuur in Nederland. Met de verschillende architecten-oeuvres als uitgangspunt is een selectie gemaakt van de belangrijkste werken, waarbij bij meerdere gelijksoortige projecten binnen één oeuvre gekozen is voor één of twee representanten.

Naast overwegingen van architectuurhistorische aard is geselecteerd naar gebouwtype, stijlperiode en bouwjaar. Soms speelden overwegingen met betrekking tot bereikbaarheid en bouwkundige staat een rol.

Zo duidelijk als de landsgrenzen de Nederlandse architectuur, en daarmee het bereik van deze gids, fysiek bepalen, zo vaag en arbitrair zijn de overige in de boektitel genoemde begrippen. De gids behandelt in principe de architectuur van deze eeuw. De begrenzing van het begrip 'modern' is evenwel ook bij de figuur Berlage gelegd, terwijl in de twintigste eeuw gebouwde uitingen van vroegere stromingen niet zijn opgenomen. Ook het begrip 'architectuur' kan verschillend geïnterpreteerd worden. Bij grensgevallen als utiliteitsbouw, civiele werken en omgevingskunst stond de inbreng van de architect en de daarmee vaak samenhangende aandacht van de architectuurpers voorop.

In de gids is relatief veel aandacht besteed aan recente architectuur. Naast het grote bouwvolume van de laatste decennia is ook de grote hoeveelheid naast elkaar opererende architectuurstromingen en stijlen hiervoor verantwoordelijk. Bovendien veronderstellen wij bij de gemiddelde architectuurtoerist een grote belangstelling voor nieuwe ontwikkelingen en nog niet gevestigde reputaties.

FOREWORD

The Guide to Modern Architecture in the Netherlands is a travel guide designed to help those interested in modern Dutch architecture to visit buildings and projects – hence its handy size and geographic arrangement of works.

Descriptions of about five hundred buildings and urban projects form the bulk of the Guide. Each item is represented by an up-to-date photograph and a brief description, plus information on the designer(s), when designed and when built, addresses, and relevant literature. Several projects deemed of greater significance are given broader verbal and visual coverage.

The items selected are considered to be a representative choice from the work of those architects and architectural streams that have played a pertinent role in the development of Dutch modern architecture. Taking each architect's oeuvre, a selection was made of the most important works, with no more than two per architect of a given type.

Other criteria for the present choice include the type of building, the period or style involved, and the year of construction.

The precision with which national boudaries physically define what is 'Dutch' – and with it the range of this Guide – is equalled only by the ambiguity of the terms 'modern' and 'architecture'. In principle the Guide is solely concerned with the architecture of this century. However, all that is 'modern' in Dutch architecture begins (as it does here) with Berlage, whereas twentieth century buildings representing earlier streams have been left out. The meaning of the word 'architecture' can be variously interpreted too. In borderline cases such as civil engineering works, and environmental art the architect's input and the amount of press coverage were decisive factors.

A proportionally large percentage of the Guide is devoted to recent architecture, not just because of the sheer quantity produced during the last few decades, but also due to the great number of architectural streams and styles operating literally within a stone's throw of each other. Moreover, the authors feel safe in crediting the average travelling architecture enthusiast with a genuine interest in new developments and in reputations yet to be established.

The documentary section of the Guide is preceded by an introduction by Hans van Dijk. In it, various architects and projects are given a place within the network of architectural streams in the Netherlands, while the political, social, and economic background is filled in.

Het documentaire gedeelte van de gids wordt voorafgegaan door een inleiding van Hans van Dijk. Hierin krijgen de verschillende architecten en projecten een plaats binnen het geheel van architectuurstromingen in Nederland en wordt de politieke, sociale en economische context geschetst waarbinnen deze architectuurproduktie plaatsvond.

Bij het tot stand komen van deze uitgave is veelvuldig gebruik gemaakt van de uitstekende collectie van de bibliotheek van de afdeling Bouwkunde van de Technische Hogeschool te Delft. Wij danken Hans van Dijk en Ruud Brouwers voor de nuttige adviezen die zij in de aanloopfase van het werk aan de gids gaven en de uitgever die bij de verwerving en verwerking van gegevens een belangrijke rol vervulde.

PAUL GROENENDIJK, PIET VOLLAARD

When compiling the Guide extensive use was made of the outstanding collection in the library of the Department of Architecture at the Technische Hogeschool in Delft. Our thanks go out to Hans van Dijk and Ruud Brouwers for their helpful advice during the formative period of work on the Guide, and to the publisher, who played an important role in acquiring and assimilating information.

PAUL GROENENDIJK, PIET VOLLAARD

INLEIDING

De moderne architectuur van Nederland heeft vele malen een buitengewoon belangrijke rol gespeeld in de internationale ontwikkelingen van de twintigste-eeuwse bouwkunst. Historici die de recente architectuurgeschiedenis in kaart hebben gebracht verschillen in waardering en interpretatie van de Nederlandse bijdragen, maar geen van hen betwist dat bewegingen als De Stijl, het Nieuwe Bouwen (de Nederlandse benaming voor het 'Functionalisme' of de 'Moderne Beweging') en het zogenaamde Structuralisme een uitstraling tot ver buiten de landsgrenzen hebben gehad.

In al deze gevallen ging het om gedachten en kunstzinnige of architectonische verbeeldingen, die binnen kleine, betrekkelijk geïsoleerde groepen werden ontwikkeld en vervolgens via wijdvertakte, internationale netwerken werden verspreid.

Binnen die netwerken was daarnaast ook sprake van een intensieve wederzijdse uitwisseling. Nederlandse architecten namen deel aan de contacten die begin jaren twintig in Berlijn werden gelegd tussen de Duitse en de Russische avant-garde. Twee Nederlanders, Stam en Oud, bouwden woningen op de eerste internationale vlootschouw van de moderne architectuur, de Weissenhofsiedlung in Stuttgart. De Nederlandse betrokkenheid bij de bijeenkomsten van de Congrès Internationaux d'Architecture Moderne (CIAM) was van begin tot eind prominent. Bij haar oprichting in 1928 liet Nederland zich vertegenwoordigen door architecten van verschillende generaties: Berlage, Rietveld en Stam; in 1933 werd Van Eesteren voorzitter van dit internationale forum; na de Tweede Wereldoorlog manifesteerden Van Eyck en Bakema zich krachtig in Team Ten, wier activiteiten bijdroegen tot de ontbinding van de CIAM na de bijeenkomst in Otterlo van 1959.

Ten derde is de Nederlandse architectuur op vele momenten eenzijdig beïnvloed door hetgeen zich in het buitenland voltrok. De belangrijkste voorbeelden daarvan zijn de rol die het werk van Frank Lloyd Wright in de jaren 1910 en 1920 speelde bij de vorming van zowel de expressionistische als de Stijl-architectuur, en het meesterschap van Le Corbusier, waardoor vooral de Groep '32 zich liet leiden in hun streven naar een architectuur die tegelijk zakelijk als kunstzinnig was.

Gezien de koopmanstraditie van de Lage Landen is de vergelijking met een handelsbalans waar import en export elkaar in evenwicht houden wellicht toepasselijk. Bovengeschetste wisselwerkingen zouden de indruk kunnen wekken

INTRODUCTION

The modern architecture of the Netherlands has on many occasions played a crucial role in international developments in this field during the twentieth century. Historians charting recent architectural history differ in their evaluation and interpretation of Dutch contributions, yet none denies that movements like De Stijl, the Nieuwe Bouwen (the Dutch term for Functionalism or the Modern Movement) and so-called Structuralism have had an effect reaching far beyond the country's boundaries.

In all of the above cases, thoughts and aesthetic or architectonic images were evolved within small, quite isolated groups and then spread across wide-ranging international networks.

These networks, moreover, spawned an intensive level of exchange. Dutch architects took part in the contact made at the beginning of the twenties in Berlin between German and Russian avant-garde. Two Dutchmen, Stam and Oud, built houses for the first 'review' of modern architecture, the Weissenhofsiedlung in Stuttgart. Dutch involvement at meetings of the Congrès Internationaux d'Architecture Moderne (CIAM) was great throughout its existence. At the CIAM's inception in 1928 the Netherlands was represented by architects of differing generations: Berlage, Rietveld, and Stam. In 1933 Van Eesteren became chairman of this international association. After the Second World War Van Eyck and Bakema gave a forceful performance in Team Ten, whose activities contributed to the disbandment of the CIAM after the 1959 congress at Otterlo.

Finally, Dutch architecture has on many occasions been influenced by circumstances abroad. The most important examples are the role played by the work of Frank Lloyd Wright in the first two decades of this century in shaping both Expressionist and 'De Stijl' architecture; and the mastery of Le Corbusier, which influenced in particular 'Groep '32' in its efforts towards an architecture both functional and aesthetic.

In view of the mercantile tradition of the Low Countries a comparison here with the balance of import and export is perhaps not inappropriate. The reciprocity outlined above could give the impression that architecturally speaking the Netherlands has been able to function within a climate of cultural free trade. It has, however, been subject to periods of cultural protectionism in which some architects and urban designers defended its historical heritage and national architectural tradition against

dat Nederland zich op het gebied van de architectuur internationaal heeft kunnen manifesteren binnen een klimaat van culturele vrijhandel. Desondanks kent Nederland ook perioden van cultureel protectionisme, waarin sommige architecten en stedebouwers het historisch erfgoed en de landseigen bouwtraditie verdedigden tegen artistieke, maatschappelijke of technologische vernieuwingen, die zowel van binnenuit als van buitenaf kwamen. Hoewel deze stromingen per definitie een nationaal karakter hadden kenden ze hun parallellen in het buitenland.

DE NEDERLANDSE MAATSCHAPPIJ

Pogingen om de diversiteit binnen de Nederlandse architectuur van de twintigste eeuw onder één noemer te brengen leiden tot a-historische mystificaties, of hooguit tot halve waarheden. Sommige auteurs – ook Nederlandse – hebben een verband gelegd tussen de vaak sobere, soms beeldloze architectuur en een met de calvinistische leer doordrenkte volksaard, die zowel pragmatisme als spiritualiteit kent. Ook meent men de Nederlandse planningstraditie soms te kunnen verklaren uit de hoge bevolkingsdichtheid en de eeuwenlange strijd tegen het water.

Het enige dat de Nederlandse architectuur in al haar veelzijdigheid werkelijk gemeenschappelijk heeft zijn de achtergronden van politieke, sociale en maatschappelijke aard. Deze achtergronden hebben overigens een wisselend verklarend vermogen voor het specifieke dat zich binnen de architectonische cultuur heeft voorgedaan.

De Nederlandse architectuur kenmerkt zich over het algemeen door een grote maatschappelijke betrokkenheid. Deze heeft zich zowel pragmatisch als utopisch gemanifesteerd, maar de wereldvreemde visionair met zijn geniale pose is in Nederland een zeldzaamheid. Voorts is opvallend hoe intensief de architecten zich in Nederland hebben beziggehouden met woningbouwvraagstukken.

Beide houdingen komen voort uit ontwikkelingen in de Nederlandse samenleving die in de negentiende eeuw zichtbaar werden, maar waarvan de wortels nog dieper in de geschiedenis reiken. Ze zijn kortweg te kenschetsen als de wederzijdse doordringing van overheid en maatschappij, een betrekkelijk late industrialisatie, een staatkundig model en een sociaal-politiek leven die beide in hoge mate stabiel zijn.

Nederland kwam uit de Napoleontische bezetting tevoorschijn als een overwegend

artistic, societal, and technological innovations of both internal and external origin. Though these protectionist trends were by definition of a national character they ran parallel to similar tendencies abroad.

DUTCH SOCIETY

Attempts to reduce the diversity within Dutch twentieth century architecture to a common denominator merely lead to historical misconceptions – or at best half-truths. Some writers, Dutch ones included, have seen a connection between the often sober, sometimes plain architecture and a national character steeped in Calvinist doctrine and as pragmatic as it is spiritual. Also advanced is that the Dutch planning tradition can be explained by a high population density and the centuries-old struggle against the water.

The only element truly common to Dutch architecture in all its facets is that of its political, social, and societal backgrounds. Moreover these backgrounds are able to clarify in various ways specific occurrences in architectural development.

Generally speaking, Dutch architecture is characterised by a tremendous social involvement. This has been as much pragmatic as utopian by nature, yet the unworldly visionary of genius is rare to the Netherlands. Striking, too, is the intensity with which Dutch architects in the Netherlands have applied themselves to the housing question.

Both attitudes stem from developments in Dutch society that were visible in the nineteenth century yet have roots reaching still further into the past. They can be briefly summarised as the interpenetration of government and society, a comparatively late industrialisation, and a great degree of stability.

The Northern Netherlands (the Netherlands of today) emerged from Napoleonic occupation as a predominantly agrarian and mercantile nation. Its geopolitical role as a major sea power was played out, its merchant service threatened by strong competition from England. Unlike in the sixteenth and seventeenth centuries trade capital was used not to expand any one branch of industry, let alone for industrialisation, but for passive investment, often abroad. The Southern Netherlands (now Belgium), on the other hand, had a richer mineral deposit and an industry of coal, iron, and textiles.

King William I gave with his mercantile trade policy the economic impulse that

agrarische en handeldrijvende natie. Haar geopolitieke rol als grote zeemacht was uitgespeeld en de koopvaardij ondervond sterke concurrentie van Engelse zijde. Anders dan in de zestiende en zeventiende eeuw werd het handelskapitaal niet aangewend voor het uitbouwen van de eigen bedrijfstak, laat staan voor industrialisatie, maar voor passieve beleggingen, vaak ook in het buitenland. De Zuidelijke Nederlanden (het tegenwoordige België) waren rijker gezegend met delfstoffen en ontwikkelden wel een steenkool-, ijzer- en textielindustrie.

Koning Willem I gaf met zijn mercantilistische handelspolitiek de economische impuls die de Amsterdamse en Rotterdamse kooplieden niet konden of wensten te geven. De op zijn initiatief opgerichte Nederlandsche Handel-Maatschappij zorgde ervoor dat de handelsvloot met de industriële exportprodukten uit de Zuidelijke Nederlanden naar het gekoloniseerde Nederlands-Indië voer en met koffie, tabak en indigo terugkeerde.

Nadat België zich in 1830 had afgescheiden dreigde dit systeem in elkaar te storten. Opnieuw was het de overheid die de economie stimuleerde: ze zette in Twente een nieuwe textielindustrie op en voerde in de koloniën het Cultuurstelsel in, waarbij de Indiërs werden gedwongen een vijfde van hun grond te bebouwen met door de regering aan te wijzen produkten. In eigen land stimuleerde de koning de aanleg van kanalen en hield hij het Nederlandse monopolie op de Rijnscheepvaart naar het Duitse achterland in stand.

In het midden van de negentiende eeuw werd onder liberaal bewind het mercantilisme ingeruild voor de vrijhandel en het Cultuurstelsel geleidelijk afgeschaft. Maar ook in die tijd nam de overheid initiatieven die het economisch leven ingrijpend veranderden, zoals het graven van de Nieuwe Waterweg en het Noordzeekanaal, waardoor Rotterdam en Amsterdam een betere verbinding met zee kregen. Toen deze halverwege de jaren zeventig in gebruik werden genomen kon de industrialisatie pas goed beginnen. Rotterdam ontwikkelde zich van doorvoerhaven tot wereldhaven, met een sterke nadruk op olietankvaart en de daarmee verbonden industrie, Amsterdam werd een veelzijdig centrum voor markt- en beurshandel, bankwezen en diverse takken van industrie.

Met de industrialisatie kwam tevens de verstedelijking goed op gang. Aangetrokken door de werkgelegenheid en verjaagd door de landbouwcrisis, die door massale Amerikaanse graanexporten was veroorzaakt, trokken tienduizenden Nederlanders

Amsterdam and Rotterdam merchants could not (or would not) give. The Nederlandsche Handel-Maatschappij (Dutch Trading Company) set up on his initiative saw to it that the mercantile marine transported industrial export products from the Southern Netherlands to the colonised East Indies and returned with coffee, tobacco, and indigo.

After Belgium became independent in 1830 this system threatened to collapse. Once again the government stimulated the economy: they set up a new textile industry in Twente and introduced to the East Indies an agricultural system ('Cultuurstelsel') whereby the natives were forced to use a fifth of their land to cultivate crops for the government. At home the king instigated the construction of canals while maintaining Dutch monopoly of shipment up the Rhine to the German hinterland.

In the middle of the last century (under a Liberal government) the mercantile system was exchanged for one of free trade and the Cultuurstelsel gradually abandoned. At this time, too, the government undertook enterprises which were to revolutionise economic life, such as the construction of the Nieuwe Waterweg and the Noordzeekanaal, two waterways improving connections between Rotterdam and Amsterdam respectively and the sea. Only when these came into use halfway through the eighteen seventies could industrialisation really get under way. Rotterdam then grew from a transit harbour to an international port with a strong accent on oil shipment and its attendant industry; while Amsterdam became a multifarious centre for marketing, stock exchange business, banking, and many branches of manufacture.

With industrialisation the urbanisation process took off with a vengeance. Attracted by favourable employment opportunities and harrassed by the agricultural crisis caused by massive American grain exports tens of thousands of Dutch migrated from the country to the cities. The Fortifications Act ('Vestingwet') of 1870 made it possible to demolish the walls built for the defence of towns in earlier times. The subsequent expansion of these towns was in many cases already being organised by town councils using street plans.

Chiefly brought about by the more progressive Liberals (who can be credited with the first social legislation) was the Housing Act of 1901. Amongst its provisions was that every municipality of over 10,000 inhabitants was obliged to establish an

van het platteland naar de steden. De Vestingswet van 1870 maakte de sloop van de nutteloos geworden verdedigingswallen rond de steden mogelijk. De uitbreidingen daaromheen werden in veel gevallen door de gemeentebesturen al gereguleerd door middel van stratenplannen.

Voornamelijk door toedoen van de meer vooruitstrevende liberalen, die zich aan het eind van de vorige eeuw verdienstelijk maakten met de eerste sociale wetgeving, kwam in 1901 de Woningwet tot stand. Deze verplichtte iedere gemeente met meer dan 10.000 inwoners tot het opstellen van uitbreidingsplannen. Bovendien eiste ze de kwaliteitsbewaking van de woningen, waardoor de bouw ervan voor particulieren minder aantrekkelijk werd. De Woningwet voorzag dan ook in financierings-mogelijkheden van woningbouw die op initiatief van de gemeente of coöperatieve instellingen werd ondernomen.

Sindsdien heeft de wederzijdse doordringing van de diverse overheden en de maatschappij zich op het gebied van de architectuur en stedebouw voortgezet. De grootschalige ruimtelijke ingrepen van de twintigste eeuw zijn dan ook niet verbonden met de namen van particuliere opdrachtgevers maar met die van gemeentebestuurders of van architecten en stedebouwers die, in dienst van de overheid, een grote vrijheid van handelen wisten te verwerven.

Behalve in de woningbouw, is ook in andere sectoren het verschijnsel van de individuele, gefortuneerde opdrachtgever een zeldzaamheid. Een hofcultuur, met de daarmee verbonden bouwinitiatieven heeft Nederland nooit gekend. Na een lange republikeinse traditie werd Nederland in 1815 een koninkrijk. Maar in 1848 dwong de liberaal Thorbecke de Oranjevorsten genoegen te nemen met een marginale constitutioneel vastgelegde rol. Ook kent Nederland, met zijn lange vroeg-kapitalistische voorgeschiedenis, geen overblijfselen van een rijke feodale klasse. Dankzij de late industrialisatie kon de industriële en financiële bourgeoisie zich pas eind negentiende eeuw als particuliere opdrachtgever manifesteren.

Een belangrijk kenmerk van de Nederlandse samenleving, dat ook zijn weerslag heeft op de architectuur is de verzuiling. De Nederlander heeft zijn culturele identiteit jarenlang meer ontleend aan groeperingen met dezelfde religieuze of politieke overtuiging dan aan de horizontale stratificatie van maatschappelijke klassen. De grensconflicten die uit het emancipatiestreven van de verschillende groepen voortkwamen hebben steeds een belangrijke plaats ingenomen in de

expansion plan. Also demanded was the control of housing standards, which made the building of such houses for private ownership a less attractive proposition. The Housing Act therefore covered possibilities for the financing of housing undertaken either by the council or by cooperative associations.

Since then the interpenetration of the various authorities and society has continued into the domain of architecture and urban design. The large-scale spatial undertakings of the twentieth century are thus associated not with the names of private clients but with those of councillors, or of architects and urban designers who, in the service of the authorities, managed to acquire great freedom of action.

In other areas besides housing the phenomenon of the individual wealthy patron is equally rare. A court culture with its attendant architectural enterprises has never been known in the Netherlands. In 1815 after a long Republican tradition the Netherlands became a kingdom. But in 1848 the Liberal Thorbecke forced the monarchs of Orange into a marginal, constitutionally established role. Just as foreign to the Netherlands with its lengthy history of early capitalism are the remnants of a rich feudal class. Because of late industrialisation, only at the end of the nineteenth century would the bourgeoisie, both as manufacturers and financiers, emerge as private patrons.

An important characteristic of Dutch society with consequences for its architecture is what the Dutch call 'verzuiling' ('denominational segregation' comes close in translation). For years the Netherlander has owed his or her cultural identity more to factions of a religious or political conviction than to a horizontal layering of social classes. Boundary disputes stemming from the emancipatory efforts of these factions occupied an important place in political discussions and contributed to a stable society in which each group at worst tolerated and at best respected the right to exist of the others. Protestants, Roman Catholics, and Social Democrats each had their own meeting houses, schools, hospitals, old-age homes, and building societies.

Nowadays the meaning of 'verzuiling' has lost its edge to be replaced more and more by another, more varied system in which young people, subcultures, intellectuals, new elite groups, foreigners, and ethnic minorities seek distinction from each other on a cultural level.

A final characteristic of society in the Netherlands is its stability. Since the days of French rule only once has the country been afflicted by armed violence and foreign

politieke discussies en droegen bij tot een stabiele maatschappij waarin men het bestaansrecht van de andere 'zuilen' op zijn minst duldde en op zijn hoogst respecteerde. De protestants-christelijke, rooms-katholieke en sociaal-democratische groeperingen kenden elk hun eigen verenigingsgebouwen, scholen, zieken- en bejaardentehuizen en woningbouwverenigingen.

Tegenwoordig vervaagt de betekenis van de verzuiling en maakt ze meer en meer plaats voor de veelheid aan taste cultures, waarbij ook jongeren, subculturen, intellectuelen, nieuwe elites, buitenlanders en etnische minderheden zich in cultureel opzicht willen onderscheiden van anderen.

Een laatste kenmerk van de Nederlandse samenleving is haar stabiliteit. Sinds de Franse tijd is het land slechts in de Tweede Wereldoorlog door krijgsgeweld en vreemde bezetters geteisterd. In de koloniale gebieden ging men soms zelfs tot militair ingrijpen over, maar dat had geen ontwrichtende werking in het moederland. Met uitzondering van de vorming van de Republiek Indonesië verliep het dekolonisatieproces rustig.

In de binnenlandse sfeer is politiek radicalisme of extremisme een randverschijnsel. De vakbeweging is tot in de jaren zestig volgens het zuilenmodel opgebouwd geweest. De grootste socialistische partij, de SDAP, volgde al snel na haar oprichting in 1894 het model van het Duitse reformisme. Ook het rechts-extremisme en fascisme van de jaren dertig heeft weinig voet aan de grond gekregen.

Door het electorale systeem van evenredige vertegenwoordiging kon geen enkele politieke partij in het parlement de absolute meerderheid krijgen. De in het midden opererende confessionele partijen, sinds 1977 verenigd in het Christen Democratisch Appèl (CDA), zijn zo verzekerd van regeringsdeelname, hetgeen de continuïteit van regeringsbeleid versterkt. Wanneer zij de liberale partij, de VVD, als coalitiepartner inwisselt voor de sociaal-democratische PVDA, of andersom, zijn de koerswijzigingen minder ingrijpend dan in landen met een tweepartijensysteem.

FIN-DE-SIÈCLE

Hoewel de negentiende-eeuwse architectuur buiten het bereik van deze gids valt, hebben zich daarin ontwikkelingen voorgedaan, die van belang zijn voor een beter begrip van hetgeen na de eeuwwisseling gebeurde.

Vanaf 1840 werd de grondslag gelegd voor het moderne architectenberoep. In de

occupation, namely in the Second World War. In its colonial territories there was occasionally the need for military intervention, but with no repercussions at home. Except for the formation of the Republic of Indonesia the process of decolonisation was an uneventful one.

At home, political radicalism or extremism has remained a fringe phenomenon. Until the nineteen sixties the Trade Union movement was structured according to the 'verzuiling' principle. The largest socialist party, the SDAP, soon reverted following its inception in 1894 to the model offered by German reformism. The right-wing extremism and Fascism of the thirties met with a similar lack of success.

Owing to an electoral system of proportional representation no single political party was able to achieve an absolute majority. The centrally placed confessional parties, since 1977 united in the Christian Democratic party ('Christen Democratisch Appèl' or CDA), participate in the government as a matter of course, thus strengthening the continuity of government policy. If they choose to swap the Liberal Party (VVD) as coalition partner for the social-democratic PVDA (the Dutch Labour Party) or vice versa, changes in policy are less drastic than in countries with a two-party system.

FIN DE SIÈCLE

Although nineteenth century architecture is beyond the scope of this guide it contains developments that are important for a better grasp of what was happening at the turn of the century.

The years after 1840 saw the basis laid for the profession of architect as it is today. In building, the system of open tendering became common property. It raised the need for a new type of architect who acted as confident to the client and was not directly involved with the actual building process. This helped to establish the more gifted of master carpenters – descendants of the system of guilds abolished during the French occupation.

This new breed of architect increased his self-confidence in a number of societies. The 'Maatschappij tot Bevordering der Bouwkunst' (Society for the Advancement of Architecture) founded in 1841 organised competitions and exhibitions and issued a magazine. Active members dedicated themselves to the conservation of monuments and to education, but also engaged in problems of urban design and the development of workers' dwelling types. These societies did not shrink from the problem of

bouw werd het stelsel van vrije aanbestedingen gemeengoed. Daardoor ontstond de behoefte aan een nieuw type bouwkundige, die als vertrouwensman van de opdrachtgever optrad en zich niet direct met de uitvoering bemoeide. Hierdoor wierpen zich de meer begaafde meester-timmerlieden op, die waren voortgekomen uit het in de Franse tijd afgeschafte gildensysteem.

Dit nieuwe architectentype verhoogde zijn zelfbewustzijn binnen speciale verenigingen. De in 1841 opgerichte Maatschappij tot Bevordering der Bouwkunst organiseerde prijsvragen en tentoonstellingen en gaf ook een tijdschrift uit. Actieve leden zetten zich in voor het behoud van monumenten en het architectuuronderwijs, maar hielden zich ook bezig met stedebouwvraagstukken en de ontwikkeling van woningtypes voor arbeiders.

Binnen die verenigingen werd de vraag welke stijl het meest geschikt was voor een bepaald bouwwerk niet uit de weg gegaan. Pas in de tweede helft van de eeuw werd dit probleem in verband gebracht met de sociaal-culturele groepsidentiteit.

Door toedoen van de liberalen kreeg de rooms-katholieke kerk in 1853 het grondwettelijke recht haar organisatie naar eigen inzicht op te bouwen. Dit had een hausse in de kerkbouw tot gevolg. De clerus, met name mgr. Van Heukelom, meende dat daarbij moest worden aangesloten bij de vijftiende-eeuwse gotiek, toen de kerk op haar hoogtepunt was en reformatie en beeldenstorm nog in het verschiet lagen. Tevens moest de middeleeuwse praktijk van de gemeenschap van kunstenaars herleven.

Voor monumentale gebouwen met culturele doeleinden was naar veler mening de Hollandse renaissance meer geschikt. Tevens vroeg Victor de Stuers aandacht voor de bescherming van bedreigde monumenten. Het nationale zelfbewustzijn zou zo gediend worden doordat zowel oude als nieuwe gebouwen zouden herinneren aan Nederlands bloeiperiode, de zestiende en zeventiende eeuw.

In de activiteiten van *P.J.H. Cuypers* (1827-1921) kwamen genoemde ontwikkelingen samen. Hij bouwde veel neo-gotische kerken en kende de persoon Viollet-le-Duc en zijn uit de gotiek afgeleide opvattingen over de rationele constructie van nabij. De Hollandse renaissance paste hij toe in kleine projecten, maar ook in twee monumentale gebouwen van nationale betekenis: het Centraal Station (1881-1889) en het Rijksmuseum (1876-1885) die de toenmalige stadsrand van Amsterdam letterlijk als gigantische poorten markeerden. Cuypers was ook

providing each building with the style most appropriate to it. Only in the second half of the century would this issue be related to socio-cultural group identity.

In 1853 the Liberals gave the Roman Catholic Church the constitutional right to evolve and expand along self-chosen lines. The result was a rapid increase in the building of churches. The clergy, particularly Monseigneur Van Heukelom, felt that this should concur with the Gothic idiom of the fifteenth century, when the Church was at its zenith and Reformation and iconoclasm were still to come. Also, the medieval concept of a 'community of artists' was to be revived.

For many, the Dutch Renaissance was better geared towards grand buildings for cultural ends. Similarly, Victor de Stuers called attention to the protection of threatened monuments. National self-assurance would thus be served, as buildings both old and new would recall the halcyon days of the Netherlands in the sixteenth and seventeenth centuries.

The above developments were combined in the activities of *P.J.H. Cuypers* (1827-1921). He built many neo-Gothic churches and was intimate with both Viollet-le-Duc and his Gothic-based ideas on rational construction. The Dutch Renaissance he applied in small projects, but also in two grand buildings of national significance: Amsterdam Central Station (1881-1889) and the Rijksmuseum (1876-1885), also in Amsterdam, which together marked the city limits of those days literally like two gigantic gateways. Cuypers was also an adherent to 'community art', in which all arts and crafts with architecture at their head were united in one confederation. When building the Rijksmuseum he was confronted by a lack of schooled craftsmen. So in 1879 he founded the 'Quellinus' School of Applied Arts.

Cuypers' own office was a breeding ground for new talent too. The architects De Bazel, Lauweriks, Berlage, and De Groot all worked with him for a time. In the Netherlands fin de siècle architecture was less shaped by organic motifs as was Belgian and French Art Nouveau. Dutch 'New Art' was characterised more by geometric, abstract motifs with a visible Far-Eastern influence.

Many architects and artists felt attracted to ethical schools of thought, socialism and anarchism, and theosophy. Here the relationship between artist and an ideal society still played a role. Many supposed that renewal in architecture would result from the return to craftsmanship, and so architects took a passionate interest in furniture, ceramics, glasswork, and the graphic arts. In their architectural work they often

aanhanger van de 'Gemeenschapskunst', waarbij alle kunsten en ambachten onder leiding van de bouwkunst in één verbond waren verenigd. Bij de bouw van het Rijksmuseum stuitte hij op een tekort aan geschoolde ambachtslieden. In 1879 richtte hij daarom de kunstnijverheidsschool 'Quellinus' op.

Het bureau van Cuypers zelf was ook een broedplaats van nieuw talent. De architecten De Bazel, Lauweriks, Berlage en De Groot hebben enige tijd bij hem gewerkt. De architectuur van het fin-de-siècle in Nederland werd niet zo bepaald door organische motieven als de Belgische en Franse Art Nouveau. De Nederlandse 'Nieuwe Kunst' kenmerkte zich meer door geometrisch abstracte motieven waarin ook de invloed uit het verre oosten zichtbaar was.

Veel architecten en kunstenaars voelden zich aangetrokken tot ethische denkrichtingen, het socialisme en anarchisme en de theosofie. Daarbij speelde steeds de verhouding tussen kunstenaar en een ideale maatschappij een rol. Velen meenden dat de vernieuwing in de architectuur uit de terugkeer naar het ambacht zou voortkomen en architecten hielden zich intensief bezig met de meubelkunst, keramiek, glaswerk en de grafische kunsten. In hun architectonische werk vertrouwden ze veelal op geometrische stelsels, waarmee men – parallel aan de theosofische leer – tot de essentie meende te kunnen doordringen.

Vele gebouwen van K.P.C. de Bazel (1869-1923) zijn daarvan voorbeelden. Het niet uitgekozen prijsvraagontwerp voor een bibliotheekgebouw (1895) maakte veel indruk op het jurylid Berlage, die toen aan de Amsterdamse Beurs werkte.

relied on geometric systems, with the intention (parallelled in theosophy) of penetrating 'to the essence'.

Many buildings by K.P.C. de Bazel (1869-1923) exemplify this approach. The unsuccessful competition design for a library (1895) greatly impressed jury member Berlage, who was then working on the Amsterdam Stock Exchange.

J.L.M. Lauweriks (1864-1932) worked more and more with geometric systems of design and was strongly influenced by theosophical ideas. In Düsseldorf and Hagen he came into contact with Peter Behrens and Adolf Meyer, in all likelihood influencing their working methods and maybe, through them, even those of Gropius.

De Bazel and Lauweriks formed with W.C. Bauer, H.J.M. Walenkamp, and W. Kromhout (1864-1940) the active nucleus of the architects' association 'Architectura et Amicitia' (A et A) and set their stamp on the magazine Architectura. Amongst them Kromhout is important because his work forms a link with the Amsterdam School. His Hotel Café Restaurant 'American' (1898-1902) **(F13)** combines various crafts with architecture and contains both early Rationalist and oriental-fantastic motifs. He rejected Art Nouveau, but also Berlage's severe form of Rationalism. Kromhout's architectural ideal was 'the modelling of a cubic mass', which would allow the individual imagination to express itself.

Following a management crisis Kromhout became chairman of A et A. From this position he laid the foundations for both the BHBO architecture education schemes (today's Academies of Architecture) and the Dutch Architect's Union (BNA).

K.P.C. DE BAZEL, prijsvraagontwerp voor een algemeen bibliotheekgebouw, 1895.
K.P.C. DE BAZEL, competition design for a general library building, 1895.

J.L.M. Lauweriks (1864-1932) werkte steeds met geometrische ontwerpsystemen en stond sterk onder invloed van theosofische denkbeelden. In Düsseldorf en Hagen legde hij contacten met Peter Behrens en Adolf Meyer, zodat een invloed van Lauweriks' werkwijze op hen en zelfs via hen op Gropius waarschijnlijk is.

De Bazel en Lauweriks vormden, samen met W.C. Bauer, H.J.M. Walenkamp en *W. Kromhout* (1864-1940) de actieve kern van het architectengenootschap 'Architectura et Amicitia' (A et A) en drukten hun stempel op het tijdschrift Architectura. Van hen is Kromhout belangrijk omdat diens werk de schakel vormt naar de Amsterdamse School. Zijn Hotel Café Restaurant 'American' (1898-1902) **(F13)** verenigt diverse ambachten met de architectuur en er zijn zowel vroeg-rationalistische als oriëntaals-fantastische motieven aan te wijzen. Hij verwierp de Art Nouveau maar ook Berlages strenge rationalisme. Kromhouts architectonische ideaal was 'het boetseren van een kubieke massa', waarbij individuele fantasie zich mocht manifesteren.

Na een bestuurscrisis werd Kromhout voorzitter van A et A. Vanuit die positie legde hij de grondslag voor de architectuuropleidingen вНВО (de huidige Academies van Bouwkunst) en de beroepsvereniging Bond van Nederlandse Architecten (вNA).

BERLAGE

H.P. Berlage (1856-1934) wordt vooral vanwege zijn Koopmansbeurs in Amsterdam **(F01)** doorgaans gezien als de vader van de moderne Nederlandse architectuur. Zijn positie wordt vergeleken met die van Wagner in Oostenrijk, Behrens in Duitsland en Saarinen in Finland, allen architecten die zich wisten te bevrijden van de historische stijlen en de architectuur een rationele grondslag gaven.

Deze reputatie werd vooral gevestigd doordat jongere architecten van zowel het Nieuwe Bouwen, de Amsterdamse School, individualisten als J.F. Staal en zelfs de traditionalisten hem als leermeester, inspiratiebron en normstellend theoreticus hebben bewonderd. Recente studies hebben dit haast mythische beeld enigszins genuanceerd, maar de uiteenlopende richtingen van waaruit de bijval afkomstig was, maken Berlages werk van cruciaal historisch belang.

Berlage ontving zijn opleiding in de jaren zeventig aan de ЕТН in Zürich. Daar maakte hij kennis met de positivistische leer van culturele ontwikkeling van G. Semper, wiens leerlingen de school destijds beheersten. Terug in Nederland

BERLAGE

H.P. Berlage (1856-1934) is usually looked on, largely because of his Stock Exchange in Amsterdam **(F01)**, as the father of modern Dutch architecture. His position is compared to that of Wagner in Austria, Behrens in Germany, and Saarinen in Finland – all of them architects who managed to shake off historical styles and give architecture a rational basis.

This reputation came about mainly because younger architects of both the Nieuwe Bouwen and the Amsterdam School, individuals such as J.F. Staal, and even traditionalists have admired him as teacher, source of inspiration, and standard-setting theoretician. Recent studies have done something to tone down this almost legendary status, yet the widely differing streams it nurtured make Berlage's work of vital historical importance.

Berlage was trained during the eighteen seventies at the Zürich Polytechnic. There he became acquainted with the positivist doctrine of cultural development of G. Semper, whose pupils held sway at the school at that time. Back in the Netherlands he spent some time working at Cuypers' office where he became familiar with the constructive rationalism of Viollet-le-Duc. Later Berlage belonged to a group of artists and intellectuals who adhered to an ethically tinged form of Marxism.

Berlage strove for a communal, non-individualistic architecture that in his opinion could be based only on the material and social development of the day. The modelling of space he found more important than the outlining of facades. He laid stress on the role of the wall as element for defining space, and referred to geometric, proportional systems such as those developed by J.H. de Groot, whose acquaintance he had made at Cuypers' office.

What concerned Berlage most was an architecture with 'style': an enchanted or exalted repose embodied in the assemblage of component parts, which he readily labelled with the Classical concept 'Unity in Diversity'.

The first design for the Stock Exchange was still characterised by the Dutch Renaissance as applied by Cuypers. Step by step Berlage purified his design. In the final result the principle of 'Unity in Diversity' is clearly visible in the juxtaposition of volumes, details, and art works within the taut envelope of smooth walls. Inside, spaces are clearly defined while at no point are the structure and material hidden from view.

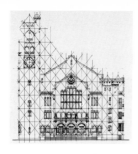

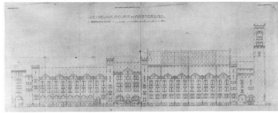

H.P. BERLAGE, gevel Koopmansbeurs met raster gebaseerd op Egyptische driehoeken.
H.P. BERLAGE, facade of Stock Exchange with module based on the 'Egyptian triangle'.

werkte hij enige tijd bij Cuypers, waar hij vertrouwd raakte met het constructieve rationalisme van Viollet-le-Duc. Later behoorde Berlage tot een groep kunstenaars en intellectuelen die een ethisch getint marxisme aanhingen.

Berlage streefde naar een gemeenschappelijke, niet-individuele bouwkunst en meende dat die slechts gebaseerd kon zijn op de materiële en sociale ontwikkelingen van de eigen tijd. Het vormgeven van de ruimte vond hij belangrijker dan het schetsen van gevels. Hij benadrukte de rol van de vlakke muur als ruimtebepalend element. Hij beriep zich op geometrische proportiestelsels, zoals die waren ontwikkeld door J.H. de Groot, die hij bij Cuypers had leren kennen.

Het ging Berlage daarbij om een bouwkunst met 'stijl': een bekoorlijke of verheven rust in het geheel der samenstellende delen, die hij graag aanduidde met het klassieke concept 'Eenheid in Veelheid'.

Het eerste ontwerp voor de Beurs werd nog gekenmerkt door de Hollandse renaissance, zoals Cuypers die toepaste. Stap voor stap zuiverde Berlage zijn ontwerp. In het gerealiseerde gebouw is het principe van 'Eenheid in Veelheid' zichtbaar in de samenvoeging van bouwvolumes, details en kunstwerken binnen de strakke omhulling van vlakke muren. In het interieur zijn de ruimtes helder gedefinieerd en zijn de constructie en het toegepaste bouwmateriaal nergens verhuld.

In 1911 maakte Berlage in de Verenigde Staten kennis met het werk van Sullivan en Wright, wiens Larkin Building grote indruk op hem maakte. In woord en geschrift deelde hij zijn reiservaringen aan zijn vakgenoten mee.

Berlage is ook van groot belang geweest voor de Nederlandse stedebouw. In een eerste versie van zijn uitbreidingsplan voor Amsterdam-Zuid (**G01**) volgde hij de inzichten van C. Sitte en J. Stübben. In tegenstelling tot het tuinstadconcept streefde Berlage naar een monumentaal stadsbeeld, waarin grote bouwblokken de straat- en pleinruimtes bepaalden. In de definitieve versie (1915) hield hij aan dat uitgangspunt

In 1911 while in the United States Berlage came into contact with the work of Sullivan and that of Wright, whose Larkin Building made a deep impression on him. In words both spoken and written he shared his travel experiences with his colleagues.

Berlage has also been of crucial importance for Dutch urban design. The first version of his expansion plan for Amsterdam South (**G01**) followed closely the ideas of C. Sitte and J. Stübben. As opposed to the garden city concept Berlage strove for a monumental 'townscape' in which massive volumes defined the space of street and square. In the definitive version (1915) he kept to this line of approach while incorporating the more practical demands of housing and traffic development. As urban designer Berlage also planned for The Hague, Rotterdam, and Utrecht.

His later architectural work is characterised by a complicated play of volumes, often dominated by a high tower, while his interiors are often spaces lit from above and with a monumental and exalted atmosphere. Examples of the later style are the St.-Hubertus hunting lodge in Otterlo (**C16**), and the First Church of Christ, Scientist (**L31**) and the Municipal Museum (**L29**), both in The Hague.

AMSTERDAM SCHOOL

The Housing Act of 1901 had created the possibility of subsidised housing to mitigate the needs of working class accommodation. Only after the First World War would this possibility be utilised on a large scale. The most important reason for this delay was an economic one. Though the Netherlands remained neutral in the war between Germany and the Allies there was a great shortage of commodities, further sapped by a commercial bourgeoisie out for wartime profits which entered into transactions with both sides. In 1918 an increasing housing shortage compelled the government to take stimulative measures. These were gradually withdrawn in the mid-twenties when private housing was well under way.

vast, maar verwerkte hij de meer praktische eisen van woningbouw en verkeersontwikkeling. Ook voor Den Haag, Rotterdam en Utrecht trad Berlage als stedebouwkundige op.

Zijn latere architectonische werk kenmerkte zich door een ingewikkelde compositie van bouwvolumes, vaak gedomineerd door een hoge toren, terwijl in het interieur vaak van boven verlichte ruimtes met een monumentale en verheven atmosfeer voorkomen. Voorbeelden daarvan zijn de First Church of Christ, Scientist in Den Haag (**L31**), het Jachtslot St.-Hubertus in Otterlo (**C16**) en het Gemeentemuseum in Den Haag (**L29**).

AMSTERDAMSE SCHOOL

De Woningwet van 1901 had de mogelijkheid geschapen voor gesubsidieerde woningbouw ter leniging van de huisvestingsbehoeften van de arbeidersklasse. Pas na de Eerste Wereldoorlog werd van die mogelijkheid op grote schaal gebruik gemaakt. De belangrijkste oorzaak van deze vertraging was een economische. Hoewel Nederland in de oorlog tussen de Centralen en de Geallieerden neutraal bleef, ontstond er grote schaarste, die nog werd versterkt door de op oorlogswinst beluste handelsbourgeoisie, die met beide belligerente partijen transacties afsloot. De toenemende woningnood noopte de regering in 1918 tot stimulerende maatregelen; halverwege de jaren twintig trok ze deze geleidelijk weer in, omdat de particuliere woningbouw weer op gang kwam.

In Amsterdam werd F.M. Wibaut in 1914 de eerste sociaal-democratische wethouder. Een jaar na zijn aantreden richtte hij de Gemeentelijke Woningdienst op. Al eerder hadden arbeiders coöperatieve woningbouwverenigingen opgericht met namen als 'Eigen Haard' en 'De Dageraad'. Gemeenten en coöperaties grepen hun kans om veel woningen te bouwen, waarvan er veel werden gerealiseerd in het uitbreidingsplan Zuid van Berlage, dat toen in uitvoering werd genomen.

De meeste woningbouwprojecten kenmerkten zich door een expressionistische baksteenarchitectuur, die door J. Gratama in 1916 tot 'Amsterdamse School' werd gedoopt. Deze tendens wordt vaak omschreven als een reactie op het strenge rationalisme van Berlage. Inderdaad is haar atheoretische en onsystematische karakter en haar nadruk op het individuele kunstenaarschap in tegenspraak met Berlages ideeën over een 'gemeenschappelijke' bouwkunst. Maar met hun

In Amsterdam F.M. Wibaut became in 1914 the first social-democratic alderman. A year after his appointment he founded the Municipal Housing Agency. Before then workers had set up cooperative housing associations with names like 'Eigen Haard' ('Our Hearth') and 'De Dageraad' ('The Dawn'). Councils and cooperative societies now grasped the chance to build houses in large numbers, many of which were realised in Berlage's Amsterdam South expansion plan then in operation.

Most of these housing projects were characterised by an Expressionist brick architecture, a style described in 1916 by J. Gratama as 'Amsterdam School'. This tendency is often defined as a reaction to the strict Rationalism of Berlage. Indeed, its non-theoretical and unsystematic character and its emphasis on individual artistry are the very antithesis of Berlage's concept of a 'communal' architecture. Yet in their view of an urban architecture and of the integration of crafts under the hegemony of architecture the members of the Amsterdam School acknowledged their debt to the master builder. At the same time they reached back beyond Berlage to the symbolic iconography of the fin de siècle. Of the significance of Kromhout's concept of the 'modelled mass' and imaginative designing there has already been mention. These influences aside, the three most important architects of the Amsterdam School (Van der Mey, De Klerk, and Kramer) all developed their talents at the office of Ed. Cuypers, a nephew of P.J.H. Cuypers.

As winner of the Prix de Rome J.M. van der Mey (1878-1949) was able to accumulate a wealth of impressions on his travels abroad. His shipping office building (**F26**) was the first building in which the new stream openly declared itself. Its mass he brought to life with an abundance of craftsmanship in wood, brick, iron, painted glass, and sculpture.

Clearly influenced by Kromhout are the early competition designs of M. de Klerk (1884-1923). Of his mature work, the housing projects on the Spaarndammerplantsoen (**H11**) have facade walls that are taut yet lively in their use of material. The housing on the Zaanstraat is much more plastic in its accumulation of masses and treatment of facades and relates fully to its immediate surroundings. Of the projects on the Vrijheidslaan (**G17**) in Amsterdam South De Klerk designed only the facades, which front the standard plans of their contractor. This practice was encouraged as since 1915 the exteriors of all housing projects had to be approved by the local authorities.

denkbeelden over een stedelijke architectuur en de integratie van de ambachten onder hegemonie van de architectuur sloten ze bij de meester aan. Over Berlage heen greep de Amsterdamse School terug naar de symbolistische iconografie van het fin-de-siècle. Van de betekenis van Kromhouts denkbeelden over de 'geboetseerde massa' en het fantasierijke ontwerpen was hierboven al sprake. De belangrijkste architecten van deze beweging, Van der Mey, De Klerk en Kramer, hebben verder allen hun vorming gekregen op het bureau van Ed. Cuypers, een neef van P.J.H. Cuypers.

Als winnaar van de Prix de Rome kon *J.M. van der Mey* (1878-1949) veel buitenlandse reisindrukken opdoen. Zijn Scheepvaarthuis (**F26**) is het eerste gebouw waarmee de nieuwe richting zelfbewust naar voren trad. De bouwmassa is met behulp van ambachtelijke uitbundigheid in het timmer-, beeldhouw-, metsel-, smeedijzer- en glazenierswerk tot leven gebracht.

In de vroege prijsvraagontwerpen van *M. de Klerk* (1884-1923) is duidelijk de invloed van Kromhout aanwijsbaar. Zijn woningbouwprojecten aan het Spaarndammerplantsoen (**H11**) hebben vlakke maar door het materiaalgebruik levendige gevelwanden. De woningbouw aan de Zaanstraat is veel plastischer in massa-opbouw en gevelbehandeling en heeft een complete relatie tot zijn directe omgeving. Van de projecten aan de Vrijheidslaan (**G17**) in Amsterdam-Zuid ontwierp De Klerk alleen de gevels, die voor de standaardplattegronden van de aannemer werden geplaatst. Deze praktijk werd bevorderd doordat het uiterlijk van de woningbouwprojecten sinds 1915 door de Schoonheidscommissie moest worden goedgekeurd.

P.L. Kramer (1881-1961) werkte sinds 1917 voor de Afdeling Bruggen van de Gemeentelijke Dienst Publieke Werken en bouwde in Den Haag het warenhuis De Bijenkorf (**L08**). Zijn werk wordt gedomineerd door de organische vormen die hij in zijn natuursteen-, baksteen-, smeedijzer- en betondetaillering toepaste. Samen met De Klerk bouwde Kramer de woningen aan de P.L. Takstraat (**G15**), met golvende bakstenen wanden en een goed gevoel voor stedelijke continuïteit.

De spreekbuis van de Amsterdamse School was het door de vereniging A et A uitgegeven blad Wendingen, waarvan *H.Th. Wijdeveld* (geb. 1885) de drijvende kracht was. Wijdeveld stamde uit het bureau van P.J.H. Cuypers en heeft bijzonder veel internationale contacten gelegd en onderhouden: Ozenfant, Mendelsohn,

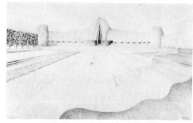

H.TH. WIJDEVELD, ontwerp voor een Volkstheater in het Vondelpark, Amsterdam, 1919-1920. *H.TH. WIJDEVELD, design for a People's Theatre in the Vondelpark, Amsterdam, 1919-1920.*

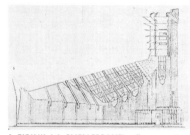

A. EIBINK, J.A. SNELLEBRAND, prijsvraagontwerp voor een kerkje in Elshout, 1915. *A. EIBINK, J.A. SNELLEBRAND, competition design for a church in Elshout, 1915.*

P.L. Kramer (1881-1961) worked since 1917 for the Public Works Bridges Department and built in The Hague the Bijenkorf department store (**L08**). His work is dominated by organic forms wrought in stone, brick, iron, and concrete. Together with De Klerk Kramer built houses on the P.L. Takstraat (**G15**) with undulating brick walls and a fine sense of urban continuity.

The mouthpiece of the Amsterdam School was a periodical issued by A et A entitled Wendingen, with *H.Th. Wijdeveld* (b. 1885) as its motivating force. Wijdeveld came from P.J.H. Cuypers' practice, and made and kept contact with a wealth of international figures, of whom Ozenfant, Mendelsohn, Finsterlin, Taut, and Wright were the most important. In Wendingen, however, he devoted attention to Functionalism and De Stijl architects too, while Wils, Bijvoet, Behrens, Mallet-Stevens as well as Lissitzky supplied contributions.

Finsterlin, Taut en Wright zijn daarvan de belangrijkste. In Wendingen besteedde hij echter ook aandacht aan functionalistische en De Stijl architecten; bovendien leverden zowel Wils, Bijvoet, Behrens, Mallet-Stevens als Lissitzky bijdragen aan het blad.

De indruk die het futurisme maakte op de architecten van de Amsterdamse School kwam nog het sterkst tot uiting in Wijdevelds plan voor het Vondelpark (1919-1920). Dertig verdiepingen hoge wolkenkrabbers flankeren hier een lange allee die naar een organisch gevormd Volkstheater leidt. Wijdeveld liet zich in latere plannen kennen als dromer en utopist, die de verdwijning van de chaotische wereldstad nastreefde. Net als de door J.C. van Epen (1880-1960) geschetste Stadtkrone zijn dergelijke visioenen echter zeldzaam in het Nederlandse expressionisme dat zich daardoor onderscheidt van haar Duitse pendant.

Wijdeveld, Van Epen en hun Amsterdamse collega's kregen volop werk in de woningbouw. Naast genoemde architecten hebben ook C. Kruiswijk, G.J. Rutgers, A.J. Westerman en N. Lansdorp woningen gebouwd in Amsterdam-Zuid. In het villapark Meerwijk (**E23**) in Bergen werd het niet-stedelijke gezicht van de Amsterdamse School zichtbaar in ontwerpen van J.F. Staal, M. Staal-Kropholler, C.J. Blaauw, G.F. LaCroix en P.L. Kramer. In Meerwijk en in landhuis 'Het Reigersnest' (1918-1921) (**K45**) van P. Vorkink en Jac.Ph. Wormser verschijnen voor het eerst organische plattegrondvormen in de Nederlandse architectuur.

De voorliefde voor schelp- en kristalvormen, die later in Wendingen werd beleden, kwam voor het eerst tot uiting in het afgewezen prijsvraagontwerp voor een kerkje in Elshout (1915) van A. Eibink en J.A. Snellebrand. Kromhouts plastische architectuuropvatting werkte sterk door in het uit gewapend beton opgetrokken radiostation Radio Kootwijk (1919-1922) (**B05**) van J.M. Luthmann (1890-1973).

WONINGBOUW IN ROTTERDAM

De in 1876 gereedgekomen Nieuwe Waterweg verschafte Rotterdam een moderne open verbinding met zee. In snel tempo werden om beide oevers van de Maas havens aangelegd. De handelsbetrekkingen met het economisch opbloeiende Duitse Keizerrijk stimuleerden de industriële ontwikkeling in Rotterdam. De haven-uitbreidingen werden planmatig gereguleerd door de Dienst Gemeentewerken, die onder leiding stond van gewezen genie-officieren.

The impression made by Futurism on architects of the Amsterdam School found its strongest expression in Wijdeveld's plan for the Vondelpark (1919-1920). In it skyscrapers thirty storeys high flank a long avenue leading to an organically shaped People's Theatre. In later plans Wijdeveld comes across as a dreamer and utopist who strove to suppress the chaotic metropolis. Like the Stadtkrone outlined by J.C. van Epen (1880-1960), however, such visions are rare indeed in Dutch Expressionism thus distinguishing it from its German counterpart.

Wijdeveld, Van Epen, and their Amsterdam colleagues were well supplied with work in the housing sector. Other architects who built housing in Amsterdam South were C. Kruiswijk, G.J. Rutgers, A.J. Westerman, and N. Lansdorp. In Meerwijk villa park (**E23**) in Bergen the non-urban face of the Amsterdam School shows through in designs by J.F. Staal, M. Staal-Kropholler, C.J. Blaauw, G.F. LaCroix, and P.L. Kramer. Both Meerwijk and country house 'Het Reigersnest' (1918-1921) (**K45**) of P. Vorkink and Jac.Ph. Wormser marked the first appearance in Dutch architecture of organic plans.

A predilection for shell and crystal shapes, later acknowledged in Wendingen, made its first appearance in a rejected competition design for a church in Elshout (1915) by A. Eibink and J.A. Snellebrand. Kromhout's sculptural approach to architecture is greatly evident in Radio Katwijk radio station (1919-1922) (**B05**) erected in reinforced concrete by J.M. Luthmann (1890-1973).

HOUSING IN ROTTERDAM

Completed in 1876, the Nieuwe Waterweg provided Rotterdam with a modern, open waterway connecting it with the sea. Docks went up at a rapid pace on both sides of the River Maas. Trade relations with the economically flourishing German Empire served as a stimulus to industrial development in Rotterdam. Expansion of its docklands was systematically regulated by the Public Works Service led by former officers of the Engineers.

Around 1900 Rotterdam was gaining 10,000 inhabitants per year. Private builders erected houses of poor quality using municipal street plans. On the south bank industries sometimes took matters into their own hands. Thus the Rotterdamsche Droogdok Maatschappij (Rotterdam Dry-Dock Company) built Heyplaat garden village for its employees. In 1916 on the initiative of banker Van der Mandele building

Rond 1900 groeide Rotterdam met 10.000 inwoners per jaar. Particuliere bouwers bouwden woningen van slechte kwaliteit op gemeentelijke stratenplannen. Op de zuidoever namen bedrijven soms zelf het initiatief. De Rotterdamsche Droogdok Maatschappij bouwde zo het tuindorp Heyplaat voor haar werknemers. Op initiatief van bankier Van der Mandele begon men in 1916 aan de bouw van het tuindorp Vreewijk (**N41**), dat ondanks Berlages bijdrage vooral het stempel draagt van *M.J. Granpré Molière* (1883-1972). Anders dan E. Howards tuinstadconcept was Vreewijk geen zelfstandige satelliet maar een tuinwijk aan de toenmalige stadsrand. Toen Granpré Molière in 1921 een uitbreidingsplan voor de gehele zuidoever maakte, integreerde hij Vreewijk moeiteloos in zijn patroon van radiale wegen en concentrische zones.

Ook in Rotterdam begon de gemeente pas na de Eerste Wereldoorlog actief op te treden in de woningbouw. In 1916 richtte ze een Gemeentelijke Woningdienst op, die onder leiding stond van ir. A. Plate.

In de wijk Spangen werd een aantal experimenten ondernomen met het gesloten bouwblok als vertrekpunt. De galerijwoningen (**N08**) van *M. Brinkman* (1873-1925) zijn hier het meest opmerkelijk. Door twee strateneilanden samen te voegen ontstond een ruim binnenterrein met tuinen, woningen en gemeenschappelijke voorzieningen. De woningen waren toegankelijk vanuit dit binnenterrein en een 2,2 tot 3 meter brede galerij op de tweede verdieping.

Ook *J.J.P. Oud* (1890-1963) die op advies van Berlage in 1918 bij de Woningdienst ging werken, bouwde een reeks gesloten blokken waarbij de oriëntatie van de woningen op het gemeenschappelijke binnenterrein steeds belangrijker werd (**N03, N09, N10**). De stedebouwkundige denkbeelden van Oud waren sterk beïnvloed door Berlage. In het Witte Dorp (**N06**) combineerde hij dat met een tuindorptypologie en met de esthetische principes van De Stijl. De Kiefhoek (**N40**) is een vroeg voorbeeld van woningbouw voor het Existenzminimum.

Typologische vernieuwing in de woningbouw kwam vooral tot uiting in de jaren dertig. Ouds woningbouwproject met strokenverkaveling voor Blijdorp (1931) werd niet gerealiseerd. Dat was wel het geval met de half-open blokbebouwing aan de Vroesenlaan (**N16**) van *J.H. van den Broek* (1898-1978) en enkele hoge woongebouwen, zoals de Bergpolderflat (**N15**) en de Plaslaanflat (**N20**), waarvan *W. van Tijen* (1894-1974) de belangrijkste ontwerper was.

began on Vreewijk garden village (**N41**) which despite Berlage's contribution chiefly bears the stamp of *M.J. Granpré Molière* (1883-1972). Unlike E. Howard's garden city concept Vreewijk was no independent satellite but a 'tuinwijk' ('garden estate') then on the edge of town. When Granpré Molière drew up his 1921 expansion plan for the entire south bank he effortlessly integrated Vreewijk into its pattern of radial streets and concentric zones.

In Rotterdam, too, the council was to play an active role in housing only after the First World War. In 1916 a Municipal Housing Agency was set up under leadership of ir. A. Plate.

In the Spangen district a number of experiments were carried out taking the closed building block as springboard. Of these the gallery dwellings (**N08**) of *M. Brinkman* (1873-1925) are the most remarkable. By combining two street blocks he created a capacious interior space of gardens, houses, and communal facilities. Dwellings were reached from this inner area and from a gallery 2.20-3.00 m. wide on the second floor.

J.J.P. Oud (1890-1963) was another who after joining the Housing Agency on Berlage's advice built a series of closed blocks in which orientation of dwellings towards the communal interior space became increasingly important (**N03, N09, N10**). Oud's ideas on urban design were greatly influenced by Berlage. In the Witte Dorp (White Village, **N06**) he combined this influence with a garden village typology and the aesthetic principles of De Stijl. The Kiefhoek (**N40**) is an early example of

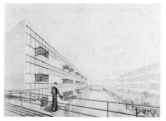

J.J.P. OUD, ontwerp woningbouw Blijdorp, Rotterdam, 1931.
J.J.P. OUD, housing project for Blijdorp, Rotterdam, 1931.

DE STIJL

Door de Eerste Wereldoorlog raakte het neutrale Nederland cultureel betrekkelijk geïsoleerd. In die periode werden op diverse plaatsen artistieke principes ontwikkeld, die vanaf 1917 door *Th. van Doesburg* (1883-1931) werden samengevoegd in zijn tijdschrift De Stijl. Een hechte beweging is het nooit geweest. Sommigen waren slechts korte tijd met De Stijl verbonden, enkelen haakten af na meningsverschillen met Van Doesburg die de belangrijkste polemist van de groep was.

In de naam van het blad klonk een verwijzing door naar Berlages stijlconcept. Centraal stond het beoordelen van een nieuw schoonheidsbewustzijn gericht op het universele. Obstakels als traditie, dogma en het vooropstellen van het individu moesten daarbij worden opgeruimd. Denkbeelden over de eenheid der kunsten, waardoor een evenwichtige omgeving kon worden verkregen die in de toekomst het totale leven zou beheersen, vinden hun oorsprong eveneens bij Berlage, maar krijgen in De Stijl een utopische bijklank.

Dat de architectuur daarbij een leidende rol zou moeten spelen, werd door de schilders B. van der Leck en vooral P. Mondriaan bestreden. Beiden stonden in Laren in nauw contact met de wiskundige M.H.J. Schoenmaekers, wiens theosofische filosofie grote invloed op hen uitoefende. Van Schoenmaekers stamt ook de term Nieuwe Beelding en het palet van drie primaire kleuren. Mondriaan bleef tot het eind van zijn leven geloven dat de eenheid van kunst en leven van de abstracte kunst moest uitgaan, de meest 'vergeestelijkste' uitingsvorm waarmee de gecultiveerde mens zich van de natuur had weten los te maken.

Vanuit Leiden legde Van Doesburg contact met de beeldhouwer Vantongerloo, de schilder Huszar, de dichter Kok en de architecten Van 't Hoff, Wils en Oud. Via Van der Leck, die samen met Klaarhamer in Utrecht een bureau had, ontstond het contact met de daar werkzame meubelmaker Rietveld.

De architecten uit de eerste periode van De Stijl waren vooral beïnvloed door Berlage en Wright. *R. van 't Hoff* (1887-1979) had in de Verenigde Staten haast gelijktijdig met Berlage Wrights werk gezien. Vooral de Prairiehuizen en de Unity Temple maakten grote indruk op hem, hetgeen tot uiting kwam in zijn villa's in Huis ter Heide (**C29, C30**), die voor Van Doesburg de aanleiding vormden contact te zoeken met de architect.

housing for the 'Existenzminimum' (minimum subsistence level).

Typological renewal in housing took place mainly during the thirties. Oud's own housing project in an open row layout for Blijdorp (1931) was not realised. Those that were include the half-open blocks on the Vroesenlaan (**N16**) of *J.H. van den Broek* (1898-1978) and several high-rise blocks of flats, such as the Bergpolderflat (**N15**) and the Plaslaanflat (**N20**) of which *W. van Tijen* (1894-1974) was the most important designer.

DE STIJL

In the First World War the Netherlands as neutral country became quite isolated culturally. During this period in various places artistic principles were developed which from 1917 onwards were amalgamated by *Th. van Doesburg* (1883-1931) in his periodical De Stijl (The Style). It was never a well-knit movement. Some were connected with it for but a short time; others left after disagreeing with Van Doesburg, the group's foremost polemicist.

The periodical's name contains a reference to Berlage's concept of style. Central to the movement was its evaluation of a new consciousness of beauty on a universal

C. VAN EESTEREN, TH. VAN DOESBURG,
Maison d'Artiste, 1923.

J. Wils (1891-1972) zocht een synthese van Berlage en Wright, wat vooral zichtbaar werd in het wijkje De Papaverhof in Den Haag (**L32**). Behalve met Wils had Van Doesburg al vroeg contact met Oud en werkte hij met beide architecten soms samen.

In 1918 had G. Th. Rietveld (1888-1964) met zijn rood-blauwe stoel voor het eerst een driedimensionale projectie gemaakt van de esthetica van de Nieuwe Beelding. In diverse meubelontwerpen zette hij de lijn voort, maar het hoogtepunt van zijn loopbaan vormt het huis voor mevrouw Schröder-Schräder in Utrecht (**C43**). Hoewel typologisch verwant met de traditionele rijenwoning, zijn de buitenwanden geheel opgelost in vrijstaande vlakke en lineaire elementen en is de woonverdieping op de eerste etage door middel van schuifwanden vrij indeelbaar. In zijn volgende werken, de chauffeurswoning (**C44**) en de huizen aan de Prins Hendriklaan (**C45**) in Utrecht baseerde Rietveld zich meer op constructieve en functionalistische principes.

In het begin van de jaren twintig was de Stijlgroep drastisch van samenstelling gewijzigd. Mondriaan woonde in Parijs, Oud verliet De Stijl omdat hij als woningbouwarchitect meende dat de esthetische idealen te weinig aan de praktische eisen werden getoetst. Van 't Hoff had het architectenberoep ingewisseld voor het streven naar een communale levensstijl op anarchistische grondslag en ook Van der Leck, Vantongerloo, Wils en Kok hadden de groep verlaten.

Van Doesburg begon echter in het buitenland contacten te leggen. Zijn Stijlcursus bracht in 1921 het Bauhaus in beroering. In Duitsland leerde hij de cineast Richter en de Russische kunstenaar Lissitzky kennen, evenals Kiesler en Graeff die tot de G-groep in Berlijn behoorden.

Van groot belang is zijn kennismaking met C. van Eesteren (geb. 1897) geweest. Onder invloed van Lissitzky's Proun-schilderijen maakten Van Eesteren en Van Doesburg een serie axonometrische studies, die onder veel belangstelling in 1924 in Parijs werden geëxposeerd. In een begeleidend manifest verklaarden zij dat kunst niet meer los van het leven stond. In plaats van een afgescheiden domein van de kunst eisten zij de bouw van een omgeving in overeenstemming met de creatieve wetten gebaseerd op een vast principe, vergelijkbaar met die in de economie en de wiskunde.

Van Doesburgs laatste grote werk was de inrichting van het Café l'Aubette in Straatsburg, waar hij het interieur van een bestaand gebouw voorzag van een diagonale, elementaristische compositie. Hij deed dat vanuit de overtuiging dat het schilderen zonder architectonische constructie zijn bestaansreden had verloren.

level. Obstacles such as tradition, dogma, and the assumed priority of the individual were thus to be abolished. Ideas on a unity of the arts, creating a balanced environment that in the future would dominate all aspects of life, also originated with Berlage, but in De Stijl are given a utopian ring.

That architecture would have to play a leading role here was contested by the painters B. van der Leck and P. Mondriaan, especially the latter. Both were in close contact with the mathematician M.H.J. Schoenmaekers, whose theosophical philosophy influenced them greatly. From Schoenmaekers, too, came the term Nieuwe Beelding (usually rendered as Neoplasticism, although perhaps the literal 'New Imaging' comes closer) and the palette of three primary colours. Mondriaan maintained for the rest of his life his belief that the unity of art and life could only come from abstract art – the most 'spiritualised' form of expression with which civilised man had managed to break away from nature.

From Leiden Van Doesburg made contact with the sculptor Vantongerloo, the painter Huszar, the poet Kok, and the architects Van 't Hoff, Wils, and Oud. Through Van der Leck, who shared a practice in Utrecht with Klaarhamer, came contact with the furniture-maker Rietveld who worked there too.

The architects of De Stijl's initial period were especially influenced by Berlage and Wright. R. van 't Hoff (1887-1979) had visited Wright's work in the United States at virtually the same time as Berlage. The prairie houses and the Unity Temple made a particularly deep impression on him, resulting in his villas at Huis ter Heide (**C29, C30**), which prompted Van Doesburg to make the architect's acquaintance.

J. Wils (1891-1972) sought a synthesis of Berlage and Wright, especially evident in the Papaverhof housing in The Hague (**L32**). Besides Wils Van Doesburg had also met Oud early on and collaborated at times with both architects.

In 1918 the red and blue chair of G. Th. Rietveld (1888-1964) became the first three-dimensional projection of Nieuwe Beelding aesthetics. Various furniture designs continued this trend – yet the zenith of Rietveld's career came with his house for Mrs. Schröder-Schräder in Utrecht (**C43**). Though allied typologically to the traditional terraced house the outer walls are fragmented into free-standing planes and lines and the living level variously subdivisible by sliding partitions. In his next works, the chauffeur's house (**C44**) and the houses on the Prins Hendriklaan (**C45**), also in Utrecht, Rietveld followed more constructional and Functionalist principles.

Met Van Doesburgs overlijden in 1931 kwam ook de uitgave van het tijdschrift De Stijl tot een einde. Dankzij Van Doesburgs internationale activiteiten als propagandist en de erkenning die Mondriaan ten deel viel heeft De Stijl haar stempel kunnen drukken op de internationale abstracte kunst.

HET NIEUWE BOUWEN

Het Nederlandse functionalisme, doorgaans aangeduid als het Nieuwe Bouwen, ontwikkelde zich in de jaren twintig eerst als een polemische positie, waardoor enkele architecten zich verbonden voelden. Vrij snel daarna kregen hun denkbeelden gestalte in enkele bouwwerken, die ertoe hebben bijgedragen dat Nederland, samen met Duitsland, Rusland en Frankrijk, nog steeds wordt beschouwd als een belangrijke voedingsbodem van de internationale moderne beweging in de architectuur.

De architecten van het Nieuwe Bouwen waardeerden Berlage vooral vanwege zijn denkbeelden over normalisering en typisering in de woningbouw. Ze radicaliseerden deze ideeën tot een pleidooi voor een geïndustrialiseerde bouwproduktie, die betaalbare woningbouw in grote hoeveelheden mogelijk moest maken. Ze verzetten zich daarom fel tegen de ambachtelijkheid en de 'gevelarchitectuur' van de Amsterdamse School.

In de jaren twintig maakten Oud en later Rietveld en Van Eesteren zich los van het formele onderzoek van De Stijl en sloten zich aan bij de functionalisten. Duiker en Bijvoet gingen daartoe over nadat ze de invloed van Berlage en Wright hadden verwerkt.

In tegenstelling tot De Stijl werd het Nieuwe Bouwen een hechte beweging omdat ze haar Nederlandse inspiratiebronnen en de impulsen die van de internationale avant-garde uitgingen in verenigingsverband bediscussieerde. In Rotterdam hadden Kromhout en Brinkman in 1920 'Opbouw' opgericht als discussieclub waar architecten en kunstenaars hun uiteenlopende opvattingen met elkaar bespraken. Dankzij de later toegetreden Oud, Van Tijen en Van Eesteren, maar vooral door de radicaliserende invloed van Stam en Van Loghem werd deze vereniging tot een broedplaats van het Nieuwe Bouwen.

M. Stam (1899-1986) had in Duitsland en Zwitserland contacten gelegd met Roth, Schmidt, Moser en Mies van der Rohe. Als redacteur van het blad ABC zette hij zich

At the beginning of the twenties the De Stijl group's constitution altered drastically. Mondriaan was living in Paris; Oud had left De Stijl, feeling as housing architect that its aesthetic ideals had little to do with practical demands; Van 't Hoff had abandoned his profession as architect to pursue a communal life-style along anarchistic lines; while Van der Leck, Vantongerloo, Wils, and Kok had also left the group.

Van Doesburg, however, began putting out feelers abroad. In 1921 his course on De Stijl at the Bauhaus caused a sensation. In Germany he met the cineast Richter and the Russian artist Lissitzky as well as Kiesler and Graeff of the G-group from Berlin.

Of great significance was his meeting with C. van Eesteren (b. 1897). Under the influence of Lissitzky's Proun paintings Van Eesteren and Van Doesburg produced a series of axonometric studies which in 1924 was exhibited in Paris amidst great interest. In the accompanying manifesto they contended that art was no longer separable from life. In place of a separate domain of the arts they called for the creation of an environment answering to artistic laws based on a fixed principle – comparable to that of economics or mathematics.

Van Doesburg's last important work was Café l'Aubette in Strasbourg. Here he furnished the interior of an existing building with a diagonal, Elementarist composition. This he did in the conviction that painting without architectonic structure had lost its raison d'être.

With his death in 1931 the periodical De Stijl, too, came to an end. Due to Van Doesburg's international activities as propagandist and to the widespread recognition accorded Mondriaan De Stijl was able to leave its mark on international abstract art.

THE NIEUWE BOUWEN

Dutch Functionalism, generally termed the Nieuwe Bouwen, developed during the twenties first as a polemical springboard uniting, in their opinion at least, a handful of architects. Shortly after, their ideas were given shape in a number of buildings that have helped to ensure that the Netherlands, together with Germany, Russia and France, is still considered having been a crucial element in the shaping of the international Modern Movement in architecture.

The architects of the Nieuwe Bouwen valued Berlage above all for his ideas on normalisation and type designation in housing. These ideas they radicalised into an argument for an industrialised building system able to provide affordable housing in

M. STAM, prijsvraagontwerp kantoorgebouw, Königsberg, 1922.
M. STAM, competition design for an office building, Königsberg, 1922.

in voor een architectuur die uitsluitend voortkwam uit rationele en economische overwegingen. Zijn ontwerp voor een kantoorgebouw in Königsberg (1922) illustreert zijn principes. Stam keerde in 1925 terug naar Rotterdam en werd niet veel later voorzitter van Opbouw.

J.B. van Loghem (1881-1940) trad pas in 1928 toe tot deze vereniging. Na een redacteurschap van Wendingen en de bouw van enkele tuinwijken in Haarlem (**E35, E42**) vertrok hij in 1926 naar Siberië om mee te werken aan de bouw van de mijnbouwkolonie Kemerovo.

De socialistische overtuiging van beide architecten bleef niet beperkt tot ethisch-wijsgerige bespiegelingen, zoals bij Berlage. Voor hen lagen functionele architectuur en een revolutionair-politieke stellingname in elkaars verlengde. Afschaffing van het winstmotief en de heerschappij van de arbeidersklasse waren volgens hen voorwaarden voor een architectuur die zich volledig in dienst kon stellen van elementaire, menselijke behoeften.

Invloeden van de buitenlandse avant-garde ondergang Nederland ook via het tijdschrift i10 waar Oud als enige architect in de redactie zat. In 1927 publiceerde dit blad het manifest van de Amsterdamse architectengroep 'De 8', die op initiatief van *B. Merkelbach* (1901-1961) was opgericht en verder bestond uit J.H. Groenewegen, Ch.J.F. Karsten, H.E. van de Pauwert, P.J. Verschuyl en J. van den Bosch. De groep presenteerde zich als 'a-aesthetisch, a-dramatisch, a-romantisch en a-kubistisch'. Ze verklaarden meer te streven naar een bouwwetenschap dan een bouwstijl en zette zich af tegen De Stijl, de Amsterdamse School en indirect ook tegen Berlages stijlconcept.

Toch zijn de belangrijke functionalistische gebouwen niet door deze actieve polemisten gebouwd maar door jonge architecten die hun praktijk in snel tempo wisten te professionaliseren.

large quantities. They were vehemently opposed to the craftsmanship and 'facade architecture' of the Amsterdam School.

In the twenties Oud and later Rietveld and Van Eesteren broke away from De Stijl's research into form and joined the ranks of the Functionalists. Duiker and Bijvoet did the same having first absorbed the twin influences of Berlage and Wright.

In direct contrast to De Stijl the Nieuwe Bouwen was a closely and firmly connected movement, discussing as a group both its Dutch sources of inspiration and the impulses it received from the international avant-garde. In 1920 in Rotterdam Kromhout and Brinkman had founded 'Opbouw' – a club where architects and artists thrashed out their widely diverging ideas. Due to the later inclusion of Oud, Van Tijen, and Van Eesteren, but above all through the radicalising influence of Stam and Van Loghem, this society became a centre for the propagation of the Nieuwe Bouwen.

M. Stam (1899-1986) had made contact in Germany and Switzerland with Roth, Schmidt, Moser, and Mies van der Rohe. As editor of the architectural magazine ABC he pressed for an architecture based exclusively on rational and economic considerations. Illustrative of his principles is his design for an office building in Königsberg (1922). In 1925 Stam returned to Rotterdam and not long after became chairman of Opbouw.

It was only in 1928 that *J.B. van Loghem* (1881-1940) joined this association. After being an editor of Wendingen and building several garden estates in Haarlem (**E35, E42**) he left in 1926 for Siberia to help build the miners' colony at Kemerovo.

The socialist convictions of both architects were not just limited to ethico-philosophical reflections as in Berlage's case. For them functional architecture and a revolutionary political stance were each an extension of the other. Equally, abolition of the profit motive and supremacy of the working classes were conditions necessary to the creation of an architecture entirely devotable to basic human needs.

Avant-garde influences from abroad also arrived in the Netherlands via the periodical i10 with Oud as sole architect on its editorial board. In 1927 it published the manifesto of the Amsterdam group of architects 'De 8' (The Eight) founded on the initiative of *B. Merkelbach* (1901-1961) and further consisting of J.H. Groenewegen, Ch.J.F. Karsten, H.E. van de Pauwert, P.J. Verschuyl, and J. van den Bosch. The group described itself as 'non-aesthetic, non-dramatic, non-romantic, and

J. Duiker (1890-1935) ontwikkelde een belangstelling voor constructie- en installatietechniek. Drie werken getuigen daarvan: de Nirwanaflat in Den Haag (**L16**), de Openluchtschool in Amsterdam (**G02**) en het sanatorium Zonnestraal in Hilversum (**D08**). Vooral in de laatste twee werken wist hij het betonskeletsysteem van de Fransman F. Hennebique te verfijnen en dit, samen met het gebruik van puien in staal en glas, tot uitgangspunt te maken voor een transparante architectuur, gericht op een economische constructie en hygiënische en comfortabele condities.

J.A. Brinkman (1902-1949) en *L.C. van der Vlugt* (1894-1936) kregen van C.H. van der Leeuw, een verlichte directeur van de handelmaatschappij Van Nelle de opdracht voor een fabrieksgebouw waarin koffie, thee en tabak moesten worden verwerkt. De Van Nellefabriek (**N07**) introduceerde betonnen paddestoelvloeren en vliesgevels van glas en staal, maar demonstreerde vooral dat de functionalistische principes realiseerbaar waren en de arbeidsomstandigheden werkelijk konden verbeteren.

DE JAREN DERTIG

Amsterdamse School, De Stijl en het Nieuwe Bouwen hadden zich naast elkaar ontwikkeld. Alleen in manifesten en polemische geschriften kwam hun onderlinge onverenigbaarheid tot uiting. In de praktijk bestond er echter wel degelijk grensverkeer. Bovendien waren er architecten die een eigen weg zochten en daarbij kenmerken van de drie stromingen overnamen en met elkaar combineerden.

Voor *J.F. Staal* (1879-1940) lag het vertrekpunt bij Berlage en de Amsterdamse School, hetgeen te zien is in zijn gebouw voor De Telegraaf in Amsterdam (**F07**). Met zijn hoge woongebouw De Wolkenkrabber (**G16**), dat een prominente plaats in Berlages plan voor Amsterdam-Zuid markeert, sloot hij zich meer bij de functionalistische principes aan.

W.M. Dudok (1884-1974) onderging dezelfde invloeden als Staal, maar ontwikkelde een eigen idioom, gekenmerkt door composities van kubische volumes. Van 1915 tot 1928 was hij directeur van de Dienst Publieke Werken in Hilversum. In die functie bouwde hij woningbouwprojecten (**D11**), scholen (**D09, D10**) en het Hilversumse stadhuis (**D01**).

F.P.J. Peutz (1896-1974) bediende zich van vele stijlen, maar in zijn warenhuis Schunck in Heerlen (**Q27**) bleek dat hij ook de Van Nellefabriek op zich in had laten

non-cubistic'. They professed to aim more for a science than for a style of architecture, rejecting De Stijl, the Amsterdam School, and, indirectly, Berlage's concept of style also.

Yet the outstanding Functionalist buildings were built not by these active polemicists but by younger architects, who were quick to excel in their profession.

J. Duiker (1890-1935) developed an interest in the technical aspect of structure and installations. To this three works bear witness: the Nirwanaflat in The Hague (**L16**), the Open Air School in Amsterdam (**G02**), and Zonnestraal aftercare colony in Hilversum (**D08**). In the last two in particular he managed to refine the concrete frame system of the Frenchman F. Hennebique and combine it with large areas of steel-framed glass to create a transparent architecture geared to an economical structure and to hygienic, comfortable conditions.

J.A. Brinkman (1902-1949) and *L.C. van der Vlugt* (1894-1936) were commissioned by C.H. van der Leeuw, an enlightened director of the Van Nelle trading company, to build premises for a factory processing coffee, tea, and tobacco. The Van Nelle factory (**N07**) introduced concrete mushroom floors and curtain walls of glass and steel, but more than this proved that Functionalist principles could be put into practice and could truly improve workers' conditions.

THE THIRTIES

The Amsterdam School, De Stijl, and the Nieuwe Bouwen had developed in close proximity to each other. Only in manifestos and polemic writings did their mutual incompatibility become apparent. In practice, however, there did exist some peripheral intercommunication. There were, moreover, architects who followed their own paths, drawing on and combining characteristics of all three streams.

So *J.F. Staal* (1879-1940) took as his basis Berlage and the Amsterdam School, as is exemplified by his building for De Telegraaf in Amsterdam (**F07**). Yet in his tower block of flats 'De Wolkenkrabber' (**G16**), that figures prominently in Berlage's plan for Amsterdam South, his sympathies moved closer to Functionalist principles.

W.M. Dudok (1884-1974) underwent the same influences as Staal, yet developed his own idiom, characterised by compositions of cubic volumes. From 1915 to 1928 he was director of Public Works in Hilversum. It was in this function that he built housing (**D11**), schools (**D09, D10**), and Hilversum Town Hall (**D01**).

werken. Zijn raadhuis in dezelfde plaats (**Q28**) combineerde een sobere opzet, bestudeerde verhoudingen en classicistische details.

In het gebouw De Volharding in Den Haag (**L07**) van *J. W. E. Buijs* (1889-1961) en *J. B. Lürsen* (geb. 1894) zijn materialen van het Nieuwe Bouwen samengebracht in een plastische compositie die aan De Stijl doet denken.

Het Nieuwe Bouwen oogstte in de jaren dertig enkele successen, maar maakte ook een periode van crisis en onzekerheid door. Op het eerste CIAM-congres dat op initiatief van Le Corbusier in 1928 bijeen was geroepen, waren zowel Berlage, Stam, Van Eesteren als Rietveld vertegenwoordigd. Naar aanleiding van dit congres gingen De 8 en Opbouw samenwerken. Van 1932 tot 1942 was hun tijdschrift De 8 en Opbouw de belangrijkste spreekbuis van het Nederlandse functionalisme.

Het revolutionaire radicalisme nam in betekenis af. Stam was in 1928 naar Frankfurt en later naar de Sovjet-Unie vertrokken en keerde in 1936 teleurgesteld terug. Brinkman & Van der Vlugt en Duiker kregen grote opdrachten. Maar doordat de overheid de woningbouw in toenemende mate aan particuliere bouwers overliet, waren er weinig kansen om de functionalistische denkbeelden op dit gebied in de praktijk te toetsen. Tekenend in dit opzicht is dat Oud in 1931 de Rotterdamse Woningdienst verliet.

Het Nieuwe Bouwen boekte echter haar belangrijkste succes op het gebied van de stedebouwkundige planning. Van Eesteren, die in Parijs stedebouw had gestudeerd, werd in 1929 hoofdarchitect van de Afdeling Stadsontwikkeling van de Amsterdamse Dienst Publieke Werken. Met K.T. van Lohuizen ondernam hij een uitgebreid onderzoek naar de samenstelling en de groei van de bevolking. Daarop werden prognoses gebaseerd voor de behoefte aan woningen, verkeerswegen, openbaar groen en voorzieningen. Dit resulteerde in 1934 in het Algemeen Uitbreidingsplan (AUP) voor Amsterdam-West, dat moest voorzien in de stadsuitbreiding tot het jaar 2000. De principes van de CIAM, waarvan Van Eesteren van 1930 tot 1947 voorzitter was, werden voor het eerst op grote schaal in praktijk gebracht toen het AUP na de Tweede Wereldoorlog werd uitgevoerd.

Dankzij de fusie tussen De 8 en Opbouw had het Nieuwe Bouwen zich als actieve beweging weten te consolideren. Maar hetzelfde coalitiebeleid leidde ook tot onzekerheid.

Nadat *A. Boeken* (1891-1951) en *A. Staal* (geb. 1907), de zoon van J.F. Staal, er niet

F.P.J. Peutz (1896-1974) made use of many styles. For the Schunck department store in Heerlen (**Q27**) he seems to have been under the spell of the Van Nelle factory. Then again Heerlen Town Hall (**Q28**) combines a sober layout, studied proportions, and Classical details.

In the Volharding cooperative building in The Hague (**L07**) of *J. W. E. Buijs* (1889-1961) and *J. B. Lürsen* (b. 1894) materials of the Nieuwe Bouwen were integrated in a plastic composition reminiscent of De Stijl.

The Nieuwe Bouwen scored several successes in the thirties, yet also went through a period of crisis and uncertainty. At the first CIAM congress (instigated in 1928 by Le Corbusier), Berlage, Stam, Van Eesteren, and Rietveld were represented. As a result of this congress De 8 en Opbouw joined forces. From 1932 to 1942 their periodical 'De 8 en Opbouw' was the most important mouthpiece of Dutch Functionalism.

Revolutionary radicalism began losing its significance. In 1928 Stam went to Frankfurt and later left for the Soviet Union, returning disillusioned in 1936. Brinkman & Van der Vlugt and Duiker received sizable commissions. Yet because the authorities left housing more and more to private builders opportunities for putting into practice Functionalist ideas on the subject were few and far between. Noteworthy in this respect is Oud's voluntary departure from the Rotterdam Housing Agency in 1931.

The Nieuwe Bouwen did, however, have outstanding success in the field of town planning. In 1929 Van Eesteren, who had studied urban design in Paris, became head architect of the Urban Development Department of Amsterdam Public Works. With K.T. van Lohuizen he carried out extensive investigations into the constitution and growth of the population. From these could be predicted the need for houses, traffic routes, green space, and facilities. This resulted in 1934 in the General Expansion Plan (Dutch initials AUP) for Amsterdam West which had to meet urban expansion up until the year 2000. The principles of the CIAM, of which Van Eesteren was chairman from 1930 to 1947, were for the first time put into practice on a grand scale when after the Second World War the AUP became a reality.

The fusion of De 8 and Opbouw enabled the New Architecture to consolidate its position as an active movement. Yet the self-same coalition policy was to lead to uncertainty too.

J.F. en A. STAAL, prijsvraagontwerp stadhuis Amsterdam, tweede ronde, 1938-1939.
J.F. and A. STAAL, competition design for Amsterdam Town Hall, second round, 1938-1939.

in slaagden de vereniging A et A voor het Nieuwe Bouwen te winnen, sloten ze zich, met onder anderen P. Zanstra, J.H.L. Giesen en K.L. Sijmons, in 1934 aan bij De 8 en Opbouw. Deze 'Groep '32' bleek echter vooral het kunstzinnige aspect van de architectuur in ere te willen herstellen, waarbij Le Corbusier en de klassieke oudheid als voorbeelden dienden.

S. van Ravesteyn (1889-1983) raakte na een functionalistische periode onder de indruk van de Italiaanse barok en bracht dat tot uiting in het kantoorgebouw 'Holland van 1859' **(K38)** en de verbouwing van schouwburg Kunstmin **(K39)** in Dordrecht. Na hevige discussies verlieten Van Ravesteyn en de meeste leden van de Groep '32 in 1938 De 8 en Opbouw.

Aan het toenemende cultuurpessimisme, gevoed door de economische crisis, de opkomst van het fascisme en de oorlogsdreiging, wisten ook de trouwe functionalisten niet te ontsnappen. Belangrijke figuren als Berlage, Duiker, Van der Vlugt en Van Loghem waren bovendien tegen de jaren veertig overleden. De prijsvraag voor het Amsterdamse stadhuis, waaraan veel functionalisten en leden van de Groep '32 meededen, markeerde tenslotte de toenemende invloed van een andere stroming: het traditionalisme.

TRADITIONALISME

Halverwege de jaren twintig begonnen enkele architecten weer houvast te zoeken bij de architectuur van het verleden. Sommigen wendden zich tot de Nederlandse Gouden Eeuw, anderen tot de klassieken of tot de vroeg-christelijke kerkbouw, weer anderen idealiseerden de sobere plattelandsarchitectuur. Bovendien werd in Wendingen al vroeg aandacht besteed aan het Scandinavische classicisme van Östberg, Asplund en Tengbom.

Een voorbeeld voor de traditionalisten was het werk van *A.J. Kropholler* (1882-1973), die de ambachtelijke soberheid van Berlage combineerde met historische

In 1934, having failed to win over the association A et A to the Nieuwe Bouwen, *A. Boeken* (1891-1951) and *A. Staal* (b. 1907), the son of J.F. Staal, joined the ranks of De 8 and Opbouw along with *P. Zanstra, J.H.L. Giesen,* and *K.L. Sijmons.* This group (known as 'Groep '32') seemed mainly interested, however, in honourably restoring the aesthetic side of architecture, taking Le Corbusier and Classical antiquity as models.

S. van Ravesteyn (1889-1983), after having pursued a Functionalist style, fell under the influence of Italian Baroque which produced the office building 'Holland van 1859' **(K38)** and the Kunstmin Theatre **(K39)**, both in Dordrecht. After heated discussions Van Ravesteyn and most members of Groep '32 left De 8 and Opbouw in 1938.

The mounting cultural pessimism nurtured by the economic crisis, the rise of Fascism, and the threat of war was to affect loyal Functionalists too. Moreover by 1940 such key figures as Berlage, Duiker, Van der Vlugt, and Van Loghem had died. Finally the competition for Amsterdam Town Hall, which attracted many Functionalists and members of Groep '32, marked the rising influence of yet another stream – traditionalism.

TRADITIONALISM

In the mid-twenties a number of architects began looking once more for support to architecture of the past. Some returned to the Dutch Golden Age, some to Classical times or early Christian churches, while others idealised the sobriety of rural architecture. Wendingen, besides, had long devoted attention to the Scandinavian Classicism of Östberg, Asplund, and Tengbom.

An example to traditionalists was the work of *A.J. Kropholler* (1882-1973), which combined the craftsmanlike soberness of Berlage with historical forms, as in his town hall at Waalwijk **(Q04)**. But it was *M.J. Granpré Molière* who gave traditionalism its

vormen, zoals in zijn raadhuis in Waalwijk (**Q04**). Maar het was *M.J. Granpré Molière* die het traditionalisme een eigen schoonheidsleer gaf. Hij zocht naar een nederige architectuur, die op eeuwige waarden was gebaseerd. Schoonheid stond voor hem gelijk aan waarheid; dit ideaal was te bereiken als de eenheid van lichaam en geest werd gerespecteerd en de materiële en formele kanten van het bouwen met elkaar in evenwicht werden gebracht. Hij wees het vergankelijke af, evenals het functionalisme, dat te eenzijdig op het materiële zou zijn gericht. Na zijn bekering tot het katholicisme in 1927, baseerde hij zich op de denkwereld van Aristoteles en Thomas van Aquino. Hij streefde naar een architectuur die niet zozeer de mens diende maar op nederige wijze God verheerlijkte.

Granpré Molière verbreidde zijn leer op de Technische Hogeschool in Delft, waar hij vanaf 1924 hoogleraar was. Het traditionalisme wordt daarom vaak aangeduid als de Delftse School. Bovendien domineerde hij de jaarlijkse studiedagen van de Algemene Katholieke Kunstenaars Vereniging in Huybergen. Hoewel niet alle traditionalisten het katholieke geloof aanhingen was het Rooms Katholiek Bouwblad de spreekbuis van deze stroming.

Granpré Molière bouwde zelf weinig. Het belangrijkste succes behaalde de Delftse School toen Molière als jurylid de inzending van twee leerlingen, *J.F. Berghoef* (geb. 1903) en *J.J.M. Vegter* (1907-1982), als winnend aanwees van de prijsvraag voor het Amsterdamse stadhuis. In het Museum Boymans-Van Beuningen in Rotterdam (**M36**) van *A.J. van der Steur* (1893-1953) en het stadhuis in Enschede (**B17**) van *G. Friedhoff* (1892-1970) is de Scandinavische invloed afleesbaar.

WEDEROPBOUW

In 1945 werd de tol die de oorlog had geëist in volle omvang zichtbaar. Steden, havens, bedrijven en infrastructuur waren verwoest en grote delen van het land stonden onder water. Naast de wederopbouw zag de regering zich voor een tweede taak geplaatst, het bestrijden van de woningnood die in de jaren vijftig als 'volksvijand nummer één' werd aangeduid. Deze was ontstaan door de vernietiging en beschadiging van woningen door het oorlogsgeweld, het stilvallen van de woningbouwproduktie en het onderhoud, en het grote aantal gezinnen dat na de bevrijding werd gesticht.

Herstel van havens, industrie en infrastructuur kreeg de hoogste prioriteit. Pas in de

own aesthetics. He strove for a self-effacing architecture steeped in centuries-old values. For him beauty was tantamount to truth: an ideal attainable by respecting the unity of matter and spirit and by striking a balance between the material and formal aspects of building. He rejected the transient, as he did Functionalism, as tipping the scales too far on the material side. After his conversion to Catholicism in 1927 he took as his basis the ideas of Aristotle and Thomas Aquinas. His efforts were towards an architecture not so much serving mankind as humbly glorifying God.

Granpré Molière amplified his theories at the Technische Hogeschool at Delft where he was professor from 1924. This is why traditionalism is often described as the Delft School. Moreover, he dominated the annual study conference of the General Catholic Artists Association in Huybergen. Although not all traditionalists adhered to Catholicism the architectural publication Rooms Katholiek Bouwblad was the mouthpiece of this stream.

Granpré Molière built little himself. The Delft School's greatest moment was when he as jury member chose the entry of two pupils, *J.F. Berghoef* (b. 1903) and *J.J.M. Vegter* (1907-1982), as winner of the competition for Amsterdam Town Hall. Both the Boymans-Van Beuningen Museum in Rotterdam (**M36**) of *A.J. van der Steur* (1893-1953) and Enschede Town Hall (**B17**) by *G. Friedhoff* (1892-1970) betray a strong Scandinavian influence.

POST-WAR RECONSTRUCTION

In 1945 the full extent of the toll taken by the war was all too evident. Cities, docks, industries, and infrastructure were devastated and large areas of the country were flooded. Besides reconstruction the government was faced with a second task, namely to combat the housing shortage, which in the fifties was labelled 'public enemy number one'. It had been caused by the destruction and impairment of houses during the war years, the standstill in housing production and maintenance, and the large numbers of families started after the liberation.

Priority was given to the reinstatement of docks, industry, and infrastructure. Only in the fifties did housing come under consideration. Here the authorities were once again to play a key role. They financed and subsidised it, which in the hands of private builders would otherwise have resulted in exorbitant rents. Due to the low rent level wages, too, could be kept low, all of which contributed to the restitution of industry

jaren vijftig kwam de woningbouw op gang. De overheid ging daarbij opnieuw een belangrijke rol spelen. Ze financierde en subsidieerde de woningbouw, die in handen van de particuliere bouwers tot een te hoog huurpeil zou leiden. Dankzij de lage huren konden ook de lonen beperkt blijven, hetgeen bijdroeg aan het herstel van de industrie en de exportpositie. Het tempo van de woningbouw werd niet te hoog gelegd, uit vrees voor massale werkloosheid als de woningnood voorbij zou zijn. De volkshuisvesting werd zo een belangrijk instrument in de economische politiek.

De architectuurdiscussie richtte zich op deze wederopbouw- en volkshuisvestings-taken maar werd vooral beheerst door de controverse tussen de Delftse School en het Nieuwe Bouwen. Op initiatief van Granpré Molière waren tijdens en na de oorlog studieconferenties gehouden in Doorn, waaraan ook Rietveld en Van Tijen deelnamen. Hoewel dit bijdroeg tot wederzijds begrip slaagde men er niet in beide stromingen te verzoenen. Dit gebeurde evenmin in het blad Forum dat vanaf 1946 door A et A werd uitgegeven als een platform waar verschillende stromingen elkaar konden ontmoeten. Eind jaren veertig werden toch weer verbitterde polemieken gevoerd. De invloedrijke posities die de traditionalisten innamen bij de wederopbouw en de inrichting van de IJsselmeerpolders werden door de functionalisten aan de kaak gesteld als 'Delftse dictatuur'.

De wederopbouwplannen voor de stadscentra van Rhenen en Middelburg ademen nog het zuiverst de sfeer van de Delftse School. Als invloedrijke theorie boette de stroming aan belang in nadat Granpré Molière in 1953 Delft had verlaten en Van den Broek en Van Eesteren daar hun intrede hadden gedaan.

Veel traditionalisten gingen hun ontwerpen aanpassen aan de moderne techniek en vormgeving. Typische voorbeelden daarvan zijn Berghoefs woningbouw in de Sloterhof te Amsterdam (**H24**) en het provinciehuis in Arnhem van Vegter (**C09**). In het laatste gebouw is ook geprobeerd eigentijdse en oude gebouwen met elkaar te verenigen.

In de kerkelijke architectuur werd de Delftse School opgevolgd door de Bossche School. Met deze benaming wordt een groep architecten rond de benedictijner monnik H. van der Laan aangeduid, die elkaar van 1946 tot 1973 voor studie-doeleinden ontmoetten in Den Bosch. Van der Laan ontwikkelde een eigen proportietheorie en paste die toe in eigen werk, zoals het klooster bij Vaals (**Q40**).

De onzekerheid binnen functionalistische kring werkte na in het monumentale en

and export. The pace at which housing was built was intentionally slow, for fear that mass unemployment would follow once the housing shortage had been taken care of. So it became an important tool in economic politics.

Discussions in the architectural world were focussed on the twin tasks of reconstruction and housing, yet were dominated by the controversy between the Delft School and the Nieuwe Bouwen. On the initiative of Granpré Molière study conferences had been held during and after the war in Doorn, in which Rietveld and Van Tijen took part. Though this did help to bring about something like mutual understanding a reconciliation was unforthcoming. It was even less in evidence in the magazine Forum, which from 1946 was published by A et A as a platform where different streams could exchange views. At the end of the forties rancorous argument once more raged forth. The influential positions held by traditionalists in the reconstruction and structuring of the IJsselmeerpolders were denounced in Functionalist circles as 'Delft dictatorship'.

The reconstruction plans for Rhenen and Middelburg town centres conjure up strongest of all the atmosphere of the Delft School. Its influence as a theory dwindled after Granpré Molière left Delft in 1953 and Van den Broek and Van Eesteren made their appearance there.

Many traditionalists adapted their projects to modern technology and design. Typical examples of this approach are Berghoef's Sloterhof housing in Amsterdam (**H24**) and the Provincial House in Arnhem of Vegter (**C09**). The latter, moreover, attempts to unite a modern building with an old, existing work.

In the realm of church architecture the Delft School was succeeded by the so-called 'Bossche School', a group of architects centred around the Benedictine monk H. van der Laan which from 1946 to 1973 met for study purposes in 's-Hertogenbosch. Van der Laan developed his own theory of proportions and applied it to his own work, such as the monastery near Vaals (**Q40**).

The uncertainty felt in Functionalist circles lingered on in Oud's monumental, decorative BIM building in The Hague (**L15**) which triggered off an international discussion. Oud later regained his purity of style in the Bio Sanatorium at Arnhem (**C17**). What Van Tijen sought to achieve (completely in the spirit of the Doorn conferences) was a 'marriage of brick and concrete' in his two industrial buildings in Rotterdam (**M24**). With the Rotterdam Business Centre (**M03**), designed together

gedecoreerde BIM-gebouw in Den Haag (**L15**) van Oud. Hierover ontstond een internationale discussie. Oud herwon zijn zuiverheid weer in het Bio-Herstellingsoord in Arnhem (**C17**). Van Tijen wilde, geheel in de geest van de studieconferenties van Doorn, een 'huwelijk tussen baksteen en beton' bewerkstelligen in zijn bedrijfsverzamelgebouwen in Rotterdam (**M24**). Met het Groothandelsgebouw (**M03**), ontworpen met zijn compagnon *H.A. Maaskant* (1907-1977), introduceerde hij het type van de megastructuur in Nederland, een groot gebouw dat uiteenlopende functies en verkeerswegen in zich opneemt. Als zelfstandig architect ontwikkelde Maaskant een combinatie van functionalisme en monumentaliteit. Veel van wat er in de jaren vijftig werd gebouwd ademde voorts de geest van de Groep '32, die als zodanig niet meer bestond.

Tegen dit beeld van hybridisering en compromisbereidheid wisten van de ouderen alleen Stam, Merkelbach, Elling, Bodon, Kloos, Salomonson en Rietveld de zuiverheid van het Nieuwe Bouwen te bewaren. Eén van de jongeren die in hun voetspoor trad was *W.G. Quist* (geb. 1930). In zijn drinkwaterproduktiebedrijf De Berenplaat (**K42**) en andere gebouwen combineerde hij eenvoudige gebouwvolumes met het expressief gebruik van nieuwe constructieprincipes. Maar het waren vooral Bakema en Van Eyck die de moderne architectuur een nieuwe wending zouden geven.

TEAM TEN EN FORUM

De organisatorische kern van het Nieuwe Bouwen, de verenigingen De 8 en Opbouw, bleven ook na de oorlog bestaan als de Nederlandse afdeling van de CIAM. De eerste internationale congressen hadden de wederopbouw, de humanisering van de industrialisatie en de begrippen 'core' en 'habitat' tot onderwerp. De CIAM zocht een nieuwe koers: ze wilde zich niet meer louter op functionele en rationele aspecten richten, maar ook op het bevorderen van gemeenschapszin en een rijk stedelijk leven. Een groep jongeren uit diverse landen nam bij dit zoeken de leiding. Dit Team Ten, zo genoemd omdat ze het tiende congres in 1965 mochten voorbereiden, besprak concepten als samenlevingspatronen, identiteit en cluster. Twee Nederlandse architecten waren binnen Team Ten actief.

J.B. Bakema (1914-1981) wilde het functionalisme verruimen tot beeldend functionalisme en sprak over de functie van de vorm. De omgeving moest op ieder

with his partner *H.A. Maaskant* (1907-1977), he introduced to the Netherlands the 'megastructure' – a large building incorporating both a multitude of functions and internal vehicular routes. As independant architect Maaskant developed a synthesis of Functionalism and monumentality. Much of what was built in the fifties still breathed the spirit of Groep '32 which as such no longer existed.

Against this image of mongrelism and ready compromise only Stam, Merkelbach, Elling, Bodon, Kloos, Salomonson, and Rietveld of the older artists managed to preserve the purity of the Nieuwe Bouwen. One younger man who followed in their footsteps was *W.G. Quist* (b. 1930). In his water purification plant 'De Berenplaat' (**K42**) and other works he combined basic building volumes with the expressive use of new structural principles. Yet it was chiefly Bakema and Van Eyck who would give modern architecture a new direction.

TEAM TEN AND FORUM

The organising nucleus of the Nieuwe Bouwen, the twin associations De 8 and Opbouw, continued life after the war as the Dutch branch of the CIAM. The first international congresses were devoted to the post-war reconstruction, how to humanise the industrialisation process, and the concepts 'core' and 'habitat'. The CIAM was searching for a new course: its intention was not simply to continue concentrating on functional and rational aspects but to add to these the advancement of public spirit and an enriched life-style. Leadership of this search was assumed by an international group of young architects. Known as Team Ten – they had been charged with organising the tenth congress in 1965 – they discussed such ideas as 'societal patterns', 'identity' and 'cluster'. Active within Team Ten were two Dutch architects.

J.B. Bakema (1914-1981) wanted to expand Functionalism into a 'plastic' Functionalism and spoke of 'the function of form'. On all levels, from seat to city, the environment had to express and stimulate human behaviour and socio-cultural values. As a member of Opbouw Bakema was involved in studies for the Rotterdam districts Pendrecht and Alexanderpolder which deployed 'wooneenheden' (clusters), or 'stempels' (stamps), as they were later known: repeatable patterns juxtaposing various living arrangements and dwelling types so that widely differing categories of inhabitant could live in integration together. This is how shape was given to the

niveau, van stoel tot stad, menselijke gedragingen en cultuur-maatschappelijke waarden tot uiting brengen en stimuleren. Binnen Opbouw was Bakema betrokken bij studies voor de Rotterdamse wijken Pendrecht en Alexanderpolder, waarbij met 'wooneenheden' of 'stempels' werd gewerkt: herhaalbare patronen waarin diverse woonvormen en woningtypes waren samengevoegd, zodat uiteenlopende bevolkingscategorieën geïntegreerd konden samenwonen. Op deze wijze werd vorm gegeven aan de wijkgedachte, die tijdens de oorlog door een groep rond A. Bos in Nederland werd geïntroduceerd als een remedie tegen het verlies aan gemeenschapsgevoel in de grote stad. Bakema had zich in 1948 geassocieerd met Van den Broek. Hun belangrijkste werk is de Lijnbaan in Rotterdam (**M07**), waarmee ze aantoonden hoe een goed functionerende openbare ruimte kon samengaan met hoge en middelhoge woongebouwen.

A.E. van Eyck (geb. 1918) had in zijn studietijd in Zürich deelgenomen aan het kunstenaarsklimaat. Hij beschouwde het relativiteitsbeginsel als de grootste verworvenheid van de moderne kunst en wilde daar een architectonische uitdrukking aan geven. Tegen de verschraling, waarin de naoorlogse CIAM dreigde vast te lopen, stelde hij de creatieve verbeelding van complexe relaties. Het vraagstuk van het 'grote aantal' beantwoordde hij met de 'configuratieve discipline'; polariteiten als groot-klein, veel-weinig wilde hij verzoenen tot 'tweelingfenomenen'. Deze beginselen komen het sterkst tot uiting in het Burgerweeshuis in Amsterdam (**H30**).

In 1959 vormden Bakema en Van Eyck op verzoek van A en A een nieuwe redactie van Forum. Van een tamelijk kleurloos 'ontmoetingsplatform' veranderde het blad in een spreekbuis van een actieve beweging. De redactie pleitte voor een 'andere gedachte': een samenvoegen van architectuur en stedebouw, om daarmee de contravorm voor een complexe maatschappij te verbeelden, de vervanging van een positivistisch mensbeeld door een mensvisie die het transcedente insluit en het herstel van de relatie tussen de mens en zijn omgeving die door bureaucratie en technocratie verstoord was geraakt.

H. Hertzberger (geb. 1932), een van de jongere redactieleden, bouwde het configuratieconcept om tot een consequent architectuuridioom, waarmee hij grote instituutsgebouwen zoals het Apeldoornse Centraal Beheer (**B07**) kon geleden, maar dat hem ook in staat stelde ontvankelijk te blijven voor de spontane inbezitname van de ruimte door de gebruikers. Tot de Forumredactie, die tot 1963 aanbleef,

'wijkgedachte' (neighbourhood idea), introduced in the Netherlands during the war by a group centred around A. Bos as a remedy against loss of community spirit in the big city. In 1948 Bakema established a partnership with Van den Broek. Their most important opus is the Lijnbaan shopping precinct in Rotterdam (**M07**), with which they showed how a public space functioning properly could combine with high-rise and middle-high-rise housing blocks.

A.E. van Eyck (b. 1918) had while studying in Zürich basked in its artistic atmosphere. He considered the relativity principle to be modern art's greatest achievement and wished to express it in architectural terms. To counteract the stripping down to essentials in which the post-war CIAM was floundering he proposed the creative delineation of complex relations. His answer to the problem of 'many' was a 'configurative discipline'; polarities like large-small, much-little he wished to reconcile in 'tweelingfenomenen' (twin phenomena). These principles come most strongly to the fore in the Burgerweeshuis (Orphanage) in Amsterdam (**H30**).

VAN DEN BROEK & BAKEMA, maquette van de Lijnbaan, Rotterdam, 1955.
VAN DEN BROEK & BAKEMA, model of the Lijnbaan, Rotterdam, 1955.

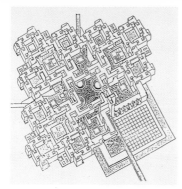

P. BLOM, ontwerp voor een kinderdorp, eindronde Prix de Rome, 1963.
P. BLOM, design for a children's village, final of Prix de Rome, 1963.

behoorden ook D.C. Apon en J. Hardy, die vooral als pedagogen invloed uitoefenden.

Onder invloed van Van Eycks configuratieconcept raakten ook enkele van zijn studenten aan de Amsterdamse Academie van Bouwkunst. *P. Blom* (geb. 1934) ontwikkelde daarbij een grote virtuositeit die blijkt uit zijn ontwerp voor een kinderdorp uit 1963, waar een hiërarchische organisatiestructuur is ondergebracht in een niet-hiërarchisch architectonisch beeld. Bloms latere werk neigt naar het extravagante, bijvoorbeeld zijn kubuswoningen in Helmond (**Q19**) en Rotterdam (**M22**). Ook J. van Stigt en J. Verhoeven vertaalden de configuratiegedachte in geometrische structuren. Mede hierom wordt deze stroming wel aangeduid als structuralisme.

NIEUWE TENDENZEN

Sinds de woningbouw als instrument in de economische politiek was gaan functioneren was overheidsbemoeienis daarbij een structureel gegeven. In de naoorlogse woonwijken is dat sterker dan ooit afleesbaar. De regering stelde de financiering afhankelijk van toetsing aan Voorschriften en Wenken (v&w). Deze werden in 1951 van kracht, maar waren al tijdens de oorlog voorbereid door de Studiegroep Woningarchitectuur waarvan Van Tijen, Merkelbach, Berghoef, Van Embden en Van den Broek deel uitmaakten. De v&w hadden al een zeker uniformerend effect, maar grootschalige woonwijken zoals Ommoord in Rotterdam en de Bijlmermeer (**H46**) in Amsterdam die vanwege hun monotonie werden

In 1959 Bakema and Van Eyck formed at the request of A et A a new editorial board for Forum. From a fairly bland 'meeting platform' the magazine was transformed into the mouthpiece of an active movement. Its editors argued for 'another idea': a fusion of architecture and urban design to represent the 'counterform' for a complex society; to replace a positivist view of man with a vision embracing the transcendental; and to recover the relationship disturbed by bureaucracy and technocracy between man and his environment.

H. Hertzberger (b. 1932), one of Forum's younger editors, converted the configuration idea into a consistent architectural idiom, with which he could articulate such large institutional buildings as Centraal Beheer in Apeldoorn (**B07**) yet enabling him to remain alive to the spontaneous occupation of the building's space by its users. Also on the Forum editorial board, which remained until 1963, were D.C. Apon and J. Hardy who were influential primarily as teachers.

At the Amsterdam Academy of Architecture several of Van Eyck's students came under the influence of his configuration concept. *P. Blom* (b. 1934) added to it a high degree of virtuosity as evidenced by his 1963 design for a children's village, where a hierarchically structured organisation is accommodated in a non-hierarchical architectural image. Blom's later work verges on the extravagant, exemplified by the 'pole dwellings' in Helmond (**Q19**) and Rotterdam (**M22**). J. van Stigt and J. Verhoeven rendered the configuration idea as geometric structures – one reason why this system is often termed 'Structuralism'.

NEW TENDENCIES

After housing began functioning as a tool in economic politics government interference became a regular structural component. In post-war residential areas this is in evidence to an unprecedented degree. The government decreed that the financing of a housing project depends on how it stood up to the norms of 'Voorschriften en Wenken' (Prescriptions and Hints for Housing). This law, though enforced in 1951, had been prepared during the war by the 'Studiegroep Woningarchitectuur' (Study Group for Housing) which included Van Tijen, Merkelbach, Berghoef, Van Embden, and Van den Broek. 'Prescriptions and Hints' had already led to a certain uniformity, though such large-scale residential areas as Ommoord in Rotterdam and the Bijlmermeer (**H46**) in Amsterdam, both denounced

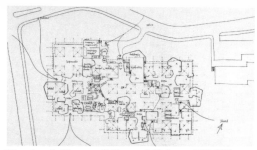

F. VAN KLINGEREN, multifunctioneel wijkcentrum "'t Karregat", Eindhoven, 1970-1973.
F. VAN KLINGEREN, multi-function centre "'t Karregat', Eindhoven, 1970-1973.

verguisd, konden pas ontstaan na een beleidswijziging in 1963. Volkshuisvesting-
minister Bogaers wilde de toen nog steeds nijpende woningnood bestrijden door
opvoering van de produktie en stimulering van industriële bouwtechnieken.

Het verzet dat deze door hoogbouw gedomineerde slaapsteden in de architecten-
wereld opriep werd vooral gekleurd door de denkbeelden van Team Ten en Forum.

Maar ook *N.J. Habraken* (geb. 1928) wilde de 'natuurlijke relatie' tussen mens en
omgeving herstellen. Hij bepleitte het aanbieden van 'dragers' als infrastructuur, die
de bewoners zelf konden invullen met 'inbouwpakketten', die hij zich voorstelde als
door particuliere ondernemers geproduceerde, duurzame gebruiksgoederen.
Gesteund door enkele architectenbureaus richtte hij in 1964 de Stichting Architecten
Research (SAR) op, die deze denkbeelden moest uitwerken. Vanwege juridische en
economische obstakels kon het SAR-concept slechts in enkele, experimentele situaties
worden gerealiseerd, zoals in de Lunetten (**C37**) bij Utrecht.

De massawoningbouw werd ook bekritiseerd door sociologen, psychologen en
artsen. Mede onder invloed hiervan nam A. van Dien in 1968 het initiatief tot de
Stichting Nieuwe Woonvormen. Aanvankelijk waren daarbij veel Forum-architecten
betrokken; vooral hun volgelingen, zoals H. Klunder, hielden er enkele opdrachten
aan over (**K18, E24**).

Om de eentonige woonmilieus een minimum aan openbaar leven mee te geven
ontwikkelde F. van Klingeren (geb. 1919) multifunctionele gemeenschapscentra,
zoals de Meerpaal in Dronten (**E11**) en 't Karregat in Eindhoven (**Q15**).

Aan het begin van de jaren zestig kreeg de Nederlandse economie, meegezogen
door het Duitse Wirtschaftswunder en opgestuwd door de aardgasvondsten in
Groningen, de kenmerken van een welvaartsstaat: inkomensstijging, toenemende
consumptie en grote sociale zekerheid. Veel kantoren en bedrijven vestigden zich in
de binnensteden, die bovendien het toenemende autoverkeer moesten verwerken.
Veel stadsbesturen wilden dit realiseren ten koste van negentiende-eeuwse
woonwijken, die door slechte kwaliteit en achterstallig onderhoud voor sanering rijp
werden geacht. Het verzet van de buurtbewoners hiertegen nam georganiseerde
vormen aan en veroorzaakte machtswisselingen binnen de sociaal-democratische
besturen van de grote gemeentes; stadsvernieuwing kreeg daar halverwege de jaren
zeventig de hoogste prioriteit.

In Rotterdam leidde dit tot het op grote schaal aankopen van oude woningen

for their monotony, were possible only after a change of policy in 1963. Bogaers, then
Minister of Housing, wanted to combat the housing shortage, at that time still acute,
by stepping up production and stimulating industrialised building techniques.

Hostility among architects to these dormitory towns dominated by high-rise was
predominantly coloured by the ideas of Team Ten and Forum.

N.J. Habraken (b. 1928) was another who wished to reinstate the 'natural relation'
between man and environment. He advocated the provision of 'supports' as
infrastructure to be fitted out by the tenants themselves with 'infill kits' – durable
consumer goods manufactured by private contractors. In 1964, aided by several
architects' practices, he established the Foundation for Architects Research (Dutch
initials SAR) to elaborate these ideas. Due to legal and economical drawbacks the SAR
principle could be applied in only a few experimental works, such as the Lunetten
(**C37**) in Utrecht.

Mass housing came under fire from sociologists, psychologists, and doctors alike.
Partly as a result A. van Dien decided to set up in 1968 the 'Stichting Nieuwe
Woonvormen' (Foundation for New Housing Forms). Originally many Forum
architects were involved: their followers, such as H. Klunder, were to benefit most in
terms of commissions (**K18, E24**).

So as to enliven the monotony of housing environments with at least some public life
F. van Klingeren (b. 1919) developed multi-function social centres like the Meerpaal
in Dronten (**E11**) and the Karregat in Eindhoven (**Q15**).

At the start of the sixties the Dutch economy, borne aloft by the German economy
boom and boosted by the discovery of natural gas in Groningen, had all the attributes
of a welfare state: a rise in income and consumer demand, and great social security.
Many offices and industries took to the town centres, which also had to contend with

gevolgd door renovatie- en nieuwbouwprogramma's, begeleid door projectgroepen waarin buurtbewoners de meerderheid hadden (**M28**).

In Amsterdam verliep de overgang met meer conflicten. De strijd tussen cityvorming en het 'bouwen voor de buurt' werd in het voordeel van het laatste beslist in de Nieuwmarktbuurt, die door de aanleg van een metrolijn was ontwricht. Van Eyck kreeg de supervisie over het herstel van de buurt (**F20**). Met zijn toenmalige compagnon Th.J.J. Bosch realiseerde hij er een aantal woningbouwprojecten (**F21, F22**).

Genoemde ontwikkelingen bevorderden de meer algemene tendens naar kleinschalige, gevarieerde en lage woningbouw en ingewikkelde verkavelingsvormen. Als reactie hiertegen bepleitte *C.J.M. Weeber* (geb. 1937) een 'objectieve stedebouw', die zich moest beperken tot een helder, tweedimensionaal ordeningspatroon, alsmede de terugkeer naar geïndustrialiseerde bouwtechnieken. Het eerste bracht hij in praktijk in zijn plan voor de Venserpolder in Amsterdam (**H44**), het tweede in het woongebouw De Peperklip in Rotterdam (**N43**). Zijn compagnon *J. Hoogstad* (geb. 1930) interesseert zich voor ruimtelijke opeenvolgingen gebaseerd op geometrische systemen.

an increase in traffic. Many town councils wanted to achieve all this at the cost of nineteenth century residential areas, whose delapidated state and long-abandoned maintenance deemed them ripe for demolition. Opposition to this from locals took on organised forms and brought about changes at the top in the social-democratic corporations of the large municipalities, where in the mid-seventies urban renewal was the top priority.

In Rotterdam this resulted in the large-scale acquisition of old houses followed by programmes for renovation and development, led by project groups in which locals predominated (**M28**).

In Amsterdam the transition took place less smoothly. The struggle between shaping the city as a whole and 'building for the neighbourhood' ended with a decisive victory for the latter in the case of the Nieuwmarkt area, disrupted by the construction of a branch of the Metro. Van Eyck was given supervision of the area's redevelopment (**F20**). With his partner of those days, Th.J.J. Bosch, he created several housing projects there (**F21, F22**).

The developments listed above promoted a more general tendency towards small-scale, varied, low-rise housing in complicated layouts. As a reaction *C.J.M. Weeber* (b. 1937) argued for an objective urban design, limited to a lucid, two-dimensional patterning, necessarily combined with a return to industrialised building techniques. The first he put into practice in his master plan for the Venserpolder in Amsterdam (**H44**), the second in the 'Peperklip' housing block in Rotterdam (**N43**). His partner *J. Hoogstad* (b. 1930) is interested in spatial sequences based on geometric systems.

After staying in London and New York *R. Koolhaas* (b. 1944), with his Office for Metropolitan Architecture (OMA), made his debut in Dutch architecture with his competition design for the extension of the Dutch Parliament buildings in the Hague (1978). By accommodating the contemporary political machinery in sleek volumes that penetrate wedgelike the citadel form of the Binnenhof he questioned the caution usually paid historical town centres in the seventies. Koolhaas is an ardent admirer of the metropolis, whose congestion and self-strengthening concentration of activities he interprets as positive forces.

As to the youngest generation of Dutch architects their educational background can often be identified from their work. At the Technische Hogeschool in Delft they could relate to tutors like Bakema, Van Eyck, Hertzberger, Weeber, and Koolhaas.

R. *Koolhaas* (geb. 1944) presenteerde zich en zijn Office for Metropolitan Architecture (OMA), na een verblijf in Londen en New York, voor het eerst in de Nederlandse architectuur met zijn prijsvraagontwerp voor de uitbreiding van het Tweede Kamergebouw in Den Haag (1978). Door het eigentijdse politieke bedrijf onder te brengen in strakke gebouwen, die als wiggen de middeleeuwse burchtvorm van het Binnenhof doorbreken, stelde hij de omzichtigheid ter discussie waarmee historische binnensteden in de jaren zeventig werden bejegend. Koolhaas bewondert de wereldstad, waarvan hij de congestie en de zichzelf versterkende concentratie van activiteiten als positieve krachten interpreteert.

Aan de jongste generatie architecten in Nederland is vaak hun opleidings-achtergrond af te lezen. Binnen de Technische Hogeschool Delft kon men zich identificeren met docenten als Bakema, Van Eyck, Hertzberger, Weeber en Koolhaas. Bovendien werd in enkele ateliers het werk van Loos, May en Le Corbusier bestudeerd, alsmede de Nederlandse woningbouw en stedebouw. Bureaus als De Nijl en Mecanoo verwerken dit in een op woningbouw toegespitste ontwerppraktijk. Het bureau Benthem & Crouwel concentreert zich op geavanceerde technologie om een transparante architectuur te verkrijgen. Onder invloed van Weeber en Koolhaas interesseren sommigen zich voor de mogelijkheden van hoogbouw in de compacte stad.

De in 1967 gestarte opleiding in Eindhoven kende nauwelijks 'helden' waarmee studenten zich konden identificeren of waartegen ze zich konden afzetten. Men oriënteerde zich via literatuurstudie en excursies op eigentijdse stromingen in de Verenigde Staten, Japan, Zwitserland, Italië en op de Russische constructivisten. Deze smeltkroes werd door de docenten gekoesterd. Er kwamen ontwerpers uit voort als *J. Coenen* (geb. 1949), die gebouwen samenstelt uit gangbare types, regionale motieven en eigen herinneringen, en *Sj. Soeters* (geb. 1947), die de invloed van zowel Van Eyck als het postmodernisme heeft verwerkt tot een luchthartig ruimte- en vormenspel dat in de overwegend nuchtere architectuur van Nederland een zeldzaamheid is.

HANS VAN DIJK

Moreover, various studios tackled the work of Loos, May, and Le Corbusier, along with Dutch housing and urban design. Offices like De Nijl and Mecanoo assimilate all this in a design approach with the accent on housing. Benthem & Crouwel concentrate on advanced technology to create a transparent architecture. Some, under the influence of Weeber and Koolhaas, take an interest in the possibilities of high-rise in the compact city.

Opened in 1967 the architectural school in Eindhoven has as yet produced few 'heroes' whom students could identify with or rebel against. Here orientation through both literature study and excursions is towards contemporary streams in the United States, Japan, Switzerland, Italy, and towards Russian Constructivism. This melting pot is further nourished by the professors, producing designers like *J. Coenen* (b. 1949) who compiles his buildings from current types, regional motifs, and personal recollections, and *Sj. Soeters* (b. 1947) who has moulded the influence of both Van Eyck and the Post-Moderns into an airy play of space and form, which in the predominantly sober architecture of the Netherlands is rare indeed.

HANS VAN DIJK

AANWIJZINGEN VOOR HET GEBRUIK

Om de architectuurgids optimaal te laten functioneren is de gebouwen-documentatie geografisch geordend en voorzien van eenvoudige kaarten. Er is een indeling naar regio's gebruikt die globaal de provincies van Nederland volgt.

Elk van de hoofdstukken van de gebouwendocumentatie wordt voorafgegaan door een regiokaart of een stadsplattegrond; deze zijn gekenmerkt door de letters A t/m Q. De verschillende objecten zijn vervolgens per kaart geordend in een logische geografische route en achtereenvolgens genummerd: A01, A02, A03, B01 t/m Q41. Deze objectnummers, die op de kaarten zijn aangegeven, worden ook in de registers en bij verwijzingen gehanteerd.

De kaarten en stadsplattegronden geven een goede indicatie van de situering van de verschillende objecten; een wegenkaart van Nederland en een boek met stadsplattegronden, zoals het 80.000 Stratenboek, vormen bij het vinden van de exacte locatie evenwel een nuttige aanvulling.

Bij ieder object in de gebouwendocumentatie is een aantal zakelijke gegevens opgenomen. Deze zijn telkens in dezelfde volgorde geplaatst en geven informatie over ontwerper(s), ontwerp- en bouwjaar, adres en aanvullende literatuur. De volgende regels zijn hier gehanteerd:

A01   Objectnummer

OMSCHRIJVING   Naam en functie van het object. Bij voorkeur is hier de oorspronkelijke benaming gebruikt. Wanneer meerdere objecten worden besproken, is dit aangegeven door het gebruik van het leesteken ';'. Dit leesteken is in dat geval ook terug te vinden bij de adressen, de ontwerper(s) en de jaartallen.

ADRES, PLAATS   Huisnummers zijn alleen opgenomen wanneer er twijfel kan bestaan over de exacte locatie van het object. Wanneer het object zich op een hoek van twee straten bevindt, is dit aangegeven met het leesteken '/'. Bij stedebouwkundige objecten wordt vaak de belangrijkste straatnaam genoemd met de toevoeging 'e.o.': 'en omstreken'.

ONTWERPER(S)   Genoemd worden de architecten of de architectenbureaus die in de literatuur als ontwerper(s) worden aangegeven. Het gebruik van het leesteken ';' geeft aan dat er sprake is van meerdere objecten en dus ook van meerdere ontwerpers. Het leesteken '/' geeft aan dat er sprake is geweest van

HOW TO USE THIS BOOK

To ensure that this Guide gives the best possible results the documentation of buildings has been arranged geographically and provided with maps that are easy to read. The book divides into regions broadly based on the provinces of the Netherlands.

Each chapter of the documentary sections is preceded by a map of a region or town, which is given a letter from A to Q. The objects on each map are represented by numbers arranged in a sequence corresponding to a geographically logical route. These numbers (A01, A02, A03, B01 to Q41) are used also in the indexes and for cross-reference purposes.

The maps show with a fair degree of accuracy where each object is to be found. However, a road map of the Netherlands and a compilation of town maps such as the '80.000 Stratenboek' (Book of 80,000 Streets) will prove handy additions in locating the exact spot.

Each entry in the documentary section includes a standard list of data (the designer(s), years of design and construction, addresses, and relevant literature) which reads as follows:

A01   Object number

DESCRIPTION   Name and function of the object, preferably its original name. If there is more than one object this is indicated by a dividing semicolon, which in such cases also separates the addresses, designers, and dates.

ADDRESS   House numbers are only included if doubt may arise as to the object's exact location. If it is situated at the junction of two streets this is indicated by a slanting line (/). The more large-scale urban projects are often identified by the principal street followed by 'e.o.' (and vicinity).

DESIGNER(S)   The names given are those of the architects or firms credited as such in architectural literature. A semicolon indicates more than one object and therefore more than one designer. A slanting line (/) occurs in cases of extensions, alterations, etc. by another designer. These punctuation marks are carried over to the dates.

DATES   Generally speaking two dates are given, the first being the year of design and the second the year when ready for use. Urban designs are credited only with the former, considering that construction sometimes takes tens of

een uitbreiding of een reconstructie die door een andere ontwerper is uitgevoerd. Deze leestekens zijn ook in de jaartallen terug te vinden.

JAARTALLEN   In het algemeen worden twee jaartallen genoemd. De eerste betreft het ontwerpjaar, de tweede het jaar van ingebruikname. Bij stedebouwkundige objecten is alleen het ontwerpjaar aangegeven, aangezien de realisatie soms enige decennia omvat. Het leesteken '/' geeft aan dat er ofwel een eerder (niet uitgevoerd prijsvraag-)ontwerp aan de bouw voorafging ofwel een latere uitbreiding van het object heeft plaatsgevonden.

MEDEWERKERS   Bij grotere projecten is er vaak sprake van meerdere ontwerpers. Ook is het zo dat bij grotere bureaus, zoals OD 205 en Van den Broek & Bakema, veelal een architect verantwoordelijk is voor het project, de projectarchitect (proj.). Op deze positie wordt een nadere precisering van de ontwerpers gegeven.
(proj.)   projectarchitect
(arch.)   medewerkende architecten
(int.)   interieurarchitecten
(tuinarch.)   tuinarchitecten
(constr.)   constructeurs
(b.k.)   beeldend kunstenaars
(inst.)   installateurs
(rest.)   restaurateurs
(oorspr. ontw.)   oorspronkelijk ontwerp
(uitbr.)   uitbreiding

LITERATUUR   In het algemeen worden twee regels literatuurverwijzingen gegeven. De eerste regel betreft Nederlandstalige literatuur; de tweede regel verwijst naar de buitenlandse literatuur.
Tijdschriften worden verkort weergegeven, zoals AdA voor Architecture d'Aujourd'hui. Op de pagina hiernaast is de volledige lijst opgenomen.
Afkortingen als Lit 33 verwijzen naar de algemene literatuurlijsten op de pagina's 37, 38 en 39.
Afkortingen als Berl 7 en vdVl 1 verwijzen naar specifieke literatuur over de betreffende architecten; deze zijn opgenomen in het architectenregister op pagina 278.

Ten slotte wijzen de samenstellers erop dat veel van de in deze gids opgenomen gebouwen zich op privé-terrein bevinden en dat bij een eventueel bezoek het nodige respect voor de privacy van de bewoners/gebruikers in acht genomen dient te worden.

years. A slanting line (/) indicates either an earlier design (unexecuted, or a competition entry) or a later extension.

CO-WORKERS   Large-scale projects often mean more than one designer. Equally, in larger offices such as OD 205 and Van den Broek & Bakema each project is frequently the responsibility of one architect – the project architect (proj.). Abbreviations used at this point are as follows:
(proj.)   project architect
(arch.)   assisting architects
(int.)   interior designers
(tuinarch.)   landscape architects
(constr.)   design engineers
(b.k.)   artists
(inst.)   heating and ventilation engineers
(rest.)   renovators
(oorspr. ontw.)   original design
(uitbr.)   extension

LITERATURE   In most cases there are two lines devoted to relevant literature: one of reading matter in Dutch, and a second featuring foreign material. Magazines are given in abbreviated form, e.g. AdA for Architecture d'Aujourd'hui. A complete list can be found on the page opposite. Such abbreviations as Lit 33 refer to the Bibliography on pages 37, 38 and 39. Others, such as Berl 7 and vdVl 1, refer to literature wholly devoted to the architects concerned: these are incorporated in the Architect Index on page 278.

Finally, the compilers would like to remind the user that many buildings included in the Guide are on private ground, so that when viewing such buildings care should be taken to disturb the privacy of their occupants as little as possible.

LITERATUURLIJST / BIBLIOGRAPHY

A. TIJDSCHRIFTEN / PERIODICALS

NEDERLANDSE TIJDSCHRIFTEN / DUTCH PERIODICALS

AB	AB architectuur/bouwen 1985-
8 en O	De 8 en Opbouw 1932-1943
Arch	de Architect 1971-
Archis	Archis 1986-
Architectura	Architectura 1893-1917; 1922-1926
Bb	Het Bouwbedrijf 1924-1938
Bouw	Bouw 1946-
BW	Bouwkundig Weekblad 1881-1969
Forum	Forum 1946-
i10	i10 1927-1929, rep. 1979
KB	Het R.K. Bouwblad 1929-1939
	Katholiek Bouwblad 1946-1967
KNOB	Bulletin KNOB 1948-
Plan	Plan 1970-
PT-B	Polytechnisch Tijdschrift Bouwkunde 1946-1984
De Stijl	De Stijl 1917-1931, rep. 1968
S&V	Tijdschrift voor Volkshuisvesting 1920-1923
	Tijdschrift voor Volkshuisvesting en Stedebouw 1923-1936
	Stedebouw en Volkshuisvesting 1958-
TABK	Tijdschrift voor Architectuur en Beeldende Kunst 1968-1972
Wend	Wendingen 1918-1931
WTABK	Wonen-TA/BK 1973-1985

BUITENLANDSE TIJDSCHRIFTEN / FOREIGN PERIODICALS

AD	Architectural Design (GB)
AdA	Architecture d'Aujourd'hui (F)
AF	Architectural Forum (USA)
AJ	Architect's Journal (GB)
AR	Architectural Review (GB)
Archithese	Archithese (CH)
ARec	Architectural Record (USA)
ASS	Acier Stahl Steel (B)
A+U	Architecture + Urbanisme (J)
AV	L'Architecture Vivante (F) 1923-1930, rep. 1975
Baumeister	Baumeister (WD)
Bauwelt	Bauwelt (WD)
B+W	Bauen + Wohnen (CH)
Casab	Casabella (I)
DB	Deutsche Bauzeitung (WD)
DBZ	Deutsche Bauzeitschrift (WD)
Detail	Detail (WD)
Domus	Domus (I)
Lotus	Lotus (I)
PA	Progressive Architecture (USA)
Perspecta	Perspecta (USA)
RIBA	Royal Institute of British Architects Journal (GB)
TdT	La Technique des Traveaux (F)
W/BW	Werk/Bauen + Wohnen (CH)
Werk	Werk (CH)

B. OVERIGE GIDSEN / OTHER GUIDEBOOKS

Lit 1 Broek, J.H. van den, *Gids voor Nederlandse Architectuur / Guide to Dutch Architecture*, Rotterdam, 1955, 1959

Lit 2 Domus 1972-dec, Architettura Olandese 1900-1973

Lit 3 Kunstreisboek Nederland, Zuid-Holland, Zeeland, etc, Weesp, 1985

Lit 4 Algemeen Uitbreidingsplan Amsterdam 50 jaar, Amsterdam, 1985

Lit 5 Gem. Dienst Volkshuisvesting, Amsterdam/Wonen 1900-1975, Amsterdam, 1975

Lit 6 Haagsma, I., H. de Haan, Stadsvernieuwingsgids van Amsterdam. Vooroorlogse wijken, toen en nu, Amsterdam, 1985

Lit 7 Haan, H. de, I. Haagsma, Amsterdamse gebouwen 1880-1980, Utrecht, 1981

Lit 8 Kuippers, M.C., Jongere Bouwkunst. Amsterdam binnen de Singelgracht (1850-1940), Zeist, 1984

Lit 9 Michel, H., A. Mulder, Architectuurwandelingen langs Amsterdamse Sociale Woningbouw, zes kaarten, Nijmegen, 1985

Lit 10 Moderne Architectuur in Amsterdam 1920-1970, Amsterdam, 1983, bijlage bij Lit 85

Lit 11 Plan 1983-11, Tienduizend Nieuwe Woningen in Amsterdam

Lit 12 Wattjes, J.G. Amsterdam's Bouwkunst en Stadsschoon 1306-1942, Amsterdam, 1943

Lit 13 Barbieri, S.U., e.a., Stedebouw in Rotterdam. Plannen en Opstellen 1940-1981, Amsterdam, 1981

Lit 14 Blijstra, R., *Rotterdam, Stad in Beweging*, Amsterdam, 1965

Lit 15 Dijk, H. van, *Architectuurgids Rotterdam*, Wonen-TA/BK 1980-5/6

Lit 16 Geurtsen, R., J. Piret, *Map/Guide 9*, Architectural Design 1969-4

Lit 17 Haan, H. de, I. Haagsma, *Stadsbeeld Rotterdam 1965-1982*, Utrecht, 1982

Lit 18 Huyskens, J., *Architektuur- en Stedebouwkaart van Rotterdam*, Rotterdam, 1982

Lit 19 Nycolaas, J., A. Meijer, A. Habets, *Stadsvernieuwingskaart Rotterdam 1974-1984*, Rotterdam, 1984

Lit 20 *Stadsvernieuwing Rotterdam 1974-1984*, drie delen, Rotterdam, 1985

Lit 21 Wattjes, J.G., W.H. ten Bosch, *Rotterdam en hoe het bouwde*, Leiden, 1940

Lit 22 Winter, P.P. de, e.a. *Havenarchitectuur. Een inventarisatie van industriële gebouwen in het Rotterdamse havengebied*, Rotterdam, 1982

Lit 23 Blijstra, R., *Over Haagse Architectuur*, 's-Gravenhage, 1975

Lit 24 Heijningen, L.A. van, J.P. Baeten, H. Blom, *Honderd jaar Haags Bouwen*, 's-Gravenhage, 1984

Lit 25 Leeuw-Roord, J. v.d., G. Rijven, F. Smit, *Bouwen op Haagse Gronden*, 's-Gravenhage, 1981

Lit 26 Roy Zuidewijn, H.J.F. de, *Haagse Huizen en Gebouwen. 7 Eeuwen bouwkunst in de hofstad*, Amsterdam, s.a.

Lit 27 Sant, K., *Architectuurwandelingen Den Haag*, deel 1 t/m 8, Den Haag, s.a.

Lit 28 *Beeldreportage Bergen*, De Architect 1980-6

Lit 29 *Beeldreportage Groningen*, De Architect 1980-10

Lit 30 *Beeldreportage Rudolf Steiner in Nederland*, Bouwen volgens de Antroposofie, De Architect 1980-12

Lit 31 *Beeldreportage Leeuwarden*, De Architect 1981-2

Lit 32 *Beeldreportage Hilversum*, De Architect 1981-5

Lit 33 *Beeldreportage Haarlem*, De Architect 1982-9

Lit 34 Blijstra, R., *Haarlem; heel oud, heel nieuw*, Haarlem, 1971

Lit 35 Bureau Voorlichting Gemeente Utrecht, *Jongere Bouwkunst in Utrecht*, Utrecht, 1985

Lit 36 *75 maal Dudok*, Route langs 75 bouwwerken van W.M. Dudok in Hilversum, Hilversum, 1977

Lit 37 Meindersma, H., K. de Jong, *Jongere Bouwkunst in Overijssel, 1840-1940*, Utrecht, 1985

C. ALGEMEEN / GENERAL PUBLICATIONS

Lit 38 Architectural Review 1948-616, *Themanummer*

Lit 39 Architectural Review 1985-1, *The Netherlands*

Lit 40 *L'Architecture Vivante 1926-I, l'école d'Amsterdam*

Lit 41 Archithese 1981-5, *Themanummer Holland 1950-1980*

Lit 42 Banham, R., *Theory and Design in the First Machine Age*, section 3: Holland: The Legacy of Berlage. De Stijl, 1917-1925, London, 1960

Lit 43 Barbieri, S.U., (red.), *Architectuur en Planning, Nederland 1940-1980*, Rotterdam, 1983

Lit 44 Barbieri, S.U., C. Boekraad, *Kritiek en ontwerp. Proeven van architektuurkritiek*, Nijmegen, 1982

Lit 45 Bauen + Wohnen 1968-5, *Themanummer*

Lit 46 Bauen + Wohnen 1976-1, *Strukturalismus*

Lit 47 Baumeister 1961-juni, *Neues Bauen in Holland*

Lit 48 Blotkamp, C., e.a., *De Beginjaren van De Stijl 1917-1922*, Utrecht, 1982

Lit 49 Blijstra, R., *Nederlandse Bouwkunst na 1900*, Amsterdam, 1957, Utrecht/Antwerpen, 1962

Lit 50 Boasson, D., e.a. *Kijk uit, om je heen; de geschiedenis van de moderne architectuur in Nederland*, 's-Gravenhage, 1980

Lit 51 Bock, M., e.a., *Van het Nieuwe Bouwen naar een Nieuwe Architectuur.* Groep '32: Ontwerpen, gebouwen, stedebouwkundige plannen 1925-1945, 's-Gravenhage, 1983

Lit 52 Boeken, A., *Architectuur*, Amsterdam, 1936, rep. Amsterdam, 1982

Lit 53 Boer, H. de, e.a., *Kunst & Omgeving*, 's-Gravenhage, 1977

Lit 54 Bouwkundig Weekblad 1958, p. 581 e.v., *50 jaar Nederlands Bouwen*

Lit 55 Bouwkundig Weekblad 1966, p. 325 e.v., *Nederlandse Architectuur*

Lit 56 Casabella 1957-april/mei, *L'epopea borghese della Scuola di Amsterdam*

Lit 57 Casabella 1985-juli/aug, *Alcuni giovani architetti olandesi*

Lit 58 Casciato, M., F. Panzini, S. Polano, *Architectuur en Volkshuisvesting, Nederland 1870-1940*, Milano, 1980, Delft, 1980

Lit 59 Dal, J.W. van, *Architectuur langs de rails; Overzicht van de Stations-architectuur in Nederland*, Deventer, 1981

Lit 60 Dien, A. van, e.a., *Nederlandse Architectuur en Stedebouw, 1945-1980*, Amsterdam, 1983

Lit 61 Eibink, A., e.a., *Hedendaagse Architectuur in Nederland / Architecture Hollandaise d'aujourd'hui / Holländische Baukunst von Heute / Dutch Architecture of today*, Amsterdam, 1937

Lit 62 Fanelli, G., *Moderne Architectuur in Nederland, 1900-1940*, Firenze, 1968, 's-Gravenhage, 1978

Lit 63 Fanelli, G., *Stijl-Architektur*, Stuttgart, 1985

Lit 64 Friedman, M., (ed.), *De Stijl 1917-1931, Visions of Utopia*, New York, 1982, Amsterdam, 1982

Lit 65 Grinsberg, D.I., *Housing in the Netherlands, 1900-1940*, Delft, 1982

Lit 66 Groetelaars, P., H. Priemus, *Huizen in Holland / House Building in the Netherlands*, 's-Gravenhage, 1971

Lit 67 Haan, H. de, I. Haagsma, *De Deltawerken-techniek, politiek, achtergronden*, Delft, 1984

Lit 68 Haan, H. de, I. Haagsma, *Een onderwerp van voortdurende zorg, Het naoorlogse Bouwen in Nederland*, Utrecht, 1983

Lit 69 Haan, H. de, I. Haagsma, *Wie is er bang voor nieuwbouw … confrontatie met Nederlandse architecten*, Amsterdam, 1981

Lit 70 Hausbrand, F., *Kleine Landhuizen in Holland*, Amsterdam, 1938

Lit 71 Hemel, Z., V. van Rossem, *Nagele, een collectief ontwerp 1947-1957*, Amsterdam, 1984

Lit 72 Heuvel, W.J. van, *Experimentele woningbouw, verkenning van gerealiseerde projecten*, 's-Gravenhage, 1976

Lit 73 Jaffé, H.L.C., *De Stijl 1917-1931. The Dutch Contribution to Modern Art*, Amsterdam, 1959

Lit 74 Jong, F. de, (red.), *Stedebouw in Nederland*, Zutphen, 1985

Lit 75 Kloot Meijburg, H. v.d., *Landhuisbouw in Nederland*, Amsterdam, 1921

Lit 76 Loghem, J.B. van, *Bouwen / Bauen / Bâtir / Building – Holland*, Amsterdam, 1932, rep. Nijmegen, 1980

Lit 77 Lüchinger, A., *Strukturalismus in Architektur und Städtebau*, Stuttgart, 1981

Lit 78 Mieras, J.P., *Na-oorlogse Bouwkunst in Nederland*, Amsterdam, 1954

Lit 79-1/20 *Moderne Bouwkunst in Nederland*, 20 delen, Rotterdam, 1941

Lit 80 *Nederland bouwt in baksteen 1800-1940*, Rotterdam, 1941

Lit 81 *Nederlandse Architectuur, 1880-1930, Americana*, Otterlo, 1975

Lit 82 *Nederlandse Architectuur, 1910-1930, Amsterdamse School*, Amsterdam, 1975

Lit 83 *Nederlandse Architectuur, 1893-1918, Architectura*, Amsterdam, 1975

Lit 84 *Het Nieuwe Bouwen – Voorgeschiedenis*, Delft, 1982

Lit 85 *Het Nieuwe Bouwen – Rotterdam 1920-1960*, Delft, 1982

Lit 86 *Het Nieuwe Bouwen – Amsterdam 1920-1960*, Delft, 1983

Lit 87 *Het Nieuwe Bouwen – De Stijl – De Nieuwe Beelding in de Architectuur*, Delft, 1983

Lit 88 *Het Nieuwe Bouwen – Internationaal – CIAM – Volkshuisvesting Stedebouw*, Delft, 1983

Lit 89 Nycolaas, J., e.a. *Bouwen '20-'40. De Nederlandse bijdrage aan het Nieuwe Bouwen*, Eindhoven, 1971

Lit 90 Ottenhof, F., *Goedkope Arbeiderswoningen*, Rotterdam, 1936, rep.
Amsterdam, 1982

Lit 91 Oud, J.J.P., *Holländische Architektur, Bauhausbuch 10*, München, 1926

Lit 92 Oud, J.J.P., *Hollandse architectuur*, Nijmegen, 1983

Lit 93 Paddenburgh, L. v., J.G.C. v.d. Meene, *Spoorwegstations in Nederland*, Deventer, 1981

Lit 94 Plan 1970-4, *Jonge Monumenten 1900-1940*

Lit 95 Rebel, B., *Het Nieuwe Bouwen, het Functionalisme in Nederland 1918-1945*, Assen, 1983

Lit 96 Saal, P., F. Spangenberg, *Kijk op Stations*, Amsterdam, 1983

Lit 97 Schreiber, U., *Modelle für Humanes Wohnen, Moderne Stadtarchitektur in den Niederlanden*, Köln, 1982

Lit 98 Stenchlak, M., *Architectuurgids van Nederland*, Rijswijk, 1983

Lit 99 Szénàssy, I., *Architectuur in Nederland 1960-1967*, Amsterdam, 1969

Lit 100 Troy, N.J., *The De Stijl Movement*, Cambridge (Mass.), 1983

Lit 101 Vriend, J.J., *Amsterdamse School, Beeldende Kunst en Bouwkunst in Nederland*, Amsterdam, 1970

Lit 102 Vriend, J.J., *Architectuur van deze eeuw*, Amsterdam, 1959

Lit 103 Vriend, J.J., *Na-oorlogse Kleine Landhuizen in Nederland*, Amsterdam, 1956

Lit 104 Wattjes, J.G., *Moderne Nederlandsche Villa's en Landhuizen*, Amsterdam, 1931

Lit 105 Wattjes, J.G., *Nieuw Nederlandsche Bouwkunst, twee delen*, Amsterdam, 1924, 1926, 1929

Lit 106 *Wendingen 1918-1931, Documenti dell'arte olandese del Novecento*, Firenze, 1982, Leeuwarden, 1982

Lit 107 *Werk 1951-11, Themanummer*

Lit 108 Wit, W. de, (ed.), *The Amsterdam School, Dutch Expressionist Architecture, 1915-1930*, Cambridge (Mass.), 1983

Lit 109 *Wonen-TA/BK 1983-17/18, Biennale jonge Nederlandse architecten*

Lit 110 *Wonen-TA/BK 1985-19/20, Biennale jonge Nederlandse architecten 1985*

Lit 111 Zevi, B., *Poetica dell'Architettura Neoplastica*, Milano, 1953

KAART/MAP A: NOORDOOST NEDERLAND/NORTH-EAST NETHERLANDS

A01 RAADHUIS/TOWN HALL

Raadhuisstraat 3, Usquert

H.P. BERLAGE ■ 1928-1930

Plan 1980-4; Arch 1980-3; Berl 7

De opdracht voor het raadhuis van deze kleine gemeente (1700 inwoners) wordt door Berlage ruim geïnterpreteerd. Door de raadzaal op de eerste verdieping één moduul hoger te maken, door toevoeging van een toren en door uitvoering in voor deze regio afwijkende materialen ontstaat een ongevraagd hoge representativiteit. Toren en entree zijn naar de weg gekeerd, terwijl de hoofdmassa het schuingelegen terrein volgt. De constructie is traditioneel, de afwerking zeer gedetailleerd ■ The commission for a town hall for this modest municipality (1700 inhabitants) was given a broad interpretation by Berlage. Making the council chamber on the first floor one module higher, adding a tower, and building in materials foreign to the area resulted in a more striking appearance than was requested. Tower and entrance face the road, while the main slab follows the obliqueness of the site. The structure is traditional, the modelling highly detailed.

A02 GALERIE/ART GALLERY WAALKENS

Hoofdweg 39, Finsterwolde

G. DAAN, TH. KARELSE ■ 1983-1984

Arch 1984-7/8; WTABK 1984-12/13

De plattegrond bestaat uit twee aaneengesloten gelijkzijdige driehoeken. Eén driehoek is naar de weg gekeerd en bevat de galerie, de andere naar het privéterrein bevat de woning. In elke driehoek is een staalskelet geplaatst, waarin vloeren, balkons en binnenwanden. Door plaatsing van het staalskelet onder 45° op de schuine gevel zijn t.p.v. het glas in de gevel serres ontstaan. Op de grens van glas en baksteen is de oplopende gevel onderbroken door een uitstekend vierkant trappehuis ■ This art gallery consists of two linked equilateral triangles. One contains the gallery and faces the road, the other the residence overlooking private ground. Each triangle has a steel frame with floor slabs, balconies, and wall partitions. Placing the frame at 45° in the facade has created conservatories where there is glass. Where glass and brick meet the sloping facade is interrupted by a projecting square staircase.

A03 GEMEENTEHUIS/TOWN HALL

Kerkstraat/Gorecht-Oost, Hoogezand-Sappemeer

J. BROUWER ■ 1979-1983

Bouw 1985-16

In het compacte gebouw zijn drie zones te onderscheiden: twee flexibel indeelbare kantoorzones en een middenzone met raadzaal, trouwzaal en vergaderruimtes. In Brouwers architectuur staat sinds 1973 de ontwikkeling van prefab gevelelementen centraal. Hier worden glasvezelversterkte polyesterpanelen van 4,50 x 3,30 m. in één keer tegen de betonconstructie bevestigd en afgewerkt met polyester zonweringskoven en dakranden. Een binnenstraat vormt de koppeling met een sociaal-cultureel centrum van Jelles ■ In this compact town hall there are three zones: two variously subdivisible office zones and a central zone with council chamber, wedding room, and meeting halls. Since 1973 the development of prefabricated facade elements stands central to Brouwer's work. Here, polyester panels strengthened with fibreglass of 4.50 x 3.30 m. were applied in one piece to the concrete frame and finished with polyester sun screen mouldings and eaves. An inner street links the town hall with a social/cultural centre designed by Jelles.

ACADEMIE/ACADEMY 'MINERVA' A04

Gedempte Zuiderdiep 158, Groningen

P. BLOM ■ 1976-1984

WTABK 1984-15; Blom 1

A+V 1985-11

De nieuwbouw van de kunstacademie bestaat uit drie hoofdblokken op een vierkant terrein met een symmetrie-as over de diagonaal. Alle ruimtes zijn georiënteerd op een centrale ontmoetingsruimte met op het dak een openbaar terras. Zo ontstaat een compact, inzichzelfgekeerd gebouw ('vestingstadje'). Gevarieerd licht bereikt veelal via daklichten de leslokalen: dubbelhoge ruimtes met een insteekvloer. Alle 150 ruimtes zijn verschillend, een diversiteit die ook in kampvormen, detaillering en gevels te zien is ■ The new buildings of the Arts Academy consist of three main blocks on a square site with a symmetry axis along the diagonal. All volumes face a central meeting space with a public roof terrace. All this creates a compact, introverted whole – a citadel. The lecture rooms, volumes of double height with a mezzanine level, receive an assortment of lighting mainly via rooflights. All 150 spaces are different, further emphasised outside by the cappings, ornamentation, and facades.

MIDDELBARE TECHNISCHE SCHOOL/POLYTECHNIC SCHOOL A05

Petrus Driessenstraat/C.H. Petersstraat, Groningen

L.C. VAN DER VLUGT, J.G. WIEBENGA ■ 1922-1923

BW 1924 p.22, p.65; vdVl 2

Het over de middenas volkomen symmetrische gebouw is in de dwarsrichting verdeeld in twee scholen aan weerszijden van een langgerekte strook werkplaatsen. Wiebenga, destijds directeur van de school, ontwikkelde een innovatieve draagstructuur met een skelet van betonnen kolommen en balken. Hierdoor zijn de gevels van hun dragende functie ontdaan en kunnen de ramen zonder onderbreking over de gehele breedte van de gevel doorlopen. De school wordt algemeen gezien als het eerste volkomen functionalistische ontwerp in Nederland ■ Absolutely symmetrical lengthways, the building then divides breadthways into two schools separated by an elongated row of workshops. Wiebenga, at that time director of the school, developed an innovative loadbearing structure with a frame of concrete columns and beams. With facades relieved of their loadbearing function windows could now run the full length of each facade without interruption. This building is generally considered the first completely Functionalist design in the Netherlands.

WOONHUIS VINK/PRIVATE HOUSE A06

Hoofdstraat 49, Zuidhorn

L.C. VAN DER VLUGT, K. SIEKMAN ■ 1925

vdVl 2

Met het ontwerp voor dit huis van een bevriende notaris neemt Van der Vlugt definitief afstand van zijn min of meer traditionele vroege werk. Het is een asymmetrische compositie met rechthoekige volumes, waarbij elk te onderscheiden volume een verschillend programmatisch onderdeel bevat; een langgerekt volume twee kantoren en een garage, een hoger middendeel de entree, de keuken en de slaapkamers en een lager volume naast de ingang de woon- en eetkamer. De woning is gedeeltelijk verbouwd en witgeverfd ■ In designing this house for a notary friend Van der Vlugt broke away for good from his earlier, more or less traditional period. It is an asymmetrical composition of rectangular volumes each both distinguishable from the other and comprising a different component – an elongated volume with two offices and a garage, a taller central section with entrance, kitchen, and bedrooms, and a less-tall volume next to the entrance with a living/ dining room. The house has been partly altered and given a white finish.

A07 GIROKANTOOR/GIRO OFFICE

Tesselschadestraat 1, Leeuwarden

A. BONNEMA ■ 1972-1975

Bouw 1976 p.433

Het gebouw rust op een zware betonnen schaal, uitkragend uit een kern van 10 x 10 m. met liften en toiletten. De traditionele kantoorplattegrond krijgt in de gevel door het gebruik van betonelementen en het sterk verticale karakter een krachtig en solide voorkomen. Belangrijk voordeel van de kern op de begane grond is de flexibele en plastische indeling van het kleine terrein met laagbouw. Het terrein is geheel onderkelderd met een parkeergarage ■ This Giro office building is founded on a heavy concrete slab projecting from a core of 10 x 10 m. with lifts and toilets. The traditional office layout is provided with a powerful, solid appearance in the facade by the use of concrete elements and a strong vertical character. An important advantage of the ground floor core is the flexible, plastic infill of the modest site with low-rise slabs. An underground parking lot takes up the entire site.

A08 UITBREIDING GIROKANTOOR/GIRO OFFICE EXTENSION

Tesselschadestraat 1, Leeuwarden

F.J. VAN GOOL ■ 1977-1982

WTABK 1983-6; Bouw 1984-11

De uitbreiding is gekoppeld aan het bestaande gebouw met een laagbouw die de rooilijn volgt. De vrij indeelbare kantoorvloeren hebben een licht gerende vliesgevel met uitstekende bakstenen bouwdelen waarin zich spreekkamers, pauzeruimtes, trappehuizen en toiletten bevinden. Het gebouw verjongt zich, met name bij de ronde vormen van restaurant, entree en pauzeruimte. De kolomplaatsing in de kantoren is ogenschijnlijk chaotisch: rond een verhoogd vierkant middengedeelte roteren een aantal achthoeken ■ This office extension connects to the existing structure with a low-rise building following the street line. Variously subdivisible, the office floors possess a softly slanting skin with projecting brick columns containing consulting rooms, relaxation areas, staircases and toilets. The building tapers particularly at the curved forms of restaurant, entrance, and relaxation area. Spacing of columns in the offices looks chaotic: several octagons rotate about a raised square central section.

A09 KANTOORGEBOUW GSD, WONINGBOUW/OFFICE BUILDING, HOUSING

Noordvliet 37, Leeuwarden

A. BONNEMA ■ 1972-1975

Bouw 1976 p.399

Met behulp van prefabbetonelementen (kolommen, balken, vloeren, borstweringen) is getracht een eigentijds gebouw in een historische context te realiseren. In het gebouw bevinden zich kantoortuinen die met behulp van een kleinschalig raster (2,50 x 2,50 m. en 5 x 5 m.) zijn ingedeeld. De straatgevel is een typisch voorbeeld van de architectuur van de jaren zeventig, waar het onderscheid tussen de individuele woning en het kantoorgebouw geheel is vervaagd ■ Aided by prefabricated concrete elements (columns, beams, floor slabs, parapets) the aim was to introduce a modern building into an historical context. Within the building are 'kantoortuinen' (office landscapes) designed using a small-scale module (2.50 x 2.50 m. and 5 x 5 m.). The street elevation is a typical example of '70s architecture, with its blurred distinction between dwelling unit and office block.

Het complex bestaat uit een stationsgebouw en een busstation. De bestaande situatie, een betonnen tunnel voor fietsers en voetgangers en een ontsluitingsweg onder 45° bepalen mede het langgerekte horizontale karakter van het complex. De gevel van het geheel in staal uitgevoerde stationsgebouw is op twee plaatsen onderbroken door tongewelven, die de hoofdentree en de tunnelingang markeren ■ This block consists of a railway station and a bus station. The existing situation, a concrete tunnel for cyclists and pedestrians and an approach road at 45°, helped determine the block's elongated, horizontal character. The facade of the all-steel railway station is twice interrupted by barrel vaults marking the main and tunnel entrances.

STATION A10

Stationsplein, Heerenveen

ARTICON ■ 1980-1984

J.A. van Belkum (proj.)

Bouw 1985-5

De woning vormt het prototype van een industrieel bouwsysteem, waarmee diverse varianten en verkavelingsvormen zijn samen te stellen. De woning is ondiep en variabel in de breedte. Zij is gefundeerd op betonnen balken, waarop stalen kolommen met stressed-skinpanelen voor de vloeren. De tuingevel is geheel beglaasd met schuifpuien, de straatgevel wordt gevormd door de aangekoppelde technische units (keuken, c.v., badcel, trap). Een kastenwand met luchtkanalen en electrarail scheidt gang en woonruimtes ■ This house is the prototype of an industrialised building system allowing an assortment of variations and layout schemes. Shallow and variable in breadth, the house is founded on concrete slabs supporting steel columns with stressed-skin floor panels. The garden elevation is fully glazed with sliding glass doors. The street elevation is formed by the coupling of service capsules (kitchen, central heating, bathroom, stair). A wall of storage units with air ducts and 'electrarail' separates corridor and living areas.

INDUSTRIËLE WONING HEIWO/INDUSTRIALISED DWELLING A11

Sneeuwheide 22, Wolvega

CEPEZED ■ 1980-1982

Arch 1982-4, 1982-11

AR 1985-1

Prototype voor rationele houtbouw, gebaseerd op een maatsysteem van 1,20 x 1,20 x 1,20 m., uit te voeren met zadel-, shed- of plat dak. De natte cel is een vrijstaand, afgerond, witgestuct stenen element. Het stijl- en regelwerk van de puien heeft rechthoekige doorsneden; toegevoegde latten vormen de aanslagen voor deuren of ramen, of dienen ter bevestiging van de dichte gevelvlakken. Deze woning heeft verschillende vloerniveaus, verbonden door korte steektrapjes ■ A prototype of rational timber–frame construction, this wooden house is based on a system of 1.20 x 1.20 x 1.20 m., with a choice of gable, shed, or flat roof. A free-standing brick unit with rounded corners and white stucco is for ablutions. Framework in the lower fronts is rectangular in section, with added rails accepting doors and windows or bearing the solid outer surface. An assortment of floor levels are linked by short straight flights of stairs.

VAKANTIEHUIS/HOLIDAY RESIDENCE A12

De Zaalsteden 29, Gieten

E.J. JELLES ■ 1967-1968

BW 1969 p.285; Jel 1

A13 GEZONDHEIDSCENTRUM/HEALTH CENTRE

Molenstraat 262, Assen

TUNS & HORSTING ■ 1980-1982

Arch 1983-12; Bouw 1983-11

Een baksteenen muur over de gehele breedte van het terrein verbergt het eigenlijke gebouw, dat bereikbaar is door een boogvormige poort en via een binnenplein. In het H-vormige gebouw zijn verschillende artsen en medische diensten gehuisvest. Een kleine glazen cilinder doet dienst als speelruimte voor kinderen. De ogenschijnlijk overgedimensioneerde kolommen bepalen de ritmiek van de gevels. Zij bestaan uit met aluminium beklede staalprofielen ■ A brick wall running the entire breadth of the site conceals the building itself, reachable through an arched gateway and inner court. H-shaped, it houses a number of surgeries and medical services. Its seemingly oversized columns determine the rhythm of the facades, which consist of aluminium-dressed steel I-beams. A small glazed cylinder serves as children's play space.

A14 INDUSTRIËLE WONINGEN SHELL/INDUSTRIALISED DWELLINGS

Taxusplantsoen 22-24, Assen

M.E. ZWARTS ■ 1967

BW 1969 p.56

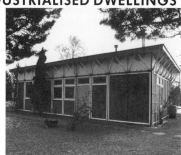

In deze woningen wordt geëxperimenteerd met een industrieel bouwsysteem met een maximaal gebruik van kunststof (zie ook H05 en K19). Het systeem bestaat uit dragende gevelkolommen met daarop een stalen ruimtevakwerk en verdiepingshoge uitwisselbare wandpanelen, gebaseerd op een maatraster van 1,20 m. De enige vaste elementen in de woning zijn de natte cellen. De overige wanden zijn verplaatsbaar, zodat de woonruimtes rond een atrium aan veranderende omstandigheden kunnen worden aangepast ■ These dwellings constitute an experiment with an industrialised building system using a maximum of synthetic materials (see also H05 and K19). This system involves loadbearing facade columns supporting both a steel space frame and interchangeable wall panels one storey high, using 1.20 m. as basic measurement. Sole fixed elements are kitchen, bathroom, and toilet. All remaining walls can be moved around, so that living spaces about a central atrium can be constantly adapted to suit changing circumstances.

A15 LAGERE SCHOLEN/PRIMARY SCHOOLS

De Strubben (Oldenhave, Bensingecamp, Holtackers), Emmen

G. BOON ■ 1961-1967

TABK 1970 p.87

Deze school behoort tot één van de weinige gerealiseerde werken van de Forum-medewerker G. Boon. Door toepassing van 5-hoekige lokalen ontstaan diverse schakelmogelijkheden. Bij deze 7-klassige school is hierdoor een gevarieerd spel van licht- en zoninval gecreëerd. Tussen de lokalen bevinden zich lagere tussenleden met gangen en toiletten. De school is in houten systeembouw uitgevoerd; een houten pergola vormt de overgang naar een overdekte speelplaats ■ This school is one of the few realised projects of Forum collaborator G. Boon. The use of pentagonal classrooms allows for a variety of possible combinations. In this seven-class school it has led to a mixed play of both artificial and natural light. Between classrooms are less-tall connecting areas containing corridors and toilets. The school possesses a timber-frame structure; a wooden pergola acts as transition to a roofed playground.

WONINGBOUW, STEDEBOUW/HOUSING, URBAN DESIGN ANGELSLO A16

Uitgangspunt bij de bouw van nieuwe woonwijken voor de jonge industriestad Emmen wordt het begrip 'open groene stad', waarbij de voordelen van wonen in het landschap worden gecombineerd met gedifferentieerde stedelijke voorzieningen en een compact centrum. Zowel in Angelslo, waarvan de bouw in 1960 startte, als in Emmerhout (1966-1975) zijn een aantal stedebouwkundige elementen ontwikkeld, die in de jaren zeventig in veel (laagbouw-)wijken in Nederland zouden worden toegepast. De beide wijken worden ontsloten door een centrale wijkweg met loodrecht daarop veelal doodlopende buurtstraten. De woninggroepen worden op hun beurt weer ontsloten door hierop aansluitende cul-de-sacs. In Emmerhout resulteert dit ontsluitingssysteem in geschakelde, enigszins verdiepte, parkeerplaatsen en gedeeltelijk verharde en beplante openbare gebieden tussen de woningen. Groenzones met scholen en speelvelden dringen tot diep in de wijk door; het gemotoriseerde verkeer wordt ondergeschikt aan de fietser en de wandelaar; de straat heeft definitief plaats gemaakt voor het 'woonerf'.

In Emmerhout wordt een door de stedebouwkundige De Jong voorgeschreven getrapte verkaveling toegepast, waardoor de individualiteit van de woning wordt benadrukt. Door het sterke stedebouwkundige concept is hier een potentiële wildgroei nog gemakkelijk te voorkomen. Bij latere navolgers in het land resulteert een al te gedifferentieerde ontsluiting en een overmatige hang naar variatie maar al te vaak in woonwijken waar de samenhang volledig zoek is.

■ Basic premise when building new estates for the fledgling industrial town of Emmen was the concept of an 'open, green city' in which the advantages of living in the landscape were to be combined with multifarious urban facilities and a compact town centre. Both in Angelslo, begun in 1960, and Emmerhout (1966-1975) numerous urban designs elements were developed which during the '70s would reappear in many (low-rise) districts across the Netherlands. Both estates are reached from a central highway criss-crossed by neighbourhood streets, many with dead-ends. Off these are cul-de-sacs providing access to the clusters of dwellings. In Emmerhout this access system has produced interlinked, slightly sunken parking places and half-paved, half-planted public areas between dwellings. Green zones with schools and playing fields penetrate deep into the estate. Here, motorised traffic is subordinate to cyclist and pedestrian alike – the street has been permanently ousted by the 'woonerf' (residential precinct).

Emmerhout employs a stepped layout prescribed by urban designer De Jong which emphasises the individuality of each dwelling. This sturdy urban structure can thus easily prevent any potential tendency towards chaos. Subsequent applications of this system have invariably resulted in too many types of access and too much variety in general, but worst of all in housing estates completely devoid of any sort of coherence.

Statenweg e.o., Emmen

N.A. DE BOER, A.J.M. DE JONG ■ 1960

J.J. Sterenberg, A.A. Oosterman, T. Strikwerda (arch.)

TABK 1968 p.649; Plan 1970 p.104

WONINGBOUW, STEDEBOUW/HOUSING, URBAN DESIGN EMMERHOUT A17

Houtweg e.o., Emmen

N.A. DE BOER, A.J.M. DE JONG ■ 1966

J.J. Sterenberg, A.C. Nicolai, A.A. Oosterman (arch.)

Plan 1970 p. 104; TABK 1968 p. 654

KAART/MAP B: OOST NEDERLAND/EAST NETHERLANDS

B01 J.J. KONIJNENBURG ■ UITBREIDING STADHUIS/TOWN HALL EXTENSION

B02 A.E. VAN EYCK, TH.J.J. BOSCH ■ STADSVERNIEUWING/URBAN REDEVELOPMENT

B03 R. UYTENHAAK ■ WOONHUIS, WERKPLAATS/PRIVATE HOUSE, WORKSHOP

B04 A. KOMTER ■ WOONHUIS/PRIVATE HOUSE 'DE WITTE RAAF'

B05 J.M. LUTHMANN ■ RADIOSTATION

B06 H. RUIJSSENAARS (LRR) ■ OPENBARE BIBLIOTHEEK/PUBLIC LIBRARY

B07 H. HERTZBERGER ■ KANTOORGEBOUW/OFFICE BUILDING CENTRAAL BEHEER

B08 W. VAN TIJEN, S.J. VAN EMBDEN ■ CAMPUS TH-TWENTE/TECHNICAL COLLEGE CAMPUS

B09 J. VAN STIGT ■ PERSONEELSKANTINE/STAFF CANTEEN

B10 OD 205; EGM ■ HALLENCOMPLEX/HALL BLOCK; INFORMATICA, TOEGEPASTE ONDERWIJSKUNDE

B11 ENVIRONMENTAL DESIGN ■ TOEGEPASTE WISKUNDE, REKENCENTRUM/ (APPLIED) MATHEMATICS

B12 P. BLOM ■ MENSA IN VERBOUWDE BOERDERIJ/STUDENT RESTAURANT IN CONVERTED FARMHOUSE

B13 P. BLOM, R. BLOM VAN ASSENDELFT, L. LAFOUR ■ MENSA/STUDENT RESTAURANT 'DE BASTILLE'

B14 J.F. BERGHOEF, J.F. HONDIUS ■ RAADHUIS/TOWN HALL

B15 P. BLOM ■ WONINGBOUW/HOUSING 'DE KASBAH'

B16 VAN DEN BROEK & BAKEMA ■ WONINGBOUW, STEDEBOUW/HOUSING, URBAN DESIGN HENGELOSE ES

B17 G. FRIEDHOFF ■ RAADHUIS/TOWN HALL

B01 UITBREIDING STADHUIS/TOWN HALL EXTENSION

Grote Kerkplein 15, Zwolle

J.J. KONIJNENBURG ■ 1963-1975

J.C. van Strien. P.B. Offringa (rest.)

Van Hasselt & De Koning (arch.)

TABK 1972 p.81; Bouw 1976 p.781

De nieuwbouw vormt de verbinding tussen twee gerestaureerde panden. De kantoorgevels hebben een verticale structuur van glaspuien en dragende betonnen schijven, bekleed met natuursteen (ceppo di gré). De raadzaal achter de spitse gevelschijven heeft een zaagtanddak gedragen door gelamineerde houten liggers. De overige dakconstructie bestaat uit hypparschalen. Deze eigenzinnige invulling in een historische context oogstte veel kritiek, echter met name door de grootte van het gebouw ■ Sandwiched between two restorations is this new town hall. Its office facades are structures of sheet glass and loadbearing concrete piers clad in ceppo di gré, a type of stone from Northern Italy. The council chamber behind the spikey facade has a sawtooth roof supported by laminated timber beams. Roofs are otherwise hyperbolic paraboloids. This uncompromising infill in an historical setting has received much criticism, levelled mainly, however, at its size.

B02 STADSVERNIEUWING/URBAN REDEVELOPMENT

Nieuwstraat/Waterstraat, Zwolle

A.E. VAN EYCK, TH.J.J. BOSCH ■ 1971-1975

P. de Ley, G. Knemeijer (arch.)

TABK 1971 p.554; PT-B 1976 p.459

Uitgangspunten waren: een verscheidenheid aan functies in de binnenstad (werken en wonen), een hoge bebouwingsdichtheid en aansluiting bij de bestaande stedelijke structuur van straat en binnenterrein. Deze aangepaste nieuwbouw, gekenmerkt door baksteenwanden, kleine ramen, houten kozijnen, betonelementen, maar met name door het afgeknotte zadeldak, diende lange tijd als voorbeeld voor stadsvernieuwingsarchitectuur, echter veelal zonder de stedebouwkundige en woningtypologische diepgang ■ Points of departure for this urban redevelopment scheme were a diversity of functions in the inner city (living and working), a high-density development, and the absorption of streets and courtyards by the existing urban fabric. This development geared to its surroundings is characterised by brick walls, small windows, wooden window and door frames, concrete elements, and above all by its truncated gable roofs. It has long served as model for the architecture of urban renewal, which invariably lacks, however, its profundity both in terms of urban planning and dwelling typology.

B03 WOONHUIS, WERKPLAATS/PRIVATE HOUSE, WORKSHOP

Posthoornsbredehoek 12-14, Zwolle

R. UYTENHAAK ■ 1982-1985

R. Smit (arch.)

Dit hoekpand bestaat uit een werkplaats, kantoor- en winkelruimte op de begane grond en een woning op de twee verdiepingen daarboven. De woonvertrekken bevinden zich op de eerste verdieping, de slaapkamers en een dakterras op de tweede. Op verzoek van de bewoner, die het huis zelf bouwde, is gekozen voor een houtskeletconstructie. De architect bereikt met gebruik van traditionele materialen en vormen een zinvol postmodernisme dat evenzeer lijkt te steunen op De Stijl als op de plaatselijke architectuur ■ These corner premises contain a workshop plus office and shop areas on the ground floor with a two-storey residence upstairs. Living spaces occupy the first floor with bedrooms and a roof terrace on the second. The choice of a timber-frame structure was at the request of the occupant, who built the house himself. Using traditional materials and forms the architect has achieved a meaningful Post-Modernism which leans as heavily on De Stijl as it does on the local Vernacular.

WOONHUIS/PRIVATE HOUSE 'DE WITTE RAAF' B04

Dit woonhuis voor zijn moeder is één van de meest functionalistische ontwerpen van Komter, waarin nog enige invloed van zijn vroegere leermeester Le Corbusier is te zien. Het huis heeft een (zichtbaar) staalskelet, diverse gebogen wanden en schuif- en vouwwanden. Een gedeelte met garage, keuken en dienstbodenkamer is van het woongedeelte onderscheiden, maar niet gescheiden ■ This house for the architect's mother is one of the most functionalist of his productions, still influenced somewhat by his former teacher Le Corbusier. Within its steel frame are a number of curved walls and sliding and folding partitions. A section with garage, kitchen, and servants' room is distinguishable from the living area but not separated from it.

Veldweg 69, Hattem

A. KOMTER ■ 1927-1936

8 en O 1937 p.206; Kom 1; Lit 51

RADIOSTATION B05

De zender diende voor contacten met Bandoeng (voormalig Nederlands Indië). In het gebouw mochten geen geleidende materialen (hout of spijkers) gebruikt worden, zodat voor de onbekende massieve betonbouw werd gekozen. Een duidelijk programma van eisen was niet voor handen. De zendtoren en de erachter gelegen machinehal zijn geworden tot een rijzige, monumentale, symmetrische kathedraal. De machinehal heeft aan weerszijden zeven hoge vensters, een trapsgewijs dak, een overspanning van betonnen ribben en een vloer met tegelpatroon in zwart en wit ■ This radio station was once used to contact Bandung in Java (formerly a Dutch colony). As all conductive structural materials such as wood and nails were ruled out, the choice fell on massive concrete, at that time an unknown medium. There was no clear programme of requirements to hand. The radio mast with behind it the main volume give the impression of a towering, symmetrical cathedral, with its seven tall windows, stepped roof, concrete structural ribbing, and floor pattern of black and white tiles.

Radio Kootwijk

J.M. LUTHMANN ■ 1919-1922

Wend 1923-11/12; WTABK 1979-2; Arch 1981-12

AV 1926-I

OPENBARE BIBLIOTHEEK/PUBLIC LIBRARY B06

Centraal thema in het gebouw is de daglichttoetreding. Vanaf de entree wordt de bezoeker naar een lichte plek in het interieur geleid, van waaruit men via een van boven verlichte gang naar de boeken loopt die in een relatief donkere tussenzone zijn opgesteld. Met een boek loopt men naar het licht bij de leestafels langs de gevel. De draagconstructie bestaat uit een stelsel van gemetselde schijven en getoogde betonbalken in de dwarsrichting van het gebouw ■ Fundamental theme of this library is the penetration of daylight. On entering, the visitor is drawn to a well-lit interior zone, from which he follows a corridor lit from above to the books, housed in a somewhat darker, intermediary area. Book in hand he then makes for the much brighter zone of tables along the facade. The loadbearing structure consists of a system of brickwork piers and arched concrete beams laid breadthways.

Vosselmanstraat 299, Apeldoorn

H. RUIJSSENAARS (LRR) ■ 1980-1984

Bouw 1985-13; VDL 1; Arch 1985-1

B07 KANTOORGEBOUW/OFFICE BUILDING CENTRAAL BEHEER

Prins Willem Alexanderlaan 651, Apeldoorn

H. HERTZBERGER ■ 1967-1972/1977-1979

Forum 1973-3; Bouw 1973 p.147; Plan 1970-5

AdA 1972/73-dec/jan; AD 1974 p.108; AJ 28-7-1982; DB 1973 p.1227;
Domus 1973-mei; A+U 1983-12

Het kantoorgebouw voor de verzekeringsfirma Centraal Beheer vormt
Hertzbergers belangrijkste bijdrage tot de zgn. Forum-architectuur. Al zijn
ideeën over de sociale implicaties van architectuur zijn hier gerealiseerd. De
opdracht, 'een werkplaats voor 1000 mensen', en het uitgangspunt dat
werknemers gemiddeld langer op kantoor verblijven dan thuis en het
kantoor dus een vervangend 'thuis' moet zijn, hebben geleid tot de volgende
specifieke uitgangspunten:
- architectuur moet contacten tussen bewoners/gebruikers bevorderen en
drempels wegnemen;
- architectuur moet een gemeenschappelijk totaal vormen zonder hiërarchie;
- de individuele werkplek moet binnen het totaal herkenbaar zijn en zelf
indeelbaar blijven;
- architectuur moet niet hiërarchisch of representatief zijn.
Het gebouw, een synthese van kantoortuin en cellenkantoor, bestaat uit vier
kwadranten, gescheiden door een neutrale zone met circulatie-, sanitaire en
technische ruimtes. Hoogste punt is de centrale 'technische toren'. Drie
kwadranten dienen als kantoorruimte; één kwadrant bevat algemene
ruimtes als personeelsrestaurant, recreatieve ruimtes en openbare functies.
Door de flexibele, 'onaffe' struktuur is het gebouw eenvoudig uitbreidbaar.
Het gebouw is opgebouwd met één herhaalde standaardconfiguratie, die in
nauwe samenhang met de draagkonstructie de zonering van de ruimte
bepaalt. Een blauwdruk voor een dergelijk gebouw is Hertzbergers
prijsvraagontwerp voor het stadhuis van Amsterdam (1968), een verzameling
onderling verbonden torentjes. Standaard vormelement is een vierkant van
9 x 9 m., door een kruisvormige zone verdeeld in vier hoekvlakken (3 x 3 m.).
Deze hoekvlakken zijn flexibel indeelbaar als werkplek, de kruisvormige
zone dient voor circulatie of als uitbreiding van de werkvlakken. Een
dergelijke configuratie vormt een 'eiland', verbonden met andere eilanden
door bruggen, die in het verlengde van de circulatiezone liggen. Soms is er
letterlijk sprake van eilanden en bruggen, als de tussenruimte als vide wordt
gebruikt. Zo ontstaat er ook verticaal en diagonaal contact. Door de
getrapte opbouw van het gebouw ontstaan dakterrassen.
De eilandjes zijn tot een hecht geheel gesmeed door de consequent
doorlopende draagkonstructie. Twee spanten, bestaande uit twee
kolommen waarop een aan beide zijden overstekende balk, vormen
evenwijdig geplaatst een brug tussen de eilanden. Vier van zulke bruggen

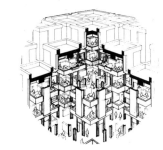

vormen nu met hun overstekken de draagkonstructie van een eiland. Dit
eiland wordt gedetermineerd door vier randbalken; in het centrum wordt
een kruisvormig middenelement toegevoegd. Het interieur wordt bepaald
met borstweringen van B2-blokken en met behulp van standaardmeubilair.
Voorts is grote aandacht besteed aan technische problemen als
geluidsoverlast, verlichting en uitzicht. Er bestaan momenteel plannen om de
grote openheid binnen het gebouw terug te brengen en het geheel aan te
passen aan de gewijzigde kantooropvattingen van de jaren tachtig.
■ The office building for the Centraal Beheer insurance company is
Hertzberger's most important contribution to the so-called 'Forum
architecture'. All his ideas on the social implications of architecture are
included here. The commission ('a work area for 1000 people') and the fact
that employees on average spend more time at the office than at home,
requiring that the office function as a stand-in home, led to the following
basic premises:
- architecture should increase contact between its tenants/users and do away
with inhibiting tresholds;
- architecture should form a social whole devoid of hierarchies;
- the place where each individual works should be both recognisable within
the whole and subdivisible;
- architecture should not be hierarchic or ceremonial.
The building, a synthesis of 'kantoortuin' (office landscape) and office
cubicles, consists of four quadrants separated by a neutral zone containing
circulation, toilets, and plant rooms, the latter supplying the building's
highest point. Three quadrants serve as office space, the other containing
such general spaces as restaurant, recreational areas, and public functions.
With its flexible, 'unfinished' structure the building can be easily added to.
Centraal Beheer is built up using a repeated standard pattern, which
determines in close contact with the loadbearing structure the zoning of the
interior. A blueprint for a building of this type is Hertzberger's own
competition design for the Amsterdam town hall (1968), a configuration of
interlinked towers. The basic formal unit is a square of 9 x 9 m. subdivided
by a cruciform zone into four corner areas of 3 x 3 m.. The latter are variously
subdivisible into individual work areas, the cruciform zones serving either as
additional work space or circulation route. This basic element constitutes an
'island', linked to others by bridges extending from the circulation zones.
Sometimes it really is a case of islands and bridges where the intermediary
space forms a void, adding vertical and diagonal contact. The building's
stepped construction resulted in a series of roof terraces.
The islands are welded into a close-knit whole by the consistently continuous
loadbearing structure. Two trusses, each of two columns spanned by a beam
cantilevered at both ends, form when placed parallel a bridge between
islands. Four such bridges then constitute with their cantilevers the
loadbearing structure for one island, each of which is defined by four edge
beams; linking these four bridges is a cruciform central element. The interior
is determined both by parapets of concrete block, and with the help of
standard furniture. Furthermore, much attention has been paid to such
technical problems as noise abatement, lighting, and views out. There are at
present plans to reduce the large degree of openness inside the building and
adapt the whole to suit the modified office concepts of the '80s.

B08 CAMPUS TH-TWENTE/TECHNICAL COLLEGE CAMPUS

Vrijhof e.o., Drienerloo

W. VAN TIJEN, S.J. VAN EMBDEN ■ 1960-1964

W.T. Schippers (b.k.)

BW 1964 p.302; Bouw 1965 p.1532

De Technische Hogeschool in Drienerloo is de enige universiteit in Nederland volgens het campus-principe. Een centrale as tussen de twee hoofdentrees van het park bevat het hoofdgebouw. Aan de oostzijde zijn de onderwijsgebouwen gesitueerd; aan de westzijde de studentenwoningen en -voorzieningen. De gebouwen zijn door verschillende architecten ontworpen, in tegenstelling tot de enige jaren eerder gebouwde TH van Eindhoven (Q16). De verzonken kerktoren in de vijver bij het hoofdgebouw is van Wim T. Schippers ■ The Technische Hogeschool in Drienerloo is the only university in the Netherlands using the campus principle. A central axis midway between the two main park entrances contains the main block. To the east is the educational section, to the west students' quarters and facilities. Different architects were responsible for different buildings, as opposed to the Eindhoven College of some years before (Q16). The sunken tower in the lake is by Wim T. Schippers.

B09 PERSONEELSKANTINE/STAFF CANTEEN

Campus TH-Twente, Drienerloo

J. VAN STIGT ■ 1963-1965

TABK 1968 p.57

Gelamineerde houten liggers zijn samengesteld tot kruisvormige structuren die, onderling gekoppeld, samen het dakvlak van de kantine vormen. De gevels zijn zoveel mogelijk open gelaten. De houten kolommen zijn niet op de einden van de liggers maar halverwege het overstek geplaatst. Hoewel de open ruimte van de kantine door de balkenstructuur in het plafond in verschillende subruimtes wordt onderverdeeld is het spel met vierkante configuraties op tekening fascinerender dan gebouwd ■ Laminated timber beams interlink in cruciform structures which combine to form the roof surface of this canteen. Facades remain open where possible. Timber posts support not the extremities of the beams but their centre. Though the pattern of beams overhead creates in its subdivision of the canteen's open zone a variety of subspaces this play of squares is nevertheless more enthralling on paper than it is in reality.

B10 HALLENCOMPLEX/HALL BLOCK; INFORMATICA, TOEGEPASTE ONDERWIJSKUNDE

Campus TH-Twente, Drienerloo

OD 205; EGM ■ 1962-1964; 1983-1985

Van Embden, Choisy, Roorda, Smelt, Wittermans; J. Dekkers (proj.)

BW 1964 p.306; Arch 1985-12

Drie werkplaats/laboratorium-hallen zijn onderling gekoppeld door een centraal entreeblok. De hallen zijn afgedekt door dakvlakken van 10 x 10 m. die aan de hoeken zijn opgehangen aan met spandraden afgetuide kolommen. Tussen de dakplaten lopen in twee richtingen lichtstraten. In de dubbelhoge hallen zijn op verschillende manieren tussenverdiepingen gehangen. Afgezien van de fundering is het hele gebouw geprefabriceerd. Het ontwerp is een variant op de eerder ontworpen W-hal van de TH Eindhoven (Q17) ■ Interlinked by a central block are these three workshop/laboratory halls. They are capped with roof surfaces of 10 x 10 m. suspended at the corners by columns and circumscribed by a grid of skylights. Within these double-height halls intermediary floors have been hung in various ways. Except for its foundations the entire building is prefabricated. The design is a variant of the earlier one for the 'W' hall at the Eindhoven college (Q17).

TOEGEPASTE WISKUNDE, REKENCENTRUM/(APPLIED) MATHEMATICS B11

De staf-, les- en de grotere algemene ruimtes zijn als losse elementen geschakeld tot een complexe structuur. De constructie en de gevels zijn opgebouwd uit geprefabriceerde elementen. De kolommen zijn afwisselend constructief en, in holle uitvoering, als leidingschachten uitgevoerd. Om de ruimtelijke continuïteit te bevorderen zijn smalle langwerpige lichtstroken toegepast ■ Here at the (applied) mathematics department of the Technische Hogeschool, staffrooms, classrooms, and larger general spaces interlink to form a complex structure. Both frame and facades are of prefabricated elements. Structural columns alternate with hollow ones housing service shafts. Narrow, elongated strips of lighting aid spatial continuity.

Campus TH-Twente, Drienerloo

ENVIRONMENTAL DESIGN ■ 1970-1973

L. Heijdenrijk, J. Mol (proj.)

ED 1

MENSA IN VERBOUWDE BOERDERIJ/STUDENT RESTAURANT IN CONVERTED FARMHOUSE B12

Binnen de bestaande structuur van een oude boerderij realiseert Blom een interieur vol verrassende ruimtelijke effecten als tegenpool van de zakelijke architectuur van de rest van de campus. Door het gebruik van vides zijn de twee verdiepingen zodanig met elkaar verbonden dat er eigenlijk sprake is van één grote zolderruimte onder de oude kap. Het gebouw vormt thans een Centrum voor Vraagstukken over Wetenschap en Samenleving ■ Within the existing structure of what once was a farm Blom has given this college restaurant an interior packed with surprising spatial effects as antithesis of the objective architecture otherwise characterising the campus. Voids so link the two storeys as to create the effect of one large attic volume below the original roof. The building is at present a Science and Society Enquiry Centre.

Campus TH-Twente, Drienerloo

P. BLOM ■ 1962-1964

BW 1964 p.318; Blom 1

MENSA/STUDENT RESTAURANT 'DE BASTILLE' B13

Rond de centrale keuken en maaltijdenuitgifte is voor de eters een gevarieerd stelsel van ruimtes gevormd. Een basiseenheid, bestaande uit een vierkante verticale kern(trappehuis of leidingschacht) met daaromheen vier velden is aaneengeschakeld tot een complexe structuur, uitgevoerd in prefabbeton. Door een tussenvloer is een verticale koppeling mogelijk, waardoor ook een ruimtelijk complex geheel ontstaat. In de gevel worden de vierkante kernen gemarkeerd door ruitvormige torentjes ■ Ranged around the central kitchen and food issue is a multifarious system of spaces for diners. Basic units, each of a square vertical core (staircase or service shaft) framed by four 'fields' interlink to form a complex structure in pre-cast concrete. Different levels link up vertically, thus creating a spatially complex whole. The square cores are represented in the facade by lozenge-shaped turrets.

Campus TH-Twente, Drienerloo

P. BLOM, R. BLOM VAN ASSENDELFT, L. LAFOUR ■ 1964-1969

P. Blom (proj.)

Plan 1970-1; Blom 1

B14 RAADHUIS/TOWN HALL

Burg. Jansenplein 1, Hengelo

J.F. BERGHOEF, J.F. HONDIUS ■ 1948-1963

Bouw 1950 p.830

De architecten hebben getracht 'eenheid en samenhang van het representatieve en het werkgedeelte duidelijk zichtbaar' te maken. Secretarie, administratie en representatieve vertrekken zijn gegroepeerd rond een centrale hal op de eerste etage. Deze hal is drie etages hoog, verlicht vanuit hoge zijvensters en afgedekt met een stalen dak. Met monumentale elementen als trappen, bordessen, zuilen en een Palazzo Vecchio-achtige toren met carillon symboliseert het gebouw traditionele machtsstructuren ■ In this town hall the architects have tried to make 'the unity and cohesion of public and non-public areas clearly visible'. Offices for town clerk and administration and receptionrooms are grouped around a central hall on the first floor. This hall is three storeys high, lit by high sidelights and with a steel roof. With such monumental elements as stairs, landings, pillars, and campanile the building symbolises traditional hierarchies of power.

B15 WONINGBOUW/HOUSING 'DE KASBAH'

Jacques Perkstraat/Zwavertsweg, Hengelo

P. BLOM ■ 1969-1973

Plan 1970 p.81; Blom 1

AdA 1975-jan/feb

De 128 woningen in dit experimentele plan zijn in een zeer hoge dichtheid op een verhoogd niveau ('woondak') geplaatst, met daaronder parkeerplaatsen, speelruimte en gemeenschappelijke tuinen. De woningen hebben een open plattegrond en delen een terras met z'n vieren. Aanvankelijk fungerend als bedevaartsoord voor architecten, is men tien jaar later terug in de realiteit door klachten over gebrek aan privacy en het niet functioneren van de begane grond, waar de verwachte spontane en gezamenlijke activiteiten uitbleven ■ The 128 dwelling units in this experimental plan are packed together on a raised level ('living roof') above parking lots, play area and communal gardens. Each unit has an open plan and four share a terrace. At first a Mecca for architects, things are more mundane a decade later with complaints about lack of privacy and the nonfunctioning ground floor where 'spontaneous, collective activities' have yet to take place.

B16 WONINGBOUW, STEDEBOUW/HOUSING, URBAN DESIGN HENGELOSE ES

Jeroen Boschstraat/Weusthagstraat, Hengelo

VAN DEN BROEK & BAKEMA ■ 1962-1968

J.M. Stokla (proj.)

Bouw 1964 p.972

Dit voorbeeld van het stedebouwkundige werk van Van den Broek & Bakema is het meest complexe en uitgebalanceerde plan uit de reeks Hengelo (Klein Driene), Leeuwarden en Kampen. De wijken zijn gecomponeerd m.b.v. een zgn. stempel (zie ook N47), een herhaalbaar stedebouwkundig element, hier bestaande uit laagbouwblokjes met individuele woningen, een lang blok middelhoogbouw en een splitlevel-flat van twaalf lagen. De woningen zijn klein en eenvoudig, maar gevarieerd in grootte en prijsklasse. De gevels zijn eenvoudig, ritmisch en goed van verhoudingen ■ This example of Van den Broek & Bakema's urban design is the most complex and balanced of the Hengelo, Leeuwarden, and Kampen series of schemes. Districts are organised using the 'cluster', a repeatable element in urban design (see also N47), in this case composed of low-rise blocks, a long middle-rise block, and a block of split-level flats twelve levels high. Dwelling units are small and simple but vary in size and price bracket. Elevations are straightforward, rhythmic, and well-proportioned.

Langestraat 24, Enschede

G. FRIEDHOFF ■ 1928-1933

BW 1929 p.88, 1933 p.249

Het ontwerp is resultaat van een meervoudige opdracht (1928) en een voorbeeld van de traditionele architectuur, die na 1930 opleeft. Het is geïnspireerd op de Scandinavische bouwkunst; de uitbollende toren is letterlijk overgenomen van het stadhuis van Stockholm van R. Östberg. De sobere, strakke gevels en nauwe entree verbergen een rijk gedecoreerd interieur: kunstwerken, mozaïeken, tapijten, glas-in-loodramen, etc. ■ The result of a multiple commission in 1928, this town hall is an example of the post-1930 revival of traditional architecture. Inspired by Scandinavian architecture, its bulging tower was copied in detail from the Stockholm town hall of R. Östberg. Sober, taut facades and narrow entrance conceal a richly decorated interior of art works, mosaics, carpets, and leaded windows.

KAART/MAP C: MIDDEN NEDERLAND/CENTRAL NETHERLANDS

C01 P.C. KLEINLOOH ■ BEDRIJFSGEBOUW/INDUSTRIAL BUILDING ATAG
C02 S. VAN RAVESTEYN ■ STATION; STATIONSPOSTKANTOOR/POST OFFICE
C03 G.H.M. HOLT, B. BIJVOET ■ SCHOUWBURG/THEATRE
C04 G.TH. RIETVELD ■ WOONHUIS STOOP/PRIVATE HOUSE
C05 S. VAN RAVESTEYN ■ BENZINESTATION/PETROL STATION
C06 W.M. DUDOK ■ KANTOORGEBOUW/OFFICE BUILDING DE NEDERLANDEN VAN 1845
C07 H.G.J. SCHELLING ■ STATION
C08 P. STRUYCKEN ■ OMGEVINGSKUNSTWERK/ENVIRONMENTAL ART
C09 J.J.M. VEGTER, H. BROUWER ■ PROVINCIEHUIS/PROVINCIAL HOUSE
C10 ARTICON ■ EXPEDITIEKNOOPPUNT PTT/POST OFFICE FORWARDING CENTRE
C11 K.P.C. DE BAZEL/J.F. BERGHOEF, H. KLARENBEEK ■ KANTOORGEBOUW/OFFICE BUILDING NEDERLANDSCHE HEIDEMAATSCHAPPIJ
C12 J. VERHOEVEN ■ RIJKSBRANDWEERACADEMIE/FIRE BRIGADE ACADEMY
C13 H. VAN DE VELDE ■ MUSEUM KRÖLLER-MÜLLER
C14 W.G. QUIST ■ UITBREIDING/EXTENSION MUSEUM KRÖLLER-MÜLLER
C15 G.TH. RIETVELD ■ SONSBEEK-PAVILJOEN/PAVILION
C16 H.P. BERLAGE ■ JACHTSLOT/HUNTING LODGE 'ST-HUBERTUS'
C17 J.J.P. OUD ■ BIO-HERSTELLINGSOORD/SANATORIUM
C18 M.J. GRANPRÉ MOLIÈRE ■ RAADHUIS/TOWN HALL
C19 J. ROTHUIZEN ■ HEVEADORP
C20 VAN DEN BROEK & BAKEMA ■ RAADHUIS/TOWN HALL
C21 J. VERHOEVEN ■ EIGEN WOONHUIS/THE ARCHITECT'S HOUSE; WONINGBOUWPROJECTEN/HOUSING PROJECTS
C22 H. KLUNDER, D. ZUIDERHOEK ■ PARKSTAD LEUSDEN
C23 G.TH. RIETVELD ■ EXPOSITIERUIMTE/EXHIBITION HALL 'DE ZONNEHOF'
C24 O. GREINER ■ CULTUREEL CENTRUM/CULTURAL CENTRE 'DE FLINT'
C25 D. ZUIDERHOEK, DHV ■ KANTOORGEBOUW/OFFICE BUILDING DHV
C26 P.J. GERSSEN ■ HOOFDKANTOOR/HEAD OFFICE FLÄKT
C27 G.TH. RIETVELD ■ WOONHUIS SMEDES/PRIVATE HOUSE
C28 R. VAN 'T HOFF ■ WOONHUIS/PRIVATE HOUSE 'LØVDALLA'
C29 R. VAN 'T HOFF ■ WOONHUIS VERLOOP/PRIVATE HOUSE
C30 R. VAN 'T HOFF ■ VILLA HENNY
C31 MAASKANT, VAN DOMMELEN, KROOS, SENF ■ SPORTCENTRUM/SPORTS CENTRE KNVB

C32 J. HOOGSTAD ■ BIBLIOTHEEK, MUZIEKSCHOOL/LIBRARY, SCHOOL OF MUSIC
C33 G.TH. RIETVELD ■ MUZIEKSCHOOL, WOONHUIS/SCHOOL OF MUSIC, PRIVATE HOUSE
C34 J.I. RISSEEUW ■ IONA-GEBOUW VRIJE HOGESCHOOL/ANTHROPOSOPHICAL CENTRE
C35 P.J. GERSSEN ■ HOOFDKANTOOR/HEAD OFFICE ZWOLSCHE ALGEMEENE
C36 A. ALBERTS, A. HAMELBERG ■ EMMAUSKERK/CHURCH
C37 KOKON, SAR ■ WONINGBOUW, STEDEBOUW SAR-METHODIEKEN/HOUSING, URBAN DESIGN
C38 G.TH. RIETVELD ■ WONINGBOUW/HOUSING
C39 ARTICON ■ HOOFDKANTOOR/HEAD OFFICE RABO-BANK
C40 G.W. VAN HEUKELOM ■ DERDE ADMINISTRATIEGEBOUW NS/RAILWAY ADMINISTRATION BUILDING
C41 H. HERTZBERGER ■ MUZIEKCENTRUM/MUSIC CENTRE 'VREDENBURG'
C42 J. CROUWEL JR ■ HOOFDPOSTKANTOOR/CENTRAL POST OFFICE
C43 G.TH. RIETVELD, T. SCHRÖDER-SCHRÄDER ■ SCHRÖDERHUIS/SCHRÖDER HOUSE
C44 G.TH. RIETVELD ■ CHAUFFEURSWONING/CHAUFFEUR'S HOUSE
C45 G.TH. RIETVELD, T. SCHRÖDER-SCHRÄDER ■ TWEE WONINGBOUW-PROJECTEN/TWO HOUSING PROJECTS
C46 S. VAN RAVESTEYN ■ EIGEN WOONHUIS/THE ARCHITECT'S HOUSE
C47 A. ALBERTS ■ WOONHUIS DE WAAL/PRIVATE HOUSE
C48 ENVIRONMENTAL DESIGN ■ TANDHEELKUNDIG INSTITUUT/DENTAL SURGERY INSTITUTE
C49 G.TH. RIETVELD ■ VAKANTIEHUIS/HOLIDAY RESIDENCE VERRIJN STUART 'DE BRAAMAKKERS'
C50 K. VAN VELSEN ■ WOONHUIS CRAMER/PRIVATE HOUSE
C51 MAASKANT, VAN DOMMELEN, KROOS, SENF ■ KANTOORGEBOUW, FABRIEK/OFFICE BUILDING, FACTORY JOHNSON-WAX
C52 J. VERHOEVEN ■ WONINGBOUW, WINKELS/HOUSING, SHOPS 'DE POSTKOETS'
C53 H.G.J. SCHELLING ■ STATION
C54 K. VAN VELSEN ■ FOTOSTUDIO, WOONHUIS/PHOTOGRAPHER'S STUDIO, PRIVATE HOUSE
C55 OD 205 ■ MAXIS SUPERMARKT/SUPERMARKET

C01 BEDRIJFSGEBOUW/INDUSTRIAL BUILDING ATAG

Nijverheidsweg 1, Ulft

P.C. KLEINLOOH ■ 1977-1980

K. de Kat (arch.)

E. Terwindt (b.k.)

Bouw 1981-11

Een bestaand gebouw van 60 x 60 m. is voorzien van een nieuwe buitenhuid, opgebouwd op de borstwering vóór de bestaande gevel. Een lager nieuwbouwgedeelte is hiervan gescheiden door een verbindingsstraat met twee ingangen. De wisselende maatvoering van het oude gebouw is bij de inrichting genegeerd; op een nieuw raster (1 x 1 m.) zijn verplaatsbare scheidingswanden, sanitaire units en kantoorcellen geplaatst. In het midden bevindt zich een verdiepte showroom, geaccentueerd door plafondhoogte en verlichting ■ An existing building of 60 x 60 m. was given a new skin rising from the upstand wall in front of the old facade. Separating it from a less-high new section is a thoroughfare with double access. The old building's irregular grid was ignored, a new module of 1 x 1 m. being used to allocate movable partition walls, toilet units, and office capsules. Placed centrally is a sunken showroom, emphasised by both ceiling level and lighting.

C02 STATION; STATIONSPOSTKANTOOR/POST OFFICE

Stationsplein, Nijmegen

S. VAN RAVESTEYN ■ 1954; 1964

Bouw 1954 p.570; BW 1959 p.464; Bouw 1965 p.1033

Met dit ontwerp toont Van Ravesteyn zijn interesse voor Italiaanse pleinen. De gevel van het station vertoont grote overeenkomst met de gevelwanden van de Via della Conciliazione in Rome. Een slanke toren beheerst het door baksteenbogen omsloten plein. Een van de vele stijlwisselingen in het wonderlijke oeuvre van Van Ravesteyn wordt gedemonstreerd aan de noordzijde van het plein. Hier verrijzen tien jaar later de strakke functionele gevels van het stationspostkantoor ■ This design reveals Van Ravesteyn's interest in Italian piazzas. The station facade bears a strong resemblance to the facades lining the Via della Conciliazione in Rome. A sleek tower dominates a square surrounded by brick archways. One of the many changes in style in Van Ravesteyn's remarkable oeuvre is demonstrated on the square's north side with the appearance ten years later of his post office with its taut functional facades.

C03 SCHOUWBURG/THEATRE

Keizer Karelplein, Nijmegen

G.H.M. HOLT, B. BIJVOET ■ 1955-1961/1966

Bouw 1962 p.988; BW 1961 p.283

TdT 1962 p.322

De verschillende onderdelen van het gebouw hebben een eigen uitdrukking en vormgeving. De langwerpige foyer staat op betonnen 'pilotis'; de zaal bestaat uit een rond zitgedeelte met twee balkons en omgangen en een rechthoekig toneel voorzien van een imposante toneeltoren. De betonconstructies zijn afgedekt met stalen dakspanten. De robuuste architectuur maakt gebruik van het contrast tussen gesloten vlakken en glaswanden en is door vides, balkons, omgangen en monumentale trappen verrassend ruimtelijk ■ Each component of this, the Town Theatre, has its own expression and design. The oblong foyer stands on concrete 'pilotis'; the hall is built up of a circular auditorium with two balconies and aisles, and a rectangular stage with imposing fly-tower. Using concrete frames decked with steel roof joists, the robust architecture makes set of the contrast between opaque and glazed surfaces, while a play of voids, balconies, galleries, and grand staircases provides a surprising spaciousness.

Met deze woning keert Rietveld terug naar zijn De Stijl-ontwerpen uit de jaren twintig. Vooral de uitgewogen compositie van de oostgevel kan de vergelijking met het Schröderhuis gemakkelijk doorstaan. De woning is opgebouwd uit vrijstaande gevelvlakken, houten puien en een uitkragend plat dak. Door de wandvlakken door middel van smalle donkere stroken te scheiden van het dak en het maaiveld lijken ze te zweven ■ This house heralds Rietveld's return to his De Stijl designs of the '20s. Its well-balanced east facade in particular stands comparison with the Schröder house. The house is built up of free-standing facade surfaces, wooden lower fronts, and a cantilevered flat roof. Divided both from roof and ground level by narrow, dark strips the wall surfaces seem to float.

WOONHUIS STOOP/PRIVATE HOUSE C04

Beekhuizenseweg 48a, Velp

G.TH. RIETVELD ■ 1951

Forum 1953 p.368

Door de kopgevel van het langgerekte blokje af te schuinen en naar de weg toe te draaien, een beweging die wordt versterkt door een driehoekig om de hoek lopend raam en een gekartelde dakrand, is een ruimtelijke compositie ontstaan die een dynamische uitzondering vormt in de reeks fantasieloze benzinestations die de Nederlandse wegen ontsieren. Op de vertande dakrand was oorspronkelijk de merknaam Purfina aangebracht ■ The head elevation of this elongated box has been splayed and turned to the road; a movement strengthened by a triangular window which turns the corner, and a roof created at this end. The spatial composition created forms a dynamic exception in the succession of unimaginative petrol stations disfiguring the main roads of Holland. On the toothed roof edge once stood the brand name 'Purfina'.

BENZINESTATION/PETROL STATION C05

Apeldoornseweg, Arnhem

S. VAN RAVESTEYN ■ 1957

Bouw 1960 p.1182; BW 1959 p.460

Het verzekeringsbedrijf 'De Nederlanden van 1845' was onder het directeurschap van Carel Henny één van de belangrijkste opdrachtgevers van Berlage (L09, L14). Na Berlages dood werkt Dudok aan enige projecten. In dit kantoorgebouw past Dudok zijn bekende ontwerpthema's, kleur- en materiaalgebruik op een zakelijke, voor deze opgave geëigende wijze toe ■ The insurance company 'De Nederlanden van 1845' was under the directorship of Carel Henny one of the most important clients of Berlage (L09, L14). After the latter's death Dudok worked for them on a number of projects. In this office building he applied his characteristic themes, and use of colour and material in an objective manner befitting the commission.

KANTOORGEBOUW/OFFICE BUILDING DE NEDERLANDEN VAN 1845 C06

Willemsplein, Arnhem

W.M. DUDOK ■ 1938-1939

Dud 2

C07 STATION

Stationsplein, Arnhem

H.G.J. SCHELLING ■ 1950-1954

PT-B 1954 p.918

In de gevels is het maatraster van de betonkolommen (5,5 x 5,5 m.) ingevuld met vierkante betonramen en metselwerk. Dit strenge vierkante raster wordt enigszins gerelativeerd door gebogen betonluifels aan de beide ingangszijden van het station. In het dak zijn perspex lichtkoepels aangebracht. Station Sonsbeek dat vanaf het eerste perron met een loopbrug verbonden is met het hoofdstation, heeft een zeshoekige plattegrond. De ronde koepel daarboven is opgebouwd uit radiaal opgelegde 'fusées céramiques' ■ In the facades of this railway station the grid of concrete columns (5.5 x 5.5 m.) has an infill of square concrete-framed windows and brickwork. This severe square grid is toned down somewhat by curved awnings also of concrete on both entrance sides of the station. The roof is fitted with perspex rooflights. Sonsbeek station, reached from the main station by a pedestrian bridge from platform one, is hexagonal in plan. Its circular dome is built up of radially laid 'fusées céramiques' – a building material of Roman origin.

C08 OMGEVINGSKUNSTWERK/ENVIRONMENTAL ART

Roermondsplein, Arnhem

P. STRUYCKEN ■ 1972-1978

WTABK 1977-8

Binnen een ovaalvormig verkeersplein dat auto's naar de brug over de Rijn leidt, realiseert beeldend kunstenaar Peter Struycken een omgevings-kunstwerk dat naar eigen zeggen 'pas echt mooi is vanuit een vliegtuig'. Een kale parkeervlakte is bestraat met blauwe en witte banen waardoor een, aan het water refererend, golvend landschap is ontstaan. Struycken adviseerde eveneens bij het vernieuwen van de kademuren langs de Rijn ■ Within an oval roundabout leading traffic to the bridge across the river Rijn sculptor Peter Struycken created an environmental artwork which in his own words 'only really looks good from the air'. An empty expanse of parking space has been paved with blue and white lines creating an undulating, almost rippling landscape. Struycken was also an adviser during renovation of the walls along the Rijn.

C09 PROVINCIEHUIS/PROVINCIAL HOUSE

Markt 11, Arnhem

J.J.M. VEGTER, H. BROUWER ■ 1950-1955

Forum 1955 p.109; BW 1955 p.481

AdA 1957-feb/ma; RIBA 1955 p.43

Rond een binnenhof liggen twee kantoorschijven aan beide zijden, een door twee zuilen gemarkeerde, asymmetrisch geplaatste poort aan de pleinzijde en een hoger blok met de vergaderzaal en een als een blok uitkragende omloop aan de rivierzijde. Het ontwerp, een mengeling van Italiaanse palazzo-architectuur en Delftse School, moderne en traditionele materialen, is uitgewogen gecomponeerd en bevestigt naar zijn uiterlijk de macht en het conservatisme van het ambtenarenapparaat ■ Facing each other across an inner court are two office slabs joined on the square side by an asymmetrical entrance portal marked by two pillars and at the rear by a taller block containing the provincial government chamber and, cantilevered like a bay window, the great south gallery looking towards the river. The design's composition, a mixture of Italian 'palazzo' style and Delft School architecture using both modern and traditional materials is well-thought-out yet reflects in its appearance both the power and conservatism of officialdom.

EXPEDITIEKNOOPPUNT PTT/POST OFFICE FORWARDING CENTRE C10

Het gebouw doet dienst als centraal punt voor het verzenden en (deels automatisch) sorteren van de post. Het bestaat uit twee grote hallen en een kantoorgedeelte. Om de grootschalige indruk van het gebouw te verminderen, is naar ideeën van beeldend kunstenaar B. Maters voor het kantoorgedeelte een hellende glazen gevel geplaatst. Ook naast het gebouw zijn deze spiegelende schermen doorgetrokken. Een glimmende kegel en een dijkhuisje completeren het kunstwerk ■ This building serves as centre for the forwarding and (partly automatic) sorting of post. It consists of two large halls and an office section. To lessen its monumental impression, the office section was provided with a tilted glass front after ideas by artist B. Maters; these reflecting screens project beyond the building's envelope. A shiny cone and a canal house complete the artistic elements.

Broekstraat/Johan de Wittlaan, Arnhem

ARTICON ■ 1981-1983

A.J. Fichtinger (proj.)

B. Maters (b.k.)

Arch 1983-7/8

KANTOORGEBOUW/OFFICE BUILDING NEDERLANDSCHE HEIDEMAATSCHAPPIJ C11

Het ontwerp weerspiegelt het conflict tussen de traditionele, hiërarchische en de moderne, democratische architectuur. Een symmetrische voorgevel met monumentale entree en directievertrekken verbergt een moderne open 'kantoorzaal'. De betonconstructie is aan de buitenzijde bekleed met geelgrijze waalklinkers. Plinten, friezen en penanten zijn voorzien van decoratieve zwartgeteerde banden. Naast kantoren bevatte het gebouw een museum, cursusruimtes, een leeszaal en een bibliotheek ■ This office design reflects the conflict between traditional – hierarchic and modern – democratic architecture. A symmetrical facade with monumental entrance and director's rooms conceals a modern open 'office zone'. The concrete structure is clad on the outer face with yellowish-grey bricks. Plinths, friezes, and piers wear decorative bands tarred black. Besides offices the building contained a museum, study space, a reading-room, and a library.

Sickeszplein, Arnhem

K.P.C. DE BAZEL/J.F. BERGHOEF, H. KLARENBEEK ■ 1912-1913/1954

Architectura 1913 p.335; Baz 2

RIJKSBRANDWEERACADEMIE/FIRE BRIGADE ACADEMY C12

Vier kruisvormige gebouwdelen zijn diagonaal ten opzichte van elkaar geplaatst zodat ze samen een vierkant vormen. De 'knopen' aan de uiteinden van de gebouwdelen bieden de mogelijkheid tot latere uitbreiding en fungeren als slangetoren, oefentoren, maquettetoren en recreatieruimte. De knoop in het midden bevat de alarmcentrale. Door gebruik te maken van het hoogteverschil in het bosachtige terrein zijn de drie programmaonderdelen verduidelijkt: woongedeeltes boven, lesruimtes in het midden en technische ruimtes en garages daaronder ■ Four cruciform blocks stand at diagonals to each other forming a square of X's. The 'nodes' on the extremities of each allow for eventual extensions and per block serve for storage of hoses, as practice space, maquette departments, and recreation zone, with one node per function. The central node contains an alarm communications centre. The difference in height in this wooded area aided clear separation of the three planning programme components (living quarters above, classrooms in the middle, plant rooms and garages below).

Kemperbergerweg 783, Arnhem/Schaarsbergen

J. VERHOEVEN ■ 1975-1980

Bouw 1982-8; Arch 1981-11

W/B+W 1981-12; Bauwelt 1982 p.1134

C13 MUSEUM KRÖLLER-MÜLLER

Nationaal Park de Hoge Veluwe, Otterlo

H. VAN DE VELDE ■ 1919-1921/1938/1953

WTABK 1977-17

C14 UITBREIDING/EXTENSION MUSEUM KRÖLLER-MÜLLER

Nationaal Park de Hoge Veluwe, Otterlo

W.G. QUIST ■ 1969-1977

Bouw 1978-5; WTABK 1977-17

C15 SONSBEEK-PAVILJOEN/PAVILION

Nationaal Park de Hoge Veluwe, Otterlo

G.TH. RIETVELD ■ 1954/1965

BW 1955 p.361; Bouw 1965 p.902

AD 1955 p.383; Domus 1965-sep

Nadat plannen van Behrens, Mies van der Rohe en Berlage tussen 1911 en 1913 zijn afgewezen, krijgt Van de Velde in 1919 de opdracht voor de huisvesting van de kunstcollectie van mevrouw Kröller-Müller. In 1921 start de bouw van een ambitieus project dat korte tijd later vanwege de economische crisis moet worden gestopt. Nadat de collectie en het omringende landgoed aan het Rijk zijn geschonken, wordt in 1938 een tijdelijke huisvesting opgeleverd. Het museum dat in 1953 met een beeldenzaal en een aula is uitgebreid, wordt geroemd om zijn intimiteit, zijn inpassing in de omringende natuur en zijn uitgewogen belichting door middel van daklichten, waardoor de collectie met onder andere een groot aantal Van Goghs optimaal tot zijn recht komt.

In 1975-1977 wordt het in 1971 gerestaureerde museum uitgebreid met expositieruimtes, een auditorium, kantoren en werkplaatsen. Quist verplaatst de ingang naar de nieuwbouw die zich verscholen tussen de beuken bescheiden tegen het oude gebouw vleit. Verspreid geplaatste, gesloten kubusvormige expositieruimtes en voorzieningenblokken zijn verbonden door glazen gangen waardoor de bezoeker telkens met de hem omringende natuur wordt geconfronteerd. De expositiezalen worden door een ingenieuze zaagtand-dakconstructie van indirect daglicht voorzien. De zwarte aluminium puien van de verbindingsgangen lopen vanaf de vloer tot voorbij het vlakke aluminium plafond, waardoor de scheiding tussen binnen en buiten wordt geminimaliseerd. Naast deze 'open' relatie met het bos wordt het uitzicht in de gesloten expositieruimtes soms omkaderd als één van de kunstwerken tentoongesteld. Quist refereert met deze uitbreiding aan verschillende architectuurstromingen. De belichting verwijst naar het oude gebouw van Van de Velde, de zorgvuldige detaillering en de doorlopende glasvlakken naar het werk van Mies van der Rohe en de vrije plaatsing van wanden in een orthogonaal stelsel naar De Stijl en de neo-plastische villa's van Mies van der Rohe.

In de beeldentuin van het museum staat een open expositiepaviljoen dat Rietveld als tijdelijke constructie voor een tentoonstelling in het Arnhemse Sonsbeekpark heeft ontworpen. Een reddingsoperatie van de BNA maakte definitieve herbouw mogelijk. Het paviljoen is naast een functionele overkapping voor beelden een ruimtekunstwerk op zich. Doordat klimaateisen ontbraken was Rietveld in staat om het neo-plastische ideaal: de ononderbroken overgang van binnen- in buitenruimte, optimaal vorm te geven door het samenbrengen van vrijstaande, uit eenvoudige materialen geconstrueerde, vlakken in een orthogonaal stelsel.

■ After the rejection of plans by Behrens, Mies van der Rohe, and Berlage (1911-1913) it was Van de Velde who received the commission to design accomodation for the art collection owned by Mrs. Kröller-Müller. In 1921 building of his ambitious plan began, only to be discontinued due to the economic crisis. Both collection and landed property eventually went to the State, who requested that Van de Velde design something temporary and less expensive. The resulting museum building of 1938, later extended in 1953 with a sculpture gallery and great hall, became celebrated because of its intimacy, its aptness within its natural surroundings, and its well-thought-out illumination using rooflights with which the collection, including a large number of Van Goghs, is shown to good advantage.

Having undergone restoration in 1971, the museum was extended between 1975 and 1977 with new galleries, an auditorium, offices, and workshops. Quist moved the entrance to the new section tucked away among the beeches in unobtrusive proximity to the old block. Spread across the site, closed cubelike blocks containing galleries and facilities are linked by

glazed corridors continually confronting the visitor with the natural surroundings. Exhibition galleries are provided with indirect daylight through an ingenious sawtooth roof structure. The black aluminium frames of the connecting passages stretch from floor to ceiling, minimising any separation between inside and out. Besides this 'open' relationship with the woods the view out from the enclosed gallery spaces is sometimes 'framed' as an extra exhibit. Quist refers in his extension to various architectural trends. The lighting pays tribute to Van de Velde's original building, the painstaking detail and continuous glazed surfaces acknowledge Mies van der Rohe, and the free placing of walls in a system of right angles points to De Stijl and to Mies' Neoplastic villas.

In the museum's sculpture park is an open pavilion designed by Rietveld as a temporary structure for an exhibition in the Sonsbeekpark in Arnhem. A rescue operation by the BNA (Dutch Architects' Union) enabled it to be rebuilt on a permanent basis. Besides functioning as a shelter for sculpture the pavilion is a work of art in itself. A lack of climatal requirements allowed Rietveld to realise a Neoplastic ideal – to shape optimally the uninterrupted transition from inside to outside by a juxtaposition of free-standing surfaces of basic materials in an orthogonal system.

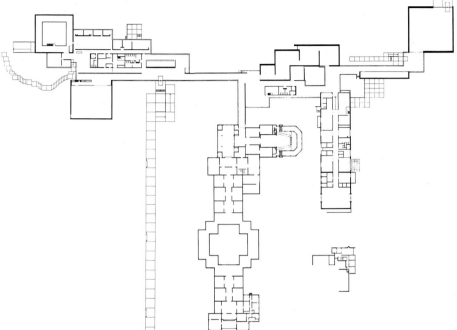

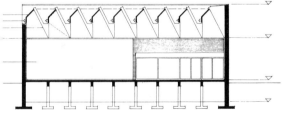

C16 JACHTSLOT/HUNTING LODGE 'ST.-HUBERTUS'

Nationaal Park de Hoge Veluwe, Otterlo

H.P. BERLAGE ■ 1915

Lit 79-6

Vanaf 1913 is Berlage in vaste dienst van de familie Kröller-Müller. Een museumontwerp blijft onuitgevoerd, maar het monumentale jachtslot verrijst aan een speciaal aangelegde vijver. De plattegrond heeft de vorm van een gewei. Dit en het gestileerde kruis in de toren zijn verwijzingen naar de legende van St.-Hubertus, patroon van de jacht, die christen werd nadat hij in een woud een hert met een kruis op het hoofd had gezien. De interieurs zijn luxueus gestoffeerd en gemeubileerd; de wanden zijn uit al dan niet verglaasde gekleurde baksteen opgemetseld ■ From 1913 Berlage was in the service of the Kröller-Müller family. Though his museum design remained unrealised, not so this monumental hunting lodge with its artificial lake. The plan is shaped like a pair of antlers. This and the stylised cross in the tower are references to the legend of St. Hubert, patron of hunters, who was converted after seeing in the forest a stag with a cross between its antlers. The interiors are luxuriously upholstered and furnished; the walls are of coloured brick both glazed and unglazed.

C17 BIO-HERSTELLINGSOORD/SANATORIUM

Wekeromscheweg 6, Arnhem/Wolfheze

J.J.P. OUD ■ 1952-1960

Bouw 1960 p.1306; Oud 3

AD 1961 p.127

Dit herstellingsoord voor motorisch gestoorde kinderen is Ouds meest expressieve ontwerp. In een bosrijke omgeving zijn de te onderscheiden functies in vrijstaande gebouwdelen ondergebracht. De verblijfspaviljoens liggen naar de zon gedraaid aan weerszijden van een centrale as. Het dominerende middelpunt wordt gevormd door rond een ketelhuis met conciërgewoning. Ouds zoeken naar een poëtisch functionalisme resulteert soms in een expressionisme ten koste van de functionaliteit ■ This sanatorium for motorially disturbed children is Oud's most expressive design. Placed in a wooded setting are free-standing volumes each housing separate functions. Patients' pavilions are turned either side of a central axis towards the sun. The dominating fulcrum is shaped by a round boilerhouse with porter's lodge. Oud's search for a poetic Functionalism led sometimes to a form of Expressionism gained at the cost of the project's efficiency.

C18 RAADHUIS/TOWN HALL

Generaal Urquhartlaan/Utrechtseweg, Oosterbeek

M.J. GRANPRÉ MOLIÈRE ■ 1956-1966

H.P. Ahrens (proj.)

BW 1956 p.374; BW 1967 p.110

Een raadhuis, het 'meest waardige bouwwerk' van een gemeente, is bij uitstek een opgave, waar architecten van de Delftse School hun ideeën over representatie, hiërarchie en harmonie in traditionele vormen en materialen kunnen uitwerken. Het gebouw bestaat uit twee symmetrische kantoorvleugels en een middendeel met publieke en representatieve ruimtes. De entree, aan de achterzijde gesitueerd, wordt ingeleid door een voorplein met toren en monumentale trappartij ■ The town hall – a municipality's most dignified edifice – was the perfect commission for architects of the Delft School, allowing them to put into practice their ideas on ceremony, hierarchy, and harmony using traditional forms and materials. This one consists of two symmetrical office wings and a central section of public and ceremonial areas. The entrance, situated at the rear, is announced by a forecourt with tower and monumental flight of steps.

KANTOORGEBOUW/OFFICE BUILDING DHV C25

Laan 1914 35, Amersfoort

D. ZUIDERHOEK, DHV ■ 1967-1970

Bouw 1972 p.956; Plan 1971-1, 1971-11

Dit gebouw kwam direct na oplevering in de publiciteit vanwege de consequente uitwerking van het kantoortuinconcept; alle kantoorfuncties zijn opgenomen in één grote open ruimte zonder tussenwanden. Het gebouw bestaat uit twee gebouwdelen, van elkaar gescheiden door een dubbelhoog tussendeel met entree en hoofdtrappen die het niveauverschil tussen beide delen overbruggen. Toiletten, noodtrappen en installaties zijn opgenomen in gesloten cilindervormige elementen ■ Immediately after its completion this building achieved fame because of its consistent elaboration of the 'kantoortuin' concept (office landscape) – all office functions being incorporated in one large open space devoid of partitions. The building itself is in two volumes separated by a double-height interjacent section containing the entrance and a main stair bridging the difference in level between volumes. Toilets, emergency stair, and installations are housed in closed cylindrical shafts.

HOOFDKANTOOR/HEAD OFFICE FLÄKT C26

Uraniumweg 23, Amersfoort

P.J. GERSSEN ■ 1973-1974

PT-B 1974 p.571; Plan 1984-9

Het gebouw bestaat uit drie cilinders met een diameter van 20,60 m. Deze zijn opgebouwd uit prefab betonelementen: wigvormige vloerplaten, opgelegd op een centrale kolom, en dragende gevelpanelen, bekleed met aluminium. De cilinders zijn met elkaar verbonden door een driehoekig bouwdeel, waarin toiletten, trap en liften. Naast een hoge bezettingsgraad (15 à 20 mensen per cirkel) en korte looplijnen, heeft de cirkelvorm als voordeel een minimaal leidingenverloop en een minimale buitenomtrek ■ This office building comprises three cylinders each 20.60 m. in diameter built of ready-made concrete elements – wedge-shaped floor sections resting on a central column, and loadbearing aluminium-dressed front panels. The cylinders are connected by a three-sided volume containing toilets, stair, and lifts. Advantages of circular forms are a minimum of walking distance, wiring, and pipes, the shortest possible perimeter, and in this case accommodation of a possible 15 to 20 people per circle.

WOONHUIS SMEDES/PRIVATE HOUSE C27

Van Weerden Poelmanlaan 1 (parallelweg Nwe Dolderseweg ZO), Den Dolder

G.TH. RIETVELD ■ 1936

8 en O 1937 p.189; BW 1937 p.52

Een van de functionalistische woningen die Rietveld in de jaren dertig bouwt. De woning bestaat uit een kubus met een uitkragend plat dak, waartegen een garageblok en een serre zijn geplaatst. Opvallend is de stalen spiltrap en de schuifwand tussen woon- en eetkamer ■ One of Rietveld's Functionalist houses of the '30s, it consists of a cube capped by a cantilevered flat roof, with attached garage block and conservatory. Worthy of note are its steel spiral stair and the sliding partition between living room and dining room.

C28 WOONHUIS/PRIVATE HOUSE 'LØVDALLA'

Amersfoortseweg 13, Huis ter Heide

R. VAN 'T HOFF ■ 1911

Lit 48; Bouw 1979-12

C29 WOONHUIS VERLOOP/PRIVATE HOUSE

Ruysdaellaan 2, Huis ter Heide

R. VAN 'T HOFF ■ 1915-1916

Lit 48; De Stijl 1919-3, 1919-9

AV 1925-II

C30 VILLA HENNY

Amersfoortseweg 11a, Huis ter Heide

R. VAN 'T HOFF ■ 1915-1919

Lit 48; De Stijl 1919-3, 1919-7

AV 1925-II

Als Robert van 't Hoff zich in 1922 op 34-jarige leeftijd terugtrekt in Engeland, bestaat zijn gebouwde oeuvre uit enkele traditionele woonhuizen en twee moderne villa's. Een voorbeeld van zijn traditionele ontwerpen is het huis Løvdalla uit 1911. Dit woonhuis voor zijn ouders is geïnspireerd op de Engelse Arts & Crafts beweging met hoge puntdaken en uitgevoerd en gedetailleerd in ambachtelijke materialen. Wanneer Van 't Hoff in 1913 kennis neemt van een publicatie over Frank Lloyd Wright, besluit hij het werk van deze Amerikaanse architect ter plaatse te bestuderen. Terug in Nederland ontwerpt hij in 1915 het zomerhuis Verloop. Dit huis vertoont grote overeenkomsten met de prairiehouses van Wright. Kenmerkend is de overheersende horizontaliteit van de woning, benadrukt door het lage uitkragende dak, en het gebruik van elementen als grijze plinten en banden, bloembakken, terrassen en erkers.

Van 't Hoffs faam is gebaseerd op het ontwerp van de villa voor de familie Henny. Over deze villa is uitgebreid gepubliceerd in het tijdschrift 'De Stijl'. Van 't Hoff is lid van deze kunstenaarsbeweging en vertegenwoordigt met Jan Wils de abstract-kubistische architectuur geënt op het werk van Wright (zie L32). Van eigenlijke Stijl-architectuur wordt pas later gesproken met werk van Oud (M06, K29, N40), Van Doesburg, Van Eesteren en Rietveld (C43). De villa voor A.B. Henny is één van de eerste toepassingen van gewapend beton voor woningbouw in Nederland. De woning heeft een vrijwel symmetrische plattegrond. Op de begane grond, één meter boven het maaiveld, bevinden zich de entree, keuken en een woonkamer over de volle breedte op het zuiden; de verdieping bevat slaapkamers. De interieurs zijn zorgvuldig afgewerkt met houten of witgeverfde profileringen aan plafond en wanden. Centraal in de woonkamer ligt een open haard. Het huis wordt verwarmd met centrale verwarming; de radiatoren en leidingen zijn in vier verticale schachten opgenomen. Voor het huis ligt een overdekt terras met een vijver, dat door een trapsgewijze opbouw een 'verfijnd spel van lichtpartijen en slagschaduwen' oplevert. Voorts zijn er balkons en bloembakken. Alle elementen zijn zorgvuldig ingepast in de totaalcompositie van de gevels. Deze zijn witgepleisterd en voorzien van grijze plinten, banden en luifels. Door het gebruik van een gewapend betonconstructie is een grote vrijheid in het vormen van luifels en dakoverstekken ontstaan. De vrijheid van een kolommenstructuur is echter in plattegrond en gevel nauwelijks benut. De horizontale raamstroken zijn verdeeld in kleinere eenheden van gelijke maat, waarbij de iets smallere penanten nauwelijks afwijken van de gevelkolommen.

De villa verkeert nog in vrijwel ongewijzigde staat. Meest in het oog lopende wijziging is het dichtzetten met glas van het terras tot een serre. Enige kleine wijzigingen, zowel tijdens de bouw door verandering van opdrachtgever, als in de jaren vijftig bij een verbouwing door G.Th. Rietveld, hebben nooit Van 't Hoffs goedkeuring of enthousiasme kunnen opbrengen.

■ In 1922 when Robert van 't Hoff went into retirement in England at the age of 34, his built oeuvre added up to a handful of traditional houses and two modern villas. Illustrative of his traditional designs is the 'Løvdalla' house of 1911. Built for his parents it was inspired by the Arts and Crafts movement, having high gabled roofs and executed and detailed in traditional materials. In 1913, having read of the activities of Frank Lloyd Wright, Van 't Hoff decided to see this American architect's work for himself. On his return to Holland he designed in 1915 the summerhouse 'Verloop' which displays great similarities with Wright's prairie houses. Characteristic is its overpowering horizontality, emphasised by a low, cantilevered roof and the use of such elements as grey plinths and bands, flowerpots, terraces, and bay windows.

Van 't Hoff's fame rests on his design for a villa for the Henny family. This has been given extensive coverage in the periodical 'De Stijl'. Van 't Hoff was a member of this artists' movement and with Jan Wils represented an Abstract-Cubist architecture based on the work of Frank Lloyd Wright (see L32). Genuine De Stijl architecture came only later with Oud (M06, K29, N40), Van Doesburg, Van Eesteren, and Rietveld (C43). The villa for A.B. Henny is one of the earliest applications of reinforced concrete to housing in the Netherlands. Virtually symmetrical in plan, its ground floor one metre above ground level contains entrance, kitchen, and a living room spanning the full breadth of the south side; the upper level contains bedrooms. Interiors are painstakingly finished with wooden profiles, either left exposed or painted, on ceilings and walls. Focal point of the living room is a fireplace. The house is centrally heated, radiators and pipes being incorporated in four vertical shafts. In front of the house is a sheltered terrace and ornamental pond in a stepwise construction permitting a 'refined play of light and shadow'. Balconies and flowerpots complete the scene. All elements fit neatly within the compositional whole of the facades, which are white-plastered and provided with grey plinths, bands, and awnings. The use of reinforced concrete led to great freedom when shaping awnings and eaves. The freedom of a column structure, however, was made little use of in either plan or facade. Horizontal strips of fenestration are divided into smaller units of equal size while their slightly narrower piers deviate little from the facade columns.

The villa has known few alterations since its construction, the most obvious being the glazed recasting of the terrace as a conservatory. Several minor modifications, whether due to a change of client during building or resulting from Rietveld's alterations of the '50s, invariably failed to meet with Van 't Hoff's approval, let alone excite his enthusiasm.

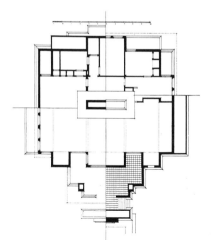

C31 SPORTCENTRUM/SPORTS CENTRE KNVB

Woudenbergseweg 56, Zeist

MAASKANT, VAN DOMMELEN, KROOS, SENF ■ 1956-1965

G.P. de Bruyn (proj.)

BW 1965 p.434; Bouw 1966 p.482

AdA 1967-oct/nov

In een bosrijke omgeving zijn een sporthal en diverse paviljoens zorgvuldig in het landschap ingepast. De sporthal heeft een staalconstructie, waaromheen een zeer abstracte compositie van gesloten wanden van mangaansteen en glasstroken. Een onderbouw bevat kleedruimtes en de medische dienst en overbrugt een niveauverschil van 3 m. Het recreatie-paviljoen biedt een fraaie wisselwerking tussen binnen- en buitenruimte, omdat de vier grote betonnen spanten onafhankelijk van de wanden zijn geplaatst ■ Carefully placed within their wooded setting are a sports hall and several pavilions. The hall is steel-framed, enveloped in a quite abstract composition of closed walls of manganese spruce-fir and strips of fenestration. An understructure contains changing-rooms and medical facilities, and bridges a difference in level of 3 m. The recreation pavilion offers a lively overlapping of inside and out, due to its four large concrete trusses being placed free of the walls.

C32 BIBLIOTHEEK, MUZIEKSCHOOL/LIBRARY, SCHOOL OF MUSIC

Emmastraat/Voorheuvel, Zeist

J. HOOGSTAD ■ 1982-1986

Plan 1985-4; Arch 1986-10

Dit werk van Hoogstad is een gebouwde illustratie van zijn theorieën over een mathematische architectuur gebaseerd op geometrische vormen. De 'compositie' van dit gebouw is een driehoek (een stedebouwkundig gegeven), met een afgerond ingeschreven vierkant, met twee doorsnijdingen van hoofdzicht- en looplijnen vanuit een buiten de gevel stekend trappehuis. Met name op de begane grond ontstaat hierdoor een fraaie bibliotheek-ruimte; de overige ruimtes zijn echter vaak scherphoekige restruimtes onder het motto 'function follows form' ■ This combined central library and school of music illlustrates Hoogstad's theories of a mathematical architecture based on geometric forms. It comprises a triangle (a stipulated condition) inscribed by a square with rounded corners, twice intersected by main sightlines and circulation routes from a staircase projecting through the envelope. This gives rise on the ground floor in particular to a capacious library space; the rest, however, tend to be angular leftover spaces under the slogan 'function follows form'.

C33 MUZIEKSCHOOL, WOONHUIS/SCHOOL OF MUSIC, PRIVATE HOUSE

Henr. van Lyndenlaan 6-8/Kersbergenlaan, Zeist

G.TH. RIETVELD ■ 1932

Bb 1932 p.335

In de afgeronde hoek van dit driehoekige gebouw bevindt zich een directeurswoning. Een tweede woning op de eigenlijke muziekschool werd ontsloten door een stenen trap, die inmiddels door een stalen spiltrap is vervangen. De oorspronkelijke grijze stalen kozijnen zijn vervangen door bruin aluminium. Hoewel dit plan de ruimtelijke kwaliteiten van het Schröderhuis en zijn latere werk mist is het een goed voorbeeld van Rietvelds functionalisme uit de jaren dertig ■ In the rounded corner of this triangular building is the director's residence. A second residence above the School of Music was once reached up a stone staircase, since replaced by a steel spiral stair. Changed, too, are the window and door frames, once of grey steel, now in brown aluminium. Lacking the spatial qualities of the Schröder house and his later work, this plan is nevertheless a good example of Rietveld's Functionalism of the '30s.

IONA-GEBOUW VRIJE HOGESCHOOL/ANTHROPOSOPHICAL CENTRE C34

Op de begane grond van deze school/conferentieruimte bevinden zich een eetzaal met keukenaccomodatie en enige groepskamers. Op de verdieping zijn de groepskamers gegroepeerd rond een centrale ontmoetingsruimte die tevens als toneel/muziekzaal kan fungeren. De organische architectuur, die mede is gebaseerd op de gedachten van Rudolf Steiner, de grondlegger van de antroposofie, wordt vooral gekenmerkt door het gebruik van natuurlijke materialen en vormen ■ On the ground floor of this school and conference centre combined is a dining-hall with kitchen space and several rooms for group activities. Upstairs more group activity rooms are ranged around a central meeting space which also functions as theatre and music-room. The organic architecture, partly based on the ideas of Rudolf Steiner, founder of anthroposophy, is mainly characterised by the use of natural materials and forms.

Hoofdstraat 20, Driebergen

J.I. RISSEEUW ■ 1976-1978

Bouw 1979-19; Arch 1979-4

HOOFDKANTOOR/HEAD OFFICE ZWOLSCHE ALGEMEENE C35

Vier trapeziumvormige kantoorvleugels zijn als molenwieken rond een vierkante kern geplaatst. De vleugels (12,60 m. breed) worden in één keer overspannen met standaard kanaalplaten, opgelegd op dragende gevelelementen. Het gebouw is geheel afgewerkt met 6 mm. hardglazen panelen van 1,80 x 3,60 m., profielloos verlijmd en voorzien van een reflecterende laag. Hierdoor is een zeer glad en energiezuinig gebouw ontstaan. De kern is ingericht met glazen liften, luchtbruggen, spiegelwanden en roestvrijstalen vloeren ■ In this head office of an insurance company four trapezium-shaped office wings form a windmill around a square core. 12.60 m. wide, these wings are spanned in one piece by standard channel sections, resting on loadbearing facade elements. The skin is entirely of 6 mm. hardened glass panels of 1.80 x 3.60 m., with luted joins and a reflecting layer, resulting in a sleek structure economical on energy. The core is furnished with glazed lifts, bridges, mirrored walls, and stainless-steel floors.

Buizerdlaan 12, Nieuwegein

P.J. GERSSEN ■ 1982-1984

Plan 1984-9; Bouw 1985-24

EMMAUSKERK/CHURCH C36

Deze pagode-achtige kerk fungeert als rustpunt in een druk stadscentrum. De diverse ruimtes zijn gegroepeerd rond een vijfhoekige kern, de meditatieruimte. In het midden hiervan bevindt zich een aandachtspunt met de symbolen voor de vier elementen: aarde (opening in de vloer), water (regenwaterbassin), lucht (wijnrank) en vuur (kaarsvlam). In de ernaast gelegen kerkzaal vormt een holle wand een segment van een denkbeeldige kegel met het altaar als middelpunt en een krans van tegels eromheen als basis ■ This pagoda-like church serves as oasis in a busy town centre. Spaces are grouped around a pentagonal core, the meditation room. Its central point features symbols of the four elements: earth (an opening in the floor), water (a rainwater tank), air (a vine tendril) and fire (a candle flame). In the adjacent main space a concave wall forms part of an imaginary cone with the altar as centre and a ring of tiles as base.

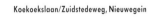

Koekoekslaan/Zuidstedeweg, Nieuwegein

A. ALBERTS, A. HAMELBERG ■ 1975-1977

WTABK 1977-24

C37 WONINGBOUW, STEDEBOUW SAR-METHODIEKEN/HOUSING, URBAN DESIGN

Brennerbaan, Hondsrug e.o., Utrecht-Lunetten

KOKON, SAR ■ 1971-1982

F. van der Werf (proj.)

Arch 1979-11, 1982-9

Deze woonwijk met in totaal 5600 woningen is een gezamenlijk initiatief van negen woningbouwverenigingen en opgezet en ontwikkeld volgens de principes van de SAR, de Stichting Architecten Research van de theoretici Habraken en Carp. Het realisatieproces heeft op elk niveau inspraakrondes gekend. Het stedebouwkundig 'weefsel' is ingevuld met neutrale 'dragers', waarin elke bewoner een – in principe – individueel 'bouwpakket' kiest. ■ A joint venture by nine housing associations, this estate with its 5600 dwellings was initiated and developed along lines established by the Foundation for Architectural Research (Dutch initials SAR) of theoreticians Habraken and Carp. The building process was accompanied at all levels by discussion with the users. Here the urban 'fabric' is filled in with neutral 'supports', for which each tenant chooses what in principle is his own 'infill kit'.

C38 WONINGBOUW/HOUSING

Robert Schumannstraat, Utrecht

G. TH. RIETVELD ■ 1932

Riet 1

Dit blokje van vier woningen is gebouwd als vervolg op het blok aan de Erasmuslaan (C45). Het was oorspronkelijk de bedoeling ook deze woningen in drie verdiepingen uit te voeren maar wegens bezuinigingen is de derde laag in dit project vervallen. De opbouw is verder vrijwel gelijk aan de woningen aan de Erasmuslaan. De badkamer bevindt zich halverwege de trap; later zou Rietveld deze combinatie van trap met utilitaire ruimtes in de zogenaamde 'kernhuizen' verder uitwerken ■ This block of four dwellings was built as a sequel to his Erasmuslaan block (C45) and like the latter its design was originally in three levels. However in this case a lack of funds confined it to two. Otherwise the construction is virtually the same as in the earlier block. The bathroom is located halfway up the stairs; later Rietveld would elaborate further this combination of utilities and stair in the 'core'-house principle.

C39 HOOFDKANTOOR/HEAD OFFICE RABO-BANK

Croeselaan 18, Utrecht

ARTICON ■ 1978-1983

A.J. Fichtinger, J. Bak (proj.)

B. Maters (b.k.)

Bouw 1984-11

Op een ondergrondse parkeergarage van twee lagen bevinden zich twee etages voor algemene functies; de 1800 werknemers bevolken de acht kantoorlagen daarboven. De containerachtige dozen op de tussenlaag zijn vergaderruimtes. De gevels bestaan grotendeels uit prefab-betonplaten met raamopeningen, bij de kantoorlagen bekleed met blauw reflecterend glas. De verschijningsvorm van dit gebouw is mede bepaald door ideeën en suggesties van beeldend kunstenaar B. Maters ■ Above an underground two-storey car park are a further two storeys for general facilities, while the 1800 bank employees occupy the remaining eight. The container-like boxes on the mezzanine floor are meeting rooms. The elevations consist largely of pre-cast concrete panels with window openings, clad on the office floors in blue reflecting glass. The building's appearance was partly determined by the ideas and suggestions of artist B. Maters.

DERDE ADMINISTRATIEGEBOUW NS/RAILWAY ADMINISTRATION BUILDING C40

Dit monumentale gebouw kwam ondanks fundatieproblemen en de moeilijke oorlogsomstandigheden (materiaalrantsoenering, vervoersproblemen) in zeer korte tijd tot stand. In het gebouw zijn 22 miljoen bakstenen verwerkt. Ondanks deze traditionele constructiewijze en materialen (eikenhout, glas-in-lood) oogt het gebouw modern door de ritmische, abstracte gevels. In het interieur domineren zware baksteen kolommen en pilasters en elliptische bogen, wat het gebouw een strenge, sacrale sfeer geeft ■ Despite foundation problems and wartime conditions (rationing of materials, transport difficulties) this monumental railway administration building was erected in double-quick time. No less than 22 million bricks were used! Despite this traditional structuring and use of materials (oak, leaded windows) its rhythmic, abstract facades give the building a modern look. The interior is dominated by heavy brick columns and pilasters and elliptical arches, creating a severe, almost devotional atmosphere.

Moreelsepark 1, Utrecht

G.W. VAN HEUKELOM ■ 1918-1921

vHeu 1

MUZIEKCENTRUM/MUSIC CENTRE 'VREDENBURG' C41

Rond de grote amfitheatervormige zaal (1700 zitplaatsen) zijn winkels en voorzieningen gesitueerd, hiervan gescheiden door met glaskappen overdekte binnenstraten. Hoewel het kolommenstramien zeer dominant is, zijn de diverse ruimtes niet van dit maatsysteem afgeleid, maar vormen deze een conglomeraat van ongelijksoortige 'plekken'. Door in- en uitgangen, trappen en buffetten in grote hoeveelheden op te nemen, konden overal 'woonhuismaten' worden toegepast. De gevels, waarin elke kolom op een verschillende wijze is opgenomen, zijn resultante van de systematiek van het gebouw ■ Circling the large amphitheatre-like hall seating 1700 are shops and other facilities, separated from it by glass-roofed inner streets. Though the regular spacing of columns is most forceful, ancillary spaces do not relate to it but form a conglomeration of disparate 'moments'. Large numbers of entrances and exits, stairs, and buffets are grouped together here and there in 'home-sized' units. Facades which treat each column differently are shaped by the interior organisation.

Vredenburg, Utrecht

H. HERTZBERGER ■ 1973-1979

Bouw 1981-7; WTABK 1979-24; PT-B 1979 p.391, p.432; Hertz 3

Bauwelt 1981 p.300; DBZ 1981 p.1487

HOOFDPOSTKANTOOR/CENTRAL POST OFFICE C42

Het bijna vierkante gebouw is verlevendigd door verticale accenten als ramen en de twee traptorens. Door een nauwe doorgang bereikt men de imposante hal (30 x 16 x 18 m.) van dit postkantoor. De hal is overspannen door parabolische bogen van gele verglaasde baksteen en wordt verlicht door tussenliggende parabolen van geslepen glas. Op de vloer is zwart hardsteen met banen wit marmer toegepast. De kopgevels boven de halfronde loketten bevatten diverse decoraties die invloed van de Amsterdamse School vertonen ■ This almost square post office is enlivened by vertical elements such as windows and two staircases. A narrow passage leads to the imposing main space (30 x 16 x 18 m.) spanned by parabolic arches of yellow glazed brick and lit by intermediate parabolas of cut glass. The floor slabs are faced with black freestone and courses of white marble. The walls above the semi-circular service windows contain decorations which reveal the influence of the Amsterdam School.

Neude 11, Utrecht

J. CROUWEL JR. ■ 1917-1924

BW 1924 p.355; Crou 1

C43 SCHRÖDERHUIS/SCHRÖDER HOUSE

Prins Hendriklaan 50, Utrecht

G.TH. RIETVELD, T. SCHRÖDER-SCHRÄDER ■ 1924

Riet 2; Riet 7; De Stijl 1924/25-10/11, 12, 1928-85/86; Bb 1925 p.329;
Wend 1927-8; Forum 1981-1

Riet 1; AV 1925-II; Lit 100

Het Rietveld-Schröderhuis vertoont zowel wat betreft zijn uiterlijk als wat betreft het interieur een radicale breuk met elke architectonische traditie. In het interieur vindt men geen statische opstelling van verschillende kamers, maar een dynamische, veranderbare open ruimte. Deze laatste vernieuwing is vooral te danken aan de opdrachtgeefster mevrouw Schröder, die Rietveld had leren kennen bij de verbouwing van haar vorige woonhuis. Als zij Rietveld bij het ontwerp voor een nieuwe woning betrekt, ontstaat die katalyserende samenwerking tussen opdrachtgeefster en architect die men vaak aan de wieg van een meesterwerk treft.
De woning is gebouwd tegen de kop van een rijtje woningen aan de rand van de stad, van waaruit een vrij uitzicht over de omringende natuur mogelijk was. Nadat Rietveld de plattegronden samen met mevrouw Schröder globaal had vastgesteld is het exterieur met behulp van kleine maquettes en schetsen ontworpen. Van een beschilderde rechthoekige doos groeien de gevels tot een collage van vlakken en lijnen, waarbij de onderdelen bewust van elkaar zijn losgemaakt, zodat ze langs elkaar lijken te schuiven. Evenals bij Rietvelds beroemde rood-blauwe stoel heeft elk onderdeel zijn eigen vorm, plaats en kleur gekregen. De kleuren zijn zodanig gekozen dat de plasticiteit van de gevels hierdoor wordt verduidelijkt en versterkt: de vlakken in wit en verschillende tinten grijs, de ramen en kozijnen in zwart en een aantal kleine lineaire elementen in rood, geel en blauw.
Van de plattegronden is die op de begane grond nog traditioneel te noemen; rond een centrale traphal zijn een woonkeuken en drie zit/slaapkamers gegroepeerd. De woonruimte op de verdieping, die om aan de voorschriften van Bouw- en Woningtoezicht te voldoen op de tekeningen als zolder staat aangegeven, vormt in feite één grote open ruimte waarvan alleen het toilet en het bad zijn afgescheiden. Rietveld wilde de verdieping zo laten, mevrouw Schröder vond echter dat de woonruimte zowel open als onderverdeeld in verschillende ruimtes te gebruiken moest zijn. Dit is gerealiseerd door een stelsel van schuifbare en gedeeltelijk draaibare panelen. In geheel gesloten toestand bestaat de woonverdieping uit drie slaapkamers, een badkamer en de woonkamer. Tussen gesloten en open ligt een oneindige reeks mogelijkheden, die elk hun eigen ruimtelijke beleving opleveren. Mevrouw Schröder, die tot haar dood in 1985 in de woning is blijven wonen, maakte hiervan dagelijks gebruik.
In het huis is te zien dat Rietveld naast architect vooral meubelmaker was. In

elk hoekje, van de verschillende kasten tot het telefoontafeltje, van de uitgekiende trap tot het geheel te openen hoekraam van de woonkamer, overal vindt men het plezier van deze begenadigde timmerman in zijn schepping terug. Met latjes en plankjes realiseerde hij een ruimtelijk kunstwerk dat ook nu nog, na meer dan zestig jaar, verbazing opwekt dat zoiets ooit gebouwd is.
■The Rietveld-Schröder house constitutes both inside and outside a radical break with all architecture before it. Inside there is no static accumulation of different rooms, but a dynamic, changeable open zone. This latter innovation is largely due to the client, Mrs. Schröder, whom Rietveld had met when altering her previous house. Her involvement of Rietveld in the design of a new house resulted in the kind of catalytic collaboration between client and architect often encountered at the birth of a masterpiece.
The house was built against the head of a row of houses on the edge of town, with in those days an unhampered view of the surrounding country. Having established with Mrs. Schröder the broad lines of the plan Rietveld began designing the exterior aided by small models and sketches. The facades developed from a painted rectangular box into a collage of planes and lines whose components are purposely detached from – and seem to glide past – one another. Like Rietveld's celebrated red and blue chair each component has its own form, position, and colour. Its colours were so chosen as to strengthen the plasticity of the facades: surfaces in white and various shades of grey, with black window and door frames, and a number of linear elements in primary colours.
The ground floor can still be termed traditional: ranged around a central staircase are kitchen and three sitting/sleeping spaces. The living space upstairs, given as an attic by the planning authorities, in fact forms one large open zone except for a separate toilet and bathroom. Rietveld wanted to leave the upper level as it was; Mevrouw Schröder, however, felt that as living space it should be usable in either form, open or subdivided. This was achieved with a system of sliding and partly-revolving panels. When entirely partitioned in, the living level comprises three bedrooms, bathroom, and living room. In-between this and its open state is an endless series of permutations, each providing its own spatial experience. Mrs. Schröder, who lived here until her death in 1985, made daily use of this system.
Within one can see that Rietveld besides being an architect was principally a furniture-maker. At every point, from the assortment of cupboards to the telephone table, from the well-thought-out stair to the living room corner window which can be opened up entirely; wherever one looks one can see the pleasure this inspired carpenter took in his work. With laths and boards he created a spatial work of art which after more than sixty years still astonishes merely by the fact of its very existence.

WOONHUIS DE WAAL/PRIVATE HOUSE C47

Deze woning is ontworpen op basis van hetzelfde betonnen casco en dezelfde materialen als de omliggende woningen. Een letterlijk organische architectuur ontstaat als, uitgaande van een kleimodel (schaal 1:50), architect, opdrachtgevers en bouwers nog tijdens de bouw maquette èn gebouw modelleren. Alberts: 'Rechthoekige vormen maken de mens die erin verblijft hard, hoekig, ongevoelig, rationeel. Een wat lossere, vrijere opvatting doet de mens vriendelijker, vrijer, losser zijn' ■ This house was designed adopting the concrete box-form and materials of the surrounding houses. A truly organic architecture has been created as, working from a clay model (scale 1:50), architect, client, and contractors continued to shape both model and building during the building process. To quote Alberts, 'Rectangular forms make their residents hard, angular, insensitive, rational. A somewhat looser, freer concept leaves him more amicable, unrestrained, flexible'.

J. Buziaulaan 25, Utrecht

A. ALBERTS ■ 1978-1980

Bouw 1981-23

AR 1981 p.1015

TANDHEELKUNDIG INSTITUUT/DENTAL SURGERY INSTITUTE C48

Een groot complex, waarvan de bouw al wordt gestart voordat het complete programma bekend is. De diverse in verschillende fasen gerealiseerde bouwdelen zijn: een hoogbouw met klinische functies; een laagbouw met sheddaken voor de pre-kliniek; een werkplaats; researchpractica en ronde collegezalen. De vierkante hoogbouw heeft een grote diepte, afgeleid van de maat van behandelzalen. De ondiepe stafruimtes zijn gecombineerd met een binnenring van inpandige laboratoria en demonstratieruimtes rond de centrale kern ■ Work on this large dental surgery complex began before its complete programme was known. Building took place in several phases – a high-rise block for clinical work; a low-rise pre-clinical section with shed roofs; a work area; research labs and circular lecture rooms. The square building derives its great depth from the size of the surgeries. Shallow staffrooms combine with an inner circle of laboratory and demonstration units around a central core.

Sorbonnelaan 16, Utrecht

ENVIRONMENTAL DESIGN ■ 1970-1974

J. van der Grinten, T. Koolhaas (proj.)

ED 1; Bouw 1969 p.391

VAKANTIEHUIS/HOLIDAY RESIDENCE VERRIJN STUART 'DE BRAAMAKKERS' C49

Op de grens van land en water bouwt Rietveld uit traditionele materialen een woning die door haar organische vorm, ontstaan door de combinatie van een gekromde plattegrond en een gebogen dak, met de omringende natuur vergroeid lijkt. Het interieur verraadt Rietvelds liefde voor een eenvoudige leefstijl. De leefruimte wordt door een insteekverdieping met slaapkamers op de zuidzijde opgedeeld in een hoge eetruimte en een, half achter een open haard verscholen, lage zitruimte ■ Where land and water meet Rietveld built using traditional materials a house whose organic form, based on curves both in plan and roof, seems fused with its natural surroundings. Its interior betrays Rietveld's love of the simple life. The living room is divided by an upper half-level of bedrooms on the south side into a tall dining space and, half hidden behind the fire place, a low-ceilinged sitting area.

'De Kalverstraat', Breukelerveen
(rent-a-boat 'de Toekomst', Scheendijk 9, Breukelen)

G.TH. RIETVELD ■ 1941

8 en O 1941 p.103

C50 WOONHUIS CRAMER/PRIVATE HOUSE

Baambrugse Zuwe 194, Vinkeveen

K. VAN VELSEN ■ 1983-1984

Arch 1985-oct

Deze woning bestaat uit twee door een glazen tussendeel gekoppelde bakstenen blokken. Het grootste blok bevat de slaap- en werkruimtes. Langs dit blok loopt een transparante gang die van een gesloten trapelement wordt gescheiden door een vrijstaand scherm van metselwerk. Het lage element bevat de woonkamer, die aan drie zijden is gesloten zodat de blik wordt gefixeerd op het uitzicht over het water. Een uitgekiend geconstrueerd vrijstaand boothuisje completeert de compositie ■ This house consists of a pair of brickwork blocks joined by a glazed interjacent section. The larger of the two contains sleep and work areas. Along this block runs a transparent passage separated from an enclosed stair unit by a free-standing brickwork screen. The less-tall block contains the living room, closed on three sides so as to limit one's choice to a view across the water. A sophisticated free-standing boathouse completes the composition.

C51 KANTOORGEBOUW, FABRIEK/OFFICE BUILDING, FACTORY JOHNSON-WAX

N201 Aalsmeer-Hilversum, Mijdrecht

MAASKANT, VAN DOMMELEN, KROOS, SENF ■ 1964-1966

G.P. de Bruyn (arch.)

Bouw 1968 p.278

De wasfabriek bestaat uit een kleine produktie-afdeling, een grote opslagruimte en een kantoorgedeelte, gesitueerd rond een patio. Johnson sr., vriend en opdrachtgever van Frank Lloyd Wright, gaf Maaskant de vrije hand bij het kantoorgedeelte. Het resultaat, de 'boemerang' boven de vijver, is volledig door vormwil bepaald. De bijpassende constructie, plattegronden en detaillering vertonen een zelfde sculpturale kwaliteit. De plastiek is geen toevoeging, het hele gebouw is een plastiek geworden ■ These premises consist of a small production unit, a large storage area, and an office section, ranged around a patio. Johnson Sr., friend and patron of Frank Lloyd Wright, gave Maaskant a free hand with the office section. The result, hovering like a boomerang above the ornamental pond, was determined by purely aesthetic considerations. Structure, plans, and details all display a like sculptural quality. This sculptural element is no addition – the entire building is sculpture.

C52 WONINGBOUW, WINKELS/HOUSING, SHOPS 'DE POSTKOETS'

Klaaskampen/Schoutenbosje, Laren

J. VERHOEVEN ■ 1977-1979

Bouw 1981-2

Het gebouw bestaat uit vier losse bouwdelen op een parkeergarage die elk een winkel over twee lagen bevatten. Op de drie lagen daarboven bevinden zich per bouwdeel telkens twee woningen in twee lagen en een kleine woning in de nok. De woningen worden ontsloten door centrale trappehuizen die bereikbaar zijn vanaf een straatje op de eerste verdieping ■ 'De Postkoets' ('the mail-coach') consists of four separate volumes above an underground parking lot. Each is made up of a two-storey shop with above it three dwelling levels – a pair of two-storey units side by side and a small dwelling in the roof. All units of each volume are off a central staircase reached from a 'street' on the first floor.

Naarden-Bussum vertoont door een vroeg gebruik van platte daken en beton een radicale breuk met de eerdere stationsarchitectuur. Schellings voorkeur voor vierkante maatsystemen en de architectuur van Frank Lloyd Wright is duidelijk herkenbaar in de horizontale opbouw van de gevels en de vrije schakeling van de rechthoekige blokken. De zorgvuldig gedetailleerde stationshal wordt verlicht door een groot vierkant rasterraam boven de ingang en hoge verticale lichtstroken in de zijgevels ■ In its early use of flat roofs and concrete Naarden-Bussum signifies a radical break with all earlier railway station architecture. Schelling's preference for square measurement systems and the architecture of Frank Lloyd Wright is clearly visible in the horizontal construction of facades and free linking of rectangular blocks. The carefully detailed main hall is lit by a large square lattice window above the entrance and high vertical lights in the side elevations.

FOTOSTUDIO, WOONHUIS/PHOTOGRAPHER'S STUDIO, PRIVATE HOUSE C54

Amersfoortseweg 91a, Bussum

K. VAN VELSEN ■ 1982-1983

WTABK 1983-17/18; Arch 1985-oct

AR 1985-1

Twee glazen volumes, een vierkant blok met receptie en kantoorruimte op de begane grond en donkere kamers op de verdieping en een rechthoekig woningblok, zijn tegen de voor- en achterzijde van een gesloten, bakstenen fotostudio geschoven. De drie delen zijn onderling verbonden door een interne loopbrug. Vrijstaande elementen en schuifwanden zorgen voor een onderverdeling van de ruimte in de woning en het kantoor ■ Sandwiched between two glazed volumes – a square block with reception and office space on the ground floor and darkrooms upstairs, and a rectangular house – is a closed brickwork photographer's studio. These three volumes are linked together by an internal bridge. Free-standing elements and sliding partitions subdivide spatially both house and office.

MAXIS SUPERMARKT/SUPERMARKET C55

Rijksweg A1/E35, afslag Muiden, Muiden

OD 205 ■ 1972-1974

J.L.C. Choisy, T.P. van der Zanden (proj.)

J.J.L. Buisman (constr.)

Bouw 1974 p.897

ASS 1974 p.511

Dit zelfbedieningswarenhuis met meer dan 10.000 m² winkeloppervlak is vooral opmerkelijk door zijn draagconstructie. Deze bestaat uit vorkvormige kolommen op een stramien van 12 x 18,6 m., gekoppeld door stalen vakwerkspanten waartussen gebogen stalen profielplaten zijn gehangen. De verschillende installaties zijn in de constructieve elementen geïntegreerd; de kolommen bevatten de hemelwaterafvoer, de hoofdligger dient tevens als leidingkoker, etc. ■ The most remarkable thing about this self-service department store of more than 10,000 m² sales space is its loadbearing structure. Y-shaped columns using a grid of 12 x 18.6 m. are connected by steel lattice girders on which are suspended curved corrugated steel sections. All installations are integrated within structural elements – columns contain rainwater pipes, the main girder further acts as service shaft, and so on.

KAART/MAP D: HILVERSUM

D01   W.M. DUDOK ■ RAADHUIS/TOWN HALL
D02   B. MERKELBACH, CH.J.F. KARSTEN, A. BODON ■ AVRO-STUDIO'S/
BROADCASTING STUDIOS
D03   P.J. ELLING/J.A. SNELLEBRAND, A. EIBINK ■ VARA-STUDIO'S/
BROADCASTING STUDIOS
D04   VAN DEN BROEK & BAKEMA ■ WERELDOMROEP/WORLD SERVICE RADIO
NEDERLAND
D05   P.J. ELLING ■ WOONHUIS/PRIVATE HOUSE
D06   P.J. ELLING ■ WOONHUIS/PRIVATE HOUSE
D07   P.J. ELLING ■ WOONHUIS/PRIVATE HOUSE
D08   J. DUIKER, B. BIJVOET, J.G. WIEBENGA ■ SANATORIUM 'ZONNESTRAAL'
D09   W.M. DUDOK ■ CALVIJNSCHOOL
D10   W.M. DUDOK ■ DR. H. BAVINCKSCHOOL
D11   W.M. DUDOK ■ EERSTE, TWEEDE, VIJFDE, ZEVENDE GEMEENTELIJKE
WONINGBOUW/MUNICIPAL HOUSING
D12   K. VAN VELSEN ■ EIGEN WOONHUIS/THE ARCHITECT'S HOUSE
D13   J. DUIKER, B. BIJVOET ■ GRAND HOTEL 'GOOILAND'
D14   DE JONGE, DORST, LUBEEK, DE BRUIJN, DE GROOT ■ CENTRAAL WONEN/
CENTRAL LIVING COMPLEX

D01 RAADHUIS/TOWN HALL

Dudokpark 1/Witten Hullweg, Hilversum

W.M. DUDOK ■ 1924-1930

Wend 1924-8, 1928-1; BW 1925 p.63, 1931 p.261; Dud 1; Dud 3

Dud 4

Reeds in 1913 denkt men aan de bouw van een nieuw raadhuis, als gevolg van de groei van de gemeente Hilversum. Met de komst van Dudok bij Publieke Werken (1915) wordt het idee van een (bij dit soort projecten gebruikelijke) prijsvraag verlaten. De ambitieuze architect ontwerpt reeds in zijn eerste ambtsmaand een traditioneel raadhuis in het centrum van de stad. Vanwege de Eerste Wereldoorlog en de slechte financiële situatie duurt het nog tot 1924 voordat Dudok zijn definitieve ontwerp kan presenteren. De aanvankelijke twijfel aan zijn capaciteiten met name onder vakgenoten is dan verdwenen. Ter promotie van het plan wijdt Wijdeveld een heel nummer van Wendingen aan het raadhuisontwerp en ook via een handtekeningen-actie wordt aangedrongen op de bouw. Tussen 1927 en 1931 wordt het gebouw uitgevoerd.
Door de situering op een vrij terrein zonder rooilijnen en beperkingen van de bouwhoogte kan Dudok vrij ontwerpen. Het gebouw rijst vanuit een parkachtige omgeving geleidelijk op, met een hoge toren als culminatiepunt. Het gebouw is vanuit de perspectieftekening ontworpen en bestaat uit twee carré's. Een kantoorgedeelte rond een binnenhof en een door laagbouw en een congiërgewoning omsloten binnenplaats, doorsneden door een toeleveringsweg. Langs de monumentale zuidgevel, die is voorzien van expressieve raamopeningen, luifels, balkons en de toren, loopt een pad naar de hoofdingang, die alleen voor officiële gelegenheden wordt gebruikt. Bij slecht weer kan een evenwijdige overdekte gang gebruikt worden. De toren bevat een monumentale trap naar de eerste verdieping, waar zich de raadzaal bevindt. Deze heeft hoge smalle ramen, bekroond met lichtarmaturen en een balkon. De karakteristieke verticale bouwlichamen naast de raadzaal bevatten de publieke tribune, een trapportaal en een tekeningenarchief. De werkkamer van Dudok ernaast heeft een groot hoekraam. Aan de oostkant op de eerste verdieping bevindt zich de burgerzaal, slechts gescheiden van de gang door een rij ronde kolommen. Naast deze hoofdpunten bevat het gebouw nog vele interessante detailleringen en kleur- en materiaalaccenten. Met name het dak op een langwerpige uitbouw (berging) aan de noordzijde, dat lijkt te zweven door een glasstrook eronder.
Doordat de bouw in eigen beheer wordt uitgevoerd zijn vele details en interieurelementen speciaal door Dudok ontworpen: het formaat van de gevelsteen, de meubilering, stoffering, belettering, tot en met de

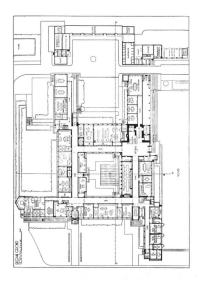

deurkrukken. De constructie bestaat uit dragende wanden, betonnen vloeren en betonnen lateien bij de horizontale raamstroken; de raadzaal heeft een stalen dakconstructie. De perfecte synthese van traditionele, Scandinavische architectuur, de decoratie van de Amsterdamse School en de abstractie van de Nieuwe Zakelijkheid oogst alom bewondering. De uitgebalanceerde bouwmassa's maken het gebouw tot een synthese van zakelijkheid en romantiek. Er is echter ook kritiek, op de niet-constructieve, 'onverantwoorde schikking en proporties van de vormen'.

■ In 1913 there were already plans to build a new town hall, due to the growth of Hilversum municipality. When Dudok became Director of Public Works in 1915 the idea of a competition usual for projects of this sort was abandoned. Within his first month the ambitious architect had already designed a traditional town hall destined for the town's centre. Because of the Great War and lack of funds it was not until 1924 that Dudok presented his definitive design. All original doubt as to his capacities particularly among fellow architects promptly vanished. To promote the plan Wijdeveld devoted an entire number of 'Wendingen' (a periodical of 1917-1939) to the design and a petition was organised urging its construction. This subsequently took place between 1927 and 1931.
A site devoid of building lines and with no restriction in height allowed Dudok free rein. The building, rising in stages from its parklike surroundings and culminating in a high tower, was designed from the perspective drawings. It consists of two squares: an inner court enclosed by offices, and a further courtyard surrounded by a low-rise section and caretaker's residence and bisected by an access route. Extending along the monumental south facade with its expressive window openings, awnings, balconies, and of course the tower is a path leading to the main entrance, which is used on official occasions only. In bad weather an arcade parallel to the main entranceway can be resorted to. The tower contains a monumental stair to the first floor on which is the council chamber with its tall narrow windows with light fittings, and balcony. The characteristic vertical volumes adjoining the council chamber contain a public tribune, landing, and archives. Next to these is Dudok's own office with its large corner window. On the east side of the first floor is the civic hall, barely separated from the corridor by a row of round columns. Besides these principal points of interest the building contains many other details and accentuations in colour and material, in particular above the oblong storage section on the north side where the roof, attached to it with strips of glass, seems to be hovering.
Because building was carried out under supervision of the municipality many details inside and out are peculiar to Dudok – the size of brick in the facades, the furniture, upholstery, lettering, and even the door-handles. The structure consists of loadbearing walls, concrete floor slabs, and concrete lintels above the horizontal windows, while the council chamber's roof structure is of steel. This perfect synthesis of traditional, Scandinavian architecture, Amsterdam School ornament, and abstract 'Nieuwe Zakelijkheid' (New Objectivity) has earned widespread admiration. Its well-balanced volumes make it a synthesis of Functionalism and Romanticism. There has been criticism, however, of the non-structural and 'irresponsible arrangement and proportions of its forms'.

D02 AVRO-STUDIO'S/BROADCASTING STUDIOS

's Gravelandseweg 52, Hilversum

B. MERKELBACH/B. MERKELBACH, CH. KARSTEN,
A. BODON ■ 1934-1936/1940

BW 1936 p.425; 8 en O 1936 p.1, 1940 p.169

De architectuur is in hoge mate bepaald door functionele eisen, akoestiek en geluidsisolatie. Na vele proeven ontstonden de trapeziumvormige studio's, geconstrueerd uit onverbonden, afzonderlijk gefundeerde baksteenwanden. De vorm van de zalen levert natuurlijkerwijze een straalsgewijze plattegrond en een duidelijke articulatie in de gevel. Een uitbreiding uit 1940 van dezelfde architecten toont een zwieriger, meer decoratieve architectuur, kenmerkend voor de crisis in het functionalisme eind jaren dertig ■ The structure of these broadcasting studios was largely determined by functional requirements, acoustics, and soundproofing. Extensive testing resulted in trapezium-shaped studios, formed from unconnected, separately founded brick partitions. The shape of the studios led naturally to a radial ground plan and a distinct articulation in the facade. An extension dating from 1940 by the same architects displays a more flamboyant, decorative architecture, characteristic of the crisis that overtook Functionalism at the end of the thirties.

D03 VARA-STUDIO'S/BROADCASTING STUDIOS

Heuvellaan 33, Hilversum

P.J. ELLING/J.A. SNELLEBRAND, A. EIBINK ■ 1958-1961/1931

B. van der Leck (b.k.)

BW 1962 p.318/BW 1932 p.205

Aan de oorspronkelijke studio (Eibink & Snellebrand, 1931) is een nieuwe studioaccomodatie toegevoegd met een dubbelhoge entreehal en een technische vleugel langs de Heuvellaan. Loodrecht op deze uitbreidingen zijn in twee latere fases twee vleugels gebouwd, een met vier kleine studio's en een met een grote studiozaal. De kantine vormt een brug tussen deze twee vleugels ■ The original studio (Eibink & Snellebrand, 1931) was provided with additional studio space plus double-height entrance hall and a technical wing on the Heuvellaan. At right angles to these extensions are two still newer wings added separately – one with a large studio, the other with four small ones. A cafeteria forms a bridge between these two wings.

D04 WERELDOMROEP/WORLD SERVICE RADIO NEDERLAND

Witte Kruislaan 55, Hilversum

VAN DEN BROEK & BAKEMA ■ 1961

H.B.J. Lops (arch.)

Bouw 1962 p.208; BW 1962 p.46

DBZ 1965 p.2057; Broeba 1

Eén van de eerste zgn. kruisgebouwen van Van den Broek & Bakema. Het kruispunt van de twee hogere kantoorvleugels bevat toiletten, trappehuis en een lift, vrijstaand in een schacht en buiten het gebouw uitstekend, zodat men langs de kruisende gevels kan kijken. Onder de administratievleugel bevinden zich twee honingraatvormige studiogebouwen met speciale akoestische wanden, vrijgehouden van de bovenbouw met een glasstrook die zich voortzet in de terugliggende stalen vliesgevel van de begane grond ■ The World Service building was one of Van den Broek & Bakema's earliest 'cruciform' buildings. The intersection of the two higher office wings contains toilets, staircase, and a lift which is free-standing and projects outside the building so that its users can look along the intersecting elevations. Below the administrative wing are two hexagonal studios with acoustically attuned walls, separated from the structure above by a glass strip which continues in the set-back steel curtain wall of the ground floor.

Een moderne, zakelijke villa in witgepleisterd metselwerk met gewapend beton-vloeren. In het ontwerp komt een van de thema's van de witte villa-architectuur naar voren: de toepassing van balkons en terrassen. Op het achterste gedeelte van de woning, dat twee lagere verdiepingen telt, is een dakterras gecreëerd. Door een opgemetselde borstwering is dit gedeelte in verhouding gebracht met het hoofdblok. Het terras is bereikbaar met een trapje vanaf het balkon aan de zuidzijde. ■ A modern functional villa in white-plastered brickwork with reinforced concrete floor slabs. Its balconies and terraces illustrate one theme of 'white villa' architecture. At the rear are two less-high storeys with a roof terrace – this section uses a parapet to harmonise with the scale of the main block. The terrace is reached from a balcony on the south side.

WOONHUIS/PRIVATE HOUSE D05

Hertog Hendriklaan 1, Hilversum

P.J. ELLING ■ 1929

i10 1929 p.171; Lit 76; Lit 104

Deze villa vormt de meest geslaagde uit de serie villa-ontwerpen. Door de toepassing van een betonskelet kon in de gevels een verfijnde compositie van wit pleisterwerk en dunne stalen raampartijen worden gerealiseerd. Achter twee identieke en symmetrische tuingevels bevinden zich verschillende plattegronden: achter de zuidwestgevel een asymmetrische begane grond en een symmetrische verdieping; bij de zuidoostgevel is dit juist andersom ■ This is the most successful in Elling's series of villa designs. Its concrete frame supports a refined composition of white plasterwork and slender steel window-frames. Two identical, symmetrical garden facades conceal dissimilar plans: asymmetrical upstairs and symmetrical downstairs behind the south-west face, and for the south-east the reverse.

WOONHUIS/PRIVATE HOUSE D06

Joelaan 2, Hilversum

P.J. ELLING ■ 1930

Lit 76; Lit 104

Deze villa bestaat uit een hoofdblok met woon- en slaapvertrekken en een lager blok met garage en berging. In de tussenzone bevinden zich entree, trappehuis en rookkanaal. Aan de achterzijde zijn terras en balkon in een overdekte binnenhoek opgenomen. Het kleurenontwerp voor in- en exterieur was van De Stijl kunstenaar Bart van der Leck ■ This villa comprises a main block for living and sleeping and a lower block of garage and storage space. In-between are entrance, staircase, and chimneys. Terrace and balcony are absorbed by a covered area at the rear. Colours both inside and out were the work of De Stijl artist Bart van der Leck.

WOONHUIS/PRIVATE HOUSE D07

Rossinilaan 11, Hilversum

P.J. ELLING ■ 1936

B. van der Leck (int.)

BW 1937 p.320

D08 SANATORIUM 'ZONNESTRAAL'

Loosdrechtse Bos 7, Hilversum

J. DUIKER, B. BIJVOET, J.G. WIEBENGA ■ 1926-1931

BW 1928 p.225; 8 en O 1932 p.220; Bouw 1971 p.1592; WTABK 1982-22; Dui 1; Dui 2; Dui 5

Dui 4; AV 1933-II

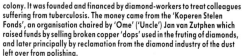

Een hoofdgebouw, twee patiëntenpaviljoens en enige verspreid over het bosrijke terrein gelegen kleinere gebouwen vormen samen de nazorgkolonie 'Zonnestraal'. Zij is gesticht met geld van diamantarbeiders om hun collega's met tuberculose te laten genezen. Het geld kwam van het 'Koperen Stelen Fonds', een organisatie onder voorzitterschap van 'Ome' Jan van Zutphen die geld inzamelde door de verkoop van gebroken koperen stelen waarop de diamanten werden geslepen, en later vooral door het terugwinnen van diamantstof uit het slijpafval van de diamantindustrie. Het hoofdgebouw bestaat uit drie langgerekte blokken: een medische afdeling en entree in het noordelijke blok, de keuken en opslagruimtes in het middenblok en wasruimtes en het ketelhuis in het zuidelijke blok. Over de drie blokken is een kruisvormig restaurant geplaatst dat aansluit op een dakterras op het zuidelijke blok. In het zuidelijke blok bevindt zich tevens de entree voor de patiënten die vanuit de paviljoens naar het restaurant gaan. De patiëntenpaviljoens bestaan elk uit twee vleugels van twee verdiepingen die 45° ten opzichte van elkaar zijn gedraaid, waardoor elke vleugel een vrij uitzicht op de omringende bossen heeft en toch naar het zonlicht gericht blijft. De beide vleugels zijn gekoppeld door een gezamenlijke conversatiezaal. De draagconstructie bestaat uit betonkolommen op een stramien van 9 x 3 m. die betonbalken in de langsrichting dragen. De vloeren kragen tot 1,5 m. voorbij de balken uit. Ook de balken hebben over het algemeen een overstek. Door deze momentreducerende overstekken is het gebruik van het beton geminimaliseerd. De gevels zijn ingevuld met stalen glaspuien. De incidentele borstweringen en de wanden van de bijruimtes bestaan uit spouwconstructies van gestuct steengaas. Zonnestraal is een hoogtepunt in de moderne Nederlandse architectuur. Het glazen vlies gevouwen om de ranke constructie, de langgerekte witte gevels, de trapcilinders en de schoorsteen completeren het beeld van aangemeerde witte schepen: de metafoor bij uitstek van de moderne architectuur. Zonnestraal is nog steeds het bezoeken waard, maar van een stralend voorbeeld is geen sprake meer nu de gebouwen met weinig respect zijn verbouwd of gesloopt. Van de vele bijgebouwtjes zijn de werkplaatsen, waarvan het ronde dak wordt gedragen door houten A-vormige spanten, en het twaalfhoekige dienstbodenhuis in redelijk originele staat gebleven.
■ A main block, two patients' pavilions and several smaller buildings spread across the wooded site together constitute Zonnestraal aftercare

colony. It was founded and financed by diamond-workers to treat colleagues suffering from tuberculosis. The money came from the 'Koperen Stelen Fonds', an organisation chaired by 'Ome' ('Uncle') Jan van Zutphen which raised funds by selling broken copper 'dops' used in the fruting of diamonds, and later principally by reclamation from the diamond industry of the dust left over from polishing.
The main building consists of three elongated blocks – a north block containing medical department and entrance, a central block of kitchen and storage space, and a south block with sanitary facilities and boilerhouse. Above these three blocks is a cruciform restaurant adjoining a roof terrace on the south block. The latter also contains the entrance for patients coming from the pavilions to the restaurant. Each pavilion consists of two two-storey wings set at an angle of 45° to each other, giving both wings an unhampered view and yet plenty of sunlight. Linking the two wings is a communal lounge. Loadbearing structure consists of concrete columns in a grid of 9 x 3 m. and supporting beams running longitudinally. Floor slabs cantilever 1.5 m.; the beams invariably cantilever too. This counterbalance of moment helped to minimise use of concrete. Facades have an infill of steel-framed glass sheets, while parapets and annex walls are hollow constructions of plastered wire mesh.
Zonnestraal is one of the masterpieces of modern Dutch architecture. Its glass skin folded around the slender structure, the elongated white facades, cylindrical stairhouses, and the chimney combine to create an image of white ships at their moorings – the metaphor par excellence for the modern architecture. Zonnestraal is still worth visiting, but is no longer the shining example it used to be, its blocks having been recast with little respect, or demolished. Of its many outhouses, the workshops, their round roof supported by timber A-shaped rafters, and the twelve-sided servants' house are still more or less in their original state.

D09 CALVIJNSCHOOL

Eemnesserweg/J. van der Heydenstraat, Hilversum

W.M. DUDOK ■ 1930/1949

Dudoks scholen zijn veelal opgebouwd uit twee of drie hoofdblokken, bekroond door een torenachtige opbouw bij entree en trappehuis. In vele onderdelen zijn rechtstreekse verwijzingen naar het raadhuisontwerp (D01) te zien. Typische Dudok-elementen zijn de langgerekte raamstroken met opmerkelijke roedeverdeling, de overstekken en de kleur- en materiaalaccenten (twee kleuren baksteen, platte baksteenformaat, betegelde kolommen). Zie ook de Vondelschool (1928) en de Snelliusschool (1931) (D09b en D09c) ■ Dudok's schools are generally built up of two or three main blocks, topped with a tower-like structure at entrance and staircase. Many components contain direct allusions to his town hall design (D01). Typical Dudok elements are the elongated strips of fenestration with their remarkable subdivisions, the cantilevers, and the use of colour and material (bricks of two colours, flat brick-types, tiled columns). See also the Vondelschool (1928) and the Snelliusschool (1931) (D09b and D09c).

D10 DR. H. BAVINCKSCHOOL

Bosdrift, Hilversum

W.M. DUDOK ■ 1921-1922

BW 1924 p.327

De Z-vormige plattegrond bestaat uit een gymnastieklokaal, een tweelagige middenbouw met klaslokalen en een dienstvleugel met speellokaal. Deze school is een voorbeeld van Dudoks volstrekt unieke synthese van traditionalisme en Amsterdamse School-architectuur met elementen uit De Stijl en het functionalisme. Door een zorgvuldige balans van kubische bouwmassa's, horizontalen en verticalen, grote elementen en details, vlak en lijn, is met name bij de ingang met toren een bijna sculpturale compositie gerealiseerd ■ With a Z-shaped plan comprising gymnasium, two central layers of classrooms, and a service wing with recreation room, this school exemplifies Dudok's utterly original synthesis of Traditionalism and Amsterdam School architecture with elements of De Stijl and Functionalism. Using a careful balance of cubist masses, horizontals and verticals, large-scale elements, and details, plane and line, the composition – particularly at the entrance with tower – has an almost sculptural quality.

D11 EERSTE, TWEEDE, VIJFDE, ZEVENDE GEMEENTELIJKE WONINGBOUW/MUNICIPAL HOUSING

Bosdrift/Diependaalselaan/Hilvertsweg, Hilversum

W.M. DUDOK ■ 1916-1923

BW 1924 p.102; Wend 1924-8; Dud 3

AV 1926-II

Als gemeente-architect ontwerpt Dudok vele arbeiderswijken. De woningen hebben eenvoudige plattegronden en zijn gegroepeerd in blokken van twee tot zes woningen. Door variatie in bouwhoogtes en verspringende rooilijnen ontstaat een afwisselend beeld. Een stedebouwkundig geheel ontstaat door de toepassing van hofjes, poortgebouwen en plantsoenen, gecombineerd met één monumentaal gebouw (badhuis, bibliotheek, school (D10)). Het landelijk karakter wordt versterkt door het ontbreken van doorgaande wegen ■ As Director of Public Works Dudok designed many workers' districts. The dwellings here have simple plans and are grouped in blocks of two to six units. A variation in height and staggered building lines supply diversity. Its urban unity comes from the use of traditional courts, portal buildings, and shrubberies in combination with one monumental building (public bath, library, school (D10)). The rural feeling is further strengthened by the lack of main roads.

EIGEN WOONHUIS/THE ARCHITECT'S HOUSE D12

Twee transparante gevels zijn ingeklemd tussen bestaande panden. De woning boven de kapsalon bestaat uit een slaapverdieping met een studio en een woonverdieping onder de schuinstaande zaagtandlichtkappen op het dak. De wanden bestaan uit lichtdoorlatende kunststofpanelen met het karakter van Japanse kamerschermen. De ruimte wordt verder onderverdeeld door vrijstaande interieurelementen, evenals het onorthodox materiaalgebruik en de aandacht voor daglichttoetreding een terugkerend thema in Van Velsens werk ■ Here, two transparent facades are wedged between existing houses. Living quarters above the ground floor hairdresser's consist of a first floor sleeping level with studio and above that a living level lit by a slanting sawtooth roof. Walls are of translucent Kalwall panels resembling shoji screens. Space within is subdivided further by free-standing interior elements which like the unorthodox use of material and attention to daylight penetration constitute a recurring theme in Van Velsen's work.

Spoorstraat 67, Hilversum

K. VAN VELSEN ■ 1980-1982

Arch 1982-9; Plan 1983-9

AR 1985-1

GRAND HOTEL 'GOOILAND' D13

Het schetsontwerp van Duiker is na diens dood door Bijvoet uitgewerkt. Het complex, bestaande uit een hotel met voorzieningen en een schouwburg, moest worden ingepast in een L-vormige situatie, waarbij een aantal, inmiddels gesloopte, woningen moesten blijven staan. Achter de gebogen glazen straatgevel bevinden zich een aantal restaurantzalen en de hotelfoyer, die oorspronkelijk door middel van schuif- en vouwwanden met de foyer van de schouwburg tot één grote ruimte te koppelen waren. Een U-vormig blok met de hotelkamers omsluit een dakterras op het restaurant ■ After his death, Duiker's sketches for this block were brought to fruition by his partner Bijvoet. Combining hotel and theatre, it had to fit in an L-shaped site, allowing a number of houses (since demolished) to remain. Behind the curved, glazed street facade are several dining rooms and the hotel foyer, which originally could combine with the theatre foyer using sliding and folding partitions to form one large space. A U-shaped block of hotel rooms enfolds a roof terrace above the restaurant.

Emmastraat 2, Hilversum

J. DUIKER, B. BIJVOET ■ 1934-1936

Bb 1937 p.1; 8 en O 1936 p.235; BW 1936 p.529; Dui 1; Dui 2

CENTRAAL WONEN/CENTRAL LIVING COMPLEX D14

Eén van de eerste gerealiseerde nieuwbouwprojecten voor Centraal Wonen: een woongemeenschap van gezinnen, bejaarden en alleenstaanden. Het complex is opgebouwd uit clusters van vier of vijf woningen, met een gemeenschappelijke woon/eetkamer. Negen clusters, een ontmoetings-ruimte en een jeugdhonk zijn gegroepeerd rond een voetgangersgebied. De individuele woning wordt gemarkeerd door een boogvormig dak ■ This was one of the first realised development projects for Centraal Wonen (literally, 'central living'), a community of families, elderly, and single persons. The block is built up of clusters of four or five dwellings sharing a communal living/dining room. Nine clusters, an encounter area, and a clubhouse for the young are grouped around a pedestrian precinct. Each dwelling has its own arched roof.

Zuidermeent, Hilversumse Meent

DE JONGE, DORST, LUBEEK, DE BRUIJN, DE GROOT ■ 1974-1977

L. de Jonge, P. Weeda (proj.)

Bouw 1978-18; Arch 1983-5

KAART/MAP E: NOORDWEST NEDERLAND/NORTH-WEST NETHERLANDS

E01 DE 8 ■ WONINGBOUW, STEDEBOUW/HOUSING, URBAN DESIGN

E02 VAN DEN BROEK & BAKEMA ■ WINKELCENTRUM/SHOPPING CENTRE

E03 VAN DEN BROEK & BAKEMA ■ GEREFORMEERDE KERK/CHURCH

E04 A.E. VAN EYCK, H.P.D. VAN GINKEL ■ LAGERE SCHOLEN/PRIMARY SCHOOLS

E05 R. MORRIS ■ OBSERVATORIUM/OBSERVATORY

E06 E.J. JELLES ■ RIJKSKANTOORGEBOUW/GOVERNMENT OFFICE BUILDING

E07 J.A.M. MULDER, RIJKSDIENST IJSSELMEERPOLDERS ■ MULTIFUNCTIONEEL CENTRUM/MULTI-FUNCTION CENTRE 'AGORA'

E08 J. HOOGSTAD ■ STADHUIS/TOWN HALL

E09 B. LOERAKKER (LRR) ■ COMBINATIEGEBOUW/COMBINATION BLOCK

E10 EIJKELENBOOM, GERRITSE & MIDDELHOEK (EGM) ■ POLITIEBUREAU/POLICE STATION

E11 F. VAN KLINGEREN ■ MULTIFUNCTIONEEL CENTRUM/MULTI-FUNCTION CENTRE 'DE MEERPAAL'

E12 C. DAM ■ STADHUIS/TOWN HALL

E13 K. RIJNBOUTT (LRR)/BAKKER & VERHOEFF ■ CENTRUMPASSAGE/TOWN-CENTRE ARCADE

E14 DIVERSE ARCHITECTEN ■ EXPERIMENTELE TIJDELIJKE WONINGEN/EXPERIMENTAL TEMPORARY DWELLINGS

E15 BENTHEM & CROUWEL ■ EIGEN WOONHUIS BENTHEM/PRIVATE HOUSE

E16 APON, VAN DEN BERG, TER BRAAK, TROMP ■ WONINGBOUW, STEDEBOUW/HOUSING, URBAN DESIGN

E17 J. VAN STIGT ■ WONINGBOUW/HOUSING

E18 OMA ■ POLITIEBUREAU/POLICE STATION

E19 H. HERTZBERGER ■ BEJAARDENCOMPLEX/OLD-AGE HOME 'DE OVERLOOP'

E20 D. ROOSENBURG, BUREAU ZUIDERZEEWERKEN ■ GEMAAL/PUMPING STATION 'LELY'

E21 C. LELY, BUREAU ZUIDERZEEWERKEN; W.M. DUDOK ■ AFSLUITDIJK; MONUMENT

E22 D. ROOSENBURG, BUREAU ZUIDERZEEWERKEN ■ UITWATERINGSSLUIZEN/DISCHARGE SLUICES

E23 C.J. BLAAUW, J.F. STAAL, M. STAAL-KROPHOLLER, P.L. KRAMER, G.F. LACROIX ■ PARK MEERWIJK

E24 W. BRINKMAN, H. KLUNDER, J. VERHOEVEN, N. WITSTOK ■ STADS-VERNIEUWING/URBAN REDEVELOPMENT SLUISDIJK

E25 B. MERKELBACH, CH.J.F. KARSTEN ■ VAKANTIEHUIS DIJKSTRA/HOLIDAY RESIDENCE

E26 A. BONNEMA ■ WONINGBOUW/HOUSING

E27 G.TH. RIETVELD ■ WOONHUIS V.D. DOEL/PRIVATE HOUSE

E28 P.A.M. KILSDONK ■ STATION

E29 B. VAN AALDEREN, J. DAALDER ■ KANTONGERECHT/COURTHOUSE

E30 W.M. DUDOK ■ HOOFDGEBOUW/HEAD OFFICE HOOGOVENS

E31 J. EMMEN ■ SLUISGEBOUWEN/LOCKHOUSES NOORDERSLUIS

E32 H. KLUNDER ■ WONINGBOUW/HOUSING

E33 J.H. GROENEWEGEN ■ MONTESSORISCHOOL

E34 G.H.M. HOLT ■ UITBREIDING STOOPS OPENLUCHTBAD/EXTENSION SWIMMING-POOL

E35 J.B. VAN LOGHEM ■ WONINGBOUW/HOUSING 'ROSENHAGHE'

E36 D.A.N. MARGADANT ■ STATION

E37 J. KUYT ■ WARENHUIS/DEPARTMENT STORE V&D

E38 CEPEZED ■ BEDRIJFSVERZAMELGEBOUW/BLOCK OF INDUSTRIAL UNITS

E39 M. VAN SCHIJNDEL ■ BEDRIJFSGEBOUW/INDUSTRIAL BUILDING LUMIANCE

E40 G.H.M. HOLT ■ PASTOOR VAN ARSKERK/CHURCH

E41 J.B. VAN LOGHEM, VERSPOOR & MUYLAERT ■ SPORTFONDSENBAD/SWIMMING-POOL

E42 J.B. VAN LOGHEM ■ WONINGBOUW/HOUSING TUINWIJK-ZUID

E43 SJ. SOETERS ■ WOONHUIS BAKELS/PRIVATE HOUSE

E44 RIETVELD, VAN DILLEN, VAN TRICHT ■ AULA BEGRAAFPLAATS/CEMETERY AULA

E45 J.G. WIEBENGA ■ ULO-SCHOOL/COMPREHENSIVE SCHOOL

E46 C. DAM ■ SHOWROOM VAN LENT

E47 J. DUIKER, B. BIJVOET ■ WOONHUIS SUERMONDT/PRIVATE HOUSE

E01 WONINGBOUW, STEDEBOUW/HOUSING, URBAN DESIGN

Nagele

DE 8 ■ 1947-1957

M. Kamerling, A.E. van Eyck (proj.)

Bouw 1964 p.1134; Forum 1952 p.172; Lit 71; Lit 95

Werk 1961 p.164

1,2. G.Th. Rietveld, J.C. Rietveld – Woningbouw; 3. W. van Bodegraven – Woningbouw; 4. M. Stam, E.F. Groosman – Woningbouw; 5. J. Niegeman, F.J. van Gool – Woningbouw; 6, 7, 8. A.E. van Eyck, H.P.D. van Ginkel – Drie scholen; 9. Van den Broek & Bakema – Winkelcentrum; 10. Van den Broek & Bakema – Gereformeerde kerk; 11. J. Niegeman – Landarbeidershuisjes; 12. E.F. Groosman – Bank; 13, 14. Van den Broek & Bakema – Werkplaatsen; 15. M. Ruys, E. Hartsuyker – Kerkhof; 16. W. Wissing, E. Hartsuyker – Kerkhof; 17. W. Wissing – Werkplaats

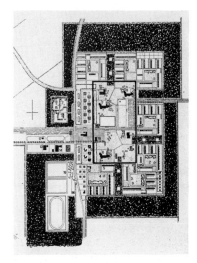

Drie-en-dertig architecten van de Amsterdamse architectengroep 'de 8' werkten tien jaar aan het stedebouwkundig plan voor een dorp van 300 woningen en enige voorzieningen. Nagele is één van de satellietdorpen die in de eerste grote polder van de Zuiderzeewerken, de Noordoostpolder, rond de centrale stad Emmeloord zijn gesitueerd. De opdracht voor Emmeloord ging eveneens de meeste grote opdrachten van het eerste decennium na de oorlog naar de traditionalistische Delftse School-architecten. Nagele was één van de weinige kansen die de modernen kregen om hun ideeën op grote schaal te realiseren. Hoewel Nagele wel degelijk een collectief ontwerp is en als zodanig ook door 'de 8' is ondertekend, zijn het met name de vroegere schetsen van Rietveld geweest, die onder leiding van Van Eesteren door de jongere architecten Kamerlingh en Van Eyck tot het uiteindelijk plan zijn uitgewerkt (zie voor een verslag van het ontwerpproces Lit 71). Het dorp bestaat uit een groen hart met collectieve voorzieningen dat aan drie zijden wordt omsloten door zeven 'wooneenheden' (zie ook N47), onderling gescheiden door smalle groenzones. Langs de vierde zijde liggen winkels, een kerkhof en sportvoorzieningen. Het dorp wordt door brede boomstroken beschermd tegen de polderwinden. Evenals het stedebouwkundig plan zijn de uitwerkingen van de verschillende woningen en gebouwen vaak collectieve ontwerpen ■ Thirty-three members of the Amsterdam architects' group 'de 8' spent ten years working on the urban design master plan for a village of 300 dwellings and some facilities. Nagele is one of the satellite villages surrounding Emmeloord, a town in the Zuiderzee Drainage Works' first large reclaimed polder, the Noordoostpolder. The commission for Emmeloord went, as did most large-scale commissions during the first post-war decennary, to the traditionalist architects of the Delft School. Nagele was one of the few chances open to 'moderns' of putting their ideas into practice on a larger scale than usual. Though Nagele was indeed a genuine collective design and was signed as such by 'de 8' it was based for a large part on early sketches by Rietveld, elaborated under direction of Van Eesteren by the young architects Kamerlingh and Van Eyck into its final form (For a report on the design process see Lit 71). The village consists of a green heart with communal facilities, closed in on three sides by seven 'wooneenheden' ('clusters' – see also N47) separated from each other by narrow green zones. Lining the fourth side are shops, a cemetery, and sports facilities. Broad rows of trees protect the village from the polder winds. Like with the urban design master plan the elaborations of housing and other buildings were often a collective effort.

WINKELCENTRUM/SHOPPING CENTRE E02

Nagele

VAN DEN BROEK & BAKEMA ■ 1955-1957

B+W 1959 p.352; Broeba 1

Het winkelcentrum bestaat uit een voetgangersgebied met vijf winkels, alternerend in twee rijen geplaatst, zodat de etalages vanaf de twee omringende wegen altijd te zien zijn. Elke winkel is een variant op een basistype en bestaat uit: een woning over twee lagen, een patio, een bedrijfsruimte en een beglaasd winkelgedeelte. De winkels hebben dragende baksteenwanden, een houten of stalen balklaag, en zijn afgewerkt met banden van witte houten delen ■ This shopping centre consists of a pedestrian precinct with five shops alternating in a chequerwork W so that the display windows are always visible from the surrounding streets. Each shop is a variation on a basic theme and comprises a two-storey dwelling, a patio, business premises, and a glazed shop section. The shops have loadbearing brickwork walls, timber or steel joisting, and a finish of white wood boarding.

GEREFORMEERDE KERK/CHURCH E03

Nagele

VAN DEN BROEK & BAKEMA ■ 1958-1962

BW 1961 p.476

B+W 1961 p.152; Broeba 1

Het gebouw kent een geleidelijke overgang van openheid en openbaarheid naar de beslotenheid van de kerkelijke ruimtes. Een muur van betonblokken begint laag als bank, klimt op tot muur, krijgt een dak, wordt entree en voorruimte en resulteert in de grote omsloten kerkzaal. Deze bevat een hoger gedeelte waarin preekstoel, doopvont en orgel. Het dak bestaat uit voorgespannen betonliggers op gemetselde kolommen. Een vrijstaande klokketoren domineert de compositie en vormt een poort naar het voorplein ■ This church follows a gradual transition from the open and public to the privacy of its inner recesses. A wall of concrete blocks starts off as a seat, rises to a wall, gains a roof, becomes an entrance-hall, and then finally the large enclosed main church space. A raised section includes pulpit, font, and organ. The roof is a structure of pre-stressed concrete beams on brickwork columns. Dominating the composition is a free-standing bell tower which forms a gateway to the forecourt.

LAGERE SCHOLEN/PRIMARY SCHOOLS E04

Nagele

A.E. VAN EYCK, H.P.D. VAN GINKEL ■ 1954-1957

Forum 1957 p.242; vEy 1; vEy 3

Werk 1958 p.170

Ondanks de strenge voorschriften kan Van Eyck toch enige ideeën realiseren. De school bestaat uit twee stroken van drie gelijke lokalen, waarvan één lokaal gedraaid is. De lokalen hebben een open hoek in de buitengevel; deuren zijn niet toegestaan, maar toch gerealiseerd in de vorm van grote betonnen ramen. De gang is méér dan verkeersruimte, een tussengebied waarin ook de overblijfruimte is opgenomen ■ Here despite stringent regulations Van Eyck still managed to realise a few ideas of his own. The school block consists of two staggered rows of three classrooms of equal size, with the third rotated 90°. Their projecting angles contain accesses (doors having been forbidden) in the form of large concrete-framed windows. More than just a circulation route, the corridor acts as interjacent area, to include accommodation of those remaining for lunch.

E05 OBSERVATORIUM/OBSERVATORY

Weg Lelystad-Swifterbant, Lelystad

R. MORRIS ■ 1977

Gerealiseerd voorbeeld van land art van de Amerikaanse kunstenaar Robert Morris. Op een kavel van 6 ha. is met aarden wallen een moderne variant op de prehistorische observatoria zoals Stonehenge gecreëerd. Op de langste en kortste dag van het jaar wordt de opkomende zon in een reusachtig stalen vizier 'gevangen'. Ook op andere tijdstippen is een interessant spel met zon en licht te aanschouwen ■ On a site of six ha. stand the earthen walls of this latter-day variation on prehistoric observatories such as Stonehenge; a design put into practice of 'land art' by American artist Robert Morris. On both the longest and shortest day of the year the rising sun is lined up in gigantic steel sights. On other days, too, an interesting play of sun and light is to be seen.

E06 RIJKSKANTOORGEBOUW/GOVERNMENT OFFICE BUILDING

Polderdreef, Lelystad

E.J. JELLES ■ 1970-1975

Jel 1

AR 1973-jan

Voor dit algemeen rijkskantoorgebouw werden pas in een later stadium de functies bekend. De begane grond is vrijgehouden voor parkeren. De korte laagbouwvleugels in twee of drie lagen zijn om-en-om geschakeld langs een centrale gang. Hierdoor zijn alternerende verbredingen ontstaan met ronde units voor sanitair, garderobe en leidingen. De werkruimtes zijn U-vormig rond de hoven gesitueerd, met mogelijkheid voor grotere ruimtes op de koppen ■ The function of this government office block was known only at a later stage. Its ground floor is reserved for parking. Short low-rise wings of two or three storeys alternate either side of a central corridor. Where the corridor widens as a result of this alternation are washrooms, cloakrooms, and service shafts. Offices surround courtyards in U's with the possibility of larger spaces at the extremities.

E07 MULTIFUNCTIONEEL CENTRUM/MULTI-FUNCTION CENTRE 'AGORA'

Agorahof 2, Lelystad

J.A.M. MULDER, RIJKSDIENST IJSSELMEERPOLDERS ■ 1973-1977

F. van Klingeren (oorspr. ontw.)

Bouw 1978-14

AdA 1970 oct/nov

Op basis van een oorspronkelijk ontwerp van Van Klingeren voor een andere locatie, maakt bureaumedewerker Mulder een nieuw ontwerp voor dit complex in het centrum van Lelystad. Het is gekoppeld aan verhoogde fiets- en voetgangersroutes. De verschillende functies (zwembad, sporthal, buurthuis, kapel, café-restaurant, theater) hebben een eigen positie en (staal)constructie, zodat een gefaseerde bouw mogelijk is. Blikvanger blijft de in het zicht gelaten houtconstructie van het centrale binnenplein ■ Based on an original design by Van Klingeren for another location, co-worker Mulder made a new one for this block in Lelystad town centre. It adjoins raised bicycle and pedestrian routes. Each of its functions (swimming-bath, sports hall, community centre, chapel, bar-restaurant, and theatre) has its own position and (steel) structure which enabled the block to be built in phases. Its visual focal point has always been the exposed timber structure of the central inner court.

STADHUIS/TOWN HALL E08

Stadhuisplein 2, Lelystad

J. HOOGSTAD ■ 1976-1984

Plan 1983-7/8; Bouw 1984-13, 1985-7

Het stadhuis, een winnend prijsvraagontwerp met veel nadruk op klimaatbeheersing en passieve zonne-energie, bestaat uit een bestuursgedeelte van twee etages (o.a. een raadzaal met bolvormig dak), aan drie zijden omgeven door zes lagen kantoren. De tussenliggende publieke hal is schuin overspannen door houten spanten; het dak is afgedekt met gemoffelde staalplaat. In het ontwerp is een markante plaats toebedeeld aan trappen, loopbruggen en luchtbehandelingskanalen ■ This town hall, a prize-winning design laying great stress on climate control and passive solar energy, is built up of a two-storey administrative section including council chamber with concave roof, with on three sides six office storeys. The intervening public hall has a slanting roof of enamelled sheet steel with timber joists. A prominent place was given stairs, bridges, and air circulation.

COMBINATIEGEBOUW/COMBINATION BLOCK E09

Neringweg, Lelystad

B. LOERAKKER (LRR) ■ 1981-1983

Bouw 1984-7, 1986-14/15; VDL 1

Op een plaats waar oorspronkelijk alleen een parkeergarage was gepland zijn woningen, een supermarkt, een jongerencentrum en een parkeergarage gecombineerd tot een stedelijk blok. De stramienmaat van de woningen is gebaseerd op de maat van twee parkeerplaatsen. Per stramien worden telkens twee woningen van anderhalve woonlaag ontsloten vanuit een middencorridor op de tweede verdieping die door middel van drie trappehuizen vanaf de straat bereikbaar is ■ Housing, a supermarket, a youth centre, and an indoor car park (originally intended as the site's sole occupant) combine in a single urban block. Dwelling units follow a module the size of two parking spaces, using which pairs of units of one and a half levels face each other across a central access corridor reached from the street by three staircases.

POLITIEBUREAU/POLICE STATION E10

Gordiaandreef, Lelystad

EIJKELENBOOM, GERRITSE & MIDDELHOEK (EGM) ■ 1978-1984

B. Molenaar (proj.)

Arch 1984-1; Bouw 1985-6

De verschillende onderdelen van het gebouw hebben ieder een eigen plaats, maat en materiaalgebruik. De schietbaan, met grond bedekt vanwege geluidshinder, en de garage vormen twee gesloten wanden naar de verkeerswegen. Door een loopbrug zijn zij verbonden met het hoofdgebouw. In het ronde gedeelte bevinden zich de cellen; in de langwerpige vleugel kantoorruimte voor de wijkteams. Het gestorte betonskelet is deels bekleed met grijze baksteen en deels met aluminium panelen ■ Each component of this police station has its own location, size, and use of material. A shooting gallery, soundproofed with earth, and garage form two blind walls facing the main roads. These are connected to the main block by a bridge. A circular section contains cells, and an oblong wing office space for the district constabulary. The poured concrete frame is partly faced with grey brick, partly with aluminium panels.

E11 MULTIFUNCTIONEEL CENTRUM/MULTI-FUNCTION CENTRE 'DE MEERPAAL'

De Rede 80, Dronten

F. VAN KLINGEREN ■ 1966-1967

BW 1968 p.57

AD 1969 p.358; AF 1969-nov; B+W 1968 p.336; Werk 1975 p.176

Van Klingerens eerste realisatie van zijn 'agora'-gedachte: een multifunctionele ruimte voor sport en spel, markt en beurs, manifestaties, optredens en tv-opnamen, tevens functionerend als buurthuis en ontmoetingsruimte. In een grote neutrale hal, een onbeschermde staalconstructie met glazen wanden, zijn enkele vaste elementen geplaatst: twee grote projectieschermen, twee afgesloten zaaltjes, een ovaal theater en een verhoogd vloerniveau (foyer en café-restaurant), waaronder zich de dienstruimtes bevinden ■ This is Van Klingeren's first application of his 'agora' concept – a multi-function space for sports and play, market and manifestations, concerts, and television shows, further functioning as community centre and meeting place. Within a spacious neutral hall of steel structure and glazed skin are a number of fixed elements – two large cinema screens, two enclosed sections, an oval theatre, and a raised level supporting foyer and bar-restaurant under which are service areas.

E12 STADHUIS/TOWN HALL

Centraal Plein, Almere-Stad

C. DAM ■ 1982-1986

WTABK 1982-12; Arch 1986-10

Twee haaks op elkaar staande kantoorvleugels van vijf lagen omsluiten een vierkante parkeergarage. Het hoekpunt wordt gedomineerd door de ronde raadzaal, die tevens de hoofdentree markeert. In beide vleugels loopt een lange trap over alle verdiepingen door, met als contravorm een getrapte achtergevel. Na 1990 zal een derde kantoorvleugel van zes lagen worden gebouwd, diagonaal vanuit de entreehal over het parkeerdek ■ Two five-storey office wings meet at right angles and enclose a square, covered parking lot. The corner of this town hall is dominated by the circular council chamber also marking the main entrance. In each wing is a stair to all levels, the rear facade stepping down as counterbalance. After 1990 a third wing of six floors is to be built as a diagonal from the entrance hall across the car park roof.

E13 CENTRUMPASSAGE/TOWN-CENTRE ARCADE

Flevostraat, Almere-Stad

K. RIJNBOUTT (LRR)/BAKKER & VERHOEFF ■ 1979-1981/1983-1985

A. van Dolder, E. Meisner (arch.)

Bouw 1984-6; Arch 1983-6; VDL 1; Bouw 1986-12

Het complex vormt als eerste grootstedelijke element de aanzet tot het uiteindelijke centrum voor een nieuwe stad van 90.000 inwoners. Het bestaat uit een door een gebogen glaskap overdekte passage met winkels op de begane grond en kantoren in de twee lagen daarboven. De passage wordt aan de voorzijde afgesloten door een rechthoekig blok dat als tijdelijke huisvesting voor het stadsbestuur is ingericht. Aan de oostzijde ligt een halfronde parkeergarage ■ This complex constitutes as initial large-scale urban element the springboard for the eventual centre of a new town of 90,000 inhabitants. It consists of a passage with a curved, glazed roof off which are ground floor shops and a further two levels of offices. This passage is closed at the front by a rectangular block temporarily housing the town council. On the east side is a semi-circular multi-storey car park.

EXPERIMENTELE TIJDELIJKE WONINGEN/EXPERIMENTAL TEMPORARY DWELLINGS E14

In 1982 schrijft het comité 'De Fantasie' een prijsvraag uit onder het motto 'ongewoon wonen'. De (vrijstaande) woningen hoeven niet te voldoen aan wettelijke voorschriften of welstandseisen en zijn bedoeld voor een tijdsperiode van vijf jaar. De prijswinnaars (niet alleen professionele architecten) ontvangen een geldbedrag en een stuk grond in bruikleen. Langzamerhand verrijzen de in eigen beheer uitgevoerde woningen. In 1986 heeft het comité een tweede vergelijkbare prijsvraag uitgeschreven ■ In 1982 a committee calling itself 'De Fantasie' (meaning 'fantasy' or 'fancy') held a competition for 'unusual homes'. Entries did not have to satisfy any legal regulations or official standards – dwellings were to be free-standing and would remain for a period of five years. The prize-winners (not only professional architects) each received a sum of money, and a plot of land on loan. A gradual succession of dwellings then went up under control of their designers. In 1986 the committee held a second, similar competition.

De Fantasie, Almere-Stad

DIVERSE ARCHITECTEN ■ 1982-1986

Benthem & Crouwel (1); T. van Halewijn (3); G. Bakker, E. van Leersum (4); R.J. de Kloe e.a. (5); D. Kinkel (6); J. Abbo (7); P. Loerakker, D. Bruyne (8); R. Bouman, J. Kleyn (9); J. van Staaden (10)

EIGEN WOONHUIS BENTHEM/PRIVATE HOUSE E15

De experimentele woning (motto 'hardglas') bestaat geheel uit kant-en-klare onderdelen van minimaal gewicht, door de gebruiker zelf te (de)monteren. Het huis rust op een ruimtevakwerk met verstelbare steunpunten. Het bestaat uit een dichte zone van 2 x 8 m. met slaapkamer, keuken en badkamer, en een geheel beglaasde woonruimte van 6 x 8 m. Het met trekkabels aan de vloer verankerde stalen dak wordt aan drie zijden gedragen door de wanden van 12 mm. hardglas met gekitte naden ■ This experimental house (motto 'hardglas' (hardened glass)) consists of ready-made components of minimal weight, to be assembled and dismantled by the user. Resting on a space-frame chassis on adjustable jacks, it comprises an enclosed zone of 2 x 8 m. with bedroom, kitchen and bathroom, and an all-glass living area of 6 x 8 m.. The steel roof, anchored to the floor with tension cables, is supported on three sides by 12 mm. thick glass sheets with luted joins.

De Fantasie 10, Almere-Stad

BENTHEM & CROUWEL ■ 1982-1983

Forum 1983-3; Bouw 1985-21

AdA 1984-jan; AR 1985-1

WONINGBOUW, STEDEBOUW/HOUSING, URBAN DESIGN E16

Centrum en stedebouw van Almere-Haven zijn een reactie op de CIAM-stedebouw van Lelystad, een tien jaar eerder gebouwde new town in de polder. Men grijpt terug op architectuur en stedelijke context van Amsterdam en de Zuiderzeestadjes: woningbouw boven winkels, een voetgangersgebied met een marktplein en een grachtje. De woningen zijn individueel herkenbaar door hun topgevels en wisselende bouwhoogte. De gevels zijn bekleed met baksteen en betonelementen ■ The centre and layout of Almere-Haven are a reaction to the CIAM design for Lelystad (a new town in the polder built ten years before) and reverts to the architecture and urban context of Amsterdam and the Zuiderzee towns – housing above shops, a pedestrian precinct with market-place, and a canal. Houses are individually recognisable by their gables and the variation in height. Facades are brick-clad with concrete elements.

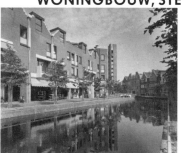

Marktgracht, Kerkgracht, Brink, Almere-Haven

APON, VAN DEN BERG, TER BRAAK, TROMP ■ 1974-1979

WTABK 1979-19; Bouw 1980-17

E17 WONINGBOUW/HOUSING

De Werven, Almere-Haven

J. VAN STIGT ■ 1974-1977

Bouw 1978-8; Arch 1979-10

De stedebouwkundige basis van dit plan wordt gevormd door, op een hoek geopende, vierkante clusters van 20 à 25 woningen rond een groen of stenen binnenplein. Door vier clusters opnieuw tot een vierkant te groeperen wordt een grotere schakel gevormd. De woningen zijn voorzien van standaard trap/toiletelementen en standaard keukens en badkamers. Door de plaats van deze elementen te variëren zijn 26 verschillende woningtypen ontstaan, waaronder een aantal split-levelwoningen ■ This plan is based on square clusters, each open at one corner, of 20 to 25 dwellings around a green or paved inner court. Four of these clusters form a square creating a further link-up on a larger scale. Dwellings are fitted with standard core elements, and standard kitchens and bathrooms. Varying the position of these makes possible a total of 26 different types of unit, including a number of split-level dwellings.

E18 POLITIEBUREAU/POLICE STATION

Bivak 1, Almere-Haven

OMA ■ 1984-1986

R. Koolhaas, A. Karssenberg (proj.)

AdA 1985-april

Het programma van OMA's eerste gerealiseerde gebouw ontwikkelt zich in stroken achter de strakke voorgevel van blauw geglazuurde baksteen. Een brede gang achter deze gevel is door een glazen wand gescheiden van open kantoorruimte en een binnentuin in de middenzone. Daarna volgen een strook kleine, gesloten verhoorkamers en utilitaire ruimtes, een smalle gang en cellen en kantoren aan de achterzijde. Op het dak zijn aan weerszijden van de vide naar de binnentuin de kantine en extra kantoren geplaatst ■ The programme of the Office for Metropolitan Architecture's first realised building was elaborated in rows behind a taut front facade of blue glazed brick. A broad corridor behind this facade is separated by a glazed partition from open office space and a centrally placed inner garden. Then comes a row of small, enclosed interrogation rooms and service spaces, next a narrow corridor, and finally cells and offices at the rear. On the roof on either side of a void to the inner garden are a canteen and extra offices.

E19 BEJAARDENCOMPLEX/OLD-AGE HOME 'DE OVERLOOP'

Boogstraat 1, Almere-Haven

H. HERTZBERGER ■ 1980-1984

A. Schreuder (proj.)

Bouw 1985-10

Casab 1984-dec; AR 1985-4

Hoofdgebouw en laagbouwwoningen omsluiten een gemeenschappelijke tuin. De gangen naar de wooneenheden lopen vanuit een centrale hal over alle etages. Naarmate het structuralisme als vorm- en ontwerpuitgangspunt op de achtergrond raakt, tendeert Hertzbergers architectuur naar een moderne verwerking van de Nieuwe Zakelijkheid. In het interieur, op knikpunten en bij trappehuizen, overheersen nog zijn oude thema's als persoonlijke expressie en het bevorderen van sociale contacten ■ Main block and low-rise dwellings surround a communal garden in this old-age home. Corridors to units sprout from a central hall on all floors. As Structuralism as basis for its form and design recedes, Hertzberger's architecture gravitates towards a 'New Objectivity' brought up to date. Within, however, such familiar themes as personal expression and advancement of social contact still dominate in corners and at staircases.

GEMAAL/PUMPING STATION 'LELY' E20

Medemblik

D. ROOSENBURG, BUREAU ZUIDERZEEWERKEN ■ 1928-1930

BW 1933 p.419; Arch 1982-10

Het droogleggen van de Wieringermeer vormde de eerste fase van de Zuiderzeewerken. Het waterpeil in deze polder wordt door het gemaal 'Lely' met drie pompen in de lengterichting van het gebouw op peil gehouden. Drie afzonderlijke afsluitbare kanalen waarin schoepen zijn gemonteerd, voeren het water aan. Het beeld van het witte gemaal in de vlakke polder vormt nog steeds een monument voor het optimisme waarmee in de jaren dertig aan het droogmaken van een complete binnenzee werd begonnen ■ The drainage of the Wieringermeer constituted the first phase of the Zuiderzee drainage project. 'Lely', with three pumps along its length, maintains control of the water level in this polder. Water enters through three channels which can be shut off separately using paddles. The image of this white pumping station above the flat polder landscape survives as a monument to the optimism felt during the '30s when embarking on the drainage of an entire inland sea.

AFSLUITDIJK; MONUMENT E21

Afsluitdijk, Den Oever

C. LELY, BUREAU ZUIDERZEEWERKEN; W.M. DUDOK ■ 1918-1933; 1933

BW 1933 p.415

Met de bouw van de Afsluitdijk begint de droogmaking van de Zuiderzee, sindsdien IJsselmeer geheten. Door de aanleg van de Wieringermeer, de Noordoostpolder en de beide Flevopolders is de binnenzee inmiddels tot de helft van zijn oorspronkelijke oppervlak geslonken. Op de plaats waar de dijk is gesloten staat een monument ontworpen door Dudok. Een horizontaal uitkijkplatform biedt uitzicht over de overwonnen zee. Het wordt in balans gehouden door een half betonnen, half glazen traptorentje met een uitzichtplatform over de dijk en de wadden ■ The construction of the Afsluitdijk signalled the start of drainage of the Zuiderzee, since known as IJsselmeer. With the establishment of the Wieringermeer, Noordoostpolder, and the two Flevopolders the original surface area of the inland sea was reduced by half. The final section of dike is marked by a monument designed by Dudok. A horizontal observation platform looks out over the conquered sea. Balancing it is a half-concrete, half-glass tower with stairs leading up to a look-out post with a view of dike and mud-flats.

UITWATERINGSSLUIZEN/DISCHARGE SLUICES E22

Afsluitdijk, Den Oever

D. ROOSENBURG, BUREAU ZUIDERZEEWERKEN ■ 1933

BW 1933 p.415

Aan de Noordhollandse kant van de Afsluitdijk bevinden zich vijftien uitwateringssluizen, bestaande uit betonnen machinetorens met daartussen stalen sluisschotten, over een totale breedte van 180 m. Aan de Friese zijde, op vier kilometer van de kust liggen tien sluizen met een totale breedte van 120 m. Bij eb worden de sluizen geopend om het water van het IJsselmeer op de zee te spuien ■ Situated at the point where the Afsluitdijk meets Noord Holland are a series of fifteen discharge sluices, consisting of concrete machine rooms with steel sluice gates in-between, with a total breadth of 180 m. At the other end where the dike joins Friesland are a further ten sluices stretching 120 m. At ebb tide the gates are opened to discharge water from the IJsselmeer into the sea.

E23 PARK MEERWIJK

Studler van Surcklaan, Lijtweg, Meerweg, Bergen

C.J. BLAAUW, J.F. STAAL, M. STAAL-KROPHOLLER, P.L. KRAMER, G.F. LACROIX ■ 1915-1918

Wend 1918-8; Arch 1980-6

Perspecta 13/14

I. J.F. Staal – Villa De Bark; II. J.F. Staal – Villa De Ark; IIa. J.F. Staal – Tuinhuisje Villa De Ark; III. C.J. Blaauw – Villa Boschkant (nu De Klopper); IV. C.J. Blaauw – Villa Beek en Bosch (nu Mussennest); V. M. Staal-Kropholler – Villa Meezennest; VI. M. Staal-Kropholler – Villa Meerlhuis (nu De Speeldoos); VII. M. Staal-Kropholler – Villa Beukenhoek (ingrijpend gewijzigd); VIII, IX. G.F. LaCroix – Dubbel Woonhuis; X, XI, XII. J.F. Staal – Drie huizen onder één kap; XIII, XIV, XI. Afgebrand; XVI. C.J. Blaauw – Villa Meerhoek (nu De Ster); XVII. P.L. Kramer – Tuinhuisje (nu De Hut)

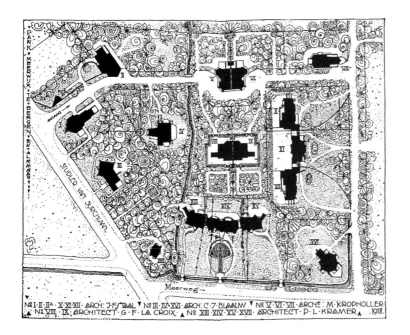

Park Meerwijk is het enige totaalproject van vrijstaande woonhuizen ontworpen door architecten van de Amsterdamse School. In 1917 geeft de tegelfabrikant Heystee aan vijf architecten de opdracht om een aantal villa's te bouwen in een park in het kunstenaarsdorp Bergen. Heystee kent de architecten omdat zij sinds 1914 in een van zijn zalen vergaderen. De architecten krijgen de volledige vrijheid in uitwerking en plaatsing van de villa's. Hierdoor kunnen ze hun expressionistische ideeën ongewijzigd uitwerken. De woningen zijn bescheiden van afmeting en rekeninghoudend met de verkoopbaarheid op verzoek van de opdrachtgever in het interieur 'niet te veel verschillend van het tegenwoordig verlangde'. De meeste villa's hebben een rieten kap en bakstenen gevels met houten kozijnen. In het interieur is, uiteraard, veel tegelwerk aangebracht. Drie woningen onder één kap van Kramer (XIII-XV) zijn in 1922 afgebrand en vervangen door nieuwe woningen. De overige woningen staan er nog. Staal beschouwde de drie woningen onder één kap aan de Lijtweg (X, XI, XII) als mislukt en wilde ze de namen Bildad, Elifaz en Zofar (de namen van Jobs vrienden) geven. Villa Beukenhoek van M. Kropholler is na een brand ingrijpend gewijzigd en witgekalkt evenals een gedeelte van De Ark (II). Het torentje op de luifel van Villa Boschkant (III, nu De Klopper) is verdwenen. Het expressionisme van de architectuur van Park Meerwijk wordt geëvenaard door Wijdevelds beschrijving in Wendingen: '... duizenden sprookjes zijn er reeds gefluisterd... Hij (de architect) is de wever van een schoonen schijn, vlechtend in glanzende kleuren en welige vormen, geheimzinnige vormen door de zoo nuchtere architectuur...' ■ Park Meerwijk is the only complete project of free-standing houses designed by architects of the Amsterdam School. In 1917 tile manufacturer Heystee commissioned five architects to build a group of villas in a park in Bergen (known as 'artists' village'). Heystee was already acquainted with these architects as since 1914 they had been using one of his halls as meeting-room. They were granted complete freedom in elaboration and siting of the villas, which enabled them to give their Expressionist ideas free rein. The houses are modest in size and meet the client's request that in terms of sales potential their interiors should 'not depart too much from today's tastes'. Most of the villas have a thatched roof and brick facades with wooden window and door frames, and, not unexpectedly, well-tiled interiors. Three houses under one roof by Kramer (XIII-XV) were destroyed by fire in 1922 and replaced with new houses. All others have survived. Staal considered his trio of houses with a single roof on the Lijtweg (X, XI, XII) a failure and wanted to name them Bildad, Eliphaz, and Zophar (after Job's friends). Villa Beukenhoek designed by Margaret Kropholler was radically altered after a fire, and, like a section of the Ark (II), plastered white. The tower above the porch of Villa Boschkant (III, renamed De Klopper) has since disappeared. The Expressionism of the architecture in Park Meerwijk is matched by Wijdeveld's description in Wendingen: '... a myriad fairy tales have been whispered... He (the architect) is the weaver of a splendid illusion, of shimmering colours and luxuriant forms entwined around such sober architecture...'

MONTESSORISCHOOL E33

Vijverweg 27, Bloemendaal

J.H. GROENEWEGEN ■ 1930/1936

8 en O 1932 p.135, 1936 p.293; Lit 76

De Montessorischool, bestaande uit een benedenlokaal met annexen en een bovenlokaal, werd in 1936 uitgebreid met een rond paviljoenlokaal. Het zuidelijke geveldeel van dit lokaal bestond geheel uit openslaande deuren en functioneerde als overdekte 'playground'. Het hoofdgebouw heeft een betonskelet ingevuld met gepleisterde baksteenwanden en raampartijen in stalen kozijnen. Het schooltje is inmiddels verbouwd tot woonhuis; bij de overdekte entree zijn de banken voor wachtende ouders weggehaald ■ Originally comprising two classrooms, one downstairs with ancillary areas and one upstairs, the school was expanded in 1936 with a circular pavilion. Its south side consisted entirely of folding doors opening to create a sheltered playground. The main building has a concrete frame, plastered brick cladding and steel-framed windows. The school has since been converted into a house; benches for waiting parents which once lined the sheltered entrance area have been removed.

UITBREIDING STOOPS OPENLUCHTBAD/EXTENSION SWIMMING-POOL E34

Adriaan Stoopplein, Overveen

G.H.M. HOLT ■ 1934-1935

BW 1935 p.385; 8 en O 1935 p.185

Uitbreiding van een bestaand zwembad met een buitenbad. Met veel zorg is de routing van toeschouwers en mannelijke en vrouwelijke zwemmers bepaald. Dit ontwerp was een uitgelezen mogelijkheid om de toenmalige ideeën over hygiëne en oriëntatie op de zon optimaal uit te werken. De ijle, zakelijke architectuur, hier en daar op de scheepsbouw geïnspireerd, sluit goed aan bij het karakter van een zwembad; het conglomeraat van aanbouwsels en kleine gebouwtjes contrasteert dan ook sterk met het oude, statige gebouw ■ In this extension with an outdoor pool of an existing swimming-bath block, routing of spectators and male and female swimmers was paid special attention. This design was a golden opportunity to put into practice ideas then current on hygiene and orientation to the sun. The tenous, functional architecture, here and there inspired by ship-building, is most suited to a swimming-pool, the conglomeration of attachments and ancillary volumes contrasting all the more with its older, static companion.

WONINGBOUW/HOUSING 'ROSENHAGHE' E35

Hoofmanstraat, Kopsstraat, Anslijnstraat, Brouwerskade, Haarlem

J.B. VAN LOGHEM ■ 1919-1922

Wend 1920-3/4; S&V 1928 p.109; Plan 1971-12

Geïnspireerd op de tuinstadgedachte van Ebenezer Howard en op de collectivisering van het socialisme ontwerpt Van Loghem tussen 1917 en 1923 enkele wijkjes in Haarlem. Deze 130 arbeiderswoningen, met drie winkels en een gemeenschapsgebouw, vormen het eerste compleet gerealiseerde plan. Het terrein biedt weinig ruimte voor hoven en groenstroken. De architectuur is rechthoekig, met platte daken en zeker niet landelijk (zie ook E42 en H43) ■ Inspired by Ebenezer Howard's garden city idea and the collectivisation of socialism, Van Loghem designed between 1917 and 1923 several neighbourhoods in Haarlem. This one of 130 workers' dwellings with three shops and a community centre constitutes the first of these plans to be realised in its entirety. The site left little space for courts and strips of green. Its architecture is rectangular, with flat roofs – and anything but rural (see also E42 and H43).

E36 STATION

Stationsplein, Haarlem

D.A.N. MARGADANT ■ 1899-1908

H.W.M. Werker (constr.)

WTABK 1974-15

Met de verhoging van de spoorbaan kreeg Haarlem een nieuw station, het derde op deze plek. Het gebouw valt vooral op door de luxueuze opzet en de prachtige decoraties. Tegeltableaus, versieringen in zandsteen, houtsnijwerk, belettering, etc., vooral bij de wachtkamers (1e, 2e en 3e klasse) op het eilandperron. De decoraties met o.a. plantenmotieven vertonen de sterke invloed van de Art Nouveau ■ When the level of its tracks were raised Haarlem was provided with a new railway station, the third on this site. What make this building especially distinctive are its luxurious design and splendid decorations – tiled murals, sandstone ornamentation, wood-carvings, lettering, etc., in particular in the area of the waiting-rooms (first, second, and third class) on the central platform. Decorations including plant motifs betray the strong influence of Art Nouveau.

E37 WARENHUIS/DEPARTMENT STORE V&D

Grote Houtstraat 70, Haarlem

J. KUYT ■ 1929

Het gebouw is stedebouwkundig zeer markant gesitueerd, nog net ruimte latend voor een historische drogisterij. Het massale gebouw is verlevendigd met speklagen en afgeronde hoeken. De voor warenhuizen weinig gebruikelijke vensters zijn thans dichtgezet. Het torentje is een verlichtings-element en onlangs in ere hersteld. De architectuur vormt een verwerking van Amsterdamse School-invloeden in de traditionele bouwpraktijk van een plaatselijk architect ■ This department store is conspicuously sited within the urban fabric, leaving just enough space for a historic chemist's shop. The massive block is animated with bands of different colour and rounded corners. Windows, an unusual element in a department store, have later been blocked in. Its tower is a source of illumination and has recently been restored. The style is reworked Amsterdam School by a local architect in a traditional practice.

E38 BEDRIJFSVERZAMELGEBOUW/BLOCK OF INDUSTRIAL UNITS

Jan van Krimpenweg 13, Haarlem

CEPEZED ■ 1985-1986

Arch 1986-ma; AB 1986-3

Dit bedrijvencentrum is een standaardontwerp voor verschillende situaties en bedrijfstypen. Het gebouw bestaat uit een middenzone met constructie-elementen, leidingen en een verkeerszone, met aan beide zijden een vrij indeelbaar en per travee verhuurbaar vloeroppervlak. Het dak is opgehangen aan een vanuit de mast in de middenzone afgetuide 'giek'. De vormgeving, die de flexibiliteit van het geheel moet benadrukken, lijkt ingegeven door high-tech-voorbeelden uit de internationale architectuur ■ This industrial centre uses a standard design fitting different situations and types of industry. It is made up of a central zone with structural elements, service ducts, and a parking lot, with on either side freely subdivisible floor space rentable per bay. The roof is suspended from a central row of posts. The composition, meant to emphasise the flexibility of the whole, seems prompted by examples of international High-Tech architecture.

BEDRIJFSGEBOUW/INDUSTRIAL BUILDING LUMIANCE E39

Oude Weg 155, Haarlem

M. VAN SCHIJNDEL ■ 1986

Arch 1986-mei

Dit bedrijfsgebouw bestaat uit een kantoorstrook aan de voorzijde en twee grote magazijnen aan de achterzijde. De verbinding tussen de beide delen wordt gevormd door een expeditiestraat, overdekt door een kunststof lichtstraat. De gevels van de kantoorstrook bestaan uit zelfdragende glazen platen. Door de niet-doorzichtruiten van verschillende tinten emaille te voorzien ontstaat bij een bepaalde lichtval een patroon op de gevel ■ These business premises comprise an office strip at the front and two large warehouses at the rear. The two sections are linked by a dispatch corridor capped by a plastic vaulted rooflight. Facades of the office strip consist of self-bearing glass sheets. Different tints of enamel on the non-transparent sheets produce under certain lighting conditions a pattern on the facade.

PASTOOR VAN ARSKERK/CHURCH E40

Kromhoutlaan, Haarlem

G.H.M. HOLT ■ 1958-1961

BW 1962 p.110; KB 1962 p.261

Deze kleine kerk is afgedekt met twee lessenaardaken van verschillende hoogte. Het grensvlak tussen deze twee daken vormt een groot raam en zorgt voor de lichttoetreding. In de zo ontstane tweedeling van de kerkruimte doet het kleinere deel dienst als 'dag'-kerk. De constructie, een staalskelet, is overal in het zicht gelaten. De kalkzandsteenwanden zijn aan de buitenzijde bekleed met brokken Limburgs carboonzandsteen. Klokketoren, pastorie en een strook biechtruimtes zijn volgens het thema van de doorsnede vormgegeven ■ Two lean-to roofs shelter this small church, their difference in height occupied by a large window. This vertical divides the main space into two, the smaller section serving as 'day' church. The completely exposed steel frame has an infill of sand-lime brick dressed with carbonised limestone chips from Limburg. Clock-tower, vicarage, and row of confessionals are all shaped by the church's fundamental bisection.

SPORTFONDSENBAD/SWIMMING-POOL E41

Frederikspark 14, Haarlem

J.B. VAN LOGHEM, VERSPOOR & MUYLAERT ■ 1933-1934

8 en O 1935 p.39, p.217; BW 1940 p.102; Plan 1971-12

Nadat drie eerdere versies van Verspoor & Muylaert zijn afgekeurd wordt Van Loghem als architectonisch adviseur aangetrokken. Het uiteindelijke gebouw is met zorg in de parkachtige omgeving ingepast. Het bassin is toegankelijk vanaf de verdieping, direct gekoppeld aan een terras op het zuiden door de grote dubbele schuifdeuren (inmiddels vervangen). De hal is geconstrueerd uit betonkolommen en stalen spanten. Het betonskelet is in de gevels opgevuld met horizontale raamstroken en baksteen ■ After three earlier versions of this indoor swimming-pool by Verspoor & Muylaert had been rejected, Van Loghem was brought in as architectural adviser. The final product was slotted with care into its parklike surroundings. The pool itself is reached from the upper floor, directly linked to a terrace on the south side by a pair of sliding doors (since replaced). The main volume consists of concrete posts, steel beams, and an infill of horizontal strips of fenestration and brick.

E42 WONINGBOUW/HOUSING TUINWIJK-ZUID

Spaarnelaan, Zonnelaan, Tuinwijklaan, Haarlem

J.B. VAN LOGHEM ■ 1920-1922

S&V 1922 p.182; WTABK 1974-2; Plan 1971-12

In het Zuiderhoutpark, een villawijk waar hij vele traditionele woningen heeft ontworpen, realiseert Van Loghem 86 middenstandswoningen rond een gemeenschappelijke tuin. Deze is bereikbaar door twee poorten. De woningen zijn afwisselend tweehoog en driehoog, waarbij de laatste een dakterras met houten pergola hebben. De entree wordt gemarkeerd door een uitbouw (berging) met daarop een balkon. De woonkamers bevinden zich aan de tuinzijde, waar de privé-tuin geleidelijk overgaat in de 'oase' van de gemeenschappelijke tuin ■ In the Zuiderhoutpark, a residential area for which he had already designed many houses, Van Loghem built 86 'middle-class' dwellings around a communal garden reached by two gateways. Houses alternate between two and three storeys, the latter having a roof terrace with wooden pergola. Entrances are marked by a storeroom extension with balcony above. Living rooms each look onto a private plot that merges softly into the 'oasis' of the communal garden.

E43 WOONHUIS BAKELS/PRIVATE HOUSE

Crayenesterlaan 20, Haarlem

SJ. SOETERS ■ 1983-1984

Bouw 1985-22

Deze woning bestaat uit een woonkamer aan de tuinzijde en een relatief gesloten blok in twee lagen aan de straatzijde. Beide blokken zijn door lichtstroken in de wanden en het dak van elkaar gescheiden. In het interieur is uitbundig gebruik gemaakt van materiaal en kleur en veel aandacht besteed aan de daglichttoetreding. De vrijstaande open haard in de woonkamer is een miniatuur van de voorgevel. 'Golders Green' aan de overkant van de straat (nr.13) is een vroege woning van Van Loghem met overduidelijke Arts & Crafts-invloeden ■ This house comprises a living room on the garden side and a relatively closed block in two levels on the street side. Separating these two blocks are glazed strips in the walls and roof. The interior makes lavish use of materials and colours, with much attention paid to daylight penetration. A free-standing fireplace in the living room is in fact the facade in miniature. 'Golders Green' on the opposite side of the street (nr.13) is an early house by Van Loghem clearly influenced by the Arts & Crafts movement.

E44 AULA BEGRAAFPLAATS/CEMETERY AULA

Hoofdweg 395/Vijfhuizerweg, Hoofddorp

RIETVELD, VAN DILLEN, VAN TRICHT ■ 1958-1966

G.Th. Rietveld, F. van Dillen (proj.)

BW 1968 p.313; Arch 1982-1

De hoofdopzet van het gebouw volgt de gang van de rouwenden vanaf de aankomst via de aula naar het graf en vandaar terug naar een koffiekamer. Tijdens deze gang worden het gebouw en de verschillende ruimtelijke condities daarin en daaromheen beleefd. Door kleur en materiaalgebruik en door de overvloedige daglichttoetreding onderscheidt het gebouw zich in optimistische zin van de donkere, gedragen ruimtes die op de meeste begraafplaatsen gebruikelijk zijn ■ The principal line follows the passage of mourners from arrival to cemetery via this aula, then circling back to a room where coffee is served. Along this route the mourners experience something of the building itself, and the different spatial conditions both inside and out. Use of colour and material and an abundance of penetrating daylight distinguish this building in a positive way from the dark, formal spaces usually encountered at such places.

ULO-SCHOOL/COMPREHENSIVE SCHOOL E45

Schoolstraat 2-4, Aalsmeer

J.G. WIEBENGA ■ 1931-1932

8 en O 1932 p.83; BW 1932 p.257

Met het ontwerp voor deze school toont de constructeur Wiebenga zich tevens een architect die het functionalistisch idioom volledig beheerst. De school bestaat uit een hoger blok dat door een trap/entreehal is gescheiden van een lager, langgerekt blok waarvan het dak als terras is uitgevoerd. De draagconstructie bestaat uit een betonskelet waaraan verschillende stalen trappen en kozijnen zijn toegevoegd. De school is inmiddels gedeeltelijk verbouwd ■ Wiebenga's design for this school shows that besides being design engineer he was also an architect in full command of the Functionalist idiom. It consists of two blocks separated by an entrance hall with stair, with the roof of the less-tall elongated block functioning as a roof terrace. The loadbearing structure comprises a concrete frame into which a number of steel stairs and window and door frames have been inserted. The school has since been partly rebuilt.

SHOWROOM VAN LENT E46

Oosteinderweg 110, Aalsmeer

C. DAM ■ 1975-1977

De plattegrond bestaat uit twee inelkaargrijpende cirkels die zo een acht vormen. De draagconstructie bestaat uit zes stalen kolommen (vierkante kokers), die twee vierkanten vormen met de gevels als omgeschreven cirkels. Het dak is een rooster van vakwerkliggers; de gevels zijn geheel van glas ■ The plan is made up of two circles interlocking in a figure eight. Its loadbearing structure is of six steel columns containing ducts, forming two squares circumscribed by the facades. The roof is a gridwork of lattice girders; facades are fully glazed.

WOONHUIS SUERMONDT/PRIVATE HOUSE E47

Stommeerkade 64, Aalsmeer

J. DUIKER, B. BIJVOET ■ 1924-1925

Dui 1; Dui 2

AV 1927-I

Duiker en Bijvoet demonstreren hier voor het eerst hun denkbeelden over licht en goedkoop bouwen. Afgeschuinde, rechthoekige volumes reflecteren de verschillende functies (schuur, woning en serre). De eveneens afgeschuinde trapcilinder is het enige bakstenen element in deze geheel uit hout geconstrueerde woning. De houten gevels zijn inmiddels gestuct en de oorspronkelijke stalen ramen zijn vervangen, zodat alleen de hoofdvorm nog te herkennen is ■ Here, Duiker and Bijvoet demonstrated for the first time their ideas on light and cheap building. Sloping, rectangular volumes reflect their individual functions of shed, house, and conservatory. The similarly bevelled cylindrical staircase is the sole brick component of this otherwise wholly wooden house. Its facades have since been stuccoed and the original steel window frames replaced, leaving just the original shape to recognise it by.

KAART/MAP F: AMSTERDAM CENTRUM/AMSTERDAM TOWN CENTRE

F01 H.P. BERLAGE ■ KOOPMANSBEURS/STOCK EXCHANGE
F02 W.M. DUDOK, R.M.H. MAGNÉE ■ HAVENGEBOUW/HARBOUR BUILDING
F03 A. VAN HERK, C. NAGELKERKE ■ STADSVERNIEUWING/URBAN REDEVELOPMENT
F04 H. HERTZBERGER ■ STADSVERNIEUWING/URBAN REDEVELOPMENT
F05 G. VAN ARKEL/C. WEGENER SLEESWIJK ■ KANTOORGEBOUW/OFFICE
BUILDING EERSTE HOLLANDSCHE LEVENSVERZEKERINGSBANK
F06 TH.J.J. BOSCH ■ LETTERENFACULTEIT/LANGUAGE FACULTY
F07 J.F. STAAL, G.J. LANGHOUT ■ KANTOORGEBOUW/OFFICE BUILDING
DE TELEGRAAF
F08 B. VAN KASTEEL, J. SCHIPPER ■ RESTAURATIE/RESTORATION AMSTERDAMS
HISTORISCH MUSEUM
F09 A. CAHEN ■ WOONHUIS/PRIVATE HOUSE
F10 G.TH. RIETVELD ■ TOONZAAL/SHOWROOM METZ & CO
F11 A. BODON ■ BOEKHANDEL/BOOKSTORE SCHRÖDER EN DUPONT
F12 J. WILS ■ CITYTHEATER/CINEMA
F13 W. KROMHOUT ■ HOTEL CAFÉ RESTAURANT 'AMERICAN'
F14 F.J. VAN GOOL ■ TWEE KANTOORVILLA'S/TWO OFFICE BLOCKS
F15 RIETVELD, VAN DILLEN, VAN TRICHT ■ RIJKSMUSEUM/NATIONAL MUSEUM
VINCENT VAN GOGH
F16 MERKELBACH & ELLING ■ KANTOORGEBOUW/OFFICE BUILDING
GEÏLLUSTREERDE PERS
F17 K.P.C. DE BAZEL/J.F. BERGHOEF ■ KANTOORGEBOUW/OFFICE BUILDING
NEDERLANDSCHE HANDEL-MAATSCHAPPIJ
F18 J. DUIKER ■ CINEAC HANDELSBLAD/CINEMA
F19 H.L. DE JONG ■ TUSCHINSKI THEATER/CINEMA
F20 VAN EYCK & BOSCH/TH.J.J. BOSCH ■ STADSVERNIEUWING/URBAN
REDEVELOPMENT NIEUWMARKT
F21 VAN EYCK & BOSCH ■ WONINGBOUW/HOUSING
F22 VAN EYCK & BOSCH ■ WONINGBOUW/HOUSING
F23 TH.J.J. BOSCH ■ WONINGBOUW/HOUSING 'HET PENTAGON'
F24 H. HAGENBEEK (CAV) ■ WONINGBOUW/HOUSING
F25 H. BORKENT ■ WONINGBOUW/HOUSING
F26 J.M. VAN DER MEY ■ SCHEEPVAARTHUIS/SHIPPING OFFICE BUILDING
F27 H. ZEINSTRA ■ EIGEN WOONHUIS/THE ARCHITECT'S HOUSE
F28 W. HOLZBAUER, C. DAM ■ COMBINATIE STADHUIS/OPERA (STOPERA)/
COMBINED TOWN HALL AND OPERA HOUSE

F29 M.F. DUINTJER ■ HOOFDKANTOOR/HEAD OFFICE NEDERLANDSE BANK
F30 H. HERTZBERGER ■ STUDENTENHUIS/STUDENT'S HOUSE
F31 H.P. BERLAGE ■ KANTOORGEBOUW/OFFICE BUILDING ALGEMEENE
NEDERLANDSCHE DIAMANTBEWERKERSBOND
F32 A.E. VAN EYCK ■ MOEDERHUIS/MOTHERS' HOUSE

F01 KOOPMANSBEURS/STOCK EXCHANGE

Damrak/Beursplein, Amsterdam

H.P. BERLAGE ■ 1884/1896-1903

L. Zijl, J. Mendes da Costa, R.N. Roland Holst, A.J. Derkinderen, J. Th. Toorop (b.k.)

BW 1898 p.81; Architectura 1903 p.309; WTABK 1975-2

Berl 1; Berl 3; Berl 4

De totstandkoming van een nieuwe koopmansbeurs ter vervanging van het oude gebouw van Zocher uit 1845 heeft een lange voorgeschiedenis. Reeds aan het eind van de jaren zeventig dienen verschillende architecten, gevraagd en ongevraagd, plannen in voor diverse locaties. In 1884 wordt een prijsvraag uitgeschreven, welke na 199 inzendingen en een tweede ronde voor vijf geselecteerde ontwerpteams (o.a. Berlage) een slepende affaire wordt met een plagiaatkwestie en onverkwikkelijke stijlcontroversen. Aan de voortvarendheid van wethouder Treub is het te danken dat Berlage in 1896 een nieuw schetsplan (zonder gevels) mag ontwerpen en in 1898 de definitieve opdracht voor een nieuwe beurs krijgt. De plattegrondopzet ligt al in grote lijnen vast en wordt bepaald door functionele eisen. Het ontwerp is gebaseerd op een geometrisch verhoudingenstelsel. Voor de gevels gebruikt Berlage de zgn. Egyptische driehoek, i.e. de verhouding 5:8. De plattegronden zijn gebaseerd op een praktische moduul van 3,80 m. Opvallend aan het exterieur is de grote eenheid. De verschillende functies, zoals kantoren, entrees en de drie grote zalen voor goederen, granen en effecten, zijn ondergeschikt gemaakt aan de totaliteit van de gevel. De gestrekte lange gevel aan het Damrak vormt een doorlopend vlak met vensterpartijen, verlevendigd door verticale elementen. In de oostgevel stuiten de grote rechthoekige zalen op de scheve rooilijn. Berlage gebruikt vele middelen om dit divergeren te accentueren, o.a. door lage bebouwing langs de rooilijn en een dubbele gevel. De twee korte gevels bestaan meer uit een verzameling losse bouwdelen. Aan de zuidzijde is de toren asymmetrisch geplaatst t.o.v. de hoofdentree. De noordgevel is zeer fragmentarisch en heeft, omdat de graanbeurs ver naar achteren ligt en slechts met een lage galerij is afgesloten, een groot 'gat' in de gevelwand. De grote zalen zijn overspannen door in het zicht gelaten gebogen stalen spanten. Het ornament is in de totale compositie van het gebouw opgenomen en vormt veelal een expressie van een functie, zoals natuurstenen consoles, sluitstenen en lateien, hang- en sluitwerk en afvoerpijpen.
In de Nederlandse architectuur zijn Berlage en de Beurs synoniemen geworden voor het begin van de moderne architectuur. Het gebouw, op de grens van twee eeuwen gebouwd, vormt een overgang van neo-stijlen en Art Nouveau naar zakelijkheid, van fantasie en romantiek naar rationalisme. Het werk dient als voorbeeld voor zowel de architecten van de Amsterdamse

School als voor de Modernen. Als er in 1959 plannen zijn voor verbouw of zelfs afbraak protesteert de Nederlandse architectuurwereld unaniem. Vanaf 1984 is de grote zaal in gebruik als tentoonstellingsruimte.
■ The replacement of Zocher's old Stock Exchange of 1845 with a new building has a long history. Already at the end of the 1870s many architects were submitting plans, commissioned or not, for various locations. In 1884 a competition attracted 199 entries, reduced for a new plan to five selected teams, Berlage included. It dragged on through problems of copyright and sordid disputes about style. In 1896, largely due to Alderman Treub's tenacity, Berlage was permitted to design a new plan (without facades) and in 1898 received the official commission for the new Stock Exchange. Its plan, specified by functional demands, had been largely mapped out beforehand. The design is based on a system of geometrical proportions. Elevations use the so-called 'Egyptian' triangle (the ratio 5:8); floor plans follow a working module of 3.80 m. What is striking about the exterior is its unity. The different functions – offices, entrances, the three large halls for cereals, goods, and chattels – are subordinate to the totality of its frontage. The elongated facade on the Damrak is one continuous surface lined with windows and enlivened by vertical elements. The east facade ranges the large rectangular halls along the slanting building line. This obliqueness Berlage emphasises in many ways, including a reduction in height, and double fronting. The two short facades are more conglomerations of individual masses. On the south side the tower is asymmetrical in relation to the position of the main entrance. The north facade is highly fragmentary with a large 'gap' in its wall due to the corn exchange being placed far back and enclosed by just a low gallery. The large halls are spanned by arched steel trusses left visible. Ornament is treated in terms of the composition as a whole and as a rule expresses a function – stone consoles, key-stones and lintels, door and window hardware, and drainpipes.
In Dutch terms Berlage and the Amsterdam Stock Exchange mean the beginning of Modern Architecture. Built at the turn of the century the work forms a transition from 'Neo' styles and Art Nouveau to objectivity, from fantasy and Romanticism to Rationalism, serving as model both for the Amsterdam School and for Modern architects. In 1959 plans to rebuild or even demolish were greeted with unanimous protest from the Dutch architectural world. From 1984 the main hall has been used for exhibitions.

F02 HAVENGEBOUW/HARBOUR BUILDING

De Ruijterkade 7, Amsterdam

W. M. DUDOK, R.M.H. MAGNÉE ■ 1957-1965

BW 1960 p.381

TdT 1962 p.11

Door verregaande systematisering en prefabricage van gevelelementen, balken en trappen, wordt dit gebouw binnen de gestelde limieten van tijd en geld gerealiseerd. Bovenop de betonconstructie op de twaalfde en dertiende etage is een stalen opbouw geplaatst, waarin zich een restaurant met terras bevond. Een kleine laagbouw bevat twee dienstwoningen; een tweede langwerpig bouwblok is nooit gerealiseerd ■ In taking the organisation and prefabrication of facade elements, beams, and stairs to an extreme, this 'harbour building' was realised within both the allowed time and budget. Above the concrete structure of the twelfth and thirteenth floors rests a steel crown with restaurant and terrace. A small low-rise building contains two live-in units; a second large oblong block was never realised.

F03 STADSVERNIEUWING/URBAN REDEVELOPMENT

Haarlemmer Houttuinen, Amsterdam

A. VAN HERK, C. NAGELKERKE ■ 1981-1983

WTABK 1982-18/19; Arch 1982-10; Bouw 1984-13

AdA 1983-feb; AR 1985-1

Het project bestaat uit twee poortgebouwen met 15 woningen boven winkels en twee bouwblokken met in totaal 30 woningen. Wegens de geringe breedte van de straat zijn deze blokken getrapt van opbouw. De constructie bestaat uit een betonskelet, ingevuld met kalkzandsteen en afgewerkt met gestucte buitengevelisolatie, de eerste toepassing van dit systeem in de sociale woningbouw. De witte gebouwen passen zich aan de omgeving aan in schaal en functie, maar vormen ook een contrastrijk, eigentijds element ■ This contribution to a redevelopment project comprises two portal buildings with 15 dwellings above shops and two blocks with a total of 30 dwellings. Because of the narrowness of the street the blocks have a stepped structure. Concrete-framed with an infill of sand-lime bricks, they are finished with stuccoed exterior insulation, the first housing in Holland to do so. These white blocks fit well into their surroundings, yet inject a contemporary element rich in contrasts.

F04 STADSVERNIEUWING/URBAN REDEVELOPMENT

Haarlemmer Houttuinen, Amsterdam

H. HERTZBERGER ■ 1978-1982

A. Schreuder (proj.)

WTABK 1982-18/19; Bouw 1983-23

AdA 1983-feb; A+U 1983-12; AR 1985-1

De 7 m. brede woonstraat is slechts toegankelijk voor bestemmingsverkeer en is door de inrichting verblijfsgebied voor bewoners en spelende kinderen. Aan deze straat bevinden zich de entrees van de woningen; een variant op de portiek ontsluit twee lagen maisonnettes. De entrees zijn gecombineerd met buitenruimtes: een deels overdekt balkon voor de bovenwoningen en terrassen op de begane grond. De noordgevel is een vlakke, langgerekte 'stadsmuur', slechts door erkers verlevendigd ■ Closed to through traffic, this 7 m. wide 'woonstraat' (living street) was designed to be, and is, frequented by residents and playing children. Off this pedestrian street are all entrances; a modified porch provides access to two layers of maisonnettes. Entrances combine with outdoor areas – a partly sheltered balcony for upper dwellings and terraces for the ground floor. The north side is a blank, elongated 'city wall', enlivened only by projecting bays.

KANTOORGEBOUW/OFFICE BUILDING EERSTE HOLLANDSCHE LEVENSVERZEKERINGSBANK F05

Dit kantoorgebouw voor de Eerste Hollandsche Levensverzekeringsbank kwam in de plaats van drie bestaande grachtenpanden. Architect Van Arkel ontwierp een massaal Art Nouveau pand van zeven lagen. Opvallend zijn de gedetailleerde entree met vergulde stenen en het geveltableau in de toren. Eind jaren zestig is het pand aan weerszijden uitgebreid, zodat bij de hoge, blinde zijmuren een geleidelijke overgang naar de lagere grachtenhuizen werd gecreëerd ■ The office building for the 'First Dutch Life Insurance Bank' took the place of three existing canal houses. Architect Van Arkel designed a massive Art Nouveau building seven storeys high. Salient points are the detailed entrance of gilded bricks and the mural in the tower. At the end of the '60s the building was so enlarged as to create a gradual transition from its high, blind sidewalls to less-high neighbouring canal houses.

Keizersgracht/Leliegracht, Amsterdam

G. VAN ARKEL/C. WEGENER SLEESWIJK ■ 1904-1905/1969

Arch 1982-11; vA 1

LETTERENFACULTEIT/LANGUAGE FACULTY F06

Om dit grote complex (100 m. lang) aan te passen aan de schaal van de grachtenwand, is het gebouw sterk geleed en de gevel verticaal gearticuleerd met erkers en kolommen. Op de eerste drie lagen bevinden zich centrale voorzieningen. Op de etages erboven liggen clusters (vijf kamers rond een werkruimte) asymmetrisch aan weerszijden van een lange middengang, gescheiden door brede nissen voor de lichttoetreding. De constructie volgt deze geleding met een meanderende moederbalk op zware kolommen ■ To adapt this large block (100 m. long) belonging to Amsterdam University to the scale of the canal street walls meant a strong articulation using vertical bay windows and columns. On the first three levels are the central facilities. The floors above contain clusters (five tutors' offices around a seminar room) arranged asymmetrically on either side of a long central corridor and separated by deep recesses allowing in daylight. The loadbearing structure follows this articulation with a meandering main beam on massive columns.

Spuistraat/Raadhuisstraat, Amsterdam

TH.J.J. BOSCH ■ 1976-1984

Arch 1984-9; WTABK 1985-1; Bouw 1986-13

AR 1985-1

KANTOORGEBOUW/OFFICE BUILDING DE TELEGRAAF F07

Dit voormalige kantoorgebouw/drukkerij is ingepast in een moeilijke situatie, waarvan het oppervlak volledig is benut. Staal, die zich voornamelijk met de vormgeving van de gevels heeft beziggehouden, accentueert de overgang tussen oud en nieuw met aparte, afwijkende bouwdelen en past de indeling van de ramen in de vlakke gevel aan op de maat en verhoudingen van de woningen in de omgeving. Het beeldhouwwerk op de toren is van Hildo Krop ■ This former office building/printers' works was eased into an awkward site making full use of its surface area. Staal, who was occupied mainly with designing the facades, accentuated the transition from old to new with separate, differing volumes and geared the arrangement of windows in the taut facade to the size and interrelation of the surrounding houses. The tower is decorated with sculpture by Hildo Krop.

Nieuwezijds Voorburgwal 225, Amsterdam

J.F. STAAL, G.J. LANGHOUT ■ 1927-1930

H. Krop (b.k.)

BW 1930 p.333; Bb 1930 p.431

F08 RESTAURATIE/RESTORATION AMSTERDAMS HISTORISCH MUSEUM

Kalverstraat 92, Amsterdam

B. VAN KASTEEL, J. SCHIPPER ■ 1969-1975

Bouw 1977 p.681

Het museum is gehuisvest in het voormalige burgerweeshuis, een ingewikkeld gebouwencomplex (1414-1579). Bij de voorbeeldige restauratie is een tweetal contrastrijke elementen toegevoegd: een harnassenvitrine en een overdekte, vrij toegankelijke museumstraat, de Schuttersgalerij, die tevens dienst doet als openbare voetgangersverbinding. Deze moderne elementen van glas en staal geven een interessante etalagewerking aan het verder vrij gesloten gebouw ■ Occupying a former orphanage – a complicated amalgamation of volumes (1414-1579) – the Historical Museum underwent an exemplary restoration which included two heterogeneous additions – an armoury and a sheltered, freely accessible museum street, the 'Shooting Gallery', further serving as public pedestrian passage. These modern elements in glass and steel contribute a lively shop-window effect to the building's otherwise all but closed character.

F09 WOONHUIS/PRIVATE HOUSE

Singel 428, Amsterdam

A. CAHEN ■ 1964-1970

J. Koning, J.P.C. Girod (arch.)

TABK 1972 p.181; Bouw 1973 p.529

AR 1972-juli; Domus 1973-ma

Dit moderne grachtenpand bevat een bedrijfsruimte in het souterrain, drie standaardflats, en één luxe flat over twee etages bovenin. De woningen worden ontsloten vanuit een rond trappenhuis met lift in het midden van het pand. De gevel van dit onopvallende, goed geproportioneerde gebouw is uit prefabbetonelementen vervaardigd. Het werd door de welstandscommissie veertien keer afgewezen! ■ This modern canal house contains business premises in the basement, three standard flats, and one luxury two-storey flat at the top. Apartments are reached from a circular staircase with lift in the core. The facade of this inconspicuous, well-proportioned building is made of prefabricated concrete elements. It was first rejected fourteen times by the council!

F10 TOONZAAL/SHOWROOM METZ & CO

Leidsestraat/Keizersgracht, Amsterdam

G.TH. RIETVELD ■ 1933

BW 1933 p.388; 8 en O 1933 p.185

Op het dak van de meubelwinkel van Metz & Co, waar onder andere Rietveld-meubelen worden verkocht, plaatst Rietveld een ronde glazen toonzaal, zodat nieuwe functionele meubelen in de juiste omgeving kunnen worden tentoongesteld. Ook nu nog kan men hier tegelijkertijd van goed ontworpen meubelen en het daklandschap van Amsterdam genieten. De koepel is onlangs gerenoveerd door Cees Dam ■ On the roof of Metz & Co.'s furniture store, which sold amongst other things Rietveld furniture, the architect placed a round glass showroom designed to show off modern Functionalist furniture in an appropriate setting. Here today one can still enjoy both well-designed furniture and a view of Amsterdam's roof landscape. The showroom is recently renewed by Cees Dam.

In een smal grachtenpand (4,60 x 11,50 x 6 m.) realiseert Bodon met 'doelmatigheid en goede smaak' een boekwinkel. Kenmerkend zijn de niveauverschillen, de galerijen en het stalen meubilair en de kasten. De vrijwel ongewijzigde indeling doet tegenwoordig dienst als galerie. Een hedendaagse variant van het ontwerp in gewijzigde kleuren en materialen is het interieur van boekhandel Pegasus, Leidsestraat 25 (architect Coen de Vries, 1983) ■ In a narrow canal house (4.60 x 11.50 x 6 m.), Bodon created with 'efficiency and good taste' a bookstore, remarkable in its differences in level, its galleries, and the steel furniture and racks. The virtually unaltered interior survives today as an art gallery. A variation on the design in modified colours and materials is to be found nearby at the Pegasus bookstore, Leidsestraat 25 (architect Coen de Vries, 1983).

BOEKHANDEL/BOOKSTORE SCHRÖDER EN DUPONT F11

Keizersgracht 516, Amsterdam

A. BODON ■ 1931

Bb 1932 p.207

Deze bioscoop is binnen een uitzonderlijk korte bouwtijd gerealiseerd. Op een vierkante situatie bevinden zich utilitaire ruimtes in de kelder, een foyer/wachtruimte op de begane grond en de bioscoopzaal op de verdieping. De zaal is gericht op de diagonaal van de vierkante plattegrond. De aanwezigheid van een door de exploitanten vereiste toneeltoren en orkestbak verraadt nog enige onbekendheid met de toekomst van het bioscoopbedrijf. De gevel duidt op een beter begrip bij de architect! ■ This cinema was erected in a remarkably short time. Occupying a square site are a cellar containing services, a foyer/waiting room on the ground floor, and the auditorium on the upper level. The latter faces along the diagonal of the square plan. The presence of a fly tower and an orchestra pit insisted on by the proprietors reveal some uncertainty on their part as to the future of the cinema in general. The facade shows that the architect, at least, knew better!

CITYTHEATER/CINEMA F12

Kleine Gartmanplantsoen 13, Amsterdam

J. WILS ■ 1934-1935

BW 1936 p.165

De verschillende functies van het gebouw: hotel, café-restaurant en feestruimte, hebben ieder een eigen expressie in de gevel gekregen. Een horizontale loggia vormt de overgang van de bogen van de café-zaal naar het verticalisme van de hotelgevels, geaccentueerd door de hoektoren. De decoraties zijn speels en fantasierijk. Half-abstract en vol verwijzingen naar andere architecturen, vormt deze architectuur een overgang tussen Art Nouveau en Amsterdamse School. De uitbreiding van Rutgers uit 1928 volgt het origineel ■ The famous 'American Hotel' is also a bar-restaurant and party centre, all three functions individually expressed in the facade. A horizontal loggia connects the curvilinear coffee hall with the soaring hotel facades emphasised at the corner by a tower. Decorations are playful and imaginative. Semi-abstract and containing much of other works this building's style forms a link between Art Nouveau and the Amsterdam School. The extension by Rutgers in 1928 keeps to the original style.

HOTEL CAFÉ RESTAURANT 'AMERICAN' F13

Leidseplein 28, Amsterdam

W. KROMHOUT/G.J. RUTGERS ■ 1898-1902/1928

Architectura 1902 p.81, p.273, p.282; Lit 83; Bb 1930 p.211

F14 TWEE KANTOORVILLA'S/TWO OFFICE BLOCKS

Weteringschans 26-28, Amsterdam

F.J. VAN GOOL ■ 1976-1979

Bouw 1981-1; WTABK 1979-23; Forum 1980-1

De twee 'kantoorvilla', die in schaal, contour en volume overeenkomen met de vroegere villabebouwing op die plek, staan op de grens van grachten-gordel en negentiende-eeuwse uitbreidingen. Deze 'solo van 312 ramen' speelt in 1980 een hoofdrol in een discussie over de 'nieuwe lelijkheid' van zakelijke architectuur en design. Hoofdstedelijke columnisten spreken hierbij van 'doodskoparchitectuur' en 'het lelijkste van Amsterdam' ■ These two 'office villas', taking their scale, contour, and volume from the villas previously occupying that site, border on both canal zone and nineteenth century development. This 'solo of 312 windows' was to play a leading role in discussions on the new wave of ugliness sweeping objective architecture and design. Local columnists described them as 'death's-head architecture', and 'Amsterdam's ugliest'.

F15 RIJKSMUSEUM/NATIONAL MUSEUM VINCENT VAN GOGH

Paulus Potterstraat 13, Amsterdam

RIETVELD, VAN DILLEN, VAN TRICHT ■ 1963-1973

J. van Tricht (proj.)

Bouw 1973 p.1127; Plan 1970 p.316

AR 1973 p.376; B+W 1973 p.414

Een uitgebreide collectie Van Goghs wordt geëxposeerd op het entreeniveau en rond een vide die over de volledige hoogte van het gebouw doorloopt. De expositieruimtes worden door daklichten van indirect daglicht voorzien. De hand van Rietveld, die het schetsontwerp maakte dat na zijn dood door zijn partners is uitgewerkt, is herkenbaar in de compositie van doorlopende vlakken bij de hoofdentree en in het, gezien het massieve uiterlijk, verrassend open en ruimtelijke interieur ■ Here, an extensive collection of Van Gogh's work hangs both on the entrance level and around a void extending to the building's roof. Rooflights provide the exhibition galleries with indirect daylight. The hand of Rietveld, whose rough design was completed by his partners, is recognisable in the composition of continuous surfaces at the main entrance and – considering the building's blocky outer appearance – the surprisingly open and spacious interior.

F16 KANTOORGEBOUW/OFFICE BUILDING GEÏLLUSTREERDE PERS

Stadhouderskade 85, Amsterdam

MERKELBACH & ELLING ■ 1959

M. Stam (proj.)

De gevel van dit kantoorgebouw bestaat uit een glazen vliesgevel die tussen twee baksteenwanden is geplaatst. Een teruglggende balkonstrook op de bovenlaag, stalen glazenwassersbalkons, een uitspringende vlakke entreeluifel en vrij geplaatste kleine balkons, die aan Gropius' ontwerp voor het Bauhaus in Dessau herinneren, geven juist voldoende profilering aan de vlakke glasgevel ■ The facade of this office building consists of a glazed curtain wall sandwiched between two walls of brick. A row of set-back balconies on the upper level, steel window-cleaners' balconies, a sleek projecting entrance awning, and freely placed small balconies reminiscent of Gropius' design for the Bauhaus in Dessau add just the right amount of modulation to the taut glass facade.

KANTOORGEBOUW/OFFICE BUILDING NEDERLANDSCHE HANDEL-MAATSCHAPPIJ F17

Het laatste na zijn dood voltooide ontwerp van De Bazel oogstte veel kritiek vanwege de grootschaligheid. Het enorme bouwvolume is welhaast sculpturaal behandeld door gebruik te maken van een hoge sokkel, twee terugspringende verdiepingen, een veelheid aan verticale geledingen en een geometrisch geornamenteerde gevel van baksteen en natuursteen. Het betonskelet, aan de buitenkant verhuld door de indruk van gestapelde bouw, krijgt in het interieur een architectonische functie, met name bij de twee hoge lichthoven ■ This design for the Dutch Trading Company by De Bazel, the last he completed, was much criticised due to its monumentality. The vast building volume was almost treated as sculpture by using a high socle, two receding storeys, much vertical articulation, and a geometrically ornamented front of brick and stone. The concrete frame, concealed from without by the impression of layered construction, within functions architectonically, particularly by the two high light courts.

Vijzelstraat 32, Amsterdam

K.P.C. DE BAZEL/J.F. BERGHOEF ■ 1919-1926/1973-1979

A.D.N. van Gendt (constr.)

Baz 2; Baz 3

AV 1926-I

CINEAC HANDELSBLAD/CINEMA F18

Een bioscoop voor doorlopende voorstellingen is ingepast in een bestaande situatie. Door de paraboolvormige zaal diagonaal te plaatsen, wordt de beperkte ruimte optimaal benut. De stalen draagconstructie rust grotendeels op een bestaande fundering. Bijzondere elementen aan dit hoogtepunt van vooroorlogs constructivisme/functionalisme zijn verder: de entreepartij met glazen luifel, de vanaf de straat zichtbare projectoren daarboven en de, helaas gesloopte, lichtreclame op het dak. De stalen gevelplaten verbergen een traditionele spouwmuur ■ A cinema showing non-stop programmes was slotted into the available site. Placing its parabola-shaped auditorium diagonally made optimal use of limited space. Its steel frame rests largely on existing foundations. Other special features of this pinnacle of pre-war Constructivism/Functionalism include its entrance with glazed porch, projection room visible from the street, and illuminated sign high above the roof, unfortunately removed. Steel facings conceal a traditional cavity wall.

Reguliersbreestraat 31-33, Amsterdam

J. DUIKER ■ 1933-1934

BW 1935 p.103; 8 en O 1934 p.197; Dui 1; Dui 2

TUSCHINSKI THEATER/CINEMA F19

Scherp contrasterend met Duikers Cineac is het Tuschinski Theater in uitbundige Art Deco uitgevoerd. Het smalle kavel (13,5 x 57,5 m.) is volgezet met een imposante, cerebrale facade, rijk gedecoreerd en geheel bekleed met geglazuurde tegels. Ook het interieur (met name de lobby) is voorzien van kunstige decoraties als tapijten, muur- en plafondschilderingen, verlichtingseffecten en meubilair. Volgens het Bouwkundig Weekblad werd 'het stadsbeeld totaal bedorven' door de 'vormlooze torens' in 'den vorm van een 42 c.m. projectiel' ■ A sharp contrast with Duiker's Cineac, the Tuschinski Theatre displays an exuberant 'Art Deco' style. Squeezed into the narrow site (13.5 x 57.5 m.) is an imposing, rather intellectual facade, richly decorated and covered with glazed tiles. The interior too, particularly the lobby, is rich in carpets, wall and ceiling paintings, lighting effects, and furniture. The Bouwkundig Weekblad (an architectural weekly) spoke of 'pollution of the town image' by 'shapeless towers....like 42 cm. projectiles'.

Reguliersbreestraat 26-28, Amsterdam

H.L. DE JONG ■ 1918

AR 1973 p.323

F20 STADSVERNIEUWING/URBAN REDEVELOPMENT NIEUWMARKT

Sint Antoniesbreestraat e.o., Amsterdam

VAN EYCK & BOSCH/TH.J.J. BOSCH ■ 1970-1973/1975

G. Knemeijer, P. de Ley, D. Tuijnman (arch.)

Forum 1970-4

AdA 1975-jul/aug; ARec 1985-1

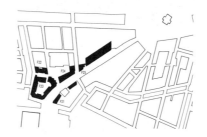

F21 WONINGBOUW/HOUSING

Sint Antoniesbreestraat, Amsterdam

VAN EYCK & BOSCH ■ 1975-1978

Th.J.J. Bosch (proj.)

Lit 6

F22 WONINGBOUW/HOUSING

Moddermolensteeg/Raamgracht, Amsterdam

VAN EYCK & BOSCH ■ 1975-1978

Th.J.J. Bosch (proj.)

Lit 6

De verpaupering van de Nieuwmarkt na de Tweede Wereldoorlog bereikt rond 1970 haar hoogtepunt, wanneer de laatste grootschalige ingrepen als metrobouw en verkeersdoorbraken voor het bedrijfsleven worden voorbereid. Onder het motto 'Bouwen voor de buurt' bundelen buurtbewoners, activisten en architecten de krachten voor de renovatie van de buurt: restauratie van historische panden, nieuwbouw aangepast aan bestaande rooilijnen en schaal, prioriteit aan wonen in combinatie met kleinschalige bedrijven en winkels en betaalbare nieuwbouw voor buurtbewoners.

De bemoeienis van Van Eyck en Bosch gaat terug naar een stedebouwkundig plan voor de Nieuwmarkt uit 1970, waar voor het eerst de kwaliteiten van het wonen in de oude stad tegenover de expansie-ideeën uit de jaren zestig worden geplaatst. Bij de nieuwbouw worden kostbare en gecompliceerde overbouwingen van de metrobuis niet uit de weg gegaan. De eerste realisaties zijn twee projecten van Bosch. In deze invullingen is de typische jaren zeventig opvatting van aangepaste nieuwbouw te zien: kleinschaligheid gesuggereerd door kapvormen en aanpassing door traditionele baksteenbouw.

■ The disintegration of the Nieuwmarkt since the last war reached its peak around 1970 with preparations for the last large-scale swathe of demolition for construction of the Metro and industrial transport routes. Taking the slogan 'building for the neighbourhood', locals, activists, and architects fought together for the renovation of the area – restoration of historic buildings; developments made to fit in with existing street patterns and scale; priority for combining housing with small businesses and shops; and new buildings which locals could afford.

The intervention of Van Eyck and Bosch goes back to a 1970 urban design scheme for this area in which for the first time traditional urban values were to co-exist with '60s expansionism. The redevelopment scheme did not shun expensive and complicated structures straddling the Metro. The first buildings realised were two projects by Bosch. This infill housing illustrates typical '70s ideas on development adapted to its surroundings, with a suggestion of the small-scale in the cappings and of attunement in the traditional brick structure.

WONINGBOUW/HOUSING 'HET PENTAGON' F23

Sint Antoniesbreestraat/Zandstraat, Amsterdam

TH.J.J. BOSCH ■ 1975-1983

Bouw 1985-24

AR 1985-1; ARec 1985-1

Het vijfhoekige, min of meer gesloten bouwblok volgt de bestaande rooilijnen. De 88 woningen zijn in een grote dichtheid rond een semi-openbare binnenplaats gesitueerd. Hier zijn ook de trappehuizen en enkele kleine galerijen. Op de begane grond liggen vijf winkels aan een overdekte galerij. De plasticiteit van de gevel 'is geen vormconcept, maar komt voort uit functionele overwegingen als oriëntatie, lichttoetreding en bruikbaarheid van het interieur' ■ This pentagonal, more or less closed housing block follows the existing building line. Its 88 dwelling units are packed densely around a semi-public internal court. Here, too, are the staircases and a few small access galleries; on the ground floor are five shops along an arcade. The plasticity of the front is 'not a question of form but stems from such functional considerations as orientation, light penetration, and utility of the interior.'

WONINGBOUW/HOUSING F24

Sint Antoniesbreestraat/Zuiderkerkhof, Amsterdam

H. Hagenbeek (CAV) ■ 1979-1984

W. Hooyschuur (arch.)

Bouw 1985-1

Het complex ligt boven metrostation Nieuwmarkt en is gefundeerd op de metrotunnelcaissons. Door de woningen tweemaal te laten uitkragen is de rooilijn gehandhaafd bij verbreding van het straatprofiel. De tuinen de bewoners zijn door een muur van het stedelijk plein afgescheiden. Het komvormige plein bevat een waterval en vormt een natuurlijk theater; achter de waterpartij bevindt zich een blinde muur van een luchtschacht voor de metro ■ This housing lies above Metro station Nieuwmarkt and is founded on Metro tunnel sections. A double cantilever maintains the building line where the street broadens. Separated from tenants' gardens by a wall is a public square. Bowl-shaped, it sports a waterfall and forms a natural arena. Behind the waterfall is a blank wall concealing air ducts for the Metro.

WONINGBOUW/HOUSING F25

Sint Antoniesbreestraat/Nieuwe Hoogstraat, Amsterdam

H. BORKENT ■ 1979-1983

K. Makkink (b.k.)

Lit 69

Dit project bestaat uit een strook woningen en een klein, kleurrijk blokje dat vanwege trillingen van de metrobuis los van de overige bebouwing staat. De kleurcompositie van de gevel is een ontwerp van beeldend kunstenaar K. Makkink. De strook woningen heeft een onderbouw van winkels en bedrijfspanden. De bouwmuren van de woningen staan scheef ten opzichte van de straatwand, waardoor op natuurlijke wijze een getande opbouw ontstaat. De woningen hebben dakterrassen ■ This project consists of a row of housing and a small, brightly-coloured block which because of vibrations from the Metro below stands apart from the surrounding layout. The colouring of the facades is the work of artist K. Makkink. The ground level consists of shops and business premises. The structural walls of the houses are at an angle to the street, creating a natural sawtooth articulation. Each house has a roof terrace.

F26 SCHEEPVAARTHUIS/SHIPPING OFFICE BUILDING

Prins Hendrikkade 108-114, Amsterdam

J.M. VAN DER MEY ■ 1912-1916/1928

P.L. Kramer, M. de Klerk (arch.)

A.D.N. van Gendt (constr.)

Lit 79-10

In het Scheepvaarthuis waren de kantoren van zes scheepvaart-maatschappijen gehuisvest. Het wordt algemeen gezien als het eerste gebouw dat volledig in de stijl van de Amsterdamse School is gebouwd, hetgeen voornamelijk is te danken aan De Klerk en Kramer, die in die tijd op het bureau van Van der Mey werkten. De decoraties ter plaatse van de fantastisch gebeeldhouwde entreepartij geven de hoek een sterk verticaal accent. Ruimtelijk hoogtepunt is de geometrisch gedecoreerde centrale traphal ■ Once the office premises of six shipping companies, this is generally considered the first building to be realised exclusively in the style of the Amsterdam School, mainly due to De Klerk and Kramer, at that time both working at Van der Mey's office. Decoration of the fantastically sculpted entrance give this corner a strong vertical thrust. Spatially the building's crowning achievement is its geometrically ornamented central well.

F27 EIGEN WOONHUIS/THE ARCHITECT'S HOUSE

Oudeschans 3, Amsterdam

H. ZEINSTRA ■ 1977

Arch 1981-1

De traditionele kenmerken van de Amsterdamse grachtenhuizen worden met gebruik van moderne materialen en een moderne vormentaal tot een geraffineerd ruimtelijke gevel verwerkt. De straatwand heeft een dubbele gevel. Doordat de, uit betonelementen opgebouwde, eerste gevel 'op vlucht' (licht naar voren hellend) is gebouwd, wordt de ruimte tussen de beide gevels naar boven toe steeds groter. Boven een appartement in twee lagen bevinden zich drie appartementen in één laag ■ The traditional characteristics of the Amsterdam canal houses have here been elaborated using modern materials and a modern formal syntax into a refined spatial facade. The street wall has in fact a double front. Because the foremost facade of concrete elements is 'in flight' (gently tilted forwards) the space between the two facade layers increases with height. Its five levels from the ground up comprise one two-level apartment and three of one storey each.

F28 COMBINATIE STADHUIS/OPERA (STOPERA)/COMBINED TOWN HALL AND OPERA HOUSE

Waterlooplein, Amsterdam

W. HOLZBAUER, C. DAM ■ 1967/1979-1987

G.H.M. Holt, B. Bijvoet (oorspr. ontw. opera 1968-1971)

Plan/Forum/TABK 1970; Plan 1982-3/4; Forum 1980/81-3

Bauwelt 1983 p.1834; Holz 1

Twee belangrijke prijsvragen (1937, 1968) en een opera-ontwerp resulteren in 1979 in een gecombineerd stadhuis/operagebouw naar een idee van prijswinnaar Holzbauer. Door het L-vormige kantoorgedeelte rond de operazaal te bouwen worden ruimte en kosten gespaard. De grote omvang van dit stedebouwkundig autonome complex, de coulissenarchitectuur en het compromiskarakter van het gebouw ontlokken de gebruikelijke stormen van protest bij bevolking én architecten, die luwen naarmate de bouw vordert ■ Two important competitions (1937, 1968) and a design for an opera house resulted in 1979 in a town hall and opera house combined, based on an idea by prizewinner Holzbauer. Building an L-shaped office section around the auditorium saved both space and cost. The great scale of this autonomous urban block, the structure, and the element of compromise unleashed a storm of protest from townspeople and architects alike, which subsided as building progessed.

HOOFDKANTOOR/HEAD OFFICE NEDERLANDSE BANK F29

Als prijsvraagwinnaar ontwerpt Duintjer dit bankgebouw, dat door zijn schaal en geïsoleerde ligging nog steeds als schrikbeeld geldt, wanneer nieuwbouw in de oude stad ter sprake komt. Op twee lagen parkeergarages met schuilkelder en kluizen is een laagbouw (100 x 110 m.) met twee binnenhoven geplaatst. De hoogbouw met kantoorruimtes verjongt zich naar boven toe; per verdieping ligt de gevel 2 cm. terug ■ Having won a competition Duintjer designed this bank, which because of its size and isolated position is still the bête noire of development within the old town. Above two underground levels of parking space with fall-out shelter and strong rooms is a low-rise block (100 x 110 m.) with two inner courts. The high-rise office slab tapers 2 cm. per storey.

Frederiksplein, Amsterdam

M.F. DUINTJER ■ 1957/1960-1968

D.H. Cox, P.H. Goede, P.A. v.d. Heiden (arch.)

Forum 1957-8; BW 1968 p.418; Bouw 1968 p.932

STUDENTENHUIS/STUDENT'S HOUSE F30

De studentenkamers liggen aan een dubbele corridor, met stijgpunten en sanitair in de middenzone, en hebben een gemeenschappelijke zit- en eetruimte met terras. Er is één laag met woningen voor gehuwde studenten: een galerij met een ontmoetingsruimte aan de kop. Het gebouw bevatte voorts een mensa, een vakbondskantoor en een café op de begane grond. Het 'binnenkomen' verloopt geleidelijk door overdekte buitenruimtes, niveauverschillen en lichteffecten, zonder strikte scheiding tussen privé en openbaar ■ Here students' quarters are ranged along a double corridor, with a central zone for vertical circulation and ablutions, and a communal dining/cooking space with terrace. One floor houses married students off a corridor with encounter area at one end. Also included were a restaurant, union office, and a bar on the ground floor. Entry from the street is a gradual affair of sheltered inner courts, differences in level, and lighting effects, with no clear-cut division between private and public.

Weesperstraat 7-57, Amsterdam

H. HERTZBERGER ■ 1959-1966

Tj. Hazewinkel, H.A. Dicke (arch.)

Forum 1963-4; BW 1966 p.412

AdA 1968-apr/mei; Domus 1967-sep; Werk 1968 p.310; Hertz 1

KANTOORGEBOUW/OFFICE BUILDING ALGEMEENE NEDERLANDSCHE DIAMANTBEWERKERSBOND F31

Het gebouw van de Diamantbewerkersbond (één van de eerste vakbonden) symboliseert met zijn sobere gevel en ingangspartij de kracht van de arbeidersbeweging. De harmonieuze gevel bevat raamopeningen, steeds drie gelijke delen, die in de breedte gelijk zijn maar in de hoogte variëren. Het trappehuis is licht en vrolijk door het gebruik van gele baksteen en een daklicht. De wandschilderingen van Roland Holst en het merendeel van de interieurelementen zijn weggetimmerd ■ This building for the Union of Diamond Workers (one of the first Dutch trade unions) symbolises with its sober facade and entrance the power of the workers' movement. The harmonious front includes windows grouped in threes of equal size, of constant width though of variable height. The staircase is bright and gay owing to the yellow brick and rooflight. The wall paintings of Roland Holst and most interior elements have been boarded up.

Henri Polaklaan 9, Amsterdam

H.P. BERLAGE ■ 1898-1900

Berl 1; Berl 10

AV 1924-II

F32 MOEDERHUIS/MOTHERS' HOUSE

Plantage Middenlaan 33, Amsterdam

A.E. VAN EYCK ■ 1973-1978

Forum 1980/81-3; WTABK 1980-8; Arch 1979-4

AR 1982-3; PA 1982-3; AdA 1975-jan/feb; GA-Doc 4

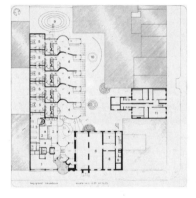

Was Van Eyck met de architectuur van het Burgerweeshuis (H30) de opvoeders twintig jaar vooruit, bij deze opdracht kon hij werken in nauw overleg met staf én cliënten van de Hubertusvereniging. Deze instelling is in de negentiende eeuw opgericht ter ondersteuning van 'gevallen vrouwen', en in de jaren zeventig geëvolueerd tot een instelling die ongehuwde moeders op voet van gelijkwaardigheid opvang en bescherming biedt. Het pension biedt een tijdelijk verblijf voor zestien ouders en ±78 kinderen, alsmede ruimtes voor staf en administratie. Het betreft de invulling van een gat in een negentiende-eeuwse straatwand en de restauratie van twee aangrenzende historische panden. De invulling past zich aan bij de bestaande structuur (bouwhoogte, verticale hoofdindeling, onderbouw), maar wijkt er ook ingrijpend van af. De positie van entree en trappehuis is zodanig, dat er eigenlijk twee gebouwen ontstaan: een hoge nieuwbouw en een lagere uitbouw van de bestaande panden. Door kleur- en materiaalgebruik is er toch weer een eenheid.
In de bestaande panden zijn de stafruimtes en de woon- en slaapkamers van de ouders ondergebracht. Deze hebben terrassen op de nieuwbouw. Het nieuwe gedeelte bevat bergingen, een kantine en keuken en het dagverblijf voor kinderen van 1-6 jaar. De bovenste twee lagen, hoog en geïsoleerd, zijn voor de baby's. Aan een binnenplaats bevindt zich een laagbouw van twee etages met woningen. Elke woning huisvest tien kinderen en bevat een slaapkamer, sanitair, keuken en woonkamer met veranda. Een mini-passage op de verdieping verbindt de woningen en het dakterras. De draagstructuur is een regelmatige betonconstructie van kolommen en vloeren met een vaste kern (lift en toiletten). De niet-dragende binnenwanden zijn veelal beglaasd en zorgen voor een transparante ruimtegeleiding. In plattegronden en gevels ontbreekt een eenduidige geometrie; er is een egale ordening van verschillende specifieke geometrieën: rechthoekige ruimtes, hoeken van 45°, cirkels, cirkelsegmenten en de vrije curven in de woningen voor kinderen. Ten tijde van de ruwbouw besluit Van Eyck, naast de gewenste kleurcodering van de woningen in de laagbouw (paars, rood, oranje, geel, groen), de opeenvolgende metalen puien in verschillende kleuren te schilderen, omdat anders de articulatie van de gevel niet tot uiting komt. 'Ik kies geen kleuren, mijn lievelingskleur is de regenboog.' Het regenboogmotief komt op enkele plaatsen terug. Met het moederhuis slaat Van Eyck een geheel nieuwe richting in. Steeds verder verwijdert hij zich van de dwingende geometrie van

zijn volgelingen en epigonen, en realiseert een gebouw waarin de wederkerigheid, het spel en de afweging van tweelingfenomenen (zie ook H30) nog complexer en caleidoscopischer is toegepast.
■ If with the architecture of the Orphanage (H30) Van Eyck were twenty years ahead of its staff, this time he was able to work closely with both staff and clients of the Hubertusvereniging. This association was set up in the 19th century to help 'fallen women' and during the '70s evolved into an institution offering on equal footing the reception and protection of unmarried mothers. This boarding house, providing temporary lodgings for sixteen parents and ca. 78 children plus staff and administrative spaces, was to fill a gap in a 19th century 'wall' of housing, two neighbouring historic houses being restored at the same time. The infill was geared in height, layout, and understructure to the existing fabric, yet deviates radically from it in other ways. Entrance and stairhouse are so positioned as to create two buildings: a high, entirely new block, and a less-high extension to an existing house. The use of colour and material acts as unifying element.
Accommodated in the existing houses are staffrooms, and parents' living and sleeping quarters with their terraces in the new addition. The entirely new block contains storage space, canteen and kitchen, and a day nursery for children aged one to six. The two uppermost levels, high and isolated, are for babies. Off an inner court is a low-rise section of dwellings. Each unit houses ten children and comprises a bedroom, toilet and washroom, kitchen, and living room with veranda. A tiny passage upstairs links dwellings with a roof terrace. The loadbearing structure is a regular concrete construction of columns and floor slabs with a core (lift and toilet). Non-loadbearing walls are for the most part glazed and provide a transparent spatial articulation. Both in plans and facades there is no geometric regularity, but an even distribution of various geometric elements – rectangular spaces, 45° angles, circles and segments, and free-form curves in the children's living quarters. When the building's shell was completed Van Eyck decided to supplement the intended colour scheme of the low-rise dwellings (purple, red, orange, yellow, and green) by painting different sections of the high-rise facade different colours to give its articulation the expression it otherwise would have lacked. 'I don't choose colours', says Van Eyck, 'My favourite colour is the rainbow.' The rainbow motif can be found here more than once. With the Mothers' House Van Eyck set off on a completely new course. Distancing himself more and more from the confining geometry of his followers and successors, he has created a building whose reciprocity – the play of dual phenomena (see also H30) – is applied in a manner still more complex and kaleidoscopic.

KAART/MAP G: AMSTERDAM ZUID/AMSTERDAM SOUTH

G01 WONINGBOUW, STEDEBOUW/HOUSING, URBAN DESIGN AMSTERDAM-ZUID

Vrijheidslaan, Minervalaan e.o., Amsterdam

H.P. BERLAGE ■ 1900-1907/1915-1917

Wend 1923-4, 1929-11/12; BW 1930 p.293; Berl 1; Berl 3; Berl 5

Aan het eind van de negentiende eeuw wordt duidelijk dat Amsterdam zich niet ongelimiteerd concentrisch kan uitbreiden. Met name de revolutiebouw in lange smalle straten, een technocratische vertaling van het laissez-faire principe van het liberalisme, is onhygiënisch en eentonig. Berlage wordt in 1900 aangezocht om een plan voor de zuidelijke uitbreidingen te ontwerpen. Op dat moment heeft hij nog geen praktische ervaring met stedebouwkundig ontwerpen. Zijn belangrijkste inspiratiebron is het theoretische werk van Camillo Sitte: 'Der Städtebau nach seinen künstlerischen Grundsätzen.' Het eerste ontwerp (1900-1907) is zeer esthetisch van opzet, met inachtneming van stringente eisen als gemeentegrenzen en waterstanden. Een lage bebouwingsdichtheid (40%) maakt het plan echter qua grondkosten te duur. In de tweede versie (1915-1917) is meer zekerheid over de noodzakelijke onteigeningen en grondaankopen en kan een meer uitgebalanceerd plan ontstaan. De stedelijke ruimtes zijn gedetermineerd door straatwanden. Het plan is een aaneenschakeling van imposante hoofdverbindingswegen, pleinen en monumentale accenten, bij voorkeur openbare gebouwen. Ook de indeling van straten, groenstroken en beplantingen wordt door Berlage ontworpen. Het plan is gebaseerd op geometrische patronen (vijfhoeken) met twee hoofdmomenten: de verkeersweg vanaf de nieuwe Amstelbrug (G18) tot het Victorieplein met de monumentale wolkenkrabber van J.F. Staal (G16), en de monumentale as over de Minervalaan (bebouwing: C.J. Blaauw, G.J. Rutgers en J.F. Berghoef), gericht op een toekomstig Zuiderstation (nooit gerealiseerd). In zijn plan zijn diverse woningtypen voorzien, gekoppeld aan verschillende sociale klassen, te weten villa's, maisonette-woningen (boven elkaar met gescheiden ontsluiting) en meergezins-woningen met gemeenschappelijk trappehuis. Deze laatste categorie bestrijkt 75%.
Kenmerkend voor de arbeiderswoningen is de zgn. hofbebouwing, een stedelijke versie van de tuinstadgedachte. Mede hierdoor en door de nadruk op bouwblok en totale straatwand wordt het collectieve benadrukt. Er is een synthese ontstaan tussen een ordelijke, monumentale opzet en de traditionele Hollandse hang naar het pittoreske. Daarom hebben bij de invulling van het plan (1925-1940) de architecten van de Amsterdamse School de voorkeur. Bakstenen wanden, pannen daken en houten kozijnen zijn voorschrift, waardoor Nieuw-Zakelijke architecten, die gebruik maken van moderne materialen en vormgeving geweerd worden. Enkele ontwerpen

worden afgekeurd door de schoonheidscommissie, terwijl de beroemde Openluchtschool van Duiker (G02) naar een binnenterrein wordt verbannen.
■ At the close of the 19th century it was clear that there was a limit to Amsterdam's concentric expansion. The practice of jerry-building in long, narrow streets – a technocratic translation of the laissez-faire principle of liberalism – was particularly unhygienic and monotonous. In 1900 Berlage was approached to design a plan for expansion to the south. At that time he had no practical experience in urban design. His biggest source of inspiration was Camillo Sitte's treatise entitled 'Der Städtebau nach seinen künstlerischen Grundsätzen' ('City Planning According to Artistic Principles'). The first plans (1900-1907) were very aesthetic in design, observing such stringent demands as municipal boundaries and water-level heights. However, a low development density (40%) would in terms of land costs have been too expensive.
The second version (1915-1917) took a more secure look at the necessary expropriations and land acquisitions and offered a more balanced plan. In it, urban spaces are determined by street walls. The plan is a concatenation of grand avenues, squares, and monumental accentuations, with a preference for public buildings. The arrangement of streets, green strips, and planting was the work of Berlage, too. Based on geometric patterns (pentagons) the plan has two main axes – the main road from the new Amstel bridge (G18) to Victorieplein with J.F. Staal's colossal skyscraper (G16), and the monumental axis over the Minervalaan (development by C.J. Blaauw, G.J. Rutgers, and J.F. Berghoef) aimed towards an intended local railway station (unrealised). The plan includes various types of dwelling attached to different social strata, namely villas, maisonettes (in layers with individual access), and housing slabs with communal staircase. The last-named category accounts for 75%.
Typical of the workers' housing is the perimeter block, an urban version of the garden city concept. This and the emphasis on blocks and continuous street walls serve to accentuate the 'collective' element. A synthesis has been created between an ordered, monumental layout, and traditional Dutch leanings towards the picturesque. This explains the preference for Amsterdam School architects when executing the plan (1925-1940). Brick walls, tiled roofs and wooden window frames were the order of the day, thus excluding architects of the 'Nieuwe Zakelijkheid' (New Objectivity) with their use of modern materials and design. A few designs were rejected by the authorities, while Duiker's celebrated Open Air School (G02) was relegated to a secluded square.

G02 EERSTE OPENLUCHTSCHOOL VOOR HET GEZONDE KIND/OPEN AIR SCHOOL

Cliostraat 40, Amsterdam

J. DUIKER, B. BIJVOET ■ 1927-1930

J.M. Peeters (uitbr. 1985)

8 en O 1932 p.238; Bb 1930 p.500; Dui 1; Dui 2; AB 1986-2

AV 1933-I; Dui 3

Openluchtscholen worden vanaf het begin van deze eeuw gebouwd om zwakke kinderen in de zon en de open lucht aan te laten sterken. In 1927 krijgen Duiker en Bijvoet de opdracht voor het ontwerp van een openluchtschool in Amsterdam-Zuid. Van de school, die op het binnenterrein van een gesloten bouwblok is gebouwd, zijn vijf voorontwerpen in verschillende situaties bekend. (Dui 2, pp.144-153).
De school bestaat uit een vierkant lokalenblok met vier verdiepingen, dat diagonaal op het terrein is geplaatst. Het basisvierkant is opgedeeld in vier kwadranten rond een diagonaal geplaatst centraal trappehuis. Het oost- en westkwadrant bevatten elk per verdieping een lokaal en delen een openluchtlokaal op het zuiden. Het noordkwadrant is alleen op de begane grond bebouwd en bevat een lerarenruimte. Op de begane grond bevinden zich verder nog een lokaal in het westkwadrant, de hoofdentree onder de openluchtlokalen en een langwerpig, vanwege de grotere hoogte verdiept geplaatst gymnastieklokaal dat half onder het lokalenblok is geschoven. De betonkolommen zijn niet op de hoeken maar in het midden van de kwadrantzijden geplaatst. Hierdoor ontstaat een gunstig krachtenverloop in de gevelbalken, blijven de hoeken kolomvrij en wordt het open, zwevende karakter van de school versterkt. De vloeren steken uit over de gevelbalken, waardoor eenzelfde momentreductie wordt bereikt. De kolommen zijn verder diagonaal gekoppeld door secundaire balken die de diagonale ruimteopbouw van de lokalen in het plafond zichtbaar maken. Door de kolommen en de balken te verjongen wordt het krachtenverloop in de constructie gedemonstreerd. Afgezien van een lage betonnen borstwering zijn de gevels geheel beglaasd en voorzien van stalen taatsramen, zodat het gehele lokaal geopend kan worden. In de betonvloeren zijn aan de onderzijde verwarmingsbuizen meegestort. Deze plafondverwarming, gekozen om ook in de winter de ramen te kunnen openen, functioneerde matig en is in 1955 vervangen. Tekenend voor Duikers doordachte detaillering zijn de kapstokhaken. Deze zijn bevestigd aan de verwarmingsbuizen in de hal waardoor tegelijkertijd de ruimte wordt verwarmd en de jassen worden gedroogd.
Het poortgebouw aan de Cliostraat bestaat uit een woningblok rechts van de poort en een fröbellokaal boven de fietsenstalling en de entree. Door het relatief lage en transparante poortgebouw is de school vanaf de straat goed te zien. Het poortgebouw is in 1985 voorbeeldig gerestaureerd en met een

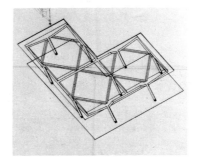

nieuwe trap uitgebreid. In de Openluchtschool krijgen de idealen van de moderne architectuur, licht, lucht en ruimte, op demonstratieve wijze gestalte. De school behoort met Duikers Zonnestraal (D08) en de Van Nellefabriek van Van der Vlugt (N07) tot de hoogtepunten van deze architectuur in Nederland.

■ Since the beginning of the century open air schools have been built to help physically weak children gain strength aided by sun and fresh air. In 1927 Duiker and Bijvoet were commissioned to design an open air school to be built in Amsterdam-South. Standing on the inner court of a closed housing block, it was preceded by five preliminary plans for various locations (Dui 2, pp.144-153).
The school consists of a square classroom block in four levels placed diagonally on the site. This fundamental square is subdivided into four quadrants around a central staircase placed diagonally. East and west quadrants each contain one classroom per storey and share an open air classroom on the south side. The north quadrant occupies the ground floor only and consists of a staffroom. Also on the ground floor are a classroom in the west quadrant, the main entrance below the open air classrooms, and an oblong gymnasium, sunken to accommodate its extra height and half tucked in under the classroom block. The concrete columns are situated not at the corners but in the middle of the quadrants' sides, producing a favourable distribution of forces in the facade beams, keeping the corners free of columns, and strengthening the school's open, 'floating' appearance. Floor slabs cantilever over the main beams resulting in a counterbalance of moment. The columns are then coupled diagonally by secondary beams which express in the ceiling the diagonal spatial layout of classrooms. The structure's distribution of forces is demonstrated by tapers in the columns and beams. Except for a low concrete parapet the facades are fully glazed and fitted with steel-framed revolving windows allowing classrooms to be opened up entirely. The concrete floor slabs contain central heating pipes on the underside fitted during the pouring process. This system of heating from the ceiling down, chosen so as to be able to open the windows in winter, was only moderately successful and in 1955 it was replaced. Characteristic of Duiker's conscientious attention to detail are the coat pegs attached to the central heating pipes in the hall.
The portal building on the Cliostraat consists of a housing block on the right of the portal, and an infants' classroom above a bicycle shed and the entrance. This building, being relatively low and transparent, allows a satisfactory view of the school from the street. In 1985 the portal building underwent an exemplary restoration and was extended with a new stair. In the Open Air School the ideals of Modern Architecture – light, air and space – have been attained in no uncertain fashion. It joins Duiker's Zonnestraal (D08) and the Van Nelle factory of Van der Vlugt (N07) as one of the masterpieces of this type of architecture in the Netherlands.

G03 MONTESSORISCHOOL

Albrecht Dürerstraat 36, Amsterdam

W. VAN TIJEN, M. STAM, C.I.A. STAM-BEESE ■ 1935

8 en O 1935 p.61; Plan 1970 p.573

Deze school heeft door zijn grote glasgevels en zijn ruime balkons en terrassen het karakter van de door Van Tijen zeer bewonderde Openluchtschool (G02) van Duiker. De school bestaat uit een vrijstaand gymnastieklokaal in de tuin en een lokalenblok met een handenarbeidlokaal in het souterrain, twee lagen van elk drie lokalen daarboven en twee openluchtlokalen op het dak. De glasgevels van de lokalen op het westen en het zuiden kunnen geheel worden geopend ■ With its glazed facades and ample balconies and terraces this school possesses the character of Duiker's Open Air School (G02) much admired by Van Tijen. It consists of a free-standing gymnasium in the garden, and a classroom block with handiwork room in the basement, two levels of three classrooms, and finally two open-air classrooms on the roof. Glazed facades in the west and south can be opened up completely.

G04 DRIVE-IN WONINGEN/DWELLINGS

Anthonie van Dijckstraat 4-12, Amsterdam

W. VAN TIJEN, M. STAM, C.I.A. STAM-BEESE, H.A. MAASKANT ■ 1937

8 en O 1937 p.115; Bb 1938 p.171

Door in de woningen een garage op een volwaardige manier op te nemen wordt een tot die tijd onbekend woningtype ontwikkeld, dat vooral in de jaren vijftig en zestig meermalen zou worden toegepast. Vanuit een glazen entreeportaal naast de garage bereikt men via een halfronde trap de open en licht woonruimte. De eetruimte en het woongedeelte zijn van elkaar gescheiden door een glazen schuifwand. Een stalen steektrap verbindt de eetkamer met de tuin aan de achterzijde ■ Here, by treating the garage as an integral component, an entirely new dwelling type was developed which was not to go unrepeated, particularly during the '50s and '60s. From a glazed entrance next to the garage a semi-circular stair leads to an open, well-lit living space. Dining area and living section are separated from each other by a glazed sliding partition, while a straight steel stair connects the dining room to a garden at the rear.

G05 WOONHUIS/PRIVATE HOUSE

Apollolaan 141, Amsterdam

H. SALOMONSON ■ 1961

BW 1961 p.104

Baumeister 1961 p.556; Werk 1963 p.132

Vanwege het uitzicht op het plein zijn de woonvertrekken boven en de dienstruimtes beneden gesitueerd. Door de teruggliggende positie van de dienstruimtes lijkt het woonblok, dat op vrijstaande ronde kolommen rust, te zweven; een hoofdopzet gelijk aan Villa Savoye van Le Corbusier. De woonverdieping heeft een open plattegrond die met vouwwanden in verschillende ruimtes kan worden onderverdeeld. Bij een recente verbouwing is de buitentrap gesloopt en een gedeelte van de glaswand dichtgezet ■ Because this house overlooks a square, living quarters are situated upstairs with service areas below. Due to these service areas being set back, the house, which rests on free-standing round columns, gives the impression of floating – an approach comparable to that of Le Corbusier's Villa Savoye. The living level has an open plan subdivisible into different zones using folding partitions. During a recent renovation the outside stair was demolished and part of the glazed wall filled in.

MONTESSORISCHOOL, WILLEMSPARKSCHOOL G06

Apollolaan/Willem Witsenstraat, Amsterdam

H. HERTZBERGER ■ 1980-1983

Forum 1984-3; Bouw 1984-23; Arch 1983-10

AdA 1984-apr; Casab 1983-jul/aug; Werk 1984-5; AR 1985-1; Bauwelt 1985-23

De twee scholen zijn volgens gelijke principes ontwikkeld, maar ogen door afwijkende situering en opdrachtgevers toch verschillend. De kleuterschool op de begane grond heeft haar entree onder het bordes van de buitentrap. De lagere school bestaat uit twee lagen op verschillende niveaus tegenover elkaar; de trappen vormen en omsluiten het belangrijkste ruimtelijke element: de centrale hal. De lokaalindeling wordt bepaald door een keukenelement: klassikaal of diagonaal/vrij ■ These two schools were developed along identical lines yet are dissimilar because of their different orientation (and clients). The infants' school occupies the ground floor with its own entrance under the outer stair head. The primary school is in two storeys at half-levels to each other, the stairs shaping and allowing access to the most important spatial element – the central hall. The layout of each classroom is governed by the small kitchen unit within it.

SYNAGOGE/SYNAGOGUE G07

Heinzestraat/Jacob Obrechtplein, Amsterdam

H. ELTE ■ 1928

Bb 1930 p.49

De gelede bouwmassa's en de gesloten baksteenvlakken met glas-in-loodramen en granieten dorpels en banden vormen een kubistische variant van de Amsterdamse School, sterk beïnvloed door F.L. Wright. Een voorportaal en vestibule met marmeren wanden leiden naar de zeer hoge synagoge; een galerij voor de vrouwen, gedragen door een rij kolommen (bekleed met glasmozaïek) vormt een voorruimte. De Heilige Ark, de meest wijdingsvolle plaats in de synagoge, is geplaatst in een elliptische nis ■ The articulated masses and closed brick surfaces with leaded windows and granite doorsteps, lintels, and edgings constitute a Cubist variation of the Amsterdam School, strongly influenced by Frank Lloyd Wright. Porch and vestibule with marble walls lead to the lofty synagogue itself. The women's gallery supported by a row of columns dressed with glass mosaic forms a prefatory space. The Holy Ark, the synagogue's most sacred element, is placed in an elliptical recess.

WONINGBOUW/HOUSING G08

Bartholomeus Ruloffsstraat, Amsterdam

J.F. STAAL ■ 1922-1924

In dit woningbouwproject resulteert de ambivalente houding van Staal ten opzichte van de Amsterdamse School in een voorbeeldige synthese van rechthoekig/geometrische en welvend/expressionistische decoratie. De gevel langs de Coenenstraat is opgebouwd uit eenvoudige repeterende elementen, waarbij vooral de 'lantarens' boven de entrees opvallen. Op de hoek van de Bronckhorststraat is echter een vrijere, in de traditie van de Amsterdamse School passende, vormgeving toegepast ■ In this housing project Staal's ambivalent attitude towards the Amsterdam School spawned an exemplary synthesis of angular-geometric and vaulted-Expressionist decoration. The facade along the Coenenstraat is built up of repeated elements, of which the 'lanterns' above the entrances are particularly striking. The corner of the Bronckhorststraat, however, employs a freer composition more in the tradition of the Amsterdam School.

G09 TENNIS- EN TENTOONSTELLINGSHAL/TENNIS AND EXHIBITION HALL 'APOLLO'

Apollolaan 2, Amsterdam

A. BOEKEN, W. ZWEEDIJK ■ 1933-1935

BW 1935 p.21; 8 en O 1934 p.209

Het gebouw bestaat uit een café-restaurant, een directeurswoning en een hal met vijf tennisbanen, die ook voor exposities te gebruiken is. De hal (35 x 85 x 12 m.) is overspannen door zes stalen portaalspanten; het dak is van holle terracotta-platen. Het staalskelet is overal ingevuld met metselwerk. Met het gebruik van decoratieve elementen als gebogen en geknikte daken, luifels en ronde ramen is dit gebouw een duidelijk voorbeeld van de architectuur van 'Groep '32' ■ This building comprises a bar-restaurant, manager's residence, and a hall with five tennis courts which can further serve as exhibition hall. This hall (35 x 85 x 12 m.) is spanned by six portal trusses. The roof is of concave terracotta panels, while the steel frame is brick-clad throughout. With such decorative elements as shallow slopes of roof, awnings, and circular windows this building exemplifies clearly the architecture of 'Groep '32'.

G10 RIJKSVERZEKERINGSBANK

Apollolaan, Amsterdam

D. ROOSENBURG ■ 1937-1939

BW 1937 p.142

Het gebouw bestaat uit een ronde onderbouw met daarop een, in verband met de daglichttoetreding, afgeronde smalle hoogbouwschijf. Door deze op de as van de Gerrit van der Veenstraat te richten reageert Roosenburg adequaat op de omgeving. Naast de hoofdingang bevinden zich in de onderbouw de kaartenarchieven. De kantine is met een terras op het dak gesitueerd. De indeling van de kantoren in de schijf kan met verplaatsbare wandelementen worden gewijzigd ■ This building consists of a circular understructure with above it a narrow, rounded high-rise slab. In rotating this on its axis to face the Gerrit van der Veenstraat Roosenburg reacted with sensibility to its surroundings. In the understructure, next to the main entrance, is the card catalogue. Canteen and terrace occupy the roof. Subdivision of office space in the slab can be modified using movable wall fittings.

G11 TENTOONSTELLINGSGEBOUW, CONGRESCENTRUM/EXHIBITION AND CONGRESS CENTRE RAI

Europaplein, Amsterdam

DSBV ■ 1977-1981

A. Bodon, J.H. Ploeger (proj.)

J.W.B. Enserink (constr.)

Forum 1982-4; Bouw 1982-3

De uitbreiding van het RAI-complex bestaat uit een congresgedeelte met zalen en drie tentoonstellingshallen: één grote (97,5 x 97,5 m.) en twee kleinere (67,5 x 67,5 m.). Als overspanning voor de hallen zijn ruimte-vakwerken toegepast. Het vakwerk bij de grootste hal is 45° gedraaid om met dezelfde overspanning tweemaal zoveel kolomvrije expositieruimte te kunnen omvatten. Hierdoor blijft overal dezelfde gevelindeling gehandhaafd: gesloten panelen, glas en lichtdoorlatende panelen onder 45° geplaatst ■ The expansion of the RAI complex includes a congress centre with auditoria and three exhibition halls, one large (97.5 x 97.5 m.) and two less-large (67.5 x 67.5 m.). All three halls are spanned by space frames of equal size, that of the largest being rotated through 45° to allow twice as much column-free exhibition space. The same frontal arrangement of solid panelling, glazing, and translucent panelling, tilted 45°, has been maintained throughout.

KANTOORGEBOUW/OFFICE BUILDING TURMAC TOBACCO COMPANY G12

De ruimtes van dit kantoorgebouw zijn gegroepeerd rond een binnentuin ontworpen door M. Ruys. Het hoofdblok rechts naast de entree bevat een dubbelhoge lezingenzaal, kantine/expositieruimte, directieruimtes en een publiciteitsstudio op het dak. De gevels bestaan uit prefab betonkolommen en gevelbanden ingevuld met geglazuurde baksteen en aluminium ramen. Bij het ontwerp is gebruik gemaakt van de Modulor, een maatsysteem gebaseerd op de gulden snede, ontwikkeld door Le Corbusier ■ All spaces in this office building are grouped around an inner garden designed by M. Ruys. The main block on the right of the entrance contains a double-height lecture hall, combined canteen and exhibition gallery, and director's suite, with on the roof a 'publicity studio'. Facades consist of prefabricated concrete columns and bands with an infill of glazed brick and aluminium-framed windows. The design makes use of 'Modulor', a system of measurement developed by Le Corbusier based on the golden section.

Drentestraat 21, Amsterdam

H. SALOMONSON ■ 1964-1966

M. Ruys (tuinarch.)

BW 1966 p.405; Bouw 1967 p.1566

ATELIERWONINGEN/HOUSING G13

Het verschil in uiterlijk tussen de twee lange gevels van dit blok volgt uit de functie: woningen met ateliers voor beeldend kunstenaars. Aan de zuidzijde bevinden zich zes woonlagen voor de vier lagen met ateliers aan de noordzijde. Door het hoogteverschil tussen de woonruimtes en de ateliers worden afwisselend kleine (één woonlaag) en grotere woningen (twee woonlagen) mogelijk. De draagconstructie bestaat uit een geheel in het werk vervaardigd staalskelet ■ The difference in outward appearance between the two long facades of this block stems from the building's function – dwellings with sculptors' studios. On the south side are six dwelling levels flanking four levels of studios on the north side. The difference in height between housing and studios allows for an alternation of small dwelling units (one level) with larger units (two levels). The loadbearing structure consists of a steel frame.

Zomerdijkstraat 16-30, Amsterdam

ZANSTRA, GIESEN, SIJMONS ■ 1934

8 en O 1935 p.49; BW 1935 p.115

SYNAGOGE/SYNAGOGUE G14

Vrijwel ongewijzigde uitvoering van een winnend prijsvraagontwerp. Het gebouw bestaat uit een gedeelte in baksteen met dienstruimtes, kinder-synagoge, een vergaderruimte en een dienstwoning op het dak, en de eigenlijke synagoge, een rechthoekig blok bekleed met natuursteen. De synagoge heeft de lengte-as naar het zuidoosten. Het is één grote ruimte, met een vrouwengalerij langs drie kanten, die door haar vorm en belichting de gewenste wijding moet geven. De heilige plaatsen zijn door materiaal-gebruik geaccentueerd ■ This synagogue, a virtually unmodified competition-winning design, consists of a brick section containing service spaces, children's synagogue, meeting hall, and rooftop residence; and the synagogue proper, a rectangle dressed in natural stone. With its longitudinal axis pointing south-east, it constitutes one large space with the women's gallery along three sides, its form and lighting offering a suitably devotional atmosphere. The most holy points are accentuated by their handling of material.

Lekstraat 61-63, Amsterdam

A. ELZAS ■ 1934-1937

BW 1935 p.297, 1938 p.429; WTABK 1978-12, 1985-18; 8 en O 1935 p.278, 1938 p.239

G15 WONINGBOUW/HOUSING 'DE DAGERAAD'

H. Ronnerplein, P.L. Takstraat, Th. Schwartzeplein, Amsterdam

M. DE KLERK, P.L. KRAMER ■ 1919-1922

H. Krop (b.k.)

Bb 1924 p.252; Wend 1924-9/10; GA 56

Deze arbeiderswoningen voor de socialistische woningbouwvereniging 'De Dageraad' zijn ontworpen door de twee belangrijkste exponenten van de Amsterdamse School: M. de Klerk en P.L. Kramer. De woningen zijn gebouwd met gemeentesubsidie en voldoen aan de bouwverordening (maximaal vier lagen, trappehuizen in directe verbinding met de buitenlucht, maximale inhoud van de woonruimte, etc.). Hoewel vooral Amsterdamse School architecten vaak werden ingezet ter verfraaiing van de gevels van standaard woonblokken, zijn in dit geval ook de plattegronden van de hand van De Klerk en Kramer.

Het complex bevat grotendeels drie- en vierkamerwoningen, hetgeen voor de arbeiders die er woonden een aanzienlijke verbetering van hun leefsituatie betekende. Dat er naast ruime woningen ook en vooral veel aandacht kon worden besteed aan het exterieur is voornamelijk te danken aan de constante verdediging door de socialistische wethouder Wibaut tegen kritiek over de vermeende spilzucht en het onnodig verfraaien van de straatwanden. Zijn borstbeeld is dan ook verwerkt in één van de straathoeken van het complex. Het werk van De Klerk betreft voornamelijk de woningen aan het Th. Schwartzeplein en het H. Ronnerplein. De woningen zijn in groepen bijeengebracht, telkens gescheiden door een diepe inham in de daklijn. Het werk van De Klerk is hier veel rustiger en minder uitbundig dan in de Spaarndammerbuurt (H11). De straatwanden aan de P.L. Takstraat zijn eveneens van De Klerk. Door de woninggroepen telkens ten opzichte van elkaar te laten verspringen en ze met een plantenbak naast de entrees met elkaar te verbinden, ontstaan zich herhalende Z-vormige figuraties die de straatwanden een dynamisch karakter geven.

Kramer heeft de woningen langs de Burg. Tellegenstraat, de W. Passtoorsstraat en de Talmastraat ontworpen. Het meest indrukwekkend is de hoekbebouwing aan de P.L. Takstraat waar welvende verticale vlakken oprijzen uit de getrapt afgeronde straatgevels. De twee scholen die het complex aan de zijde van het Amstelkanaal afsluiten zijn ontworpen door Publieke Werken. Het beeldhouwwerk bij de ingangen is van Hildo Krop.

■ These workers' dwellings for the socialist housing association 'De Dageraad' ('The Dawn') were designed by the two leading exponents of the Amsterdam School: M. de Klerk and P.L. Kramer. They were built with a council subsidy and satisfied all conditions imposed (a maximum of four levels, staircases in direct contact with the open air, a limit to living space,

and so on). Though Amsterdam School architects in particular were often brought in to embellish facades of standard housing blocks, in this case the plans, too, are the work of De Klerk and Kramer.

The complex consists mainly of three- and four-room units which meant for its new tenants a considerable improvement in living standards. This and the even greater attention paid their exteriors were largely due to the constant support of socialist alderman Wibaut in the face of accusations of extravagance and unnecessary embellishment of the facades. His bust forms part of one of the street corners. De Klerk's main contribution were the dwellings on two squares, the Th. Schwartzeplein and the H. Ronnerplein. Dwellings are in groups separated by deep recesses in the roofline. De Klerk's work is here much more restrained than that of the Spaarndammerbuurt (H11). Also by him are the street walls on the P.L. Takstraat. Staggering the groups of dwellings and connecting them with a box for plants at each entrance created Z-shaped figures which give the street walls a dynamic quality.

Kramer was responsible for the dwellings lining the Burg. Tellegenstraat, W. Passtoorsstraat and Talmastraat. The most impressive of these is the corner of the P.L. Takstraat, where undulating vertical surfaces rise up sheerly from the stepped curves of the front facades. Two schools terminating the complex on the Amstelkanaal side were designed by Publieke Werken (Amsterdam Public Works). All entrance sculptures are by Hildo Krop.

G16 DE WOLKENKRABBER/THE SKYSCRAPER

Victorieplein, Amsterdam

J.F. STAAL ■ 1927-1930

Bb 1931 p.252, 1932 p.133

De twaalf verdiepingen hoge toren is, afgezien van een eerdere poging van Duiker (L16) het eerste hoogbouwproject voor woningen in Nederland. Op de begane grond bevinden zich twee winkels en een portiersloge. Elke woonverdieping bevat twee zeskamerwoningen. De draagconstructie, vloeren, trappen en balkons zijn van beton. 'De Wolkenkrabber' is voorzien van veel 'moderne' gemakken zoals: vuilstortkokers, portier, lift, centrale verwarming, warmwatervoorziening, spreekbuizen en een elektrische bel ■ Leaving aside an earlier attempt by Duiker (L16) this twelve-storey tower block was the first high-rise housing project in the Netherlands. On its ground floor are two shops and a porter's lodge. Each housing level contains two six-room apartments. Loadbearing structure, floors, stairs, and balconies are all of concrete. 'De Wolkenkrabber' ('The Skyscraper') has many 'modern' conveniences such as rubbish chutes, porter, lift, central heating, hot water, speaking tubes, and an electric bell.

G17 WONINGBOUW/HOUSING

Vrijheidslaan/Kromme-Mijdrechtstraat, Amsterdam

M. DE KLERK ■ 1921-1922

Wend 1923-4, 1924-9/10

De Klerk heeft voor dit bouwblok alleen de gevels ontworpen. Het was in die tijd niet ongebruikelijk om architecten een esthetisch front aan massawoningbouw te laten verzorgen. Het is waarschijnlijk één van de redenen waarom uitingen van de Amsterdamse School vaak schortjesarchitectuur worden genoemd. In dit geval zijn verspringende balkons aangebracht die door ronde erkers zijn verbonden, waardoor diagonaal getrapte lijnen over de gevels zijn ontstaan. De gevels aan de overzijde van de Vrijheidslaan zijn van Kramer ■ Only the facades of this housing block are the work of De Klerk. In those days it was not unusual for architects to provide mass housing with an aesthetic exterior, a probable reason why Amsterdam School work was often called 'pinafore architecture'. In this case staggered balconies linked to bow windows create a play of diagonals stepping down the facades. Elevations on the other side of the Vrijheidslaan are by P. Kramer.

G18 BERLAGEBRUG/BERLAGE BRIDGE

Vrijheidslaan, Amsterdam

H.P. BERLAGE ■ 1926-1932

H. Krop (b.k.)

BW 1932 p.181; Berl 1

De 24 meter brede Berlagebrug bestaat uit vijf traveeën. De middelste travee is uitgevoerd als een enkelvoudige klapbrug waardoor een asymmetrisch uitgangspunt ontstaat. Dit wordt door Berlage benadrukt door het hoge brugwachtershuisje, geplaatst op een kelder met elektrische installaties. Het brugwachtershuis is aan de zuidzijde voorzien van een keramisch reliëf van Hildo Krop ■ The 24 m. wide Berlage Bridge is made up of five bays, the central one, a simple lifting-bridge, providing an asymmetrical element. This Berlage further emphasises with a tall bridgehouse powered from below and with a ceramic relief by Hildo Krop on its south face.

De architecte heeft alleen de gevel van dit woningblok van een particuliere bouwer ontworpen. De vrij gladde en strakke gevel vertoont op de hoeken en telkens in de as van de straten loodrecht op het blok, de voor de Amsterdamse School karakteristieke welvingen en plastische accenten ■ Only the facade of this privately built housing block was designed by Margaret Staal-Kropholler. Its relatively smooth, taut surface displays at the corners and where streets meet it at right angles the curves and accentuations characteristic of the Amsterdam School.

WONINGBOUW/HOUSING G19

Holendrechtstraat 1-47, Amsterdam

M. STAAL-KROPHOLLER ■ 1921-1922

Wend 1924-9/10

ADMINISTRATIEGEBOUW; VERGADERGEBOUW; ADMINISTRATIVE BUILDING; MEETING-HOUSE G20

Tolstraat 154-160, Amsterdam

BRINKMAN & VAN DER VLUGT ■ 1928-1929; 1925-1927

G. & O. BOLHUIS, J. LAMBECK (rest. 1981-1985)

H. CORNELISSE (buurthuis 1982-1983)

WTABK 1983-20; Arch 1984-1, 1985-2; vdVl 2

Het vergadergebouw voor de theosofische beweging heeft de vorm van een kwart cirkel met een naar het centrum oplopend dak dat wordt gedragen door radiaal geplaatste gebogen spanten. Hoog in de twee rechte wanden valt daglicht binnen door schuingeplaatste verticale raamstroken. Het gebouw is in 1984 tot bibliotheek verbouwd, waarbij de oorspronkelijke toestand grotendeels is bewaard gebleven. Het administratiegebouw van de vereniging, rechts naast het vergadergebouw, functioneert nog steeds ■ This former meeting-house for Theosophists has the form of a quadrant with its roof sloping towards the centre of the imaginary circle containing it, supported by radially placed arched trusses. High up in the two straight walls are slanting vertical slits of fenestration allowing in daylight. In 1984 the building was recast as a library, though retaining as far as possible its original state. The administrative block to its right is still used as such by the movement.

ROEIVERENIGING/ROWING CLUB 'DE HOOP' G21

Weesperzijde 65a, Amsterdam

A. KOMTER ■ 1950-1952

Forum 1950 p.49, 1953 p.228; Kom 1

Op de plaats van het in de Tweede Wereldoorlog verwoeste roeiclubgebouw van M. de Klerk verrijst in 1952 deze nieuwbouw. Het gebouw heeft een betonconstructie op een eenvoudig vierkant raster, hetgeen zich duidelijk aftekent in de gevels tussen de decoratieve baksteenvlakken. Op basis van een functionele plattegrond zijn enkele speelse accenten aangebracht: de geknikte dakjes boven de kleedruimtes, enkele vrijstaande trappen, de dakopbouw met kantine en het 'kraaienest' ■ Built in 1952 to replace M. de Klerk's earlier rowing club building destroyed in the last war these new premises deploy a concrete structure in a basic grid of squares, visible in the facades amidst decorative brick surfaces. Introduced into its functional plan are a few playful emphases such as double-pitched roofs above the changing-rooms, several free-standing stairs, and a roof structure with canteen and 'crow's-nest'.

KAART/MAP H: AMSTERDAM

H01 OMA ■ WONINGBOUW, STEDEBOUW/HOUSING, URBAN DESIGN IJ-PLEIN
H02 H. VAN MEER ■ WONINGBOUW/HOUSING
H03 DE KAT & PEEK ■ WOONGEBOUW/HOUSING BLOCK
H04 OMA ■ WOONGEBOUW MET VOORZIENINGEN/HOUSING BLOCK AND FACILITIES
H05 M.E. ZWARTS ■ POLYMERENCENTRUM/POLYMER CENTRE
H06 F.J. VAN GOOL ■ WONINGBOUW, STEDEBOUW/HOUSING, URBAN DESIGN BUIKSLOTERMEER
H07 B.T. BOEYINGA ■ TUINDORP/GARDEN VILLAGE OOSTZAAN
H08 P. DE LEY ■ WONINGBOUW/HOUSING WESTERDOK
H09 P. DE LEY, J. VAN DEN BOUT ■ STADSVERNIEUWING/URBAN REDEVELOPMENT BICKERSEILAND
H10 GIROD & GROENEVELD ■ WONINGBOUW/HOUSING
H11 M. DE KLERK ■ WONINGBOUW/HOUSING 'EIGEN HAARD', POSTKANTOOR/POST OFFICE
H12 DE KAT & PEEK ■ HAT-EENHEDEN/ONE- AND TWO-PERSON UNITS
H13 ZANSTRA, GMELIG MEYLING, DE CLERQ ZUBLI ■ PARKEERGARAGE/MULTI-STOREY CAR PARK
H14 MERKELBACH & KARSTEN/MERKELBACH & ELLING ■ UITBREIDING LETTERGIETERIJ/EXTENSION TYPE-FOUNDRY V/H TETTERODE
H15 SJ. SOETERS ■ KINDERDAGVERBLIJF/DAY NURSERY 'BORGHEEM', WONINGBOUW/HOUSING
H16 MERKELBACH & KARSTEN ■ WONINGBOUW, STEDEBOUW/HOUSING, URBAN DESIGN LANDLUST
H17 DIENST STADSONTWIKKELING ■ WONINGBOUW, STEDEBOUW/HOUSING, URBAN DESIGN BOSCH EN LOMMER
H18 H. HERTZBERGER ■ UITBREIDING LINMIJ-WASSERIJEN/EXTENSION OF A LAUNDRY
H19 J. RIETVELD ■ WOONGEBOUW/HOUSING BLOCK
H20 A.E. VAN EYCK, J. RIETVELD ■ BEJAARDENWONINGEN/OLD-AGE DWELLINGS
H21 D. SLEBOS ■ GEMAAL/PUMPING STATION 'HALFWEG'
H22 J.P. KLOOS ■ HANGBRUGMAISONETTES/SUSPENSIONBRIDGE MAISONETTES
H23 H. HERTZBERGER ■ VERZORGINGSCOMPLEX/NURSING HOME
H24 J.F. BERGHOEF ■ WONINGBOUW/HOUSING SLOTERHOF
H25 J. GRATAMA, G. VERSTEEG, A.R. HULSHOFF ■ WONINGBOUW, STEDEBOUW/HOUSING, URBAN DESIGN PLAN WEST

H26 H.P. BERLAGE ■ WONINGBOUW, WINKELS/HOUSING, SHOPS
H27 H.TH. WIJDEVELD ■ WONINGBOUW/HOUSING
H28 J.M. VAN DER MEY, J.J.B. FRANSWA ■ WONINGBOUW/HOUSING
H29 J. WILS, C. VAN EESTEREN, G. JONKHEID ■ OLYMPISCH STADION/OLYMPIC STADIUM
H30 A.E. VAN EYCK ■ BURGERWEESHUIS/ORPHANAGE
H31 RIETVELD, VAN DILLEN, VAN TRICHT ■ GERRIT RIETVELD ACADEMIE/ACADEMY
H32 B. LOERAKKER (VDL) ■ KANTONGERECHT/LAWCOURTS
H33 M.F. DUINTJER ■ LYCEUM BUITENVELDERT/SCHOOL
H34 M. BREUER ■ KANT. GEB./OFFICE BUILD. VAN LEERS VATENFABRIEKEN
H35 VAN DOMMELEN, KROOS, VAN DER WEERD ■ RAADHUIS/TOWN HALL
H36 VAN DEN BROEK & BAKEMA ■ REKENCENTRUM/ACCOUNTS DEPARTMENT
H37 A. VAN HERK, S. DE KLEIJN ■ WONINGBOUW/HOUSING WITTENBURG
H38 J.E. VAN DER PEK ■ WONINGBOUW/HOUSING 'ROCHDALE'
H39 H.TH. WIJDEVELD ■ WONINGBOUW/HOUSING
H40 P. DE BRUIJN, R. SNIKKENBURG ■ WIJKCENTRUM/DISTRICT CENTRE
H41 MERKELBACH & KARSTEN/MERKELBACH & ELLING ■ WONINGBOUW, STEDEBOUW/HOUSING, URBAN DESIGN FRANKENDAEL
H42 J.W.H.C. POT, J.F. POT-KEEGSTRA ■ PENITENTIAIR CENTRUM/PRISON COMPLEX OVER-AMSTEL
H43 J.B. VAN LOGHEM, D. GREINER, W. GREVE, J. GRATAMA ■ WONINGBOUW, STEDEBOUW/HOUSING, URBAN DESIGN BETONDORP
H44 C.J.M. WEEBER ■ WONINGBOUW, STEDEBOUW/HOUSING, URBAN DESIGN VENSERPOLDER
H45 DE KAT & PEEK ■ WONINGBOUW/HOUSING VENSERPOLDER
H46 DIENST STADSONTWIKKELING ■ WONINGBOUW, STEDEBOUW/HOUSING, URBAN DESIGN BIJLMERMEER
H47 J. VAN STIGT ■ WOONTORENS/BLOCKS OF FLATS
H48 P. HAFFMANS ■ MOSKEE, CULT. CENTRUM/MOSQUE, CULT. CENTRE
H49 OD 205 ■ HOOFDKANTOOR/HEAD OFFICE KBB
H50 A. ALBERTS ■ HOOFDKANTOOR/HEAD OFFICE NMB
H51 P. DE BRUIJN ■ KANTORENCOMPLEX/OFFICE BLOCK NIEUW-AMSTERDAM
H52 K. RIJNBOUTT (VDL) ■ WONINGBOUW/HOUSING 'HOPTILLE'
H53 J. BROUWER ■ WOONWARENHUIS/DEPARTMENT STORE IKEA
H54 DUINTJER, ISTHA, KRAMER, VAN WILLEGEN, D. VAN MOURIK ■ ACADEMISCH MEDISCH CENTRUM/ACADEMIC MEDICAL CENTRE

H01 WONINGBOUW, STEDEBOUW/HOUSING, URBAN DESIGN IJ-PLEIN

Meeuwenlaan e.o., Amsterdam

OMA ■ 1980-1982

R. Koolhaas, J. Voorberg (proj.)

Arch 1982-10, 1984-10; Plan 1983-5; WTABK 1982-13/14

AdA 1985-april; AR 1985-1

H. van Meer (1); Architectengroep 69 (2); Budding & Wilken (3);
S. van Rhijn (4); OMA (5); De Kat & Peek (6); Peters & Boogers (7); CASA (8)

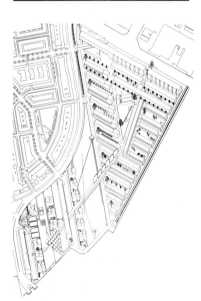

Met de plannen voor een woonwijk op dit voormalig scheepsbouwterrein sluit OMA aan op de traditie van de tuinsteden die zich in de nabije omgeving bevinden, en verzet zij zich tegen de op dat moment in Nederland gangbare stedebouw, waarbij een laagbouw-jungle-tactiek menselijkheid in de woonwijken zou moeten brengen.

Het IJ-plein bestaat uit twee buurten: een stedelijk deel in het westen en een dorps deel in het oosten. In het stedelijk deel worden langgerekte woongebouwen afgewisseld met 'urban villa's', woongebouwen op de schaal van vrijstaande stadshuizen zoals deze in Amsterdam bijvoorbeeld langs de buitenste grachtengordel staan. Het driehoekige deel in het oosten bestaat uit laagbouwstroken afgewisseld door smalle straten en collectieve tuinen. De beide delen zijn gescheiden door een parkstrook. Een rood asfaltpad verbindt een driehoekig plein in het oostelijk deel met de pont die op de punt van het westelijk deel de verbinding met het centrum verzorgt. Veel aandacht is door OMA aan de inrichting van het terrein besteed. Er is gebruik gemaakt van inheemse boomsoorten en typische Hollandse groenelementen zoals sloten en volkstuinen, sport- en trimvoorzieningen. Naast de plaats en hoofdvorm van de woongebouwen, die door verschillende architecten worden uitgewerkt, is ook de kleur van de gevels door OMA vooraf bepaald. Behalve het meest oostelijke langgerekte woonblok met voorzieningen is ook het schooltje op het driehoekig terrein door OMA ontworpen.

■ With these plans for a housing estate on a former shipbuilding site the Office for Metropolitan Architecture continues in the tradition of the garden cities nearby, and reacts against an attitude then prevalent in the Netherlands to urban design in which a 'low-rise jungle' approach was to inject a feeling of humanity into housing estates.

The IJ-plein consists of two neighbourhoods: an urban section in the west and in the east a village section. In the former, elongated housing blocks alternate with 'urban villas', housing blocks scaled to free-standing townhouses such as those lining the outermost concentric canal ring in Amsterdam. The triangular eastern section comprises low-rise rows interspersed with narrow streets and communal gardens. Separating the two sections is a strip of park. A red asphalt path links a triangular square in the east with a ferry service from the western extremity to the town centre. OMA has taken great pains in its arrangement of elements within the site, deploying indigenous types of tree and characteristically Dutch landscaping such as ditches and 'volkstuinen' (out-of-town individually-owned garden plots), plus sports and circuit training facilities. Besides siting and general shaping of the housing blocks, which were then elaborated on by different architects, OMA also stipulated beforehand the colour of the facades. Both the easternmost elongated block and the school on the triangular site were wholly designed by OMA.

WONINGBOUW/HOUSING H02

IJ-plein, Amsterdam

H. VAN MEER ■ 1982-1984

Arch 1984-10; Bouw 1986-17

De woongebouwen bevatten elk achttien woningen, uiteenlopend van éénkamer- tot vierkamerwoningen. Een centraal trappehuis ontsluit de telkens een halve verdieping verspringende woonlagen en komt uit op een gemeenschappelijk dakterras. Door telkens twee tegenover elkaar liggende gevels een gelijke kleur te geven wordt gesuggereerd dat de villa's uit één langgerekte strook zijn 'gesneden' ■ These housing blocks each contain eighteen one- to four-room dwellings. A central staircase affords access to storeys rising in half-levels and terminates in a communal roof terrace. Giving each pair of opposed facades the same colour serves to suggest that these villas were 'hewn' from one elongated block.

WOONGEBOUW/HOUSING BLOCK H03

Buitendraaierij, Buitenzagerij, Bankwerkerij, Amsterdam

DE KAT & PEEK ■ 1982-1984

K. de Kat (proj.)

Arch 1984-10

De zes laagbouwstroken bevatten vijfkamermaisonettes in de onderbouw en, door een galerij ontsloten, tweekamerwoningen op de derde laag. De stroken worden aan de zijde van het driehoekige plein onderling gekoppeld door een transparante balk met galerijflats. De door het stedebouwplan gedicteerde hoekverdraaiing wordt op de koppen van de laagbouwblokken in atelierwoningen verwerkt ■ Six low-rise rows contain five-room maisonettes and, reached by an access gallery, two-room dwellings on the second floor. Where they overlook a triangular square these rows are interlinked by a transparent block of gallery flats. The angle of rotation dictated by the urban design scheme has been assimilated in the heads of the low-rise rows as 'atelier' dwellings.

WOONGEBOUW MET VOORZIENINGEN/HOUSING BLOCK AND FACILITIES H04

Ketelmakerij, Amsterdam

OMA ■ 1983-1987

R. Koolhaas, K. Christiaanse (proj.)

AdA 1985-april

In deze woonblokken experimenteert OMA met verschillende ontsluitings-mogelijkheden. De woningen in de onderlagen worden op drie verschillende manieren ontsloten. Op de vierde woonlaag worden de drie delen door een lange galerij gekoppeld. Onder het blok zijn twee driehoekige elementen geschoven: een wijkcentrum en een supermarkt. Midden in de open driehoek van het wijkcentrum is een massief voorzieningenblok geplaatst. Door middel van schuifwanden kan de ruimte op verschillende manieren worden ingedeeld ■ In these housing blocks the Office for Metropolitan Architecture is experimenting with different means of access. Lower-level units are entered in three different ways. On the fourth dwelling level three sections are linked by a long access gallery. Tucked in beneath the block are two triangular elements: a community centre and a supermarket. In the centre of the open triangle of the community centre is a massive block of facilities. Its space can be variously subdivided with sliding partitions.

H05 POLYMERENCENTRUM/POLYMER CENTRE

Badhuisweg 3, Amsterdam

M.E. ZWARTS ■ 1972-1975

Bouw 1976 p.685

Bij het ontwerp van dit laboratoriumcomplex is uitgegaan van een hoge mate van flexibiliteit ten aanzien van ruimte-indeling en voorzieningen. Het complex bestaat uit een U-vormig laboratoriumblok met een dubbelhoge middenzone en een blok in vier lagen met kleinere laboratoria. De draagconstructie bestaat uit dubbele betonschijven aan de buitenzijde met luchtkanalen daartussen en stalen raatliggers in het dak. De gevels zijn opgebouwd uit uitwisselbare kunststofpanelen tussen aluminium stijlen ■ The design for this laboratory complex is based on a high degree of flexibility in its spatial subdivision and facilities. It comprises a U-shaped laboratory block with a double-height central zone and a four-level block of smaller laboratories. Its loadbearing structure is built up of double concrete piers on the outer face with air shafts in-between, and steel honeycomb girders in the roof. Facades consist of interchangeable plastic panels between aluminium posts.

H06 WONINGBOUW, STEDEBOUW/HOUSING, URBAN DESIGN BUIKSLOTERMEER

Het Hoogt, Het Laagt, Benedenlangs, Bovenover, Het Breed, Amsterdam

F.J. VAN GOOL ■ 1963-1966

BW 1969 p.140; Bouw 1963 p.1162; S&V 1966 p.251

Om een anoniem en stedelijk karakter te verkrijgen, is de woonwijk uitgevoerd in gesloten bouwblokken van gelijke hoogte. Ontsluiting van de woningen geschiedt vanaf de begane grond voor de eerste twee lagen, en voor de bovenste drie lagen vanaf een woonstraat op de derde verdieping. De architectuur wordt gedomineerd door de 1,40 m. brede prefab betonelementen. Een vrolijk accent zijn de stalen loopbruggen, oorspronkelijk ontworpen als voetgangersslurfen voor vliegvelden ■ To create an anonymous, urban character this housing estate was laid out in closed blocks of equal height. Access to dwellings on the two lower levels is via the ground floor, to those on the upper three from a 'street in the air' on the third floor. Dominating the architecture are prefabricated concrete elements 1.40 m. wide. Steel bridges, originally designed for an airport, add a playful note.

H07 TUINDORP/GARDEN VILLAGE OOSTZAAN

Zonneplein e.o., Amsterdam

B.T. BOEYINGA (GEMEENTELIJKE WONINGDIENST) ■ 1922-1924

WTABK 1973-14, 1976-13; Lit 58

Oostzaan is één van de tuindorpen die zijn gebouwd op initiatief van ir. A. Keppler, directeur van de Amsterdamse Woningdienst van 1915 tot 1937. De 1300 noodwoningen zijn gerangschikt langs straten en pleinen die, zoals vaak bij tuindorpen, volgens geometrische patronen zijn geordend. Karakteristiek voor de wijk zijn de houten poorten die tussen de stenen woningblokken zijn gespannen. De wijk bevat vele voorzieningen zoals scholen, winkels, een leeszaal en een badhuis ■ Oostzaan is just one garden village built on the initiative of ir. A. Keppler, director of the Amsterdam Municipal Housing Agency from 1915 to 1937. The 1300 temporary dwellings flank streets and squares arranged, as often in garden villages, in geometrical patterns. Characteristic of this district are the timber portals spanned between the brick housing blocks. The district has ample facilities such as schools, shops, a library, and public baths.

Na lange strijd tegen de oprukkende kantorenbouw krijgt de woonfunctie van het Bickerseiland definitief prioriteit met de bouw van deze 158 woningen: twee bijna gesloten bouwblokken en twee randbebouwingen, waarin bestaande woningen en gebouwen zijn opgenomen. De woningen worden ontsloten door galerijen met trappehuizen op de hoeken. De gevel bestaat uit een binnen- en een buitenvlak, 1,40 m. van elkaar; in deze zone bevinden zich galerijen, balkons en erkers zodat een coherent en ritmisch gevelbeeld ontstaat ■ After a protracted campaign against the threat of office development, housing was given conclusive priority on Bickerseiland with the building of these 158 dwellings – two virtually closed blocks and two peripheral terraces, in which existing houses and buildings have been absorbed. Dwellings are reached from access galleries with corner staircases. Facades are split between two planes 1.40 m. apart; within this area access galleries, balconies, and bay windows combine in a coherent, rhythmic play of surfaces.

WONINGBOUW/HOUSING WESTERDOK H08

Grote Bickersstraat, Amsterdam

P. DE LEY ■ 1980-1982

F. Roos (arch.)

Bouw 1983-11; Forum 1983-1/2

AR 1985-1

Een archetypisch stadsvernieuwingsproject: een kleinschalige invulling in traditionele bouwwijze met mansardekapjes, gerealiseerd met inspraak na een moeizame strijd tegen kaalslag, compleet met ingemetselde gedenksteen voor de architecten. In het dichte bouwblok met rug-aan-rugwoningen zijn zeer diepe woningen geprojecteerd met een lichthof in het midden. Enkele stegen doorsnijden het blok. De gevels met erkers en serres sluiten goed aan bij de bestaande pakhuisbebouwing ■ An archetypical urban redevelopment project: following an initial uphill struggle against demolition, this small-scale infill using such traditional building methods as mansard roofs was realised with local participation – with even a dedication stone for its architects. Very deep units project from within a dense block of back-to-back dwellings, with a light court in the centre. A number of alleyways dissect the block. Facades with bay windows and conservatories fit well with the surrounding warehouses.

STADSVERNIEUWING/URBAN REDEVELOPMENT BICKERSEILAND H09

Bickersgracht 204-218, Amsterdam

P. DE LEY, J. VAN DEN BOUT ■ 1975-1977

TABK 1972 p.427; WTABK 1975-6; Bouw 1977 p.495

AdA 1975-jul/aug

Het plan omhelst een gefaseerd woningbouwproject ter vervanging van bedrijfspanden, die geleidelijk uit de stad verdwijnen. De verkaveling bestaat uit kleine blokken, loodrecht op de ontsluiting, verbonden door laagbouw. Door het gebruik van B2-blokken, halfronde trappehuizen, platte daken, en een ritmische opbouw met balkons, kleine galerijen en maisonettewoningen ontstaat een architectuur die afwijkt van de gebruikelijke stadsvernieuwingspraktijk ■ Built in phases, this housing project replaced warehouses of the type gradually disappearing from Amsterdam. Small blocks, at right angles to the main access, are linked by low-rise volumes. The use of concrete block, semi-circular staircases, flat roofs, and a rhythmic structure of balconies, small access galleries, and maisonettes produced an architecture deviating from standard urban redevelopment practice.

WONINGBOUW/HOUSING H10

Nova Zemblastraat, Amsterdam

GIROD & GROENEVELD ■ 1975-1977

J. van Berge (arch.)

Arch 1978-5

H11 WONINGBOUW/HOUSING 'EIGEN HAARD', POSTKANTOOR/POST OFFICE

Spaarndammerplantsoen, Zaanstraat, Oostzaanstraat, Amsterdam

M. DE KLERK ■ 1913-1920

Wend 1919-2, 1924-9/10

Domus 1984-sep; de Kl 1; de Kl 2; AV 1926-II

Het woningbouwcomplex in de Spaarndammerbuurt, hét hoogtepunt van de Amsterdamse School architectuur, bestaat uit drie blokken. Het eerste blok aan de noordzijde van het Spaarndammerplantsoen is gebouwd tussen 1913 en 1915 voor de ondernemer K. Hille. De overige blokken zijn overgenomen door de woningbouwvereniging 'Eigen Haard'. Het was oorspronkelijk de bedoeling om alle drie de blokken aan het plantsoen te bouwen. Het zuidblok (1915-1916) is nog wel gebouwd, maar voor het oostblok werd een nieuw, driehoekig terrein langs de spoorbaan toegewezen. Dit laatste blok, dat spoedig de bijnaam 'Het Schip' zou krijgen, is gebouwd tussen 1917 en 1920 en afgezien van de school aan de zijde van de Oostzaanstraat volledig door De Klerk ontworpen.
De Klerks expressionistische stijl, nog rustig aanwezig in de eerste blokken, komt in dit blok tot volledige uitbarsting. Een ongelooflijke vormenrijkdom en een van groot vakmanschap getuigende detaillering maken elk deel van het blok tot een op zichzelf staande sculptuur, zonder overigens de eenheid van het blok te ondermijnen. Het vijf verdiepingen hoge blok is symmetrisch georganiseerd. Aan de zuidzijde is het blok verlaagd. Een cilindrische beëindiging van de gevel markeert de ingang van een postkantoor. De lange, horizontaal geaccentueerde gevels langs de Zaanstraat en gedeeltes van de Oostzaanstraat zijn relatief strak en rustig gehouden. De gevel langs de Hembrugstraat is in het midden eveneens verlaagd en teruggeplaatst, zodat een klein driehoekig voorplein ontstaat, dat gedomineerd door een taps toelopend torentje. Een smalle poort naast het postkantoor geeft toegang tot het binnenterrein, waar een smal pad tussen de tuinen eindigt in een vergadergebouwtje.
De vele verschillende metselverbanden en het fantastische timmerwerk dwingen respect af voor de metselaars en timmerlieden die deze arbeiderswoningen bouwden. Na De Klerks vroege dood in 1923 schreef een bewoonster in een ingezonden stuk in het dagblad Het Volk: 'Hij is heengegaan, de man van onze woningen. Hoe zullen wij arbeidersvrouwen deze stoere werker gedenken, voor wat hij gedaan heeft voor onze mannen en kinderen?... Is het niet of iedere steen je toeroept: Komt allen gij werkers en rust uit in je huis, dat er is voor U. Is het Spaarndammerplein geen sprookje dat je als kind gedroomd hebt, omdat het iets was, wat voor ons kinderen niet bestond?'
Naast bewondering was er ook veel kritiek. Van de zijde van overheid en

burgerij, die de woningen te luxueus en de architectuur te exuberant vonden. Van de zijde van de latere functionalisten kwam er fundamenteler kritiek. Achter de fraaie gevels komen de woningen, vaak standaardontwerpen van bouwondernemers, er maar bekaaid af. De meeste decoraties en het torentje hebben geen enkele functie. Ook is er kritiek op de weinig structurele wijze van behandeling van het bouwblok en van de bijzondere elementen (school, postkantoor) daarin.
■ The crowning glory of Amsterdam School architecture, 'Eigen Haard' consists of three blocks of housing in the Spaarndammerbuurt. The first, on the north side of the Spaarndammerplantsoen (public gardens), was built between 1913 and 1915 for contractor K. Hille. The remaining two were taken over by the housing association 'Eigen Haard' ('Our Hearth'). The original intention was to build all three around the public gardens. After the south block had been positioned there (1915-1916) the third block was given a new, triangular site overlooking the railway line. This block, soon nicknamed 'Het Schip' ('The Ship'), was built between 1917 and 1920 and apart from the school on the Oostzaanstraat is entirely the work of De Klerk.
His Expressionist style, quietly active in the first two blocks, is here fully unleashed. A staggering variety of form and a sense of detail evidencing consummate craftsmanship raise each section of the block to a self-sufficient piece of sculpture without in any way weakening the whole. Organised symmetrically, the block is in five storeys except at its lower southern end, where a cylinder marks the entrance to a post office. Long, horizontally accentuated facades along the Zaanstraat and parts of the Oostzaanstraat were kept relatively taut and less busy. Facades on the Hembrugstraat are similarly lowered but in the middle, and set back creating a small triangular square dominated by a tapering tower. A narrow portal next to the post office provides access to an inner court, where a narrow path wedged between gardens terminates in a meeting hall.
The great variety of brickwork joints and the extraordinary woodwork command respect for those bricklayers and carpenters who built these workers' dwellings. After De Klerk's early death in 1923 a tenant wrote in a letter to the daily newspaper 'Het Volk' (The People) the following: 'He has departed, the builder of our houses. How shall we workers' wives remember this unflagging workman for what he has done for our husbands and children?... It is as if every brick calls out: Come all workers, and rest from your labours in the homes that await you. Is not the Spaarndammerplein a fairy tale dreamt of as a child, as something we children never had?'
Besides admiration there was plenty of criticism too. Government and bourgeoisie found the dwellings too luxurious and the architecture too exuberant. From later Functionalists there was a more fundamental criticism. Behind their attractive facades the dwellings, often building contractors' standard designs, had been given a decidedly rough deal. Most decorations and the tower served no purpose whatsoever. There was criticism, too, of the paucity of the structural treatment of the building block and of its facilities, such as school and post office.

H12 HAT-EENHEDEN/ONE- AND TWO-PERSON UNITS

Jacob Catskade/De Wittenstraat, Amsterdam

DE KAT & PEEK ■ 1983

H. Zeinstra (proj.)

WTABK 1985-1; Bouw 1985-8

Eén voorbeeld van de vele invullingen van kleine gaten in de Amsterdamse stadsvernieuwing. De eenheden voor één- en tweepersoonshuishoudens zijn gesitueerd op een zeer scherpe hoek. De doorsnijding van de twee extreem smalle bouwblokjes (een lage en een hoge) krijgt op intelligente wijze gestalte door de uitkragende galerijkoppen en het gebruik van schijngevels, een vormenspel waarin zelfs de traditionele Amsterdamse hijsbalk een geïntegreerd onderdeel is ■ These units housing one to two persons exemplify the many infills of small gaps in Amsterdam's urban development. They occupy a very sharp corner. A section through the two tiny blocks (one low and one high) has been intelligently shaped by cantilevered gallery heads and mock facades – a play of form in which even the traditional Amsterdam tackle is an integral component.

H13 PARKEERGARAGE/MULTI-STOREY CAR PARK

Marnixstraat 250, Amsterdam

ZANSTRA, GMELIG MEYLING, DE CLERQ ZUBLI ■ 1970-1971

Op de begane grond van deze parkeergarage in zeven lagen is in een stalling voor autobussen voorzien. De overige parkeerlagen worden bereikt via een op- en afrit in de vorm van een dubbele spiraal. De kolommen en vloeren zijn van gewapend beton ■ On the ground floor of this multi-storey car park of seven levels is a section for buses. The remaining six are connected to the street by two ramps for incoming and outgoing vehicles in the shape of a double spiral. Columns and floor slabs are of reinforced concrete.

H14 UITBREIDING LETTERGIETERIJ/EXTENSION TYPE-FOUNDRY V/H TETTERODE

Da Costakade/Kinkerstraat, Amsterdam

MERKELBACH & KARSTEN/MERKELBACH & ELLING ■ 1949-1950

Forum 1953 p.62

Hoewel de gevel is opgebouwd uit horizontale stroken (borstweringen en ramen) is er door de verticale accenten, de goede hoofdafmetingen van het totaal en door de opbouw met afwijkend basement en terugliggende topverdieping (kantine), een geslaagde en moderne inpassing in een grachtenwand gerealiseerd. Het complex beslaat ook enkele bestaande panden en vult op de begane grond het gehele kavel. De standaard-werkvloeren aan de gracht hebben een betonnen spantconstructie, bekroond met een stalen opbouw ■ Despite the facade being built up of horizontal strips of wall and window it is more a combination of the verticals, the well-founded principal measurements of the whole, and the layout with its digressing foundations and set-back steel crown (the canteen) which make this type foundry building a successful, modern infill in a wall of canal houses. The block also occupies some existing premises and at ground level covers the entire site. Standard workshop floors on the canal side have a concrete truss structure.

KINDERDAGVERBLIJF/DAY NURSERY 'BORGHEEM', WONINGBOUW/HOUSING H15

Het complex bestaat uit een vrijstaand 'baby-tempeltje' en een hoofdblok met op de eerste twee lagen een kinderdagverblijf en daarboven woningen. De architectuur wordt bepaald door een complex en veelkleurig spel met materiaal en ruimte. De woningen worden vanuit een middencorridor op de derde verdieping ontsloten. Slaapkamers en de eetkamer bevinden zich per woning afwisselend op de tweede en vierde verdieping, een oplossing analoog aan de Unité d'Habitation van Le Corbusier ■ This complex comprises a free-standing 'baby-temple', and a main block with two-level day nursery and a further three levels of housing. Its architecture is governed by an intricate, multi-coloured play of material and space. Dwellings are reached from a central corridor on the third storey. Bedrooms and dining rooms alternate per dwelling between second and fourth floors, a solution similar to that of Le Corbusier's Unité d'Habitation.

Borgerstraat/Nicolaas Beetsstraat 82, Amsterdam

SJ. SOETERS ■ 1980-1983

Bouw 1984-12; Arch 1983-9

AR 1985-1

WONINGBOUW, STEDEBOUW/HOUSING, URBAN DESIGN LANDLUST H16

Een oorspronkelijk verkavelingsplan met gesloten bouwblokken wordt met steun van ir. A. Keppler, directeur van de Woningdienst, gewijzigd in open bebouwing: strokenbouw met laagbouwwinkels aan de noordzijde, maar wel met tweezijdig bebouwde straten en gemeenschappelijke tuinen. Hoewel de constructie traditioneel is, en er door de oriëntatie op de straat eigenlijk eerder sprake is van opengemaakte gesloten bouwblokken, betekent dit project toch de definitieve doorbraak van de strokenbouw voor de Amsterdamse stadsuitbreidingen ■ An initial layout of closed blocks was with the support of ir. A. Keppler, director of the Municipal Housing Agency, modified to a combination of open row housing with low-rise shops on the north side, streets built up on both sides, and communal gardens. Though the structure is traditional and orientation to the street makes one speak sooner of closed blocks that have been opened up, this project nevertheless signifies the definitive breakthrough of row housing in Amsterdam's overspill development.

Willem de Zwijgerlaan, Karel Doormanstraat, Amsterdam

MERKELBACH & KARSTEN ■ 1932-1937

Merkelbach; Vorkink; Versteeg; Gulden & Geldmaker (arch.)

8 en O 1933 p.165, 1937 p.156; BW 1938 p.373

WONINGBOUW, STEDEBOUW/HOUSING, URBAN DESIGN BOSCH EN LOMMER H17

Deze uitbreidingswijk is een eerste invulling van het AUP (Algemeen Uitbreidings Plan, 1934-1939) van C. van Eesteren, waarbij de stedebouw op analytische wijze wordt bedreven. Aan deze eerste integrale realisatie van een strokenbouwwijk wordt aanvankelijk meegewerkt door Merkelbach en Stam. Als blijkt dat het hier in feite handelt om traditionele woningtypen (smal en diep) in te smalle straten, een gevolg van de machtspositie van enkele met politici gelieerde bouwbedrijven, zeggen zij hun medewerking op ■ This development area was the initial step of the Algemeen Uitbreidings Plan ('General Development Plan', 1934- 1939) of C. van Eesteren, in which urban design was subjected to analytical scrutiny. The first integral realisation of a district of row housing began in collaboration with Merkelbach and Stam. When it became a question of squeezing traditional dwelling types (both narrow and deep) into insufficiently wide streets (as dictated by a few over-powerful, politically backed building companies) they withdrew their services.

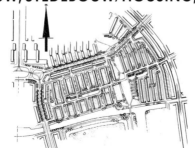

Bos en Lommerweg e.o., Amsterdam

DIENST STADSONTWIKKELING ■ 1935-1940

B. Merkelbach, M. Stam (arch.)

Lit 95; 8 en O 1939 p.251

H18 UITBREIDING LINMIJ-WASSERIJEN/EXTENSION OF A LAUNDRY

Molenwerf 2, Amsterdam

H. HERTZBERGER ■ 1963-1964

BW 1966 p.60

AdA 1967-sep; Werk 1966 p.433; Hertz 1

De uitbreiding van deze wasserij bestaat uit een aantal autonome units, geschikt voor verschillende functies en met een sterke eigen identiteit. Hierdoor zou het gebouw, dat in een aantal fases zou worden uitgebreid, in elk stadium van de uitbreiding een eenheid blijven. Zowel in materiaal-gebruik (B2-blokken, glazen bouwstenen), constructie (betonelementen), als opzet (een herhaalbare, multifunctionele geometrische eenheid) is het gebouw een prototype voor de latere architectuur van Hertzberger (H23, B07, K22, K23) ■ This extension of a laundry introduced a number of autonomous units suitable for different functions and each with a strong identity. This ensured an overall unity at each stage of the phased programme. In material (concrete block, glass brick), structure (concrete elements) and layout (a repeatable, multi-function geometric unit), the building is a prototype for Hertzberger's later achievements (H23, B07, K22, K23).

H19 WOONGEBOUW/HOUSING BLOCK

Harry Koningsbergerstraat, Amsterdam

J. RIETVELD ■ 1956

P.A. Bloemsma (constr.)

Forum 1980-2

Dit woongebouw bevat 44 tweekamerwoningen aan de uiteinden van het gebouw en 83 éénkamerwoningen die worden ontsloten door interne corridors. In de onderbouw bevinden zich bergingen en collectieve voorzieningen. De plattegronden en de gevels zijn ontworpen op een maatraster van 1 x 1 m. ■ This housing block contains 44 two-room dwelling units located in its extremities and 83 one-room units, all reached by internal corridors. Below are storage spaces and communal facilities. Both plan and facades use a grid of 1 x 1 m.

H20 BEJAARDENWONINGEN/OLD-AGE DWELLINGS

J. Bottemastraat, F. v.d. Laakenstraat, G. Trestorffstraat, Amsterdam

A.E. VAN EYCK, J. RIETVELD ■ 1951-1954

Forum 1956 p.130, 1980-2; vEy 1

Om de 'hinderlijke schaalverkleining' bij de groepering van bejaarden-woningen te vermijden, werd afgeweken van het bebouwingsschema van Publieke Werken. De woningblokken vormen twee in elkaar vloeiende ruimtes, een groene (gazon) en een steenachtige ruimte (betegeld plein met banken). De architecten hebben getracht een evenwicht te vinden tussen het open en gesloten, tussen individuele en gemeenschappelijke ruimte, een 'noodzakelijk-in-elkaar-grijpen van architectuur en stedebouw' ■ To avoid any 'inconvenient reduction in scale' in grouping these old-age dwellings meant deviating from the Public Works development scheme. Blocks of houses outline two spaces – one green, the other paved and with benches – which flow into one another. The architects have endeavoured to strike a balance between open and closed, individual and communal space, a 'necessary interlocking of architecture and urban planning'.

GEMAAL/PUMPING STATION 'HALFWEG' H21

Dubbele betonnen schijfkolommen en afzonderlijke schuine kappen benadrukken de plaats van drie schroefvijzels met hun aandrijfkasten en motoren. De bedieningsruimtes bevinden zich boven de vijzels. Vooroverhellende ramen bieden een goed uitzicht op de watertoevoer. In twee gekoppelde achthoekige gebouwdelen zijn het ketelhuis, personeelsruimtes en een vergaderkamer ondergebracht. Het terrein wordt afgesloten door twee rechthoekige blokken met dienstruimtes en woningen ■ Double concrete piers and separate gable roofs emphasise the position of the three screw jacks with their drive-boxes and motors. Service rooms are situated above the screw jacks. Windows inclined forwards offer a clear view of the flow of water. In two linked octagonal volumes are boilerhouse, staff quarters, and a meeting room. The site is sealed off by two rectangular blocks of maintenance facilities and living quarters.

Wethouder van Essenweg, Amsterdam

D. SLEBOS ■ 1977

Dwars, Heederik & Verhey (inst.)

Arch 1978-3

HANGBRUGMAISONETTES/SUSPENSIONBRIDGE MAISONETTES H22

Het woningcomplex met hangbruggen is gebaseerd op een prijsvraaginzending voor Experimentele Woningbouw uit 1962. Per buitentrap worden vier maisonettes ontsloten, waardoor slechts één buitengalerij per vier verdiepingen nodig is. Deze is gedimensioneerd als trottoir en beschut door glaswanden en dak. Deze oplossing levert tevens een letterlijk constructivistische architectuur op ■ This housing with suspensionbridges is based on a 1962 experimental housing competition entry. Because four maisonettes share an outside stair, four storeys can be served by a single access gallery with the dimensions of a sidewalk, glazed walls, and a roof. This has produced a truly Constructivist architecture.

Dijkgraafplein, Amsterdam

J.P. KLOOS ■ 1964-1970

Plan 1970 p.99

VERZORGINGSCOMPLEX/NURSING HOME 'DE DRIE HOVEN' H23

Dit complex voor geestelijk en lichamelijk gehandicapte bejaarden bevat woningen, een verzorgingshuis en een verpleeghuis. Vier vleugels met wooneenheden zijn gekoppeld door een grote centrale ontmoetingsruimte. Het principe van 'de ontmoeting' bepaalt de indeling van gangen ('binnenstraten'), verbredingen ('pleinen') en ontmoetingsruimte ('dorpsplein'). Het bouwsysteem van prefab betonelementen en variabele puien biedt de bewoners mogelijkheden hun eigen identiteit toe te voegen ■ This old-age block for the mentally and physically handicapped consists of housing, convalescent home, and nursing home. Four wings of dwelling units join in a large central encounter area. The 'encounter' principle specifies the layout of corridors ('inner streets'), widenings ('squares') and encounter area ('village square'). The system of prefabricated concrete elements and variable lower fronts allows occupants to inject something of their own personality.

Louis Chrispijnstraat 50, Amsterdam

H. HERTZBERGER ■ 1971-1975

Bouw 1976 p.207

Domus 1977-apr; AR 1976-feb; B+W 1976-1; Hertz 1

H24 WONINGBOUW/HOUSING SLOTERHOF

Comeniusstraat, Amsterdam

J.F. BERGHOEF ■ 1955-1960

Een voorbeeld van een Delftse School-architect die gebruik moest maken van moderne, industriële woningbouwtechnieken. Hier is het zgn. Airey-systeem toegepast. Het hoge blok staat over het water en bevat een onderhuis met bergingen, één galerij met kleinere woningen en drie galerijen met maisonettes. Doordat de galerijen afwisselend een onder- en een bovenwoning ontsluiten, ontstaat in de gevel een duidelijke ordening ■ An example of a Delft School architect using modern, industrial housing techniques, in this case the 'Airey' system. Straddling the water, this high-rise block comprises a basement with storage areas, one access gallery with smaller dwelling units, and three with maisonettes. The alternation of access levels makes for a distinctive facade.

H25 WONINGBOUW, STEDEBOUW/HOUSING, URBAN DESIGN PLAN WEST

Mercatorplein e.o., Amsterdam

J. GRATAMA, G. VERSTEEG, A.R. HULSHOFF ■ 1922-1927

H.P. Berlage (1); C.J. Blaauw (2); M. Staal-Kropholler (3); H.Th. Wijdeveld (4); J.M. van der Mey (5, 9); J.F. Staal (6); F.B. Jantzen Gzn. (7); J. Roodenburgh (8); Heineke & Kuipers (10); C.F.G. Peters (11); G.J. Rutgers (12); P.L. Kramer (13)

Bb 1924 p.246, 1925 p.21; Wend 1927-6/7

Dit project voor 6000 woningen is op particulier initiatief ontwikkeld. Op basis van standaardplattegronden en een uniforme betonnen draag-constructie ontwerpen 16 architecten in hoofdzaak gevels. Daar baksteen voorgeschreven is zijn hier vele hoogstandjes van Amsterdamse School-architectuur te zien, o.a. van Staal (6) en Kramer (13). Een 'Commissie van Drie' (twee architecten en het Hoofd Publieke Werken) heeft de supervisie over architectuur en stedebouw zodat de gewenste eenheid van deze stadswijk gewaarborgd is ■ This development of 6000 dwellings was brought about by private enterprise. Using standard plans and a uniform concrete loadbearing structure 16 architects made designs consisting largely of facades. As brick was the prescribed material many masterpieces of Amsterdam School architecture are to be found here including by Staal (6) and by Kramer (13). A 'Committee of Three' (two architects and the head of Public Works) supervised both architecture and urban design which guaranteed the intended unity of this urban district.

H26 WONINGBOUW, WINKELS/HOUSING, SHOPS

Mercatorplein e.o., Amsterdam

H.P. BERLAGE ■ 1925-1927

Berl 3

Berlages stedebouwkundige opzet voor het Mercatorplein omhelst een zgn. turbineplein: de Hoofdweg wordt onderbroken als doorgaande weg, zorgvuldig vormgegeven met poortgebouwen en (oorspronkelijk) twee torens. Hoewel de gevels van de woningen een lichte knieval doen voor de plastische Amsterdamse School-architectuur, overheerst de soliditeit van pleinwanden, poorten en bijna middeleeuwse toren(s) ■ Berlage's planned layout for the Mercatorplein is ranged round a 'turbine square'. The Hoofdweg as thoroughfare was split into two, studiously modelled with portals and originally accentuated by two towers. While the housing frontage pays passing homage to the plastic architecture of the Amsterdam School, what predominates is the massiveness of the square's walls, portals, and almost medieval tower(s).

Wijdeveld, die in 1986 zijn honderdste verjaardag vierde (ter gelegenheid hiervan verscheen het boek 'Mijn Eerste Eeuw'), heeft in de kolommen van zijn uiterst verzorgde tijdschrift 'Wendingen' de Amsterdamse School vooral in de beginjaren uitgebreid ondersteund. Zijn eigen werk is veel soberder dan de soms grillige uitingen van deze architectuurstroming. Uit het ontwerp voor deze twee straatwanden blijkt zijn voorliefde voor het grote gebaar en repetitie van gelijke elementen ■ Wijdeveld, who in 1986 celebrated his hundredth birthday (also by way of a book entitled 'Mijn Eerste Eeuw' – 'My First Century'), gave extensive support in the columns of his well-groomed periodical 'Wendingen' to the Amsterdam School, especially during their early years. Much more restrained than their often capricious utterances, however, is his own work. In the design for these two walls of housing can be seen his special preference for grand statements and repeated identical elements.

WONINGBOUW/HOUSING H27

Hoofdweg, Amsterdam

H.TH. WIJDEVELD ■ 1923-1926

Wend 1927-6/7

Het Hoofddorpplein vormt de stedebouwkundige aanzet tot de particuliere bouw in de omgeving. Van der Mey heeft alleen de gevels van het plein ontworpen. Alle wanden zijn verschillend behandeld, waarbij de rangschikking van de ramen een telkens wisselend horizontaal accent geeft. Deze horizontale lijnen worden in balans gehouden door ranke verticale accenten die eveneens per gevel verschillend zijn vormgegeven. In het verlengde van de Hoofddorpweg was in de westwand van het plein een slanke klokketoren opgenomen (inmiddels afgebroken) ■ Hoofddorpplein acted as a springboard for private building in that area. Van der Mey was responsible only for this square's facades, each being treated differently, the resulting arrangement of windows providing a constantly shifting horizontal emphasis. These horizontal lines are kept in check by slender verticals which also vary in form per facade. In the square's west wall looking along the Hoofddorpweg was a sleek bell-tower (since demolished).

WONINGBOUW/HOUSING H28

Hoofddorpplein, Amsterdam

J.M. VAN DER MEY, J.J.B. FRANSWA ■ 1928-1930

Bb 1932 p.17

Het stadion is gebouwd ter gelegenheid van de Olympische Spelen die in 1928 in Amsterdam werden gehouden. In Wils' architectuur is de invloed van Frank Lloyd Wright onmiskenbaar aanwezig. De tribunes rusten op een betonnen draagconstructie. Het dak van de tribunes wordt gedragen door stalen vakwerkliggers. Een ranke toren, de drager van de Olympische vlam, markeert de hoofdingang. Het stadion is uitgebreid en verbouwd en staat op de nominatie om te worden gesloopt ■ This stadium was built for the 1928 Olympic Games held in Amsterdam. Wils' architecture betrays the unmistakable influence of Frank Lloyd Wright. Tribunes are supported on a loadbearing concrete structure, their roofs resting on steel lattice girders. A slender tower for carrying the Olympic flame marks the main entrance. The stadium has been both extended and altered and is now a likely candidate for demolition.

OLYMPISCH STADION/OLYMPIC STADIUM H29

Stadionplein, Amsterdam

J. WILS, C. VAN EESTEREN, G. JONKHEID ■ 1926-1928/1937-1938

BW 1928 p.145; Bb 1928 p.315; W 1

H30 BURGERWEESHUIS/ORPHANAGE

IJsbaanpad 3, Amsterdam

A.E. VAN EYCK ■ 1955-1960

Bouw 1962 p.116; BW 1963 p.25; Forum 1960/61 p.197; vEy 1

AdA 1960-sep/oct/nov; Werk 1962 p.16

Niet lang na de publikatie van 'Het verhaal van een andere gedachte' (Forum, 1959-7) krijgt de zgn. Forumgroep naast een geschreven ook een gebouwd manifest: het Burgerweeshuis in Amsterdam. De ideeën van de architect Aldo van Eyck zijn, kort samengevat:
- de complexiteit van het maatschappelijk leven moet niet in rationele analyses en ordeningen uiteenvallen, maar door architect én stedebouwer als ruimtelijke en maatschappelijke totaliteit verbeeld worden;
- het positivistische mensbeeld wordt vervangen door een idealistische mensvisie; mensen in verschillende tijdperken en culturen hebben dezelfde behoeften en intuïties;
- de architect moet zich verzetten tegen de technocratie: de bureaucratisering, de verwetenschappelijking en de scheiding van architectuur en stedebouw.
Een hoofdthema in zijn werk is de meerduidigheid; eenheid in veelheid, veelheid in eenheid. Schijnbaar wezensvijandige deelaspecten worden verzoend in zgn. duofenomenen als openheid/geslotenheid, eenheid/verscheidenheid, eenvoud/complexiteit, binnen/buiten, individu/gemeenschap, centraal/decentraal.
In het weeshuis vormen de verschillende programma-elementen een wijd, complex patroon, 'een kleine stad'. Om dit patroon herkenbaar en homogeen te maken, worden alle elementen aan één structureel en constructief principe onderworpen. Vier ronde kolommen worden aan twee zijden overspannen door een betonnen latei en afgedekt met een betonnen koepel/schaal. Een configuratie van een aantal van deze ruimtes vormt samen met een grotere vierkante ruimte een kinderafdeling, gemarkeerd door een grotere koepel. Het gebouw heeft acht van deze kinderafdelingen, ingedeeld naar leeftijdsgroep. De oudere groepen (10-20 jaar) hebben een slaapverdieping en een open buitenruimte; de jongere groepen (0-10 jaar) hebben een omsloten buitenruimte (patio). In totaal wordt het gebouw bewoond door ±125 kinderen, tijdelijk of blijvend zonder thuis.
In de interieurs zijn vele verrassende effecten bereikt met niveauverschillen, cirkelvormige verdiepte of verhoogde gedeeltes en een diagonale gerichtheid van aandacht en activiteiten. De afdelingen worden verbonden door een binnenstraat, met dezelfde ruige materialen als het exterieur en verlicht met straatlantaarns. Naast de geschakelde afdelingen bevat het gebouw enige grotere zalen voor feesten, recreatie en sport, een centrale keuken en wasafdeling, een ziekenafdeling en een administratiegedeelte en enkele dienstwoningen. Deze laatste zijn op de verdieping gelegen en vormen een langgerekte, natuurlijke overkapping van het entreegebied. Het interieur van het gebouw is inmiddels diverse malen gewijzigd, parallellopend met wisselende sociaal-pedagogische trends; 'er is verwoestend mee omgesprongen' (Van Eyck).

Ondanks de grote betekenis van het weeshuis in binnen- en buitenland en de steeds nieuwe interpretaties van het werk van Van Eyck, is er van directe architectonische beïnvloeding weinig sprake. Het werk van Van Eyck bevat nauwelijks herhaalbare typen of ontwerpprecepten. Pas in de jaren zeventig zou de Forumarchitectuur met het werk van Hertzberger en jongeren als Verhoeven en Blom tot een herkenbare en te imiteren vormentaal leiden, het zgn. Hollandse Structuralisme.

■ Not long after the publication of 'Het verhaal van een andere gedachte' ('The Story of Another Idea') the so-called Forum group, besides declaring their intentions in writing, were able to offer a three-dimensional manifesto: the Burgerweeshuis (Orphanage) in Amsterdam. The ideas of its designer, Aldo van Eyck, are summarised briefly as follows:
- the complexity of life in our society must not be allowed to disintegrate into rational analyses and arrangements, but should be expressed by architect and urban designer alike as a spatial and social whole;
- the positivist view of man is becoming replaced by an idealistic vision; no matter which period or culture man has always had the same basic needs and intuitions;
- the architect must resist the idea of a technocracy – a total subordination to bureaucracy and science, and the separation of architecture and urban design. A principal thread running through his work is 'unity in diversity, diversity in unity'. Seemingly discordant elements are reconciled in so-called 'dual-phenomena' such as open/closed, unity/diversity, simplicity/complexity, inside/outside, individual/collective, centralised/decentralised. In the Burgerweeshuis all elements combine in a broad, complex pattern, 'a small city'. To render this pattern recognisable and homogeneous all these elements are subjected to one structural and constructional principle. Four round columns are spanned by four concrete lintels in a square and capped by a concrete dome. A configuration of a number of these spaces form together with a larger square space one children's zone, marked by a larger dome. The building has eight of these zones, each housing a different age group. The older groups (aged 10-20 years) have a bedroom level, and an open 'square' on the block's perimeter; the younger groups (up to 10 years old) have an enclosed roofless square or 'patio'. All told, the building is home, temporary or permanent, for ca. 125 children.
Inside many surprising effects have been achieved with differences in level, sunken or raised circular sections, and diagonal lines of attention and orientation of activities. The zones are interlinked by a 'binnenstraat' (inner street) with the same rough-textured materials as its exterior and lit by 'streetlights'. Besides these linked zones the building contains several larger halls for parties, recreation and sports, a central kitchen and washing department, sanatorium, administrative section, and several staff dwellings. The latter are on an upper level and form an elongated, natural shelter for the entrance zone. The building's interior has been altered a number of times to keep up with changing socio-educational trends – 'It's been through hell' (Van Eyck).
Despite the great significance of the Burgerweeshuis both for the Netherlands and abroad, and the continuous stream of new interpretations of Van Eyck's work it has been of little direct architectural influence. Van Eyck's oeuvre involves few repeatable types or formulas. Only in the '70s would this architecture, to wit that of Hertzberger and younger architects like Verhoeven and Blom, lead to a recognisable, imitable syntax – the movement known as Dutch Structuralism.

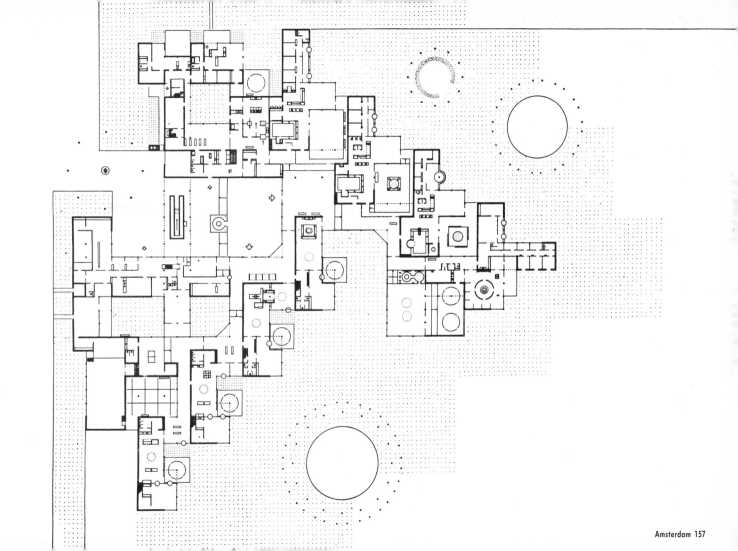

H31 GERRIT RIETVELD ACADEMIE/ACADEMY

Prinses Irenestraat 96, Amsterdam

RIETVELD, VAN DILLEN, VAN TRICHT ■ 1959-1967

G.Th. Rietveld (proj.)

BW 1968 p.173; Bouw 1968 p.790

Domus 1965-sep

Het hoofdgebouw van deze kunstacademie bevat theorie-, ontwerp- en tekenlokalen, de aula en een gymnastieklokaal met bakstenen wanden. De L-vormige aanbouw bevat werkplaatsen. Door de gevel op 40 cm. afstand van de vloeren te plaatsen lopen de glazen puien zonder onderbreking tot het dak door en ontstaat een volledig glazen doos. Ook in het interieur is glas veelvuldig toegepast. Alle scheidingswanden zijn voorzien van bovenlichten; de wand tussen de lokalen en de gang bestaat voor een groot gedeelte uit vitrines ■ The main block of this art academy comprises classrooms for theory, design, and drawing, the great hall, and a brick-walled gymnasium. An L-shaped annex contains workshops. By placing the facades 40 cm. in front of the floors, its glazed skin could be stretched without interruption from ground to roof, creating an entirely glass box. Within, too, there is an abundance of glass, all upper sections of wall partitions being glazed and walls between classrooms and corridors consisting largely of glass show-cases.

H32 KANTONGERECHT/LAWCOURTS

Parnassusweg 200, Amsterdam

B. LOERAKKER (VDL) ■ 1970-1975

E. Schwier (arch.)

Bouw 1976 p.341; VDL 1

Twee blokken van elk vier rechtszalen, een kleiner blokje met enquetekamers en een kantoorschijf in acht lagen zijn gegroepeerd rond een centrale hal. Een tussenniveau in het zalenblok is alleen voor rechters toegankelijk. Door de hoogte van de centrale hal wordt de wachtenden op de begane grond ruim zicht geboden op het gerechtelijk bedrijf. Het oppervlak van het beton, dat zowel binnen als buiten veelvuldig is gebruikt, verschilt van textuur doordat telkens verschillende bekistingsafwerkingen zijn gebruikt ■ Two blocks each of four lawcourts, a smaller block of inquiry rooms, and an eight-storey office slab are grouped around a central hall. An entresol in each court block is for magistrates only. The height of the central hall offers those waiting on the ground floor an ample view of the legal machinery at work. The surface of the concrete used unsparingly both inside and out varies in texture due to continual changes in the lining of the formwork.

H33 LYCEUM BUITENVELDERT/SCHOOL

De Cuserstraat 3, Amsterdam

M.F. DUINTJER ■ 1959-1963

Th.J.N. van der Klei (arch.)

Bouw 1965 p.1456; BW 1965 p.2

Het kruisvormige gebouw heeft twee lokalenvleugels van drie lagen, een vleugel met practica en stafruimtes op een aula en een lager gymnastiek-gedeelte. In het kruispunt is een centrale hal met entree en hoofdtrappehuis. Op het dak is een tekenlokaal met terras en sterrenwacht. Een laagbouw (congiërgewoning en stalling) omsluit het voorplein. In de gang langs de lokalen steken studieruimtes uit de gevel. De gevel bestaat uit invullingen van baksteen, glazen bouwstenen en de kenmerkende ramen (0,75 x 0,75 m.) ■ This cruciform school comprises two three-storey wings of classrooms, a wing of staff and practical rooms above an aula, and a lower section for gymnastics. In the intersection is a main hall with entrance and main well, while on the roof is an art classroom with terrace and an observatory. Porter's lodge and bicycle shed share a low-rise block defining the forecourt. The corridor along the classrooms accommodates study areas that project beyond the envelope. Facades are filled in with brick, glass block, and distinctive fenestration (0.75 x 0.75 m.).

KANTOORGEBOUW/OFFICE BUILDING VAN LEERS VATENFABRIEKEN H34

Het gebouw bestaat uit twee geknikte kantoorvleugels van twee lagen, verbonden door een centrale representatieve hal. De typische driehoekige dakvormen van deze hal zijn ook toegepast in de erachter gelegen kantine en bij de portiersloge. De kantoren zijn uitgevoerd als staalskelet met strakke, eenvoudige gevels. De overige bouwdelen zijn in beton geconstrueerd. Warmte-absorberende glasplaten zijn 1,25 m. voor de zuidgevels opgehangen ■ This building consists of two jointed two-storey office wings linked by a central reception hall. The typical triangular roof forms of this hall are also applied to the canteen beyond and to the porter's lodge. Offices are steel-framed with taut, basic elevations, while the remaining sections have a concrete structure. Heat-absorbent glass panels are suspended 1.25 m. in front of the south elevation.

Amsterdamseweg 206, Amstelveen

M. BREUER ■ 1957-1958

P. Morton (arch.)

BW 1959 p.573

AdA 1959-oct/nov; Breu 1

RAADHUIS/TOWN HALL H35

Het raadhuis, dat ontworpen is op basis van een eerder 'niet uitnodigend en vriendelijk' plan van Maaskant, is typerend voor de jaren zeventig. Een betonskelet op een vierkant raster (8 x 8 m.) met vlakke plaatvloeren en paddestoelkolommen vormt de structuur van het gebouw: een raster van achthoeken, waarbij de tussenliggende vierkanten gevormd worden door de paddestoelkolommen. In oost- en westgevel domineren vierkanten, in de overige gevels de achthoeken, aan één zijde tot ruitvorm uitgebouwd ■ This town hall, based on an earlier, 'less inviting' plan by Maaskant, is typical 1970s architecture. A concrete frame on a square grid (8 x 8 m.) supports a network of octagons, with mushroom columns occupying the squares in-between. East and west facades are dominated by squares, the remainder by octagons which taper to a point when piercing the envelope.

Handweg, Amstelveen

VAN DOMMELEN, KROOS, VAN DER WEERD ■ 1975-1980

H.A. Maaskant (oorspr. ontw.)

Arch 1980-7/8; Bouw 1981-12

DB 1981-2; Bauwelt 1982 p.678

REKENCENTRUM/ACCOUNTS DEPARTMENT AMRO-BANK H36

Het gebouw wordt gedomineerd door een grote flexibele computerhal op de verdieping, in het exterieur gemarkeerd door betonelementen met rode tegeltjes voor gevel en dak. Rond deze ligt een U-vormige schil van kantoren; op de begane grond een magazijn en technische ruimtes. Vanwege de vereiste korte bouwtijd zijn vele onderdelen, waaronder het betonskelet en de dak/gevelpanelen, geprefabriceerd. Het gebouw is door een loopbrug verbonden met een later toegevoegd gedeelte ■ This building is dominated by a large, flexible computer hall on the upper floor, externally expressed by concrete elements with red tiles for facade and roof. Around this hall is a U-shaped envelope of offices, while the ground floor houses stores and mechanical plant. Due to lack of construction time, many components including concrete frame and roof and facade panels were prefabricated. The building is connected by a footbridge to a section added later.

Groenelaan 2, Amstelveen

VAN DEN BROEK & BAKEMA ■ 1970-1972

J. Boot (proj.)

AdA 1972/73-dec/jan; B+W 1973 p.385; Domus 1974-nov; Broeba 3;

Broeba 4

H37 WONINGBOUW/HOUSING WITTENBURG

Bootstraat/Grote Wittenburgerstraat, Amsterdam

A. VAN HERK, S. DE KLEIJN ■ 1982-1984

WTABK 1983-17/18

AR 1985-1

Twee getrapte woongebouwen zijn loodrecht op het water geplaatst. Door een onderdoorgang aan de waterzijde blijft de kade begaanbaar. Eén van de gebouwen bevat een postkantoor. Het dakterras is voor de bewoners van alle 22 woningen toegankelijk. De architectuur verwijst nadrukkelijk naar de woningbouwtraditie van de Nieuwe Zakelijkheid van architecten als Oud, Duiker en Rietveld ■ Two housing blocks step down to the canal and stand at right angles to it. An arcade on the water side preserves circulation along the quay. One block contains a post office, while a roof terrace is open to tenants of all 22 dwellings. The architecture points clearly to the housing tradition of the Nieuwe Zakelijkheid (New Objectivity) of Oud, Duiker, and Rietveld.

H38 WONINGBOUW/HOUSING 'ROCHDALE'

1e Atjehstraat, Molukkenstraat, Amsterdam

J.E. VAN DER PEK ■ 1912

Lit 65

Dit vroege voorbeeld van woningen gebouwd volgens de Woningwet van 1902 is tevens voorloper wat betreft zijn stedebouwkundige uitwerking. Het complex omsluit een collectieve binnentuin. Bovendien is het traditioneel gesloten bouwblok aan de korte zijden geopend naar de straat. Het is daardoor een vroeg voorbeeld van strokenbouw, een woningbouwconcept dat door de latere functionalistische architecten verder zou worden uitgewerkt ■ This early example of dwellings built in accordance with the Housing Act of 1902 is also a precursor as regards its layout. Enclosed within the complex is a communal garden. Furthermore, the traditional closed building block is on its short side opened up to the street. This makes it an early example of row housing, a concept to be elaborated further by later, Functionalist architects.

H39 WONINGBOUW/HOUSING

Insulindeweg, Celebesstraat, Toministraat, Amsterdam

H.TH. WIJDEVELD ■ 1920

Lit 58

Dit woningblok is op de belangrijkste hoek door middel van welvende baksteenwanden verbijzonderd. Vooral dit deel toont de invloed van de Amsterdamse School, waarvan Wijdeveld een fervent pleitbezorger was. Rechtsboven in de gevel langs de spoorlijn bevindt zich de meest fantastische erker (zowel wat betreft uitzicht als wat betreft exclusiviteit) van Amsterdam ■ Peculiar to this housing block individual are the undulating brick walls on its principal corner. This section in particular shows the influence of the Amsterdam School, of which Wijdeveld was a staunch advocate. Above right in the facade by the railway lines is the most fantastic bay window (both view-wise and in terms of exclusiveness) in Amsterdam.

WIJKCENTRUM/DISTRICT CENTRE TRANSVAAL H40

Dit neo-constructivistische poortgebouw bevat een aantal buurthuisfuncties en een grote zaal. Door gevels van glazen bouwstenen is een vrijwel transparant blok tussen twee stenen blokken met voorzieningen ontstaan. Het gebouw heeft een betonskelet; de ruimtes zijn op diverse manieren indeelbaar met een montage-wandsysteem. Een stalen zaagtand-overkapping met transparante golfplaten overdekt een voorplein en vormt samen met de zaal een poort ■ This Neo-Constructivist portal building houses various community centre activities and a large hall. Glass brick fronts help create a near-transparent bridge between two brick blocks of services. Within a concrete frame the spaces are variously subdivisible using a partition assembly system. A steel sawtooth roof with transparent corrugated sheets shelters a forecourt and forms a portal together with the hall.

Danie Theronstraat/Ben Viljoenstraat, Amsterdam

P. DE BRUIJN, R. SNIKKENBURG ■ 1970-1975

WTABK 1976-20

WONINGBOUW, STEDEBOUW/HOUSING, URBAN DESIGN FRANKENDAEL H41

Een ontwerp voor strokenbouw uit 1939 wordt gewijzigd in open hovenbouw, met uitzondering van enkele blokken strokenbouw van particuliere bouwers. De basiseenheid bestaat uit twee L-vormige blokken laagbouw rond een hof met speelplaats en groen, waarbij alle woningen een tuin op het zuidwesten en een entree op het noordoosten hebben. Naast 396 eengezinswoningen, 'tijdelijk' gesplitst als zgn. duplexwoningen, bestaat de wijk uit villa's, enige voorzieningen als scholen en winkels en veel openbaar groen ■ A design for row housing from 1939 was, with the exception of a few row blocks privately built, recast using the 'open court' principle. The basic unit consists of two L-shaped low-rise blocks around a court with playground and greenery, all dwellings having a garden facing south-west and a north-east entrance. Besides 396 family dwellings split 'for the time being' into duplex units, the district consists of villas, some facilities such as schools and shops, and much public green space.

Maxwellstraat, Lorentzlaan e.o., Amsterdam

MERKELBACH & KARSTEN/MERKELBACH & ELLING ■ 1947-1951

M. Stam (arch.)

Forum 1952 p.187

TdT 1952 p.153

PENITENTIAIR CENTRUM/PRISON COMPLEX OVER-AMSTEL H42

Vanuit het rechthoekige hoofdgebouw van dit gevangeniscomplex, beter bekend als de Bijlmerbajes, verbindt een 250 m. lange centrale gang zes cellentorens (vier torens van tien lagen met mannencellen, een vrouwentoren en een toren met observatie-, begeleidings- en ziekenruimtes). De torens sluiten met een laagbouwgedeelte, waarin werkplaatsen zijn opgenomen, aan op de vijf meter hoge omringende muur. Tussen de torens bevinden zich wandeltuinen en sportvelden ■ Extending from the rectangular main building of this penitentiary complex, known as the Bijlmerbajes (Bijlmer Nick) is a 250 m. long central corridor linking six blocks – four of ten storeys for men, one women's block, and one with observation posts, guidance of detainees, and sanatorium. These blocks connect via a low-rise section of workshops with the five metre high surrounding wall. Between blocks are gardens with pathways and sport fields.

H.J.E. Wenckebachweg 48, Amsterdam

J.W.H.C. POT, J.F. POT-KEEGSTRA ■ 1972-1978

WTABK 1981-15; Arch 1979-5

H43 WONINGBOUW, STEDEBOUW/HOUSING, URBAN DESIGN BETONDORP

Duivendrechtselaan, Onderlangs, Middenweg, Zaaiersweg, Amsterdam

J.B. VAN LOGHEM, D. GREINER, W. GREVE, J. GRATAMA ■ 1921-1928

Forum 1965/66-5/6; Lit 58; BW 1925 p.176

Als in het begin van de jaren twintig de woningnood in Amsterdam tot een tekort van 20.000 eenheden is gestegen, schrijft de Gemeente in de persoon van de directeur van de Gemeentelijke Woningdienst, ir. A. Keppler, een prijsvraag uit voor geprefabriceerde woningtypes die in het landelijk gebied Watergraafsmeer gebouwd moeten worden. De tien uiteindelijke winnaars gebruiken acht verschillende systemen die allen gebaseerd zijn op het gebruik van beton. Hieraan dankt de wijk zijn meer gebruikelijke naam: Betondorp.

De systemen maken ofwel gebruik van gestandaardiseerde bekistingen, of van geprefabriceerde wandelementen, of van betonblokken. Tussen 1923 en 1928 zijn 900 woningen gebouwd. Het stedebouwkundig plan en de bebouwing rond het centrale plein, de Brink, zijn van architect D. Greiner. Rond de Brink bevinden zich enige grotere woningen, winkels, een bibliotheek en een verenigingsgebouw. Een tweede opmerkelijk project vormen de woningen aan de Schoovenstraat en de Graanstraat van J.B. van Loghem. In tegenstelling tot de decoratievere architectuur van de overige bouwers schroomt Van Loghem niet om het functionele uitgangspunt in het uiterlijk van de strakke gevels tot uiting te laten komen. In de tableaus boven de entrees van de woningen zijn abstracte decoraties opgenomen (inmiddels verdwenen). De stroken met de markante hogere bebouwing ter plaatse van de toegangsstraten tot de wijk, langs het Onderlangs, zijn van W. Greve. De diverse bouwsystemen vertoonden al snel enige gebreken. In 1979 besluit de gemeente Betondorp te herstellen. Inmiddels is de bebouwing aan de Brink door O. Greiner (de zoon van de oorspronkelijke architect) en M. van Goor gerenoveerd. Door gebruik te maken van een systeem bestaande uit gestucte buitengevelisolatie is het oorspronkelijke uiterlijk grotendeels bewaard gebleven. Betondorp genoot ook enige faam vanwege zijn bewoners, voornamelijk communisten en socialisten, die dan ook geen café in hun 'dorp' toelieten. Meerdere wetenschappers en schrijvers hebben hun jeugd in Betondorp doorgebracht (en wellicht gevoetbald met een andere beroemde zoon: Johan Cruyff).

■ At the beginning of the '20s, when the housing shortage in Amsterdam rose to 20,000, the Municipality in the person of Housing Agency director A. Keppler organised a competition for prefabricated housing types, to be built in the rural area of Watergraafsmeer. The ten eventual winners made use of eight different systems all based on the use of concrete – hence the estate's more usual name: the Betondorp (Concrete Village).

These systems used either standardised formwork, prefabricated wall elements, or concrete block. Between 1923 and 1928 900 units were built. The urban design masterplan and the buildings around the central square, the Brink, are the work of architect D. Greiner. These buildings comprise a few houses, shops, a library, and a 'village hall'. A second project of note is the housing on the Schoovenstraat and the Graanstraat of J.B. van Loghem. As opposed to the more decorative architecture of the other builders Van Loghem did not hesitate to express the blocks' functional basis in their taut facades. The abstract designs originally above the entrances have since disappeared. The rows of striking, taller blocks where the access roads meet the estate, along the Onderlangs, are by W. Greve.

The building systems soon began to show flaws. In 1979 the Municipality decided to restore the Betondorp. Since then these buildings around the Brink have been renovated by O. Greiner (son of the original architect) and M. van Goor. By dressing them in a plastered outer coating of insulation their original outward appearance has been largely preserved. The Betondorp also attained a certain celebrity because of its inhabitants, mainly Communists and Socialists who would not allow a public house in their 'village'. More than one scientist and writer spent their youth here (and maybe even played football with another of its famous sons – Johan Cruyff).

H44 WONINGBOUW, STEDEBOUW/HOUSING, URBAN DESIGN VENSERPOLDER

Venserpolder, Amsterdam

C.J.M. WEEBER ■ 1979

C.J.M. Weeber (1); Architectengroep 69 (2); H. Bosch (3); De Kat & Peek (4); H. van Meer (5); Groosman Partners (6); E.J. Jelles (7); Treffers & Polgar (8); INBO (9); Düermeijer, Verweij, Messnig (10)

Arch 1984-5, 1984-10

AR 1985-1

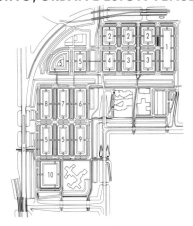

Evenals het IJ-plein (H01), dat gelijktijdig wordt gerealiseerd, is het stedebouwkundig plan voor de Venserpolder een reactie op de door veelvormigheid en angst voor het grote gebaar gekarakteriseerde stedebouw van de jaren zeventig. Een kwartrond en zestien rechthoekig gesloten woningblokken, die op de hoeken zijn afgeschuind, zijn geplaatst op een rechthoekig grid van brede straten. De groene binnenhoven zijn openbaar en worden doorkruist door een stelsel van voetpaden ■ Like the IJ-plein (H01) built at the same time the urban design masterplan for the Venserpolder was a reaction to '70s urban development characterised by multiformity and fear of grand statements. Closed blocks of housing, sixteen rectangular with splayed corners and one quadrant-shaped, stand within a grid of broad streets. Green inner courts are public and are criss-crossed by a system of footpaths.

H45 WONINGBOUW/HOUSING VENSERPOLDER

Charlotte Brontéstraat/Chestertonlaan, Amsterdam

DE KAT & PEEK ■ 1980-1984

D. Peek (proj.)

Arch 1984-10

Op de door het stedebouwkundig plan voorgeschreven afgeschuinde hoek van het blok zijn twee dubbelhoge atelierwoningen gesitueerd die door een gebogen glazen wand op het noordoosten optimaal worden belicht. De eveneens voorgeschreven plint in de witgestucte gevels accentueert door zijn boogvorm ter plaatse van de poorten de toegang tot de binnengebieden waar de gevels een warme terracotta tint hebben. Achter de gebogen uitstulping boven de poorten ligt een galerij die HAT-eenheden op de vijfde laag ontsluit ■ On the corner (splayed as prescribed by the urban design scheme) of this housing block are two double-height 'atelier' apartments, a curved glass wall on the north-east face giving them optimal lighting. A plinth, also prescribed, projecting from the white stucco facades curves at the portals to emphasise access to inner courts whose faces have a warm, terracotta tint. Beyond the rounded bulges above the portals is a gallery providing access to units housing one to two persons on the fifth level.

WONINGBOUW, STEDEBOUW/HOUSING, URBAN DESIGN BIJLMERMEER H46

Bijlmermeer, Amsterdam

DIENST STADSONTWIKKELING ■ 1962-1973

K. Rijnboutt, Kromhout & Groet, F. Ottenhof, K. Geerts (arch.)

WTABK 1974-15, 1979-19; Bouw 1983-2

AdA 1976-sep/oct

De laatste grootschalige uitbreiding van Amsterdam, waar met de 'stedebouwfilosofie van 1930 en de technische hulpmiddelen van 1965 een stad voor het jaar 2000' werd gebouwd. Identieke hoogbouwschijven in honingraatpatroon zijn geplaatst in een parklandschap, doorsneden door verkeerswegen en metro. Reeds tijdens de bouw overheerst kritiek en negatieve publiciteit en vanaf het begin wordt de wijk geplaagd door leegstand en vandalisme. Ondanks de opknapbeurt van enige flats zijn plannen tot sloop nog niet van de baan ■ This was the last of Amsterdam's large-scale developments, in which the 'urban design philosophy of the '30s and technical know-how of 1965' were to produce 'a city for the year 2000'. Identical high-rise slabs in a honeycomb pattern stand amidst parkland intersected by main roads and a Metro. Already during building there was criticism and negative publicity in abundance and from the beginning this overspill development has been plagued by disuse and vandalism. Although several flats have been given a sprucing up, plans to demolish have not yet been shelved.

WOONTORENS/BLOCKS OF FLATS H47

Gouden Leeuw, Groenhoven, Bijlmerdreef, Amsterdam

J. VAN STIGT ■ 1970-1975

Bouw 1977 p.183; WTABK 1974-16

Het plan bestaat uit achttien onderling gekoppelde woontorens die vanuit een portiek worden ontsloten. De in hoogte van vier tot zes lagen variërende torens zijn op de begane grond verbonden door glazen wandelgangen waarlangs de entrees, collectieve voorzieningen en kinderspeelplaatsen zijn gesitueerd. De basisplattegrond van de torens wordt gevormd door vier in een molenwiekconfiguratie rond de centrale trap/lifthal geschakelde vierkanten. Elk vierkant bevat één grote of twee kleinere woningen ■ Varying in height between four and six levels these eighteen blocks of porch flats are interlinked on the ground floor by glazed passages with communal facilities and play areas at the entrances. Each block consists of a group of four linked squares placed millwheel-fashion around a central vertical circulation core. Each square contains one large or two smaller dwellings.

MOSKEE, CULTUREEL CENTRUM/MOSQUE, CULTURAL CENTRE H48

Karspeldreef, Amsterdam

P. HAFFMANS ■ 1982-1984

Bouw 1985-9; Arch 1985-3

De moskeeruimte is met de mihrab, een nis voor de voorganger, naar Mekka gericht. Verder is in het gebouw elke richting en hiërarchie vermeden. De kolommen van het betonskelet zijn op de eerste etage afgedekt met kapitelen van gelaste staalplaat. Een diagonaal raster van stalen liggers hierop vormt het dak. Het gebouw is een mengeling van traditionele uitheemse elementen (minaretten, koepel en mihrab) en moderne materialen en vormen. Kleur en decoratie sluiten aan bij de smaak van de Surinaamse moslims ■ In this combination with a cultural centre the mosque has its mihrab (the imam or leader's niche) facing towards Mecca. Every other orientation and hierarchy has been avoided. Columns of the concrete frame are provided on the upper floor with capitals of welded steel plate. On these rests the roof, a diagonal grid of steel girders. The building mixes exotica (minarets, cupola, mihrab) with modern materials and forms. Colour and decoration are geared to the tastes of Surinam Moslems.

H49 HOOFDKANTOOR/HEAD OFFICE KBB

Bijlmerdreef, Amsterdam

OD 205 ■ 1975-1982

J.L.C. Choisy, B.H. Daniels, J.E.B. Wittermans (proj.)

T.P. v.d. Zanden (arch.)

J. Henneman (b.k.)

Arch 1982-9

In dit complex zijn het hoofdkantoor en de dochtermaatschappijen van het warenhuisconcern De Bijenkorf in verschillende gebouwdelen ondergebracht. Een neutrale basisstructuur maakt specifieke invullingen van de verschillende programma's en veranderingen tijdens de gefaseerde bouwtijd mogelijk. De buiten de gevel geplaatste prefabkolommen demonstreren de interne zonering van kantoor- en verkeersruimtes. Voor zijn kunstwerk van twee kussende kassalinten heeft Jeroen Henneman de Staalprijs ontvangen ■ Accommodated within different volumes of this block are the head office and subsidiary companies of the department store concern 'De Bijenkorf'. A neutral basic structure enabled programmes to be added to and alterations made during the phased building process. Prefabricated columns placed outside the envelope illustrate the internal zoning of office and circulation spaces. For his sculpture of two kissing cash-register tapes Jeroen Henneman received the Staalprijs, an award for work in steel.

H50 HOOFDKANTOOR/HEAD OFFICE NMB

Hoogoorddreef, Amsterdam

A. ALBERTS ■ 1979-1986

In plaats van marmer en baksteen, symbolisch voor de degelijkheid en betrouwbaarheid van het bankwezen, staan in dit gebouw de mens en de energiebesparing centraal. In het 300 m. lange gebouw verbinden gebogen binnenstraatjes en pleinen de clusters trapeziumvormige werkplekken. Onder de organische baksteenvormen bevindt zich een forse betonconstructie. Optimale isolatie, warmteterugwinning, zonnewarmte en een gevelvorm die als windafwijzer functioneert maken het gebouw zeer energiezuinig ■ Instead of marble and brick, symbolising the conscientiousness and reliability of the banking world, in this main branch energy-saving and man are given priority. Within the 300 m. long structure curved inner streets and squares link the clusters of trapezium-shaped work areas. Behind the organic brick forms is a sturdy concrete structure. Optimal insulation, heat recovery, solar heat, and a facade designed to act as wind repellent make this building most economical on energy.

H51 KANTORENCOMPLEX/OFFICE BLOCK NIEUW-AMSTERDAM

Foppingadreef, Amsterdam

P. DE BRUIJN ■ 1978-1986

Bouw 1986-2; Archis 1986-1

Twee T-vormige gebouwen zijn met elkaar verbonden door een ellipsvormige poortbebouwing. De gevels bestaan uit een geprefabriceerde aluminium-beplating met gevouwen kantstukken. De smalle platen (0,90 x 3,50 m.) geven deze gevel een vlotte ritmiek. De gevel van de onderbouw bestaat uit horizontale betonelementen. Het gebouw maakt deel uit van een complex met kantoren, winkels en een hotel, dat de basis vormt van het nieuwe centrum bij het NS/metro-station Bijlmermeer ■ In this office block two T-shaped buildings are connected by an elliptical portal structure. Facings are of prefabricated aluminium plating with folded sides. The narrow plates (0.90 x 3.50 m.) set off a lively rhythm in the frontage. The understructure is faced with horizontal concrete elements. The building is part of a complex of offices, shops, and a hotel which forms the basis of the new centre near rail and Metro station Bijlmermeer.

WONINGBOUW/HOUSING 'HOPTILLE' H52

Een middengebied met kleine blokjes eengezinswoningen wordt afgeschermd door twee parkeergarages langs de Foppingadreef en een 300 m. lang woningblok van vijf verdiepingen. De vier- en vijfkamerwoningen in het lange blok worden grotendeels ontsloten vanuit een middencorridor op de tweede verdieping. De woningen bestaan telkens uit een entreegebied en slaapkamers op de corridorlaag met een woon/slaapverdieping daaronder of daarboven ■ A central zone containing small blocks of housing is screened on one side by a pair of two-storey carparks along the Foppingadreef and on the other by a 300 m. long housing block five storeys high. Four- and five-room units in the long block are reached mainly from a central corridor on the second floor and consist of an entrance zone and bedrooms on the corridor level, with either above or below it a living/sleeping level.

Foppingadreef, Amsterdam

K. RIJNBOUTT (VDL) ■ 1975-1982

Sj. Soeters, E. Meisner (arch.)

Arch 1982-5

WOONWARENHUIS/DEPARTMENT STORE IKEA H53

Ter vergroting van de parkeergelegenheid is deze meubelsupermarkt één verdieping opgetild; de winkel bereikt men via een zwaar uitgevoerde hellingbaan. De constructie, gebaseerd op de parkeermaat van een auto, bestaat uit een betonskelet met voorgespannen vloeren en een stalen dak. Door de gevelkolommen ook in staal uit te voeren, door kleurgebruik en door opmerkelijke details als de hellingbaan en stabiliteitsverbanden ontstaat een high-tech uiterlijk ■ To allow more parking space this furniture supermarket is raised one storey, the sales department being reached by a weighty ramp. The structure, based on the parking space for one car, consists of a concrete frame with pre-stressed floor slabs and a steel roof. With the elevation columns also of steel, the use of colour, and such notable details as the ramp and exposed trusses the exterior has a High-Tech look.

Hullenbergweg 2, Amsterdam

J. BROUWER ■ 1983-1985

Ch. Blomqvist (arch.)

AB 1985-4

ACADEMISCH MEDISCH CENTRUM/ACADEMIC MEDICAL CENTRE H54

Met 9000 gebruikers, 850 bedden, een inhoud van 1,3 miljoen m³ en een programma van eisen van 80 boekdelen vormt dit één van de grootste gebouwen van Europa. De enorme bouwdelen zijn eenvoudig geordend in de driedeling: onderwijs, verpleging, onderzoek. Tussen de bouwdelen lopen passages van één travee breed (7,80 m.). De hoge beddetorens zijn alternerend geplaatst, waardoor hoge binnenpleinen van 30 x 30 m. zijn ontstaan. De architectuur van het gebouw is ondergeschikt aan het in beton gegoten organisatieschema ■ With a population of 9000, 850 beds, a total capacity of 1,300,000 m³, and a brief consisting of 80 volumes this medical centre is one of Europe's largest buildings. Its enormous structural sections are simply arranged into three categories – education, research, and treatment. Connecting these sections are passages the width of one bay (7.80 m.). High towers containing beds alternate to create lofty inner courts of 30 x 30 m.. The building's architecture is subordinate to the poured concrete organisation structure.

Meibergdreef 9, Amsterdam

DUINTJER, ISTHA, KRAMER, VAN WILLEGEN, D. VAN MOURIK ■ 1968-1981

D.J. Istha (proj.)

Arch 1981-9

KAART/MAP K: WEST NEDERLAND/WEST NETHERLANDS

K01 J.J.P. OUD ■ VAKANTIEHUIS/HOLIDAY RESIDENCE 'DE VONK'
K02 BRINKMAN & VAN DER VLUGT ■ VAKANTIEHUIS L.C. VAN DER VLUGT/
HOLIDAY RESIDENCE; TELEFOONCEL/CALL-BOX
K03 J.J.P. OUD, M. KAMERLINGH ONNES/J.J.P. OUD ■ VILLA 'ALLEGONDA'
K04 S.J. VAN EMBDEN ■ SOEFI-TEMPEL/SUFI TEMPLE
K05 J.P. KLOOS ■ RIJNLANDS LYCEUM/SCHOOL
K06 M.E. POLAK ■ BUURTCENTRUM/COMMUNITY CENTRE 'OP EIGEN WIEKEN'
K07 A.J.H.M. HAAK ■ TAFFEH-ZAAL IN HET RIJKSMUSEUM VOOR OUDHEDEN/
TEMPLE GALLERY
K08 TJ. DIJKSTRA (VDL) ■ VERBOUWING/EXTENSION "T ARSENAAL'
K09 B. VAN KASTEEL; J. VAN STIGT ■ UNIVERSITEITSBIBLIOTHEEK; FACULTEITS-
GEBOUWEN/UNIVERSITY LIBRARY; FACULTY BUILDINGS
K10 SJ. SOETERS ■ UITBREIDING BEDRIJFSGEBOUW/EXTENSION OF AN
INDUSTRIAL BUILDING
K11 J. VAN STIGT ■ RAADHUIS/TOWN HALL
K12 C.J.M. WEEBER ■ WONINGBOUW, STEDEBOUW/HOUSING, URBAN DESIGN
ARENAPLAN
K13 J. HOOGSTAD ■ RAADHUIS/TOWN HALL
K14 PH.M. ROSDORFF ■ MINISTERIE VAN ONDERWIJS EN WETENSCHAPPEN/
MINISTRY OF EDUCATION AND SCIENCE
K15 C.J.M. WEEBER ■ WONINGBOUW/HOUSING
K16 A. ALBERTS ■ WONINGBOUW, WIJKCENTRUM/HOUSING, DISTRICT
CENTRE MEERZICHT
K17 B. STEGEMAN ■ WONINGBOUW/HOUSING
K18 W. BRINKMAN, H. KLUNDER, J. VERHOEVEN, N. WITSTOK ■
WONINGBOUW, STEDEBOUW/HOUSING, URBAN DESIGN
K19 E.J. JELLES ■ SHELL-RESEARCHLABORATORIUM/RESEARCH LABORATORY
K20 L.P. ZOCHER, F.M.L. KERKHOFF/J. GRATAMA ■ WONINGBOUW,
STEDEBOUW/HOUSING, URBAN DESIGN AGNETAPARK
K21 J. COENEN ■ STADSKANTOOR/MUNICIPAL OFFICE
K22 H. HERTZBERGER ■ MONTESSORISCHOOL
K23 H. HERTZBERGER ■ DIAGOONWONINGEN/DWELLINGS
K24 GIMMIE SHELTER ■ SEMI-PERMANENTE STUDENTENHUISVESTING/SEMI-
PERMANENT STUDENT ACCOMMODATION
K25 J.H. FROGER, S.J. VAN EMBDEN ■ TH-WIJK/TECHNICAL COLLEGE
K26 VAN DEN BROEK & BAKEMA ■ AULA

K27 VAN DEN BROEK & BAKEMA ■ KETELHUIS/BOILERHOUSE
K28 VAN DEN BROEK & BAKEMA ■ CIVIELE TECHNIEK/CIVIL ENGINEERING
K29 J.J.P. OUD ■ WONINGBOUW/HOUSING
K30 K. VAN DER GAAST, J.H. BAAS ■ STATION
K31 W.M. DUDOK ■ HAV-BANK
K32 BRINKMAN & VAN DER VLUGT ■ WOONHUIS DE BRUYN/PRIVATE HOUSE
K33 B. STEGEMAN ■ WONINGBOUW, STEDEBOUW/HOUSING, URBAN DESIGN
K34 H.G. KROON, J.A.G. VAN DER STEUR (RIJKSWATERSTAAT) ■
STORMVLOEDKERING/FLOOD BARRIER
K35 W.G. QUIST, BUREAU ARONSOHN ■ SCHEEPSBOUWLOODS/SHIP-
BUILDERS' YARD VAN DER GIESSEN-DE NOORD
K36 DSBV ■ RAADHUIS/TOWN HALL
K37 MAASKANT, VAN DOMMELEN, KROOS, SENF ■ TOMADO-HUIS/TOMADO
HOUSE
K38 S. VAN RAVESTEYN/H.E. OUD ■ KANTOORGEBOUW/OFFICE BUILDING
HOLLAND VAN 1859
K39 S. VAN RAVESTEYN ■ VERBOUWING SCHOUWBURG/EXTENSION THEATRE
'KUNSTMIN'
K40 C.J.M. WEEBER ■ WONINGBOUW/HOUSING BLEYENHOEK
K41 ENVIRONMENTAL DESIGN ■ WONINGBOUW/HOUSING STERRENBURG III
K42 W.G. QUIST ■ DRINKWATERPRODUKTIEBEDRIJF/WATERWORKS
K43 P.P. HAMMEL ■ WONINGBOUW, WINKELS/HOUSING, SHOPS
K44 C.J.M. WEEBER, C. VEERLING (GEMEENTEWERKEN) ■ METROSTATIONS
K45 P. VORKINK, JAC.PH. WORMSER ■ LANDHUIS/COUNTRY HOUSE 'HET
REIGERSNEST', TUINMANSWONING/GARDENER'S RESIDENCE
K46 VAN DEN BROEK & BAKEMA ■ WOONHUIS WIERINGA/PRIVATE HOUSE
K47 VAN DEN BROEK & BAKEMA ■ ZWAKZINNIGENINSTITUUT/INSTITUTE FOR
THE MENTALLY DEFICIENT 'HERNESSEROORD'

K01 VAKANTIEHUIS/HOLIDAY RESIDENCE 'DE VONK'

Westeinde 94, Noordwijk(erhout)

J.J.P. OUD/R. JELLEMA/M. BARKEMA ■ 1917-1918/1938/1980

H.H. Kamerlingh Onnes, Th. van Doesburg (b.k.)

Oud 3; De Stijl 1918-1, 2; Lit 48

AV 1925-II

Hoogtepunt van dit weliswaar zorgvuldig maar toch traditioneel uitgewerkte ontwerp is de centrale hal. Deze wordt gedomineerd door een monumentale trappartij waarvan de vloeren door Theo van Doesburg van een complex repeterend geel/zwart tegelpatroon werden voorzien en waarvoor Kamerlingh Onnes de glas-in-loodramen vervaardigde. Het tegeltableau boven de ingang is ook van Van Doesburg ■ Focal point of this painstaking yet traditionally elaborated design is the main hall. Dominating it is a monumental staircase with its floors in an intricately repetitive yellow-and-black tile pattern by Theo van Doesburg, and leaded windows by Kamerlingh Onnes. The tiled mural above the entrance is also the work of Van Doesburg.

K02 VAKANTIEHUIS L.C. VAN DER VLUGT/HOLIDAY RESIDENCE; TELEFOONCEL/CALL-BOX

Atjehweg 12, Noordwijk aan Zee

BRINKMAN & VAN DER VLUGT ■ 1935-1936; 1931-1932

vdVl 2; WTABK 1984-20

Van der Vlugt liet dit zomerhuisje voor eigen gebruik bouwen, maar overleed vlak na de oplevering. Het is een luchtig gebouwtje bestaande uit een woonkamer met loodrecht daarop een vleugel met slaapkamers. De houten daken zijn licht gebogen. De woning is inmiddels uitgebreid. In de tuin staat de door Van der Vlugt in de jaren dertig ontworpen telefooncel die na vijftig jaar overal in Nederland dienst te hebben gedaan op dit moment door de PTT wordt vervangen ■ Van der Vlugt had this summer residence built for himself, but died shortly after its completion. An airy house, it consists of a living room with at right angles to it a wing of bedrooms. Its wooden roofs are gently arched. The house has since been extended. In the garden stands a telephone booth designed by Van der Vlugt in the '30s which after fifty years' service all over the Netherlands has recently been replaced by the PTT ('Postal and Telegraph Service') with a new model.

K03 VILLA 'ALLEGONDA'

Noord Boulevard, Katwijk aan Zee

J.J.P. OUD, M. KAMERLINGH ONNES/J.J.P. OUD ■ 1917/1927-1931

BW 1918 p.29; Oud 3

AV 1924-II

Deze villa is driemaal door Oud verbouwd. De eerste keer, samen met M. Kamerlingh Onnes, resulteert dit, door het gebruik van ronde kolommen en wit pleisterwerk in een door de opdrachtgever verlangd Afrikaans uiterlijk. Oud was hiermee niet geheel tevreden. In 1927 krijgt hij met de uitbreiding aan de achtergevel de kans zich te revancheren. De villa krijgt een kubischer uiterlijk en de houten kozijnen worden vervangen door stalen ramen. In 1931 wordt door Oud de voorzijde uitgebreid. Inmiddels is de villa liefdeloos tot hotel verbouwd ■ This villa was three times modified by Oud. The first, with M. Kamerlingh Onnes, resulted in its use of round columns and white plasterwork in an 'African' exterior as desired by the client. Not entirely satisfied with this, Oud took his revenge in 1927 when extending the rear facade. The villa then acquired a more Cubist look, while its wooden window frames were replaced with steel. In 1931, the front facade, too, was extended by Oud. The villa has since been insensibly recast as a hotel.

Een kunststof koepel, die zorgt voor lichttoetreding in de meditatieruimte, overheerst de sobere betonstenen gevels van dit meditatiegebouw voor de aanhangers van de Soefi-beweging. De lagere nevenruimtes rond de rechthoekige meditatieruimte gaan over in het omringende duinlandschap, waarin enkele meditatieplaatsen zijn opgenomen ■ A plastic cupola allowing daylight into the meditation hall dominates the sober concrete block facades of this meditation centre for followers of the Sufi cult. Less-tall ancillary spaces around the square hall blend into the surrounding dune landscape which contains a number of meditation areas.

SOEFI-TEMPEL/SUFI TEMPLE K04

Sportlaan, Katwijk aan Zee

S.J. VAN EMBDEN ■ 1969-1970

Arch 1982-12; Bouw 1972 p.1344

Het gebouw, bestaande uit een middenvleugel van twee lagen en twee zijvleugels, is in twee fasen gerealiseerd. De middenvleugel en de zijvleugel met de aula zijn het eerst gebouwd. De nieuwere vleugel van drie lagen bevat standaard klaslokalen en een nieuwe, ruime hoofdentree. Het betonskelet is op verschillende manieren ingevuld en ten opzichte van de gevel geplaatst. De nieuwbouw is in dezelfde baksteen uitgevoerd, maar door geldgebrek uitgevoerd met houten kozijnen en dragende scheidingswanden ■ Consisting of a central section and two wings, this grammar school was built in two phases – first the central section and the wing containing the main hall, and later the other wing, whose three storeys contain standard classrooms and a new, spacious main entrance. The concrete frame is both filled in and related to the facade in different ways. The new wing uses the same type of brick, but due to a lack of funds with wooden window and door frames and loadbearing wall partitions.

RIJNLANDS LYCEUM/SCHOOL K05

Backershagenlaan 5, Wassenaar

J.P. KLOOS ■ 1937-1939/1951-1952

8 en O 1940 p.89; Forum 1953 p.340

Een twaalfhoekige zaal sluit aan op een rechthoekig hoofdblok met op de begane grond een ontmoetingsruimte en een jeugdcafé en op de verdieping vergader- en creativiteitsruimtes. Een peuterspeelzaal is ondergebracht in twee kleinere gebouwtjes. De overkapping van de verschillende gebouwdelen bestaat uit zadeldaken van golfplaat. De Bonanza-stijl van de gevels, bestaande uit felgekleurde kozijnen en overlappende ruwe houten delen, steekt vrolijk af tegen de omringende grauwgrijze flatgebouwen ■ Adjoined by a twelve-sided hall is the rectangular main block with on the ground floor an encounter area and a café for young people, and on the upper level meeting and creativity spaces. Housed in two smaller buildings is a toddlers' playroom. All volumes have corrugated gable roofs. 'Bonanza'-style facades of brightly coloured window and door frames and overlapping sections of undressed wood stand out gaily against the greyness of the surrounding flats.

BUURTCENTRUM/COMMUNITY CENTRE 'OP EIGEN WIEKEN' K06

Milanenhorst, Leiden

M.E. POLAK ■ 1976-1978

K07 TAFFEH-ZAAL IN HET RIJKSMUSEUM VOOR OUDHEDEN/TEMPLE GALLERY

Rapenburg 28, Leiden

A.J.H.M. HAAK ■ 1977-1979

Arch 1979-3

Bij deze restauratie is een centrale plaats ingeruimd voor een 2000 jaar oude Egyptische tempel. De binnenplaats van het museum is hiervoor overdekt, en stijlvol en neutraal afgewerkt. Vier kolommen dragen het dak, dat door een glasstrook is vrijgehouden van de wanden. De glasramen in de bestaande wanden van de binnenplaats zijn afwisselend voor en achter in de raamopeningen geplaatst, zodat de dikte van deze muren tot uiting komt ■ Central to this museum restoration was the accommodation of a 2000-year-old Egyptian temple. To this end the museum's inner court was covered over and given an elegant, neutral finish. Four columns support the roof, which is separated from the walls by a strip of glass. Window openings in the existing walls of the inner court have been glazed from alternate sides of the walls to bring out their thickness.

K08 VERBOUWING/EXTENSION "T ARSENAAL'

Witte Singel/Groenhazengracht, Leiden

TJ. DIJKSTRA (VDL) ■ 1975-1981

Bouw 1984-14/15

Het Arsenaal is gehandhaafd als markant object in het nieuwe universiteits-complex. Het bestaat uit twee aaneengesloten carrés met elk een binnenplaats. Eén binnenplaats is dichtgebouwd, de andere overdekt met een lichtkoepel, die wordt ondersteund door een gelijmde houtconstructie uit één punt. De nieuwe betonvloeren steunen op nieuw gemetselde binnenspouwbladen, waarbij de oude vloer als verloren bekisting is gebruikt. Ook met andere goedkope technieken zijn de restauratiekosten beperkt gebleven ■ Within the new university complex 'The Arsenal' has retained its eye-catching status. It comprises two linked squares each with an inner court. One inner court has been built in, the other covered with a transparent dome supported by an agglutinated timber construction rising from a single point. The new concrete floors rest against newly-erected inner cavity wall leaves, with the old floor functioning as formwork. Cheap techniques such as this managed to keep restoration costs down.

K09 UNIVERSITEITSBIBLIOTHEEK; FACULTEITSGEBOUWEN/UNIVERSITY LIBRARY; FACULTY BUILDINGS

Witte Singel, Leiden

B. VAN KASTEEL; J. VAN STIGT ■ 1976-1982

C. Duynstee (proj.)

Bouw 1984-24

De bibliotheek van Van Kasteel en de twee faculteitsgebouwen van Van Stigt aan weerszijden zijn gebaseerd op hetzelfde constructie- en maatprincipe: ronde kolommen met kegelvormige koppen die vlakke plaatvloeren ondersteunen. De traveeën van 7,20 x 7,20 m. worden soms door halve traveeën doorsneden. De kolom(kop) is uitgangspunt voor erkerachtige uitbouwen en nauwe toegangssluizen en gangen. De vrije ruimte ertussen is gegroepeerd rond drie overdekte binnenplaatsen ■ Van Kasteel's library and the two faculty buildings by Van Stigt flanking it share the same principles of structure and measurement – round columns whose conical capitals support prefabricated concrete floors. Bays of 7.20 x 7.20 m. are occasionally divided into two. Column and capital generate bay window-like projections and too narrow entrance zones and corridors. Free space in-between is grouped around three roofed inner courts.

UITBREIDING BEDRIJFSGEBOUW/EXTENSION OF AN INDUSTRIAL BUILDING K10

Een bestaande fabriekshal met achthoekig kantoor is door Soeters tot een modepaleis omgebouwd. Door een nieuwe kantoorpui in de voorgevel ten opzichte van de bestaande gevel terug te plaatsen, ontstaat een colonnade, die door de bekleding met geprofileerde stalen gevelplaten, een classistische allure heeft gekregen. In het veelvuldig met spiegels beklede interieur volgen de pastelkleuren het heersende modebeeld. Elk toilet is een tegelzettersdroom in pasteltinten ■ An existing factory with octagonal office was converted by Soeters into a fashion showroom. Setting back the office's new front in relation to the existing facade created a colonnade which with its cladding of ribbed steel sheets has a Classical look. In an interior full of mirrors pastel shades are geared to the trends of today. Each toilet is a rhapsody in pastel-tinted tiles!

Energieweg 50, Zoeterwoude-Rijndijk

SJ. SOETERS ■ 1984

Bouw 1985-16

AR 1985-2; Casab 1984-jul/aug

RAADHUIS/TOWN HALL K11

Het gebouw is ontworpen op basis van vier vrijstaande vierkanten rond een centraal vierkant. Oversstekende kruisvormige daken die de vierkanten afsluiten laten op de hoeken ruimte vrij voor vierkante daglichtlantaarns. De vloer van de centrale hal ligt halverwege de begane grond en de verdieping. De overlapping van het centrale vierkant met de hoekvierkanten bevat natte cellen en kleine 'bezinningskamers' op het dak ■ This town hall's design is based on four free-standing squares around a fifth central square. Cantilevered cruciform roofs seal these off except for corner squares acting as 'daylight-lanterns'. The floor of the main hall lies halfway between ground floor and upper level. Situated where the central square and corner squares overlap are toilets and, on the roof, small secluded workrooms.

Aardamseweg 4, Ter Aar

J. VAN STIGT ■ 1965-1970

Bouw 1971 p.1736; TABK 1968 p.64

WONINGBOUW, STEDEBOUW/HOUSING, URBAN DESIGN ARENAPLAN K12

Deze woonwijk voor 250 koopwoningen heeft de vorm van een kwart cirkel. Het is Weebers eerste en meest geslaagde poging tot formele stedebouw. Het plan is opgebouwd uit vijf parallelle ringen met per ring een ander woningtype. De buitenring, een 500 m. lange wand die tevens als geluidsbuffer dienst doet, bevat terraswoningen op een parkeerruimte op straatniveau. De lengte van deze wand wordt benadrukt door bruine banden in het gele metselwerk ■ This quadrant-shaped housing estate of 250 dwelling units was Weeber's first and most successful attempt at formal urban development. Of the plan's five parallel rings, each with a different unit type, the outer ring, a 500 m. long wall of housing serving to repel traffic noise, contains houses with terraces above a ground floor parking level. The length of this wall is emphasised by bands of brown in the yellow brickwork.

Pres. Kennedylaan/Doornenburg, Alphen aan de Rijn

C.J.M. WEEBER ■ 1976

Arch 1980-9; Bouw 1981-20, 1981-21

K13 RAADHUIS/TOWN HALL

De Groendyck 20, Driebruggen

J. HOOGSTAD ■ 1977-1981

Arch 1982-3, 1983-6

Het ontwerp is gebaseerd op sterk geometrische hoofdvormen. Het gebouw bestaat uit een driehoekig raadhuis en een vierkante brandweergarage, verbonden door een glazen gang. De driehoekige hoofdvorm is symmetrisch ingedeeld over een as in het verlengde van de hoofdstraat. Binnen de driehoek is een vierkant geplaatst, waarvan één hoekpunt uitsteekt met entree en trappehuis. Naast vierkant en driehoek completeren twee halve bollen (lichtkappen) de primaire geometrie ■ Rooted in geometry, this building's design combines a triangular town hall with a square fire station, linked by a glazed passage. This triangle is symmetrically divided over an axis produced from the main road. Within it is a square, one corner of which projects with entrance and staircase. Two hemispherical rooflights serve to complete this exercise in basic geometry.

K14 MINISTERIE VAN ONDERWIJS EN WETENSCHAPPEN/MINISTRY OF EDUCATION AND SCIENCE

Europaweg 4, Zoetermeer

PH.M. ROSDORFF ■ 1976-1985

AB 1985-1; Plan 1985-6

2500 ambtenaren zijn gehuisvest in negen gebouwdelen met een totaal netto vloeroppervlak van ca. 42.000 m². De gebouwdelen zijn onderling geschakeld door achthoekige tussenelementen en enige luchtbruggen. Door de ontsluiting en de hoogte van de diverse bouwdelen op de omringende woonbebouwing aan te laten sluiten wordt geprobeerd de overgang tussen woon- en werkbebouwing te verzachten. Door op alle gevels identieke aluminium gevelelementen te gebruiken blijven de losse bouwdelen als eenheid herkenbaar ■ In this building housing the Ministry of Education and Science 2500 civil servants occupy nine volumes with a total net surface area of ca. 42,000 m². These volumes are interlinked by octagonal intermediary elements and several bridges. By gearing the height of the various volumes to the surrounding housing and providing an abundance of access routes, the architects endeavoured to soften the transition between work and living environments. By using identical aluminium facade panels on all faces of the block a recognisable unity of the separate volumes has been preserved.

K15 WONINGBOUW/HOUSING

Vuurdoornpark, Zoetermeer

C.J.M. WEEBER ■ 1977-1979

Arch 1980-9

Van een U-vormig bouwblok vormt één poot een licht gebogen wand naar een aangrenzend park. Het blok is opgebouwd uit in twee lagen gestapelde maisonettes, ontsloten vanaf een galerij. De gevel aan de parkzijde vormt een uitgewogen compositie van horizontalen en verticalen, van gebogen en rechte vlakken met een welhaast klassieke allure. Het is opmerkelijk dat met hetzelfde (goedkope) materiaalgebruik een kwalitatief zeer duidelijk verschil tussen de voor- en achtergevel is ontstaan ■ One side of a U-shaped housing block forms a gently curving wall to a neighbouring park. This section is built up of two layers of maisonettes reached from an access gallery. The parkside facade is a well-balanced composition of horizontals and verticals, of curved and rectilineal surfaces almost Classical in appearance. It is remarkable that despite using the same cheap materials there is a distinct difference in quality between front and rear facades.

WONINGBOUW, WIJKCENTRUM/HOUSING, DISTRICT CENTRE MEERZICHT K16

Het complex bestaat uit een wijkcentrum, een gezondheidscentrum, een dienstencentrum en 198 bejaardenwoningen. Als reactie op de grootschalige omgeving zijn organische vormen in een kleinschalige schakeling toegepast. De bebouwingshoogte loopt geleidelijk af van zeven naar één laag. Het 'beginsel van de menselijke ontmoeting' is binnen vormgegeven door hoekjes en zitgelegenheden, en buiten door pleinen en een vijver met trapvormige terrassen ■ This block consists of a community centre, a health centre, a social services centre, and 198 old-age dwellings. A reaction to the large-scale surroundings led to the application of organic forms linked together on a small scale. The structural height decreases gradually from seven storeys down to one. The 'principle of human encounter' is provided for inside by recesses and places to sit, and outside by squares and an ornamental pond with a stepped terrace.

Meerzichtlaan, Zoetermeer

A. ALBERTS ■ 1972-1977

Bouw 1978-19

WONINGBOUW/HOUSING K17

De woningen in dit plan zijn gegroepeerd rond vier parkeergarages. De verschillende woningtypen zijn gebaseerd op een basismaat van 6,7 x 7,6 m. en uitgevoerd in twee of drie lagen. De woningen zijn direct, of met een berging als tussenlid, onderling geschakeld. Elke individuele woning is herkenbaar aan een vrijstaand trappehuis, geaccentueerd door een oranje lichtkoepel. De veelheid aan (dak-)terrassen en de witte gevels geven de wijk een mediterraan uiterlijk ■ In this plan dwelling units are grouped around four indoor car parks. Various types of dwelling are all based on a standard grid of 6.7 x 7.6 m. and are executed in two or three levels. Units interlink either directly or via a storeroom. Each individual dwelling is recognisable by a free-standing stairhouse accentuated with an orange-domed rooflight. An abundance of roof terraces and the white facades give the district a Mediterranean look.

Westergo, Zoetermeer

B. STEGEMAN ■ 1971-1973

Bouw 1973 p.1201

WONINGBOUW, STEDEBOUW/HOUSING, URBAN DESIGN K18

Een experimenteel woningbouwplan, waarin de vier samenwerkende architecten een wijk van 535 laagbouwwoningen in een grote bebouwings-dichtheid realiseerden. De woningen zijn geconcentreerd rond autovrije binnenhoven. Er is een zorgvuldige overgang gecreëerd van openbare straat naar privé-gebied, o.a. door de overdekte entreezone. Bij het met rug-aan-rug woningen uitgevoerde gedeelte ontstaan zo smalle , overdekte binnenstraatjes ■ An experimental housing plan organised by the four collaborating architects into a district of 535 low-rise dwellings with a high accommodation density. Houses are concentrated around traffic-free inner courts. Attention has been paid to an overlapping of public street and private ground partly by the use of roofed entrance zones. Between the rows of back-to-back housing are narrow, roofed inner streets.

Wilgenlaan e.o., Berkel en Rodenrijs

W. BRINKMAN, H. KLUNDER, J. VERHOEVEN, N. WITSTOK ■ 1969-1973

Plan 1972-7; PT-B 1975 p.699; Arch 1978-9

Lit 77

K19 SHELL-RESEARCHLABORATORIUM/RESEARCH LABORATORY

Broekmolenweg, Rijswijk

E.J. JELLES ■ 1965-1967

M.E. Zwarts (kunststof bouwsysteem)

BW 1969 p.298; Bouw 1969 p.624

Dit laboratorium voor onderzoek naar kunststoftoepassingen is opgebouwd uit een bouwsysteem, ontwikkeld door M. Zwarts (zie ook A14 en H05). De hoofddraagconstructie staat buiten het gebouw. Gevelindeling en binnenwanden zijn onafhankelijk hiervan opgebouwd uit koudgewalste stalen stijlen, waarin met klemlijsten sandwichpanelen en andere invullingen worden geklemd. Het gebouw heeft een modulaire plattegrond; afwijkende onderdelen als liften en trappen worden buiten het raster geplaatst ■ This laboratory for research into synthetic materials is built up from a system developed by M. Zwarts (see also A14 and H05). Its main loadbearing structure remains outside the building. Following an independent scheme, frontage and inner walls consist of rolled steel posts with an infill including sandwich panels clamped in with terminal strips. All components deviating from the building's modular plan are situated outside the planning grid.

K20 WONINGBOUW, STEDEBOUW/HOUSING, URBAN DESIGN AGNETAPARK

J.C. van Markenweg e.o., Delft

L.P. ZOCHER, F.M.L. KERKHOFF/J. GRATAMA ■ 1882-1885/1925-1928

KNOB 1981 p.116; Lit 65

Agnetapark, een woonwijk voor arbeiders van de naburige gistfabriek, is gebouwd door de idealistische directeur J.C. van Marken. Het parkontwerp van L.P. Zocher is geïnspireerd op Engelse landschapsparken. De 78 door Kerkhoff ontworpen woningen werden beheerd door een maatschappij waarin de arbeiders medezeggenschap hadden. Van Marken liet ook voor zichzelf een villa in het park bouwen. In 1925 en 1928 werd het park uitgebreid met 112 resp. 44 woningen naar ontwerp van J. Gratama ■ Agnetapark, a housing estate for workers at the nearby yeast factory, was built by its idealist director J.C. van Marken. The park design of L.P. Zocher took its inspiration from English landscape parks. Its 78 dwellings, the work of Kerkhoff, were run by a community part-governed by the workers themselves. Van Marken also had a villa built here for himself. In 1925 and 1928 the park was extended with 112 and 44 dwellings respectively based on a design by Gratama.

K21 STADSKANTOOR/MUNICIPAL OFFICE

Phoenixstraat, Delft

J. COENEN ■ 1984-1986

WTABK 1985-2/3

Uit een meervoudige opdracht (Coenen, Articon, Boot) wordt dit plan gekozen vanwege de openbare voetgangerspassage en de nieuwe vorm van representatieve architectuur: monumentaal en symmetrisch, die lange tijd in onbruik is geweest voor bestuursgebouwen. Het programma van 3500 m² is binnen het stringente stadsbeschermende bestemmingsplan gerealiseerd. De grote cylinder bevat kantoorruimte rond een schuin afgedekte vide ■ Of the three plans submitted Coenen's was chosen because of its public walkway and the novel approach to an official building dealing with the public – monumental and symmetrical, a style long out of use for administrative buildings. The 3500 m² programme was successfully accommodated within the stringent development plan designed to safeguard the townscape. The large cylinder contains office space about a void with sloping cover.

Deze lagere school van zes lokalen is gecombineerd met een kleuterschool van twee lokalen. De L-vormige lokalen hebben een verhoogd niveau aan de buitenruimte; een lichtkap markeert de entree. Centraal in de hal van de lagere school staat een vierkant platform; een zitkuil met uitneembare houten blokken vormt een contravorm hiervan in de kleuterschool. Beide elementen zouden activiteiten genereren en stimuleren, volgens Hertzberger juist doordat ze inflexibel zijn en soms letterlijk in de weg staan ■ This block combines a primary school of six classrooms with an infants' school of two. The L-shaped rooms have a raised level on the outer wall and a rooflight marking each entrance. In the centre of the primary school hall is a square platform, counteracted in the infants' school by a sunken area for sitting with removable wooden blocks. According to Hertzberger both these elements should generate and stimulate activities because of their very inflexibility and on occasion just by being in the way.

MONTESSORISCHOOL K22

Jacoba van Beierenlaan 166, Delft

H. HERTZBERGER ■ 1966

Bouw 1969 p.318; BW 1968 p.152; Forum 1973-3

AdA 1968/69-dec/jan; A+U 1983-12; Hertz 1

Acht prototypes van een uitgebreidere stedebouwkundige opzet. De woningen zijn incompleet, door de bewoner zelf in te delen en aan te passen aan gewijzigde omstandigheden. Basisgegevens zijn twee vaste kernen, trappehuis en keuken/natte cel, met vloeren trapsgewijs op elke halve verdieping. Entree, dakterras en balkon zijn eventueel te bebouwen. De gevel is binnen een vaste indeling met glas of panelen in te vullen. Scheidingen in de tuin en op het dakterras zijn rudimentair aanwezig (B2-blokken/stalen frames) ■ Prototypes of a wider urban layout, these eight dwellings are incomplete, to be filled in by the tenant and adapted to fit circumstances. Provided are two fixed cores, staircase and service units, with floors stepwise every half-storey. Entrance, roof terrace, and balcony are eventual additions. The facade deploys a standard framework to be filled in with sheet glass or panels. Partitions for gardens and roof terraces are present in a rudimentary form (concrete blocks, steel frames).

DIAGOONWONINGEN/DWELLINGS K23

Gebbenlaan. Delft

H. HERTZBERGER ■ 1971

TABK 1970 p.29

B+W 1972 p.406; Hertz 1

SEMI-PERMANENTE STUDENTENHUISVESTING/SEMI-PERMANENT STUDENT ACCOMMODATION K24

Deze semi-permanente studentenhuisvesting is het resultaat van een onderwijsproject aan de TH. De 224 eenheden worden na vele procedurele problemen gerealiseerd (planvoorbereiding: drie jaar, bouwtijd: zes maanden). De fabrieksklare zelfdragende units zijn in een licht stalen frame geplaatst. Acht woningen aan een corridor delen sanitaire ruimtes en een zit/eet/kookruimte van 40 m². Het project is door de goedkope bouwwijze, de stedebouwkundige helderheid, de detaillering en het kleur- en materiaal-gebruik zeer geslaagd ■ These semi-permanent student rooms stem from an educational project at the Technische Hogeschool. 224 units were built in six months, after three years planning and many procedural problems. Off-the-peg selfbearing units are housed in a lightweight steel frame. Eight residences off a corridor share sanitary facilities and a living-room/kitchen of 40 m². Cheap building, clarity in planning, details, and the use of colour and material have resulted in an unqualified success.

Schoemakerstraat, Delft

GIMMIE SHELTER ■ 1978-1981

WTABK 1981-22

K25 TH-WIJK/TECHNICAL COLLEGE

Mekelweg e.o., Delft

J.H. FROGER, S.J. VAN EMBDEN, G.C. BREMER, J.H. VAN DEN BROEK,
C. VAN EESTEREN ■ 1947-1950

Bouw 1971 p.890

1. H. Kammer – Waterloopkundig Laboratorium, 1933; 2. G.C. Bremer –
Scheikundige Technologie, 1938-1946; 3. Van den Broek & Bakema –
Analytische Chemie, 1958-1961; 4. Van den Broek & Bakema (J.E. Rijnsdorp)
– Metaalkunde, 1951, 1957-1961; 5. Van den Broek & Bakema
(J.E. Rijnsdorp) – Metaalkunde TNO, 1954-1958; 6. Van den Broek &
Bakema (J.E. Rijnsdorp) – Ketelhuis, Laboratorium voor Warmte- en
Stoftechniek, 1952-1957; 7. Van den Broek & Bakema (J.E. Rijnsdorp) –
Laboratorium voor Aero- en Hydrodynamica, 1957-1962; 8. Van den Broek
& Bakema (J.M.A. de Groot, G. Lans, H.B.J. Lops) – Aula, 1959-1966;
9. Gimmie Shelter – Semi-permanente Studentenhuisvesting, 1978-1981;
10. Roosenburg, Verhave, Luyt, De Iongh – Technische Natuurkunde, 1965;
11. A.J. van der Steur/G. Drexhage (DSBV) – Werktuigbouw- en
Scheepsbouwkunde, Werkplaatsen, Sleeptank, etc., 1957; 12. M.E. Zwarts –
Benzinestation, 1968; 13. Van den Broek & Bakema (J. Boot) – Civiele
Techniek, 1961-1975; 14. Van den Broek & Bakema (J. Boot) – Laboratoria
Stevin I en II, 1952, 1961-1975; 15. G. Drexhage (DSBV) – Electrotechniek,
1959-1967; 16. C.J.M. Weeber – Studentenhuisvesting 'De Hammenpoort',
1980-1983, 1984-1986; 17. Van den Broek & Bakema (J. Boot) – Bouwkunde,
1959-1967 ;18. P.J. Elling – Studentensportcentrum, 1958-1960; 19. Van den
Broek & Bakema – Interuniversitair Reactor Instituut, 1957-1962;
20. G. Drexhage (DSBV) – Lucht- en Ruimtevaarttechniek, 1967

Na de Tweede Wereldoorlog bleek de huisvesting van de Technische
Hogeschool te klein om het groeiend aantal studenten op te vangen. Door
toegezegde Marshall-hulp komen de nieuwbouwplannen in een
stroomversnelling. Het eerste plan van de toenmalige rijksbouwmeester
Bremer is nog traditioneel van opzet. In de volgende plannen ontstaat de
stedebouwkundige ruggegraat van het plan, de 100 m. brede centrale alleé
(de Mekelweg) met aan weerszijden 200 m. diepe stroken voor de gebouwen
van de verschillende afdelingen ■ After the Second World War it became
obvious that the Technische Hogeschool needed larger premises to keep up
with its growing number of students. The arrival of 'Marshall aid' as
promised helped to get plans under way. The first plan, by Bremer, State
Architect of those days, was still fairly traditional in design. Subsequent
plans provided the project's 'skeleton' – a central avenue 100 m. broad (the
Mekelweg) with on either side 'ribs' 200 m. long of buildings housing the
school's different departments.

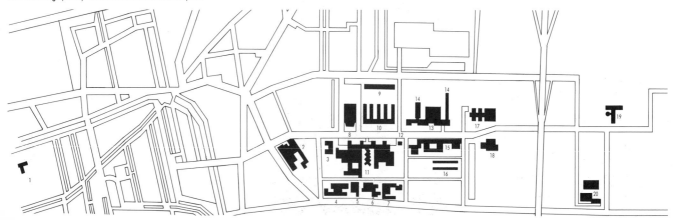

Dit over de lengte-as symmetrische gebouw bevat een auditorium met 1300 zitplaatsen, vier trapeziumvormige collegezalen en een senaatskamer. De bordessen van het centrale trappehuis doen dienst als foyer en kantine. Bij het grote auditorium komt de ruimtelijk interessante, maar constructief geforceerde constructie van het gebouw naar voren: los van de schotel-vormige betonconstructie van de zaal is het 30 m. uitkragende gevouwen dak geconstrueerd ■ This Technische Hogeschool building, symmetrical over its longitudinal axis, contains an auditorium seating 1300, four trapezium-shaped lecture theatres, and a board room. Stair heads in the main well serve as foyer and cafetaria. The building's structure – interesting spatially but structurally forced – is clearly visible in the spacious auditorium. Here, a folded roof structure cantilevering 30 m. is structurally separated from the dish-formed concrete auditorium floor, which itself rests on two concrete columns.

AULA K26

Mekelweg, Delft

VAN DEN BROEK & BAKEMA ■ 1959-1966

J.M.A. de Groot, G. Lans, H.B.J. Lops (arch.)

Bouw 1966 p.1536

B+W 1968 p.175; Broeba 4

Het gebouw bestaat uit een laboratoriumgebouw (twee lagen kabinetten en drie onderzoekshallen), een trafostation, een pompenhuis en het eigenlijke ketelhuis. Dit bevat twee kolenbunkers, 16 m. boven de ketels, tussen drie smalle zones met trappen en constructie-elementen (betonnen schijven). De gevel bestaat uit grote betonnen raamelementen, die het glas tegen vallende kolen en stof beschermen: te zamen met de markante betonnen bunkers en de hoge schoorstenen een uitgebalanceerde compositie ■ This building in the Technische Hogeschool complex comprises a laboratory (two layers of offices and three research blocks), electrical plant, pumproom, and the boilerhouse itself. This contains two coal-bunkers, 16 m. above the boilers, between three narrow areas with stairs and structural elements (concrete slabs). The facade is made up of large concrete window sections which protect the glass from coal and dust, forming with the eye-catching bunkers and tall chimneys a well-balanced whole.

KETELHUIS/BOILERHOUSE K27

Rotterdamseweg, Delft

VAN DEN BROEK & BAKEMA ■ 1952-1957

J.E. Rijnsdorp (proj.)

B+W 1957 p.150; Broeba 1

In het 260 m. lange gebouw bevinden zich kantoor- en werkvertrekken en een aantal tekenzalen met afwijkende verdiepingshoogte aan de kop. Op de eerste verdieping ligt een communicatiegebied dat toegang biedt tot alle ruimtes: de bibliotheek, de kantine, een expositieruimte en de markante uitgebouwde collegezalen. De laboratoria achter het gebouw zijn met luchtbruggen verbonden. De constructie bestaat uit hoofdspanten: twee kolommen op 7,20 m. afstand, waarover een voorgespannen betonbalk aan weerszijden ca. 6 m. uitkraagt ■ This 260 m. long civil engineering block contains office and work areas plus a number of drawing rooms with varying ceiling heights. On the first floor is a roomy corridor offering access to all spaces – library, canteen, exhibition hall and the conspicuous, projecting lecture theatres. Laboratories beyond the building are reached by bridges. The structure is made up of portals, two columns 7.20 m. apart supporting a pre-stressed concrete beam cantilevering ca. 6 m. at each end.

CIVIELE TECHNIEK/CIVIL ENGINEERING K28

Mekelweg, Delft

VAN DEN BROEK & BAKEMA ■ 1961-1975

J. Boot (proj.)

Bouw 1976 p.589

Broeba 4

K29 WONINGBOUW/HOUSING

2e Scheepvaartstraat, Hoek van Holland

J.J.P. OUD ■ 1924-1927

BW 1927 p.386; i10 1927 p.45, 281, 284; Oud 3; De Stijl 1927-79/84

AV 1928-II

Dit woningblok is in 1924 door Oud in dienst van de gemeente Rotterdam, waartoe Hoek van Holland behoort, ontworpen. De uitvoering vindt enige jaren later in 1926-1927 plaats. Het is Ouds eerste ontwerp in een reeks witte woningbouwplannen (zie ook de Kiefhoek in Rotterdam (N40) en het blok op de Weissenhofsiedlung in Stuttgart, 1927) en het bezorgt hem direct internationale erkenning.
De langgerekte straatgevel is opgedeeld in twee gelijke delen waarvan de einden zijn afgerond. In deze afrondingen bevinden zich op de begane grond winkels met geheel beglaasde gevels. Boven de poort in het midden van het blok bevindt zich een bibliotheek. Het blok bestaat verder uit driekamerwoningen op de begane grond en afwisselend twee- en vierkamerwoningen op de verdieping. Deze opdeling in onder- en bovenwoningen is ook in de behandeling van de gevel terug te vinden. De gevel heeft op het straatniveau, aansluitend op de glazen winkelpuien, een open karakter. De witgestucte gevel van de bovenlaag heeft een meer gesloten karakter. Door deze opdeling in een open en een meer gesloten strook, maar vooral door het doorlopende, witgestucte balkon op de verdieping, wordt het horizontale karakter van de straatgevel versterkt.
In zijn woningbouwontwerpen behandelt Oud gevels niet als een optelling van individuele woningen maar als een architectonische eenheid waarin de stedebouwkundige functie van de straatwand tot uitdrukking komt. In dit streven is Oud in Hoek van Holland zeker geslaagd, alleen de bakstenen tuinmuurtjes maken de individuele woning enigszins herkenbaar. De achtergevel heeft in tegenstelling tot de strakke straatgevel een levendig, ritmisch karakter. In- en uitspringende delen in afwisselend smalle en brede traveeën benadrukken hier de individuele woning. Dit contrast tussen de anonieme, strakke straatgevel en de meer gearticuleerde achtergevel vertoont enige overeenkomst met de villaontwerpen van Adolf Loos. Van de gevelbeëindigingen van de blokken is ook een neo-plastisch ontwerp bekend. De uitgevoerde halfronde beëindiging wordt door Theo van Doesburg in De Stijl minachtend een ver doorgevoerde Van de Velde-architectuur genoemd. Hiermee was Ouds breuk met De Stijl definitief en begon zijn streng-functionalistische werk. Slechts het kleurgebruik herinnert nog aan zijn De Stijl-verleden; witte gevels, gele baksteen, blauwe deuren en hekjes en rode lantaarns.
■ Oud designed this housing block in 1924 when architect of Public Works in

Rotterdam, of which the Hook of Holland forms part. Building took place shortly after in 1926-1927. This was Oud's first design in a series of housing projects in white (see also the Kiefhoek in Rotterdam (N40) and the block in the Weissenhofsiedlung in Stuttgart, 1927), and it earned him immediate international recognition.
The elongated wall of housing is divided into two equal parts, their rounded ends containing shops on the ground floor with all-glass fronts. Above the portal in the block's centre is a library. The block otherwise consists of dwellings, three-room units on the ground floor and an alternation of two- and four-room units on the upper level. This bipartition into lower and upper dwellings can also be seen in the treatment of the exterior. At street level the facade, joined as it is to the glass shop fronts, has an open character. The white-plastered facade section above, on the other hand, is more closed in appearance. This division into an 'open' and a more 'closed' strip, and even more so the continuous white-plastered balcony upstairs, serve to strengthen the horizontal character of the street face.
In his designs for housing Oud treats his facades not as an accumulation of individual dwellings but as an architectural whole in which the street wall functions as part of the urban fabric. In this the Hook of Holland housing certainly succeeds, with just its brick garden walls providing the individual unit with some identifying element. The rear facade, as opposed to its taut streetside counterpart, has a lively, rhythmic quality. Here receding and projecting sections in an alternation of narrow and broad bays clearly emphasise each unit. This contrast between the taut street front and more articulated rear facade has some affinity with the villas of Adolf Loos. For the facade of the blocks' rounded ends there also existed another, Neoplastic design. The executed semi-circular version was contemptuously dismissed by Van Doesburg as an extreme imitation of Van de Velde. This finalised Oud's break with De Stijl after which he pursued a severely Functionalist path. The use of colour alone recalls his past associations with that movement: white facades, yellow brick, blue doors and railings, and red lamp-posts.

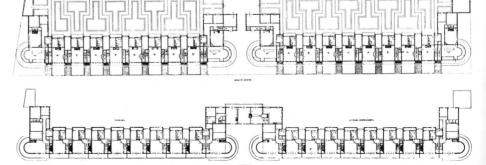

K30 STATION

Stationsplein, Schiedam

K. VAN DER GAAST, J.H. BAAS ■ 1959-1963

G.J. van der Grinten (constr.)

Bouw 1964 p.302

De grote hal is overdekt met geprefabriceerde houten hypparschalen (5 x 5 m.), bestaande uit gelamineerde randbalken en twee diagonaal gelijmde schaalplaten. De schalen zijn overhoeks opgelegd op betonnen paddestoelkolommen; tussen de schalen zijn lichtdoorlatende kunststof-stroken aangebracht. De perronoverkapping bestaat uit een X-vormig ondersteuningsjuk met een kokerligger op het middenperron, met spanten naar pendelkolommen in de gevel. Een grote hypparschaal markeert de entree ■ The main hall of this railway station is covered with prefabricated timber hyperbolic paraboloid shells (5 x 5 m.) made up of laminated peripheral beams and two diagonally agglutinated shell panels. These shells rest obliquely on concrete mushroom columns and are separated by translucent synthetic strips. The roof covering the platforms consists of X-shaped supporting yokes each with a box girder on the central platform, with trusses to hinged columns in the facade. A large hypar shell marks the entrance.

K31 HAV-BANK

Gerrit Verboonstraat, Schiedam

W.M. DUDOK ■ 1931-1935

BW 1936 p.61

Dit gewijzigde prijsvraagontwerp bevatte naast het hoofdkantoor van een bank ook zes winkels. Vanuit een dubbelhoge hal met trappehuis achter een hoog glasraam zijn twee grote personeelszalen bereikbaar. Directie-vertrekken zijn aan de achterzijde gelegen (gescheiden van de zalen door glaswanden) en in een aparte zijvleugel. Op het dak is een kantine met een deels overdekt terras. Het betonskelet is ingevuld met baksteen en aan de buitenzijde bekleed met gele geglazuurde tegels ■ Besides the head office of a bank this modified competition entry also includes six shops. A double-height hall with staircase behind a high glass screen provides access to two large office zones. At the rear, separated from these zones by glass partitions and in a separate wing, is the managerial suite. On the roof is a canteen with sheltered terrace. The concrete frame and brick infill are faced with yellow glazed tiles.

K32 WOONHUIS DE BRUYN/PRIVATE HOUSE

Arij Prinslaan 14, Schiedam

BRINKMAN & VAN DER VLUGT ■ 1929-1931

BW 1932 p.413; vdVl 2

Op de begane grond van deze functionalistische villa bevinden zich vier gescheiden woonruimtes, een werkkamer, een woonkamer, een eetkamer en de keuken, die zijn gegroepeerd rond een centraal trappehuis. Langs de noordgevel ligt een smalle strook met entree, garderobe en toiletten. Op de verdieping bevinden zich drie slaapkamers en enige dienstruimtes. Op het dakterras is een biljartkamer toegevoegd. De villa verkeert in een goede staat ■ On the ground floor of this Functionalist villa are four separate living spaces – a workshop/study, living room, dining room, and kitchen, grouped around a central staircase. Along the north facade is a narrow strip containing entrance, cloakroom, and toilets. On the upper level are three bedrooms and a few ancillary spaces; a terrace and billiard room occupy the roof. The villa is still in good condition.

K43 WONINGBOUW, WINKELS/HOUSING, SHOPS

Nieuwstraat, Spijkenisse

P.P. HAMMEL ■ 1975-1977

Lit 69

De architect Hammel is één van de voornaamste vertegenwoordigers van de 'nieuwe kneuterigheid'. Of in zijn eigen woorden van 'nieuwbouwwijkjes die er bewust anders uit zien: allemaal wel laagbouw, maar met de nodige variatie: veel sprongen, hoekwoningen, afwisselende gevels met baksteen en hout, diverse kleuren (liefst donkerbruin), schuine daken in alle vormen en combinaties'. Dit voetgangersgebied met winkels en van excessieve houten aanbouwsels voorziene woningen is een goed voorbeeld van deze architectuur ■ One of the leading representatives of a new, 'cosy' style of architecture, Hammel aims to design 'housing with a deliberately different look – low-rise yet with variety: much staggering of fronts, corner houses, an alternation of brick and timber facades, diverse colours (preferably dark brown), and sloping roofs in all shapes and combinations'. This pedestrian shopping precinct with its dwellings bristling with wooden appurtenances is a good example of this style.

K44 METROSTATIONS

Centrum, Heemraadlaan, De Akkers, Spijkenisse

C.J.M. WEEBER, C. VEERLING (GEMEENTEWERKEN) ■ 1978-1985

Arch 1984-12; Archis 1986-1

AR 1985-1

Voor de drie stations zijn moderne varianten op negentiende-eeuwse stationsoverkappingen ontworpen. Bij het station Centrum is de gebogen stalen kap doorsneden door een tegengesteld gebogen lichtkap in de dwarsrichting. Bij station Heemraadlaan ligt een transparante gebogen kap ingeklemd tussen twee entreedozen met in schaakbordpatroon aangebrachte gevelelementen. De perrons van beide stations worden gedragen door stalen vakwerkspanten ■ Three new Metro stations were provided with modern variants of 19th century station roofing. That of Centrum station is a steel barrel-vault divided into three by transverse rooflights curved inwards. Heemraadlaan station, on the other hand, is capped by a transparent vault sandwiched between two entrance blocks with facades patterned chessboard-fashion. Platforms of both stations rest on steel space frames.

K45 LANDHUIS/COUNTRY HOUSE 'HET REIGERSNEST', TUINMANSWONING/GARDENER'S RESIDENCE

Zwartelaan 1, Oostvoorne

P. VORKINK, JAC.PH. WORMSER ■ 1918-1921

Wend 1921-6

Dit buitenhuis voor de Rotterdamse industrieel Hudig is één van de weinige gerealiseerde voorbeelden van de plastische richting van de Amsterdamse School. Het huis is ontworpen op basis van vormstudies in klei en toont een volkomen vrije vormgeving in plattegrond en opstand. Het huis bestaat uit een middenpaviljoen (zit- en eetkamer) met verdieping en twee lagere vleugels met keuken en garage en slaap- en kinderkamers. Er is ook een tuinmanswoning en een duinkoepel (verwoest) ■ This country house for the Rotterdam industrialist Hudig is one of the few examples built of the 'organic' tendencies of the Amsterdam School. Its design is based on moulded clay models and displays an entirely free composition both in plan and elevation. The house consists of a central pavilion (sitting and dining room) with an upper level, and two less-tall wings, one with kitchen and garage, the other with bedrooms and nurseries. Also built were a belvedere (since destroyed) and a gardener's house.

WOONHUIS WIERINGA/PRIVATE HOUSE K46

Deze woning bevat een praktijkruimte en garage op de begane grond, woonruimtes op de eerste, slaapkamers op de tweede verdieping en een terras op het dak. Ook op de praktijkruimte bevindt zich een terras, verbonden met een loggia bij de woonkamer. Het rechthoekige karakter van de woning wordt doorbroken door het ronde trappehuis en de ronde dubbele schoorsteen. Het huis is gesloten naar de straatkanten en open naar tuin en zon ■ This house has a work area and garage on the ground floor, living areas on the first, bedrooms on the second floor, and a roof terrace. There is a second terrace above the work area connected to a loggia off the living room. The rectangular character of the whole is broken up by the circular staircase and round double chimney. The house is closed to the streets and open to garden and sun.

Hobbemastraat 2, Middelharnis

VAN DEN BROEK & BAKEMA ■ 1956-1957

AdA 1958-jul; B+W 1959 p.350; Broeba 1

ZWAKZINNIGENINSTITUUT/INSTITUTE FOR THE MENTALLY DEFICIENT 'HERNESSEROORD' K47

De woon- en verblijfruimtes van de patiënten liggen in afzonderlijke paviljoens over het gehele terrein verspreid. Ze zijn onderling verbonden door een circa 1 km. lange communicatiegang op 5 m. hoogte. Op deze brug, die gemaakt is van Cortenstaal op betonnen schijven, zijn plaatselijk verplaatsbare prefabcabines geplaatst als woningen voor het verplegend personeel. Het complex bevat voorts een medische vleugel, therapieruimtes, een gemeenschapsruimte en een centrale keuken ■ Here, mentally handicapped patients live in pavilions spread across the entire site and interlinked by a 5 m. high circulation corridor one kilometer long. Along this bridge of Corten steel on concrete footing are movable prefab cabins housing nursing personnel. Also included elsewhere are a medical wing, therapy rooms, communal hall, and a central kitchen.

Oosthavendijk 30, Middelharnis

VAN DEN BROEK & BAKEMA ■ 1966-1974

J.M.A. de Groot (proj.)

AdA 1975-jan/feb; Broeba 3; Broeba 4

KAART/MAP L: DEN HAAG/THE HAGUE

L01 STATIONSPOSTKANTOOR; EXPEDITIEKNOOPPUNT PTT/POST OFFICE; FORWARDING CENTRE

Rijswijkseweg/Waldorpstraat, Den Haag

G.C. BREMER, J. EMMEN, H.J.J. ENGEL; KRAAYVANGER ARCHITECTEN ■
1939-1949; 1984-1987

Forum 1952 p.320

TdT 1951 p.271

Het gebouw bestaat uit twee langwerpige bouwdelen met halfronde beëindiging: een smal deel met kantoorruimte en een breed deel voor de postverwerking. De post arriveert per trein of auto, en wordt met behulp van paternosters naar de derde etage gebracht en daar gesorteerd. Het gebouw is geconstrueerd in beton, met schijven in de gevel en een rij kolommen in de middenzone. De grote sorteerruimte (30 x 90 m.) bovenin wordt in één keer overspannen. De gevels bestaan uit glazen bouwstenen met kleine doorzichtvensters ■ This railway station post office is made up of two elongated sections with rounded ends – a narrow one for offices, a broad one for handling post. This arrives by rail or road and is then brought to the third floor by a continuous lift system for sorting. The building has a concrete structure, with slabs along the facade and a row of columns in the central zone. The large sorting office (30 x 90 m.) at the top is spanned in one piece. Elevations are of glazed brick with small glazed windows.

L02 DANSTHEATER; CONCERTZAAL; HOTEL/DANCE THEATRE; CONCERT HALL; HOTEL

Spui, Den Haag

OMA; D. VAN MOURIK; C.J.M. WEEBER ■ 1980-1987

AdA 1985-april

Het danstheater, waarvan het oorspronkelijke ontwerp bedoeld was voor een locatie in Scheveningen, deelt zijn foyer met de concertzaal voor het Residentie Orkest. Het programma voor het danstheater is ondergebracht in drie evenwijdige stroken: een kantoor/atelierstrook, een strook dubbelhoge dansstudio's en de eigenlijke zaal met foyer en toneel. Het ontwerp is op te vatten als een collage van relatief autonome onderdelen. Het culturele complex wordt gecompleteerd door een vrijstaande hotelschijf ■ This Dance Theatre, whose original design was destined for a site in Scheveningen, shares its foyer with a concert hall belonging to the Residency Orchestra. The Dance Theatre's programme of requirements has been accommodated in three parallel rows – one of office/ateliers, one of double-height dance studios, and one of the auditorium itself with foyer and stage. The design can be seen as a collage of relatively autonomous components. This cultural block is rounded off with a free-standing hotel slab.

L03 WONINGBOUW/HOUSING

Schedeldoekshaven/Zwarteweg, Den Haag

C.J.M. WEEBER ■ 1982-1985

WTABK 1985-8; Bouw 1986-12,18

Dit 'superblock' maakt deel uit van het eveneens door Weeber ontworpen stedebouwplan 'Het Forumgebied'. Het blok bestaat uit een schijf van acht woonlagen langs de Schedeldoekshaven en een U-vormig blok van zes woonlagen dat op één hoek is afgerond. Beide blokken staan op een onderlaag met parkeerruimte, bergingen en winkels. De woningen worden ontsloten door galerijen aan de binnenzijde van het blok. Op de parkeergarage is een collectieve tuin aangelegd. De buitengevels zijn bekleed met zwart betegelde prefabbetonplaten ■ This 'superblock', part of Weeber's own urban design masterplan 'Het Forumgebied', consists of a slab of eight dwelling levels, and a U-shaped block of six dwelling levels rounded off at one corner. Both blocks rest on an understructure of parking space, storage facilities, and shops. All dwellings are reached from access galleries on the superblock's inner side. Above the car park is a communal garden. Outer facades are clad in black-tiled prefabricated concrete panels.

MINISTERIE VAN BUITENLANDSE ZAKEN/MINISTRY OF FOREIGN AFFAIRS L04

Het kruisvormige gebouw is diagonaal op het beperkte bouwterrein geplaatst, waardoor een maximum aan gevellengte voor de kantoor-vertrekken ontstaat. Het gebouw voor ca. 1200 ambtenaren bestaat uit: twee parkeerlagen, twee lagen met algemene ruimtes, acht kantoorlagen en twee installatielagen. In het kruispunt bevinden zich de centrale voorzieningen. Door de getrapte opbouw van de verdiepingen, de verjonging van de gevels en het dominante beklede betonskelet is een plastisch geheel gecreëerd ■ This cruciform ministry building stands diagonally on the restricted site, providing a maximum front length for offices. Able to hold ca. 1200 civil servants, it comprises two storeys for parking, two for general use, eight for offices, and two housing the plant. In the intersection are the main service areas. The stepped construction of the storeys, tapering of fronts, and dominating, covered concrete frame help to create a plastic unity.

Bezuidenhoutseweg 67, Den Haag

APON, VAN DEN BERG, TER BRAAK, TROMP ■ 1974-1984

D.C. Apon (proj.)

Bouw 1985-19

KONINKLIJKE BIBLIOTHEEK/ROYAL LIBRARY L05

Autonome bouwmassa's reflecteren de verschillende functies in deze behuizing voor de grootste boekencollectie van Nederland. De eigenlijke opslagruimte, een gesloten magazijnblok, ligt naast het hoofdblok, waar twee grote vides de leeszalen verlichten. De ruimtes voor de technische dienst en een driehoekig blok voor verwante instituten staan los van het hoofdgebouw, zodat voetgangersstraten tussen de blokken ontstaan. De gevel is bekleed met witte aluminium platen ■ Autonomous masses reflect the different functions of this library housing Holland's largest collection of books. The actual storage area, a closed warehouse block, borders on the main library building with its two large voids illuminating the reading rooms. The maintenance department and a triangular block for allied institutions are detached from the main building creating pedestrian passages between blocks. The facade is clad with white aluminium panels.

Bezuidenhoutseweg/Prins Willem Alexanderhof, Den Haag

OD 205 ■ 1973-1982

A. Hagoort, P.B.M. van der Meer, A.J. Trotz (proj.)

Plan 1983-10; Bouw 1983-21

ALGEMEEN RIJKSARCHIEF/GENERAL STATE ARCHIVES L06

In het Rijksarchief zijn, naast archieven van de staat en de provincie, meer dan 150.000 historische kaarten opgeslagen. De publieksruimtes, studiezalen en bibliotheek zijn gegroepeerd rond een binnentuin, aansluitend op de depots in de gesloten blokken langs het Prins Bernhard-viaduct. De maximale planklengte in de depots bedraagt 200 km. De wanden en het dak van de depots zijn extra zwaar geïsoleerd waardoor met weinig energieverbruik de temperatuur en luchtvochtigheid constant gehouden kan worden ■ Accommodated here are not only archives of state and province but also 150,000 historical maps. Public areas, study rooms and a library are grouped around an inner garden leading to storehouses in closed blocks along the Prins Bernhardviaduct. These storehouses contain a maximum of 200 km. shelf space. Their walls and roofs have extra heavy insulation enabling the low-energy maintenance of a constant temperature and humidity.

Bezuidenhoutseweg/Prins Willem Alexanderhof, Den Haag

SJ. SCHAMHART, H. VAN BEEK ■ 1972-1979

Bouw 1981-4; Arch 1979-10

L07 COÖPERATIE/COOPERATIVE SOCIETY 'DE VOLHARDING'

Grote Markt 22, Den Haag

J.W.E. BUIJS, J.B. LÜRSEN ■ 1927-1928/1933/1938

Buijs 1; BW 1929 p.82; Bb 1929 p.391

Door zijn activiteiten in de sociaal-democratische beweging krijgt de architect Buijs – naast het gebouw van de Arbeiderspers in Amsterdam (inmiddels afgebroken) – ook de opdracht voor het hoofdkantoor van de Coöperatie 'De Volharding'. In deze coöperatie werden op basis van medezeggenschap en winstdeling produkten en diensten gefabriceerd en verkocht; dóór arbeiders, vóór arbeiders.
In het gebouw dienden kantoren, magazijnen, een tandheelkundige kliniek en een aantal winkels te worden ondergebracht. Bovendien werd als eis gesteld, dat het gebouw zoveel mogelijk gelegenheid voor reclame moest bieden. Dit laatste werd bepalend voor het uiterlijk van het gebouw. Het gebouw is geconstrueerd als skelet van gewapend beton. Het interieur is zakelijk en flexibel door het gebruik van lichte scheidingswanden. De gevels zijn geheel van glas met horizontale raamstroken voor de daglicht-toetreding en hiertussen borstweringen van melkglas: lichtbakken van 2 m. hoog en 70 cm. diep, waarin één persoon kan lopen om uit zink gesneden letters en tekens met roeden te bevestigen. Ook het trappehuis en de lift op de hoek, te zamen met het naamschild op het dak één markante, kubistische compositie vormend, bestaan uit glazen bouwstenen en tegels. Als 's avonds het licht brandt is het gebouw een grote lichtende reclamezuil. Na verbouwingen in 1933 en 1938 en het opgaan van de coöperatie in een ziekenfondsvereniging verdwijnen of veranderen de karakteristieke elementen: de verschillende ingangen, de reclameteksten in de gevel en op het dak. Bij een restauratie in 1974 wordt het gebouw tot kantoorruimte verbouwd.
Door het gebruik van glas, glazen bouwstenen en kleur vormt 'De Volharding' één van de eerste voorbeelden van glas- of lichtarchitectuur; een ware 'Kathedraal van de Arbeid'. 'De Volharding', maar eigenlijk het gehele werk van Buijs, neemt een wat omstreden, geïsoleerde positie in de Nederlandse architectuur in. In de jaren dertig, als de standpunten in de moderne beweging zich verharden, ondervindt zijn mengeling van nieuwe zakelijkheid (kantoorgedeelte) en de expressionistische esthetiek van de hoekoplossing veel kritiek. Met name Van Loghem doet het werk in zijn invloedrijke boek 'Bouwen, Bauen, Bâtir, Building' (Lit 76) af als 'nog decoratief', waarmee die architectuur buiten de nieuwe zakelijkheid wordt geplaatst. Voor de glasarchitectuur van het Duitse utopische expressionisme komt het gebouw veel te laat. Pas in later jaren, en vooral met de huidige

belangstelling voor internationale avant-gardebewegingen als futurisme, constructivisme en De Stijl, is er weer veel waardering voor het gebouw.
■ Buijs' part in the Social Democratic movement earned him a commission not only for the Arbeiderspers ('Workers Press') building in Amsterdam (since demolished) but also for the head office of the 'Volharding' Cooperative Society. This society manufactured and sold products and provided services on a basis of collective organisation and division of profits – by the workers, for the workers.
The building was to accommodate offices, stores, a dental clinic, and shops. Another condition was that it offer as much opportunity for advertising as possible; this was to determine its outward appearance. Within its frame of reinforced concrete is a functional interior, flexible through the use of lightweight wall partitions. Its facades are fully glazed – horizontal strips for daylight alternate with 2 m. high illuminated bands of clouded glass which project 70 cm., allowing one person to enter and attach to rods letters and symbols in zinc. Corner stairhouse and lift, also of glass, combine with the sign on the roof in a distinctive Cubist composition of glass brick and tiles. When lit up in the evening the building becomes a gigantic luminous billboard. After alterations in 1933 and 1938 and the cooperative's absorption in a sickness benefit association such characteristic elements as its entrances and advertisements on facade and roof either disappeared or were changed. During restoration in 1974 the building was refurbished as office premises.
In its use of glass, glass brick, and colour the Volharding is one of the earliest examples of building with glass and light – a true 'Workers' Cathedral'. Like everything else by Buijs it occupies a somewhat controversial, isolated place in Dutch architecture. In the '30s, the Modern Movement's toughening attitude led to widespread criticism of its mixture of Nieuwe Zakelijkheid ('New Objectivity') in the office section and Expressionist aesthetics of its corner. Van Loghem in particular, in his influential book 'Bouwen, Bauen, Bâtir, Building' (Lit 76), dismisses it as 'still decorative' and therefore no part of the Nieuwe Zakelijkheid. Then again it came much too late for the Utopian Expressionism of German glass architecture. Only much later, especially with present-day interest in such international avant-garde movements as Futurism, Constructivism, and De Stijl, would the building once more be the subject of acclaim.

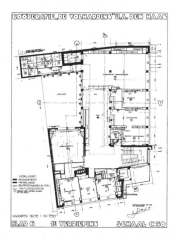

L08 WARENHUIS/DEPARTMENT STORE DE BIJENKORF

Grote Marktstraat/Wagenstraat, Den Haag

P.L. KRAMER ■ 1924-1926

Architectura 1925 p.2; Arch 1980-9; Wend 1925-11/12; Kra 2

Nadat J.F. Staal de besloten prijsvraag heeft gewonnen, wordt de opdracht voor dit warenhuis toch aan een van de verliezers, de Amsterdamse School-architect P.L. Kramer gegeven. Het vormt een van de laatste gebouwen waar de plastische vormentaal van de Amsterdamse School volledig tot zijn recht komt. Alleen het exterieur verkeert nog in de oorspronkelijke staat; de zes verdiepingen hoge centrale lichthof in het interieur is in de jaren zestig met vloeren dichtgezet ■ After J.F. Staal had been declared winner of a private competition for a design for this department store, the commission then went to one of the losers, Amsterdam School architect P.L. Kramer. One of the last buildings in which the plastic syntax of the Amsterdam School is shown to full advantage, only the exterior has remained as it was; during the '60s the six storeys high central well was blocked in with floors.

L09 KANTOORGEBOUW/OFFICE BUILDING DE NEDERLANDEN VAN 1845

Kerkplein, Den Haag

H.P. BERLAGE ■ 1895-1896/1901/1909

Berl 1

Dit gebouw is één van de vele, die Berlage bouwde in opdracht van C. Henny, directeur van een verzekeringsmaatschappij. Ondanks een veelheid aan raamopeningen, beeldhouwwerk en details behouden de gevels een duidelijke eenheid, omdat deze ruimtelijke elementen in de vlakke gevel zijn opgenomen. De fantasierijke getrapte top van het gebouw is door een latere toevoeging van een kantoorverdieping afgevlakt ■ This insurance office is one of the many built by Berlage for company director C. Henny. Despite an abundance of windows, sculpture, and details the elevations retain a clear unity, all these spatial elements being absorbed by the taut frontage. The imaginative, stepped summit has been smoothed out by the later addition of an office storey.

L10 INTERIEUR JUWELIERSZAAK/INTERIOR OF A JEWELLER'S SHOP

Plaats 2, Den Haag

K. VAN VELSEN ■ 1983

Arch 1984-2

Om het verkoopoppervlak te vergroten en hoger gelegen ruimtes beter bereikbaar te maken is in de vide van een bestaande juwelierszaak een stalen trapelement geplaatst. Dit element bestaat uit een spiltrap over de volledige hoogte en een stelsel van korte steektrappen over de diagonaal van de vide waardoor halfcirkelvormige tussenplateaus verbonden worden met de bestaande omloop. De vloeren zijn van natuursteen en de treden van glas ■ To enlarge the sales area of this existing jeweller's shop and make higher areas more accessible Van Velsen introduced a steel stair unit into the void. This consists of a spiral stair encompassing the entire height and a system of short straight flights diagonally across the void joining semi-circular intermediary 'plateaus' to the existing gallery. Floors are of natural stone, while treads are of glass.

AMERIKAANSE AMBASSADE/UNITED STATES EMBASSY L11

Lange Voorhout 102, Den Haag

M. BREUER ■ 1957-1959

P. Morton (arch.)

Bouw 1959 p.866; BW 1959 p.580

Breu 1

Dit ambassadegebouw bestaat uit twee vleugels, een lange met kantoren en een korte met de Amerikaanse Voorlichtingsdienst, verbonden door een glazen tussenlid. Aan de achterkant bevindt zich een vrijstaande aula. De gevel is bekleed met rechthoekige en trapeziumvormige Muschelkalkplaten; ook de ramen hebben deze vorm. De gevel ontlokte stormen van protest uit de Haagse bevolking. Fundamenteler is de kritiek op het ruimtelijk oninteressante, anonieme hokkerige interieur ■ This embassy building is made up of two wings, a long one for offices and a short one for the United States Information Service, linked by a glazed volume. At the rear is a free-standing aula, its facades clad with rectangular and trapezium-shaped shell-limestone panels; the windows are shaped accordingly. Its outward appearance provoked storms of protest from the townspeople. On firmer ground, though, is criticism levelled at its spatially uninteresting, anonymous, cramped interior.

WOONHUIS/PRIVATE HOUSE L12

Denneweg 56, Den Haag

J.W. BOSBOOM/SJ. SCHAMHART, H. VAN DER LEEDEN ■ 1898/1980-1981

Forum 1954 p.422; Arch 1981-10; Bosb 1

Het smalle pand (6 x 50 m.) in Art Nouveau-stijl bood ooit onderdak aan een toonzaal en een pakhuis. Achter een in zeer dunne gietijzeren kolommen gevatte glasgevel, bekroond met flamboyant smeedwerk, bevindt zich een ruimte met daarin een staalskelet, houten vloeren, een gietijzeren trap en gaanderijen langs grote vides. In 1980-1981 wordt het gebouw door Sj. Schamhart en H. v.d. Leeden (Atelier PRO) ingrijpend verbouwd tot filmhuis. Het pand bevat vier filmzaaltjes, een foyer en een café ■ These narrow premises (6 x 50 m.) in Art Nouveau style once housed a showroom and a warehouse. Behind a glazed front set in spindly cast-iron columns and capped with flamboyant ironwork is the main volume with its steel frame, wooden floors, cast-iron stair, and galleries skirting large voids. In 1980-1981 the building was radically converted by Sj. Schamhart and H. v.d. Leeden of Atelier PRO into a small cinema block, with four film theatres, a foyer, and a bar.

WOONGEBOUW/HOUSING BLOCK 'COUPERUSDUIN' L13

Timorstraat/Burg. Patijnlaan, Den Haag

SJ. SCHAMHART, H. VAN BEEK ■ 1972-1975

Bouw 1976 p.701; PT-B 1974 p.725, 749

In het S-vormige woongebouw zijn vijf verschillende basistypen ondergebracht die ofwel via een middengang, ofwel via galerijen aan de buitenzijde ontsloten worden. Het gehele complex staat op een parkeergarage waarvan het dak met groen is beplant. In deze op zich geslaagde poging om woningen in een hoge dichtheid samen te brengen is de eenheid van het totaal door een overmatige variatiedrang opgeofferd aan de veelheid der delen ■ In this S-shaped housing block are five distinct basic types of unit reached either by a central corridor or an outside gallery. The entire block stands above a cellar carpark whose roof has been planted over. In itself a successful attempt at a high density, the unity of the whole has been sacrificed to the multiplicity of its parts by an over-exuberant desire for variety.

L14 KANTOORGEBOUW/OFFICE BUILDING DE NEDERLANDEN VAN 1845

Groenhovenstraat/Raamweg, Den Haag

H.P. BERLAGE/W. M. DUDOK ■ 1921-1927/1954

A.D.N. van Gendt (constr.)

Bb 1927 p.179; Forum 1954 p.446; Arch 1980-11

Aan weerszijden van de entree liggen grote, vrij indeelbare zalen, verlicht door daklichten en voorzien van air-conditioning. Aan de lange gevel op de begane grond liggen directievertrekken en vergaderzalen. Het betonskelet is in de gevel zichtbaar als vakwerk, gevuld met baksteenvlakken en ramen. Bij de bouw wordt reeds rekening gehouden met de toevoeging van een tweede etage, hetgeen in 1954 plaatsvindt. De raamindelingen van begane grond en verdieping corresponderen niet ■ On either side of the entrance are large, variously subdivisible halls, with rooflights and air-conditioning. On the ground floor against the long facade are management suite and conference rooms. The concrete skeleton is visible in the facade as a framework with brick and glass skin. During construction provision was already made for the later addition of a second floor, realised in 1954. The layouts of fenestration on ground and first floors do not correspond.

L15 KANTOORGEBOUW/OFFICE BUILDING BIM/SHELL

Wassenaarseweg 80, Den Haag

J.J.P. OUD ■ 1938-1946

Forum 1947 p.71; Oud 3

AR 1948 p.137; ARec 1946-dec

Vooral in de buitenlandse vakpers werd dit gebouw gezien als Ouds verraad aan de moderne beweging. De symmetrisch opgebouwde kantoorschijf wordt op de begane grond geaccentueerd door een bouwlichaam eindigend in een ronde kantine. Door het gebruik van ornament lijkt het ontwerp ver verwijderd van Ouds werk uit de jaren twintig. Hoewel Oud later nooit meer zo ver zou gaan vormt dit gebouw toch het begin van zijn latere, minder strenge, meer expressieve werk ■ This building was seen particularly in the foreign architectural press as Oud's betrayal of the Modern Movement. The symmetrical office slab is accentuated on the ground floor by a substructure terminating in a round canteen. In its use of ornament the design seems a far cry from Oud's work during the '20s. Though he was never to exceed these limits this building nevertheless serves to usher in his later, less severe, more expressive work.

L16 NIRWANA-FLAT/BLOCK OF FLATS

Benoordenhoutseweg/Willem Witsenplein, Den Haag

J. DUIKER, J.G. WIEBENGA ■ 1927-1929

BW 1927 p.306, 325; Dui 1; Dui 2

De Nirwana-flat is de eerste woontoren van Nederland. Hij bevat luxueuze service-appartementen. Voor het eerst in Nederland werd hier een betonskelet in hoogbouw toegepast, hetgeen gedemonstreerd wordt door de doorlopende raamstroken in de gevels. De toren zou de eerste zijn in een serie aan elkaar gekoppelde woontorens. De uitstekende balkons op de westhoek vormen hier een aanzet toe ■ With its sumptuous service apartments, Nirwana was Holland's first tower block. Another 'first' in Holland was its application in high-rise of a concrete frame, thus making possible continuous strips of fenestration. It was to have been the first in a series of interlinked blocks of flats. Projecting balconies on the west corner constitute a step in that direction.

WOONHUIS HARTOG/PRIVATE HOUSE L17

Van Soutelandelaan 141, Den Haag

J.B. VAN LOGHEM ■ 1937

8 en O 1939 p.242; BW 1940 p.100; Plan 1971-12

De woning is open en getrapt van opbouw naar tuin en zon en gesloten en ongedifferentieerd naar de straat. Dit laatste wordt versterkt door de willekeurige compositie van verschillende raamvormen in het witgepleisterde vlak. De opbouw van de woning is verder symmetrisch over de diagonaal: twee lage uitbouwen aan weerszijden (garage en serre van de woonkamer), een afgeronde hoek met grote puien en een dakterras. Het interieur was eveneens door Van Loghem ontworpen ■ On one side, this private house is open and steps down to garden and sun, while the street side is closed and sheer, an aspect strengthened by the fortuitous play of different shapes of window in its white plastered surface. Otherwise, the building is symmetrical over the diagonal – garage on one side, conservatory on the other, a rounded glazed corner, and a roof terrace. Its interior, too, was designed by Van Loghem.

WOONHUIS MEES; WOONHUIS HILLEBRANDT/TWO PRIVATE HOUSES L18

Van Ouwenlaan 42; Van Ouwenlaan 44, Den Haag

G.TH. RIETVELD ■ 1936; 1935

Bb 1939 p.277

De woning bestaat uit een rechthoekig blok waarin een halfcirkelvormig woonkamerblok is geschoven. Het rechthoekige blok bevat voorzieningen en, op de verdieping, slaapkamers. Een glazen dakkamer biedt toegang tot het dakterras. De woning is een geslaagd voorbeeld van Rietvelds experimenten met de gebogen vorm uit de tweede helft van de jaren dertig. De woning op nr. 44 uit 1935 is eveneens van Rietveld ■ This house comprises a rectangular block tucked into which is a semi-circular living room. The rectangular block contains utilities with bedrooms upstairs. A glazed attic opens onto the roof terrace. The house is a successful example of Rietveld's experiments with curved forms in the second half of the '30s. Also by Rietveld is number 44.

WOONHUIS LEEMBRUGGEN/PRIVATE HOUSE L19

Nyelantstraat 6, Den Haag

J.W.E. BUIJS, J.B. LÜRSEN ■ 1935-1936

Buijs 1

Een esthetisch verfijnd spel van rechthoekige volumes en horizontale betonplaten herbergt een vrij conventionele woningplattegrond: een centrale gang met utilitaire ruimtes en trappehuis, waaromheen de kamers zijn gegroepeerd. Door de geel en grijs betegelde gevels, de vele balkons en terrassen, het dakterras en de horizontale ramen oogt het gebouw modern en zakelijk, maar blijft het een synthese van verschillende opvattingen en vormmanieren ■ An aesthetic, refined play of rectangular volumes and horizontal concrete panels conceals a quite conventional house plan: a central corridor with service areas and staircase, off which are the rooms. The yellow and grey tiled fronts, the many balconies and terraces, the roof terrace, and horizontal fenestration give the building a modern, objective look, yet it remains a synthesis of different ideas and styles.

L20 WOONHUIS JAGER/PRIVATE HOUSE

Violenweg 30, Den Haag

BENTHEM & CROUWEL ■ 1981-1982

Architect 1982-7/8

AdA 1984-dec

Het huis is opgedeeld in vijf traveeën van 4,20 m.: één travee bevat entree, trappehuis en natte cellen; de overige vormen op de begane grond de woonkamer en op de flexibel indeelbare verdieping de slaapkamers. Het huis heeft drie vrijwel gesloten gevels van langwerpige aluminium sandwichpanelen en een geheel beglaasde zuidgevel aan de tuinzijde. Het dak is bruikbaar als terras en bevat een fitnessruimte. De constructie bestaat uit een staalskelet, betonnen vloeren en een betonnen kern voor de stabiliteit ■ This house is subdivided into four bays of 4.20 m., one comprising entrance, staircase and service areas, the remainder forming on the ground floor the living area and on the variously subdivisible upper floor the bedrooms. The house has three virtually closed elevations of elongated aluminium sandwich panels and one wholly glazed facing south to the garden. The roof can be used as terrace and includes an exercise area. The structure consists of a steel frame, concrete floor slabs, and a concrete core for stability.

L21 WOONHUIS LEURING/PRIVATE HOUSE

Wagenaarweg 30, Den Haag

H. VAN DE VELDE ■ 1903

vdV 1 p.37

De opdrachtgever, de huidarts dr. Leuring, kwam in contact met Van de Velde door bemiddeling van de schilder Jan Thorn Prikker, die een groot mozaïek-fresco op de wand achter de trap aanbracht. Deze trap loopt vanaf een grote hal op de begane grond met twee gebogen trapdelen naar een omloop op de verdieping. Huis Leuring is een van de beste voorbeelden van Art Nouveau in Nederland; vooral het houtwerk is uiterst verfijnd uitgevoerd en verkeert in nog vrijwel ongeschonden staat ■ The client, dermatologist Dr. Leuring, came into contact with Van de Velde via the painter Jan Thorn Prikker who himself contributed a large mosaic fresco on the wall behind the stair. This stair rises from a large hall on the ground floor through two curved sections to a landing upstairs. This house is one of the best examples of Art Nouveau in the Netherlands; the woodwork in particular is extremely fine and has suffered little over the years.

L22 RUDOLF STEINERKLINIEK/CLINIC

Nieuwe Parklaan 26, Den Haag

J.W.E. BUIJS, J.B. LÜRSEN ■ 1926-1928/1949

Buijs 1; Arch 1979-5

Ter voorbereiding van het ontwerp voor dit ziekenhuis verblijft de architect een maand in Dornau, waar hij het volgens de antroposofische principes van Rudolf Steiner ontworpen Goetheanum bestudeert. Het langwerpige gebouw ligt op een glooiend terrein. Het middengedeelte bevat vrij rechte ziekenzaaltjes aan een middengang. De beide uiteinden maken een knik, zijn grillig, maar hoekig van vorm en asymmetrisch ■ As preparation for designing this hospital the architect spent a month in Dornau studying the 'Goetheanum', built according to the anthroposophical principles of Rudolf Steiner. The elongated building stands on a sloping site. Its central section contains more or less rectilinear wards off a central corridor. The two asymmetrical end sections are fanciful though angular.

RECONSTRUCTIE, UITBREIDING/RENOVATION, EXTENSION KURHAUS L23

Met het monumentale Kurhaus als middelpunt begint men in de jaren zeventig met de reconstructie en rehabilitatie van de roemrijke badplaats Scheveningen. Het Kurhaus is gerestaureerd door Van Kasteel, die dit stuk edelkitsch ('een schertsgebouw') in ere herstelt. Minder geslaagd zijn de weinig flatteuze overkappingen en serre-achtige aanbouwsels. Aan de landzijde wordt het Kurhaus vrijwel geheel aan het zicht onttrokken door de getrapte bebouwing (120 luxe appartementen) van Spruit, De Jong, Heringa ■ The 1970s saw the commencement of reconstruction and rehabilitation of the renowned seaside resort Scheveningen with as main issue the monumental Kurhaus. This, a vast structure of exalted kitsch now combining hotel and casino, was honourably restored by Van Kasteel (a 'mock building,' he calls it). Not so successful are the less than flattering awnings and conservatory-like extensions. On the landward side the Kurhaus is almost entirely obscured from view by the stepped development (120 luxury apartments) of Spruit, De Jong, Heringa.

Gevers Deynootplein, Scheveningen

J.F. HENKENHOF, F. EBERT/B. VAN KASTEEL/SPRUIT, DE JONG, HERINGA
■ 1883-1886/1973-1981

WTABK 1976-7; Arch 1979-10; Bouw 1982-10

WINKELPASSAGE/SHOPPING ARCADE L24

Het Palace-complex bevat winkels, kantoren en recreatieve voorzieningen, doorsneden door diagonale winkelstraten. De hoofdwinkelpassage is gericht op de Pier en geïnspireerd op de beroemde Haagse Passage, maar beperkter van hoogte vanwege bestemmingsplaneisen. Het is gebouwd over een zeewering op deltaniveau; het hoogteverschil wordt met roltrappen overbrugd ■ This block, the 'Palace', consists of shops, offices and recreational facilities, intersected by diagonal shopping streets. The main shopping arcade, pointing at the Pier, was inspired by the famous Arcade in The Hague but is less high due to development planning requirements. Straddling the sea wall, its differences in height are breached with escalators.

Gevers Deynootweg, Scheveningen

EIJKELENBOOM, GERRITSE & MIDDELHOEK (EGM) ■ 1976-1982

W. Eijkelenboom (proj.)

Bouw 1983-13

WANDELPIER/PIER L25

Het oorspronkelijke prijsvraagwinnende ontwerp van D.J. Dijk werd tot tweemaal toe gewijzigd en uiteindelijk uitgewerkt door bureau Maaskant. De 375 m. lange pier (even lang als de vooroorlogse) is uitgevoerd als betonconstructie om het strand zoveel mogelijk vrij te laten. Een wandeldek leidt naar enige eilanden met diverse attracties zoals een uitkijktoren. De dynamische vormgeving van deze eilanden vertoont overeenkomst met Maaskants andere recreatieproject, de Euromast (M42) ■ The original prize-winning design by D.J. Dijk was twice modified and ultimately realised by the Maaskant practice. The 375 m. long pier (as long as the pre-war one) was given a concrete structure to involve as little beach space as possible. A promenade leads to a number of islands with various attractions including a watchtower. The dynamic design of these islands compares with Maaskant's other recreational project, the Euromast (M42).

Strandboulevard, Scheveningen

D.J. DIJK, H.A. MAASKANT, D.C. APON ■ 1955-1961

Bouw 1959 p.1262

AD 1964 p.29

L26 RESIDENTIE/RESIDENCE 'SEINPOST'

Seinduin, Scheveningen

C. DAM ■ 1975-1980

Arch 1979-10; Bouw 1985-18

Dit complex luxueuze appartementen is gesitueerd op het hoogste punt van Scheveningen en georiënteerd op zon en zee. De elf torens, van vijf en zeven verdiepingen hoog, zijn gegroepeerd in een hoefijzervorm. Het complex bevat 70 appartementen. Elke woning heeft een ronde serre, waarvan de glazen wand opengeschoven kan worden. De gevel is bekleed met witte tegeltjes, die tegen het zeeklimaat bestand zijn ■ This block of 70 luxurious apartments is sited on the highest level in Scheveningen facing sun and sea. Eleven towers of five to seven storeys high are grouped horseshoe-fashion. Each unit has a round conservatory of which the outer glass slides open. Facades are clad with white spray-proof tiles.

L27 DERDE AMBACHTSCHOOL/THIRD TECHNICAL SCHOOL

Zwaardstraat 6, Scheveningen

J. DUIKER ■ 1922/1929-1931

8 en O 1932 p.33; Dui 1; Dui 2; Arch 1981-11

Dui 3

De school is een variant op een zeven jaar eerder niet uitgevoerd ontwerp in baksteen. Na ervaringen met Zonnestraal (D08) en de Openluchtschool (G02) is gebruik gemaakt van een betonconstructie, gebaseerd op het skelet van één standaardlokaal. De lokalen liggen gedeeltelijk langs, gedeeltelijk haaks op een centrale gang. Op de begane grond bevinden zich aan weerszijden van de entree een fietsenstalling, een garderobe en een conciërgewoning. De horizontaal opgebouwde, getrapte gevel wordt in het midden bekroond door een scheepsbrugachtige constructie ■ This technical training school is a modification of an unrealised design in brick of seven years earlier. Following his experiences with Zonnestraal (D08) and the Open Air School (G02) Duiker made use of a concrete frame with as basic structural unit a standard classroom. These are off a central corridor, either lengthwise or at right angles to it. On the ground floor by the entrance are a bicycle shed, cloakroom, and porter's lodge. The horizontally organised, stepped facade is crowned by a structure resembling a ship's bridge.

L28 NEDERLANDS CONGRESGEBOUW/NETHERLANDS CONGRESS BUILDING

Churchillplein 10, Den Haag

J.J.P. OUD, H.E. OUD ■ 1956-1969

PT-B 1969 p.544; TABK 1969 p.193; Oud 3

Dit complex werd in 1956 door Oud ontworpen en na diens dood in 1963 onder leiding van zijn zoon gerealiseerd. Het complex bestaat uit een congresgedeelte en een vrijstaande driehoekige hoteltoren. De grote congreszaal en twee kleinere zalen zijn onderling verbonden door een hal met een monumentaal trappenhuis. De vlakke langgerekte gevels zijn afgewerkt met blauwgeglazuurde tegels, geel geglazuurde baksteen en aluminium ramen. Oud voorzag zijn ontwerp hiermee van een onveranderbare kleurstelling ■ This complex was designed in 1956 by Oud and after his death in 1963 realised by his son. It consists of a congress section and a free-standing triangular hotel block. The large congress hall and two smaller spaces are interconnected by a hall with monumental staircase. Taut, elongated facades are dressed in blue glazed tiles and yellow glazed brick, with aluminium window frames. In this way, Oud provided his design with an unchangeable colour scheme.

GEMEENTEMUSEUM/MUNICIPAL MUSEUM L29

Stadhouderslaan 41, Den Haag

H.P. BERLAGE, E.E. STRASSER ■ 1927-1935

SJ. SCHAMHART, J.F. HEIJLIGERS (uitbr. 1962)

BW 1921 p.13, 1931 p.1, 1935 p.317; Wend 1920-11/12; Berl 3

Werk 1965 p.220

Vanuit een overdekte galerij tussen twee vijvers bereikt men de entree en de hoge ontvangsthal. Het museum bestaat uit een reeks kabinetten en zalen rond een binnenhof, met trappehuizen in de hoeken. Het is goed geoutilleerd met daklichten, wand- en plafondverwarming en luchtbevochtigings-installaties. Het betonskelet is overal bekleed. Om het niet-dragende van de wanden te tonen is de gele baksteen in vlechtwerk gemetseld. De basis-moduul van 1,10 x 1,10 m. is afgeleid van het baksteenformaat ■ The museum consists of a series of galleries and rooms ranged around an inner court with staircases in the corners. Entrance and lofty reception hall are reached via an arcade between two ornamental ponds. The museum is well-equipped with rooflights, wall and ceiling heating, and humidifying units. The concrete frame is fully clad. Woven courses in the yellow brickwork serve to illustrate the non-loadbearing aspect of the walls. The basic module of 1.10 x 1.10 m. stems from the size of brick used.

ONDERWIJSMUSEUM/MUSEUM OF EDUCATION; OMNIVERSUM L30

Stadhouderslaan 41, Den Haag

W.G. QUIST ■ 1980-1985; 1983-1985

W.G. Quist, J.G. Verheul (proj.)

WTABK 1984-3; PT-B 1982-37; Arch 1986-3; AB 1986-4; Bouw 1986-10; Archis 1986-6

AR 1985-1

Het Museon (Museum voor het Onderwijs) bestaat uit een centrale expositieruimte, een tussengebied waar de samenhang tussen de diverse vakgebieden wordt verduidelijkt, en een aantal, door grote taatsdeuren afsluitbare, ruimtes gewijd aan specifieke onderwerpen. De plattegrond bestaat uit twee in elkaar geschoven vierkanten. Het maatsysteem is gebaseerd op de moduul (1,10 m.) van het Gemeentemuseum, waarmee het de ingang deelt. Het vrijstaande Omniversum (ruimtetheater) bevat een koepelvormig projectiescherm in een gesloten baksteen cilinder ■ The Museon (Dutch corruption of 'Educational Museum') consists of a central exhibition space, an intermediary section explaining the relationship between different areas of study, and several spaces separable by large revolving doors devoted to individual subjects. The plan consists of two interlocking squares based on the module of 1.10 m. used by the Municipal Museum whose entrance it shares. The free-standing Omniversum ('Space Theatre') comprises a hemispherical screen in a closed brick cylinder.

FIRST CHURCH OF CHRIST, SCIENTIST L31

Andries Bickerweg 1b, Den Haag

H.P. BERLAGE ■ 1925-1926

P. Zwart (int.)

BW 1925 p.487, 1927 p.424; Bb 1927 p.390

Op een eigenaardig gevormd terrein met een groot hoogteverschil ontwerpt Berlage dit complex, bestaande uit een kerk, vergaderzaal, kosterswoning en school. Elk onderdeel heeft een eigen uitdrukking in het exterieur, bekroond door een zorgvuldig gepositioneerde toren. De invloed van Wright is merkbaar bij de levendige geleding van de bouwvolumes en in het abstracte interieur (i.s.m. Piet Zwart), waarin moderne elementen als betonnen kolommen en glazen bouwstenen nadrukkelijk aanwezig zijn ■ On a singular site with great differences in level Berlage designed this block of church, assembly hall, verger's residence, and school. Each component has its own expression within, crowned with a carefully placed tower. The influence of Wright is evident in the lively articulation of the volumes and in the abstract interior (in collaboration with P. Zwart), in which such modern elements as concrete columns and glass brick make their presence felt.

L32 WONINGBOUW/HOUSING DAAL EN BERG

Papaverhof, Den Haag

J. WILS ■ 1919-1922

BW 1922 p.458; Lit 58

AV 1925-II

De Papaverhof, een complex van 125 middenstandswoningen, is gebouwd in opdracht van de Coöperatieve Woningbouwvereniging Tuinstadwijk 'Daal en Berg'. Het complex bestaat uit 65 eengezinswoningen in twee lagen rond een groen plein van ongeveer 70 x 100 m. Langs de Klimopstraat zijn later, in overleg met de gemeente, twee appartementenblokken aan het plan toegevoegd als aansluiting op de omringende bebouwing. De ruimte voor het groene plein ontstond doordat Wils een ingenieuze schakeling voor de eengezinswoningen heeft toegepast.

De woningen zijn telkens paarsgewijs en onderling op zodanige wijze 'rug-aan-rug' geschakeld, dat tussen de paren ruimte overblijft voor de entrees. De woningen die met hun woonkamer en entree aan de straat liggen, kijken met hun keuken uit op het plein; voor de woningen aan het plein geldt het omgekeerde. De woningen zijn ruim opgezet. Zij bevatten op de begane grond een woonkamer, een keuken en een ruime entreehal met een bordestrap die drie slaapkamers en een badkamer op de verdieping ontsluit. Boven de erker aan de voorzijde van de woning bevindt zich een smalle raamstrook, zodat zonlicht tot diep in de woning kan doordringen. De over het algemeen uit vier kamers bestaande appartementen worden ontsloten door een centraal trappehuis. Het portiek bevat een aantal moderne voorzieningen zoals een goederenlift en een 'spreekbuis' die met de portiekdeur is verbonden die automatisch kan worden geopend.

Wils is één van de oprichters van De Stijl. Zijn medewerking aan het blad is echter van korte duur, hoewel zijn plannen regelmatig in het blad worden gepubliceerd. Evenals de beide andere architect-leden van het eerste uur, Van 't Hoff en Oud, is Wils' vroege werk beïnvloed door de architectuur van Frank Lloyd Wright. Wils leert Wrights werk kennen op het bureau van Berlage, waar hij van 1914 tot 1916 als tekenaar in dienst is. De Papaverhof wordt dan ook niet ten onrechte vaak vergeleken met Wrights ontwerp voor arbeiderswoningen voor de Larkin Company in Buffalo. De nadruk op horizontale lijnen en de kubische opbouw is zonder meer Wrightiaans. Wils slaagt er echter in deze invloeden zowel in dit project als in zijn ontwerp voor het Olympisch stadion (H29) tot een persoonlijke architectuur te verwerken.

■ The Papaverhof, an estate of 125 middle-class houses, was commissioned by the 'Coöperatieve Woningbouwvereniging Tuinstadwijk 'Daal en Berg', a cooperative housing association. It originally consisted of 65 one-family dwellings in two layers around a green square of ca. 70 x 100 m.. Later, in

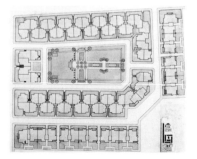

consultation with the council, two apartment blocks along the Klimopstraat were added to help scale the housing to the surrounding built environment. It was Wils' ingenious method of linking the one-family units that created space for the green square. Units are linked in pairs and then interlinked 'back to back', in such a way as to leave space in-between pairs for their entrances. Units with living room and entrance on the street have their kitchen looking onto the square; for dwellings facing the square the reverse applies.

On the ground floor of each of these capacious dwelling units are a living room, kitchen, and an ample hall, from which a platform stair leads to an upper level of three bedrooms and a bathroom. Above the bay window at the front of each unit is a narrow strip of fenestration allowing sunlight to penetrate deep into the dwelling. The apartments, on the whole containing four rooms, are reached by a central staircase. The porch contains several 'modern' appliances such as a goods lift and 'speaking tube' connected to the entrance door which can be opened automatically.

One of the founders of the De Stijl movement, Wils' collaboration on their periodical, however, did not last long, though his plans were regularly included in it. Like Van 't Hoff and Oud, the two other architect members with De Stijl since the beginning, Wils' early work was inspired by the architecture of Frank Lloyd Wright. Wils became acquainted with Wright's work at Berlage's office, where he worked between 1914 and 1916 as a draughtsman. The Papaverhof has often been compared, not without justification, with Wright's design for workers' housing for the Larkin Company in Buffalo. Its emphasis on horizontal lines and Cubist construction is clearly Wrightian in origin. Wils was nevertheless successful in assimilating these influences both in this design and that of the Olympic Stadium (H29) into a personal architectural style.

L33 TWEEDE VRIJZINNIG CHRISTELIJK LYCEUM/SCHOOL

Goudsbloemlaan, Den Haag

J.J.P. OUD ■ 1949-1956

Forum 1956 p.228; BW 1957 p.29

AdA 1957-juni/juli

In deze school worden de in afzonderlijke gebouwdelen opgenomen functionele hoofdgroepen (theorielokalen, praktijklokalen, aula) onderling verbonden door een centrale hal met een dubbele bordestrap. Een vrijstaande trapcilinder tussen gymnastiekblok en hoofdgebouw maakt een hoekverdraaiing mogelijk zodat het gebouw zich naar de omgeving kan richten. De gevels zijn op een vierkant raster ontworpen en verschillen onderling door hun open of gesloten karakter en hun kolompositie ■ In this school the principal functional departments (theoretical, practical, and main hall) are housed in separate volumes interlinked by a central well with double platform stair. The angle of rotation made possible by a free-standing cylindrical staircase between gymnasium and main block allows the latter to face out to the surroundings. Facades were designed using a square grid and differ as to whether open or closed in character and in the position of their columns.

L34 SPORTHAL/SPORTS HALL

Laan van Poot 363, Den Haag

J. BROUWER ■ 1983

Jacobson & Widmark (constr.)

Het gebouw is uitgevoerd als een rechthoekige doos. Het uiterlijk wordt sterk bepaald door de driehoekige stalen vakwerkspanten die bekleed en onbekleed voorkomen. De gevels zijn gesloten en hebben een bekleding van geïsoleerd staalplaat ■ The outward appearance of this box-shaped centre is largely determined by triangular steel space-frame girders both covered and exposed. The closed elevations are clad with insulated steel plating.

L35 VILLADORP/RESIDENTIAL VILLAGE KIJKDUIN

Scheveningselaan, Den Haag

J. DUIKER ■ 1919-1922

Dui 1; Dui 2; Lit 79-5

Deze veertien (semi-)vrijstaande villa's tonen onmiskenbaar de invloed van Frank Lloyd Wright op het werk van Duiker. Het horizontale karakter van de overhellende daken en de lange raamstroken, de schoorsteen als dominant verticaal element en de open interne organisatie zijn overgenomen van Wrights prairiehouses. De meeste woningen zijn verbouwd ■ These fourteen (semi-)free-standing villas show unmistakably the influence on Duiker's work of Frank Lloyd Wright. The horizontal character of overhanging roofs and long strips of fenestration, the chimney as dominating element, and the open internal organisation all derive from Wright's prairie houses. Most units have since undergone alteration.

PASTOOR VAN ARSKERK/CHURCH L36

Aaltje Noordewierstraat 4, Den Haag

A.E. VAN EYCK ■ 1964-1969

v Ey 2

B+W 1976-1; AD 1975 p.344; Lotus 11

Een gesloten rechthoekige doos van grijze betonsteen verbergt een veelheid aan ruimte-, licht- en vormeffecten. De kerk vormt een combinatie van een hoge ruimte (11 m.), een binnenstraat langs alle religieuze plaatsen, en een lage congregatieruimte (2,5-3,5 m.) met vaste banken. Ronde daklichten en manshoge halfronde muurtjes vormen een labyrint in plattegrond en dak. De betonnen cilindervormige daklichten worden doorsneden door de dakbalken. Hierdoor wordt de constructie geaccentueerd en een meerduidigheid gegeven aan de zo ontstane halve cirkels ■ A closed rectangular box of grey concrete brick conceals a multitude of effects of space, light and form. The church combines a tall space (11 m.), an inner street accommodating all religious functions, and a low congregation hall (2.5-3.5 m.) with built-in pews. Circular rooflights and semi-circular walls the height of a man form a maze in both plan and roof. Beams divide the concrete cylindrical rooflights, accentuating the structure and giving ambiguity to the semi-circles.

JEUGDHERBERG/YOUTH HOSTEL OCKENBURGH L37

Monsterseweg 4, Den Haag

F. VAN KLINGEREN ■ 1971-1974

Bouw 1976-4

Uitbreiding van een negentiende-eeuwse villa met een rechthoekige, donkere stalen doos. Dit flexibele gebouw biedt op twee verdiepingen plaats aan 400 bedden, verdeeld over achtpersoonskamers en één grote slaapzaal voor vijftig personen. De hogere begane grond wordt geheel benut voor de eet- en recreatiezaal, met een ingeschoven keuken. De staalconstructie, zowel binnen als buiten onbekleed, bestaat uit dwarsspanten op vier kolommen met stijve verbindingen. De strook voor de gevels is zowel terras als vluchtweg ■ Expansion of a 19th century villa with a rectangular, dark steel box. This flexible Youth Hostel offers two storeys with 400 beds, divided among bedrooms for eight persons and a large dormitory for fifty. A dining and recreation hall with kitchen slotted in takes up the entire ground floor. A steel structure of cross-beams on four columns with rigid joints is exposed both inside and out. The strip in front of the facades acts as both terrace and emergency exit.

KAART/MAP M: ROTTERDAM CENTRUM/ROTTERDAM TOWN CENTRE

M01 S. VAN RAVESTEYN ■ CENTRAAL STATION/CENTRAL STATION

M02 E.H.A. & H.M. KRAAYVANGER ■ STATIONSPOSTKANTOOR/POST OFFICE

M03 H.A. MAASKANT, W. VAN TIJEN ■ GROOTHANDELSGEBOUW/BUSINESS CENTRE ROTTERDAM

M04 J.W.C. BOKS/EIJKELENBOOM & MIDDELHOEK ■ BOUWCENTRUM

M05 MECANOO ■ JONGERENHUISVESTING/YOUTH ACCOMMODATION

M06 J.J.P. OUD ■ RECONSTRUCTIE/RECONSTRUCTION CAFÉ 'DE UNIE'

M07 VAN DEN BROEK & BAKEMA ■ WINKELCENTRUM/SHOPPING CENTRE DE LIJNBAAN

M08 H.A. MAASKANT, A. KRIJGSMAN, H.D. BAKKER ■ LIJNBAANFLATS/BLOCKS OF FLATS

M09 VAN DEN BROEK & BAKEMA ■ WARENHUIS/DEPARTMENT STORE TER MEULEN/WASSEN/VAN VORST

M10 E.H.A. & H.M. KRAAYVANGER, R.H. FLEDDERUS ■ CONCERTGEBOUW/CONCERT CENTRE 'DE DOELEN'

M11 MERKELBACH & ELLING ■ RIJNHOTEL, AMVJ-GEBOUW

M12 E. HARTSUYKER, L. HARTSUYKER-CURJEL ■ WOONGEBOUW/HOUSING BLOCK

M13 J.J.P. OUD ■ KANTOORGEBOUW/OFFICE BUILDING DE UTRECHT

M14 J.F. STAAL ■ KOOPMANSBEURS/STOCK EXCHANGE

M15 GROOSMAN PARTNERS ■ WORLD TRADE CENTER

M16 M. BREUER, A. ELZAS ■ WARENHUIS/DEPARTMENT STORE DE BIJENKORF

M17 W.M. DUDOK ■ ERASMUSFLAT/HBU

M18 W.G. QUIST ■ MARITIEM MUSEUM/MARITIME MUSEUM 'PRINS HENDRIK'

M19 W.G. QUIST ■ KANTOORGEBOUW/OFFICE BUILDING WILLEMSWERF

M20 C. VEERLING; P. JOOSTING; A.H. VAN ROOD, W.G. WITTEVEEN ■ WILLEMSBRUG; HEFBRUG; KONINGINNEBRUG/THREE BRIDGES

M21 W. MOLENBROEK ■ HET WITTE HUIS/THE WHITE HOUSE

M22 P. BLOM ■ PAALWONINGEN, BLAAKOVERBOUWING/POLE DWELLINGS, BLAAK HEIGHTS

M23 VAN DEN BROEK & BAKEMA ■ CENTRALE BIBLIOTHEEK/CENTRAL LIBRARY

M24 H.A. MAASKANT, W. VAN TIJEN ■ TWEE INDUSTRIEGEBOUWEN/TWO INDUSTRIAL BUILDINGS

M25 J.J.P. OUD ■ SPAARBANK/SAVINGS BANK

M26 W.G. QUIST ■ UITBREIDING ST. LAURENSKERK/EXTENTION OF A CHURCH

M27 J. VERHOEVEN ■ WONINGBOUW, STEDEBOUW/HOUSING, URBAN DESIGN HOFDIJK

M28 ACTIEGROEP OUDE WESTEN, P.P. HAMMEL ■ STADSVERNIEUWING/URBAN REDEVELOPMENT OUDE WESTEN

M29 P.P. HAMMEL ■ WIJKGEBOUW/DISTRICT CENTRE 'ODEON'

M30 GIROD & GROENEVELD ■ SCHOOL, CLUBHUIS, WONINGBOUW/SCHOOL, CLUBHOUSE, HOUSING

M31 W.G. QUIST ■ WONINGBOUW MET VOORZIENINGEN/HOUSING AND FACILITIES

M32 DE NIJL ■ WONINGBOUW/HOUSING

M33 BRINKMAN & VAN DER VLUGT ■ KANTOORGEBOUW/OFFICE BUILDING R. MEES & ZONEN

M34 BRINKMAN & VAN DER VLUGT ■ WOONHUIS SONNEVELD/PRIVATE HOUSE

M35 BRINKMAN & VAN DER VLUGT ■ WOONHUIS BOEVÉ/PRIVATE HOUSE

M36 A.J. VAN DER STEUR ■ MUSEUM BOYMANS-VAN BEUNINGEN

M37 A. BODON ■ UITBREIDING/EXTENSION MUSEUM BOYMANS-VAN BEUNINGEN

M38 H.F. MERTENS ■ KANTOORGEBOUW/OFFICE BUILDING UNILEVER

M39 OD 205 ■ MEDISCHE FACULTEIT/MEDICAL FACULTY

M40 BRINKMAN & VAN DER VLUGT, J.H. VAN DEN BROEK/VAN DEN BROEK & BAKEMA ■ VAN DAM ZIEKENHUIS/HOSPITAL

M41 W. VAN TIJEN ■ PARKLAANFLAT/BLOCK OF FLATS

M42 H.A. MAASKANT; GEMEENTEWERKEN ■ EUROMAST; SPACETOWER

M43 J.P. VAN BRUGGEN (GEM. TECHNISCHE DIENST) ■ MAASTUNNEL, FILTERGEBOUWEN/TUNNEL, FILTER HOUSES

M44 W. KROMHOUT ■ SCHEEPVAART VEREENIGING ZUID/PORT EMPLOYERS' ASSOCIATION BUILDING

M01 CENTRAAL STATION/CENTRAL STATION

Stationsplein, Rotterdam

S. VAN RAVESTEYN ∎ 1950-1957

Bouw 1957 p.604

Twee gebogen kantoorvleugels, die overigens twee in plaats van de gesuggereerde vier verdiepingen bevatten, aan weerszijden van de centrale hal eindigen in twee decoratieve poorten. Vanuit een voetgangerstunnel zijn de perrons bereikbaar, die elk met een eigen kap van twee gewelfde betonschalen zijn overdekt. Ook in de centrale hal zijn gewelfde schalen aangebracht die indirect worden verlicht. Voor het gebouw staat een busstation, ontworpen door OMA (1985-1987 ∎ Two curved office wings, each of two storeys instead of the suggested four, stand either side of the main station hall and terminate in two decorative gateways. Platforms are reached from a pedestrian tunnel and are each capped with two vaulted concrete shells. In the main hall, too, are vaulted shells lit indirectly. A bus station, designed by the Office For Metropolitan Architecture (1985-1987), stands before the main block.

M02 STATIONSPOSTKANTOOR/POST OFFICE

Delftseplein 31, Rotterdam

E.H.A. & H.M. KRAAYVANGER ∎ 1954-1959

L. van Roode (b.k.)

Bouw 1959 p.246; BW 1960 p.388

TdT 1960 p.215

De postmechaniseringsapparatuur vereiste hoge werkzalen met zo min mogelijk kolommen. De breedte van 34 m. wordt in beton overspannen met slechts één middenkolom. Aan oost- en westzijde bevinden zich lagere kantoorverdiepingen. De dubbelhoge werkzalen hebben een horizontaal kijkraam tot 2,10 m. hoogte als schaalbepalend element. De bovenste laag is 9,50 m. hoog en kolomloos. Deze opbouw komt in de gevel duidelijk tot uiting in de typische baksteen- en betonarchitectuur van de wederopbouw ∎ Automation for this railway post office meant tall work areas with a minimum of columns. A width of 34 m. is spanned in concrete supported by a single central column. On east and west sides are less-tall office storeys. Scale in the double-height work areas is determined by a horizontal window rising 2.10 m. The uppermost level, 9.50 m. high and without columns, is clearly expressed in the facade by brick and concrete architecture typical of the post-war reconstruction.

M03 GROOTHANDELSGEBOUW/BUSINESS CENTRE ROTTERDAM

Stationsplein 45, Rotterdam

H.A. MAASKANT, W. VAN TIJEN ∎ 1949-1951

BW 1950 p.433; Bouw 1953 p.145; Forum 1953 p.130; Maas 1; Maas 2

TdT 1953 p.287

Dit bedrijfsverzamelgebouw, een megastructuur van 128.000 m², vormt de aanvang en het blijvend symbool van de wederopbouw. De bedrijfsruimtes zijn gegroepeerd rond drie binnenhoven, waar vrachtwagens goederen afleveren via een intern verkeersstelsel. De ruimtes, zowel bruikbaar als kantoor als voor opslag, hebben een identieke, neutrale gevel van betonelementen. Met accenten als trappehuizen, ingangen en een bioscoop op het dak levert dit een expressieve betonarchitectuur op ∎ This multi-company megastructure of 128,000 m², the Rotterdam Business Centre, was the start and remains the symbol of Rotterdam's post-war reconstruction. Company quarters are grouped around three inner courts where lorries come and go using an internal road system. Serving either as office or storeroom each space has an identical, neutral facade of concrete elements. Accentuated by staircases, entrances, and a cinema on the roof the sum total is an expressive, concrete architecture.

BOUWCENTRUM M04

Diergaardesingel/Weena, Rotterdam

J.W.C. BOKS ■ 1946-1949/1955-1956

EIJKELENBOOM & MIDDELHOEK (uitbr. 1967-1970)

Bouw 1956 p.305, 1970 p.1066

Het Bouwcentrum documenteert het bouwen en geeft voorlichting. Aan het zicht onttrokken door kantoor- en expositieruimtes van latere uitbreidingen, ligt het 16-hoekige oude tentoonstellingsgebouw. Vanuit de kern, een paddestoelvloer op acht kolommen, lopen drie betonnen bruggen straalsgewijs naar de rand. Deze rand bevat op de begane grond kantoorruimtes, en op de verdieping, langs een uitkragende galerij, gesloten expositieruimtes. De kern is afgedekt met een betonnen koepel met ingelegde glazen bouwstenen ■ The Bouwcentrum (Building Centre) documents building and provides information. Hidden from view by offices and exposition areas is the original 16-sided exhibition building. From the core – a mushroom floor on eight columns – three concrete bridges extend radially to the perimeter, which on the ground floor contains offices and on the upper floor closed exposition areas off a projecting gallery. The core is roofed with a concrete dome with glass bricks laid in.

JONGERENHUISVESTING/YOUTH ACCOMMODATION M05

Kruisplein, Rotterdam

MECANOO ■ 1981-1985

H. Döll, F. Houben, R. Steenhuis (proj.)

Forum 1983-1/2; Plan 1983-3; Arch 1985-jul/aug; Mec 1

AR 1985-1

Het complex bevat diverse vormen van gemeenschappelijk wonen. Gesitueerd op de brandgrens vormt het in schaal en situering een overgang van de negentiende-eeuwse woonwijk naar het moderne centrum. In de hoogbouw worden de woningen ontsloten vanaf galerijen; één galerij per drie etages. De woon- en gemeenschappelijke ruimtes zijn intern verbonden door trappen in de breedte van de woning. Het gebogen blokje met woningen boven winkels heeft een portiekontsluiting ■ This youth accommodation complex embraces various forms of communal living. Standing on the perimeter of the bombed-out area it constitutes in scale and siting a transition from nineteenth century housing to modern town centre. High-rise dwellings are reached from access galleries, one per three storeys. Living and communal spaces are linked internally by stairs placed breadthways. The curved block of dwellings above shops has a porch entrance.

RECONSTRUCTIE/RECONSTRUCTION CAFÉ 'DE UNIE' M06

Mauritsweg 35, Rotterdam

J.J.P. OUD ■ 1924-1925/1985-1986

BW 1925 p.236, 370, 397; Oud 3

AV 1925-II

Reconstructie van de gevel van het tijdens het bombardement van 1940 verwoeste café De Unie. De vlakverdeling en het gebruik van primaire kleuren maken De Unie tot een uitgesproken De Stijl-compositie. De opschriften en lichtreclames zijn gebruikt als volwaardige architectonische middelen om de belangrijkste functie van de gevel te vervullen: de aandacht trekken. De ogenschijnlijke anti-functionalistische, want decoratieve gevel blijkt juist het meest geschikte antwoord op het gestelde probleem ■ Reconstruction of the facade of café De Unie, destroyed in the 1940 bombardment. The subdivision of its surface and use of primary colours make De Unie a clear-cut product of De Stijl. Lettering and neon signs serve as the architectural means of fulfilling the facade's most important function – namely to attract attention. The decorative, thus apparently anti-Functionalist facade really does seem the most appropriate answer to the question posed.

M07 WINKELCENTRUM/SHOPPING CENTRE DE LIJNBAAN

Lijnbaan, Rotterdam

VAN DEN BROEK & BAKEMA ■ 1951-1953/1962-1966

F.J. van Gool/H. Klopma (arch.)

Bouw 1953 p.783, p.862

B+W 1955 p.55; Casab 1954-aug/sep; Broeba 1

M08 LIJNBAANFLATS/BLOCKS OF FLATS

Kruiskade; Joost Banckertsplaats; Jan Evertsenplaats, Rotterdam

H.A. MAASKANT; H.A. MAASKANT, A. KRIJGSMAN; H.D. BAKKER ■ 1954-1956

Bouw 1954 p.928; Lit 13

TdT 1960 p.161; AdA 1959/60-dec/jan

M09 WARENHUIS/DEPARTMENT STORE TER MEULEN/WASSEN/VAN VORST

Binnenwegplein, Rotterdam

VAN DEN BROEK & BAKEMA ■ 1948-1951/1976-1977

H.B.J. Lops, J.M. Stokla/G. Lans (proj.)

Bouw 1951 p.246

TdT 1953 p.87; Broeba 1

Na lange aarzeling over plaats en vorm van een nieuw winkelgebied in het centrum van de verwoeste stad, krijgen Van den Broek & Bakema in 1951 de opdracht voor het ontwerp van 65 winkels. De winkels worden gebouwd aan twee kruisende voetgangersstraten in twee lagen. In tegenstelling tot de traditionele Nederlandse winkelstraat, zijn woningen en kantoorruimtes niet boven de winkels geplaatst, maar in aparte gebouwen erachter. Het straatprofiel is hierdoor niet hoog en smal, maar laag en breed. De winkels zijn in een betonskelet geconstrueerd, waarin een flexibele indeling mogelijk is. Scheidingswanden zijn van baksteen. In de regel bestaat een winkel uit twee lagen (boven een kelder), met drie lagen dienstruimtes aan de achterzijde. De winkels zijn 15 of 20 m. diep; de breedte varieert. De gevels zijn opgebouwd uit geprefabriceerde betonnen stijlen en platen op een stramien van 1,10 m. Voor de gevels loopt een luifel van stalen liggers, opgehangen aan de betonconstructie van de winkels en afgewerkt met naturel gelakte grenen delen. Hier en daar zijn overdekte passages, die te zamen met kiosken, vitrines, bloembakken en de bestrating het voetgangersgebied vorm geven. De winkels worden bevoorraad vanuit een expeditiestraat aan de achterzijde, die eveneens de toegangsstraat voor de woonbebouwing vormt. Deze bestaat uit blokken van resp. drie, dertien en negen lagen, die een gemeenschappelijk groengebied omsluiten.
In 1966 wordt de Lijnbaan verlengd tot aan het Binnenwegplein. Hiermee is de koppeling gelegd met een ander belangrijk winkelgebied, gedomineerd door twee eveneens door Van den Broek & Bakema ontworpen winkelgebouwen: H.H. de Klerk en Ter Meulen/Wassen/Van Vorst. Dit laatste gebouw bevat aanvankelijk drie afzonderlijke winkels: een warenhuis, een damesconfectiezaak en een schoenwinkel. In de gevel is deze driedeling te zien; het interieur was een doorgaande ruimte, slechts gescheiden door glaswanden. Het ± 100 m. lange gebouw heeft aan de oostzijde twee entresols, die met een schuine hoek plastisch uit de gevel steken. Deze uitkragingen zijn aan de verdieping erboven opgehangen. In de gevel zijn de 1,10 m. hoge betonnen gevelbalken zeer beeldbepalend. De baksteenopvullingen zijn door glasstroken gescheiden. Het gebouw is in 1976-1977 uitgebreid met een zijvleugel naar de Lijnbaan en een (in het ontwerp reeds voorziene) extra verdieping.
Als prototype van het verkeersvrije winkelcentrum heeft de Lijnbaan overal ter wereld navolging gekregen. De unieke stedebouwkundige opzet van voetgangersgebied, expeditiestraat en hoogbouw aan woonhoven heeft één van de weinige geslaagde vormen van stedelijk wonen opgeleverd, en blijkt ook kantoorkolossen uit de jaren zeventig moeiteloos te incorporeren. De flexibele winkelindelingen, eenvoudige systematische architectuur en met zorg vormgegeven voetgangersstraat hebben vele generaties interieurarchitecten en winkeldecorateurs doorstaan.
■ In 1951, after much hesitation over the site and form of a new shopping precinct in the centre of the devastated city, Van den Broek & Bakema were commissioned to design 65 shops. These were built in two levels along two intersecting pedestrian streets. Unlike the traditional Dutch shopping street, dwellings and office space were not placed above the shops, but behind them in separate blocks. The street profile, rather than being high and narrow, is thus low and broad. The shops have a concrete frame, allowing a flexible subdivision of their interiors. Partition walls are of brick. As a rule one shop consists of two levels (above a cellar), with three levels for staff at the back. All shops are 15 or 20 m. deep, but of varying width. Facades are built up of

prefabricated concrete posts and panels using a basic measurement of 1.10 m. In front of the facades is an awning of steel girders, suspended from the concrete frame and with a finish of varnished red deal. Arcades at various points, kiosks, shop-windows, flowerpots, and paving together give the pedestrian precinct its character. All shops take in stock from a service road at their rear which also serves as access road for the precinct's housing, contained in blocks of three, thirteen, and nine storeys respectively, each enfolding a communal green space.

In 1966 the Lijnbaan was extended to the Binnenwegplein, there to join up with another important shopping area dominated by two more blocks of shops by Van den Broek & Bakema: H.H. de Klerk, and Ter Meulen/Wassen/Van Vorst. The latter block originally comprised three quite separate shops – a department store, a ladies' clothes shop, and a shoe-shop. This tripartition is visible in the facade, though the interior was one continuous space separated only by glass partitions. At the east end of this ca. 100 m. long block are two entresols, which project sculpture-like from the acute-angled corner of the facade. These cantilevers are suspended from the level above. In the facade, concrete beams 1.10 m. in height constitute a dominant visual element. Brick infills are separated by glass strips. In 1976-1977 the building was extended with a lateral wing to the Lijnbaan, and with an extra level (provided for in the design).

As prototype of a traffic-free shopping centre the Lijnbaan has been imitated all over the world. Its unique urban design layout of pedestrian precinct, service road, and high-rise housing with courtyard has produced one of the few successful forms of urban accommodation, a form seemingly able to absorb without effort even the vast office slabs of the '70s. The flexible subdivision of shops, simple systematic architecture, and carefully shaped pedestrian street have managed to survive several generations of interior designers and shop decorators.

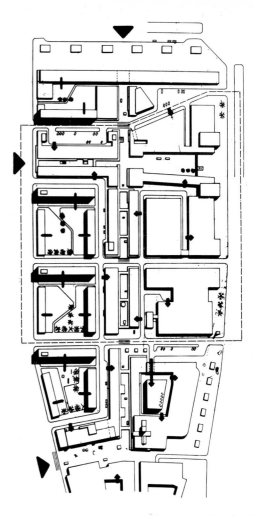

M10 CONCERTGEBOUW/CONCERT CENTRE 'DE DOELEN'

Schouwburgplein, Rotterdam

E.H.A. & H.M. KRAAYVANGER, R.H. FLEDDERUS ■ 1955-1966

Bouw 1966 p.1405, 1825

Het concertgebouw heeft een vierkante plattegrond, waarin diverse hoofdvormen zijn geplaatst. Als reactie op het zakelijke stadscentrum is in het uiterlijk gezocht naar de expressie van cultuur. Naast de koperbekleding van de dakopbouwen dient hiervoor met name de natuurstenen siergevel. Dit rasterwerk van balken en kolommen oogstte weinig waardering: de constructief onlogische siergevel suggereert drie etages waar er één of twee zijn. Binnenkort wordt deze 'tijdloze' gevel ingepakt door een nieuwbouwschil met congresfuncties ■ This, Rotterdam's concert hall, has a square plan containing a number of principal volumes. Reacting against the functional town centre its appearance was intended as an expression of culture, hence the copper facing of the roof structure and more particularly the stone ornamental facade. This grid of beams and posts was little appreciated – the structurally illogical ornamental facade suggests three storeys rather than one or two. This 'timeless' front is soon to be wrapped in a new fabric of conference facilities.

M11 RIJNHOTEL, AMVJ-GEBOUW

Schouwburgplein, Rotterdam

MERKELBACH & ELLING ■ 1949-1959

P.J. Elling (proj.)

J. Kromhout (arch.)

BW 1961 p.349

TdT 1961 p.345

Het gebouw bestaat uit een hoogbouw met 140 hotelkamers, een lager blok met een jeugdhotel (kleinere kamers met gemeenschappelijk sanitair) en een laagbouw met restaurant en congres- en sportaccommodatie. Deze algemene ruimtes zijn tegenwoordig in gebruik als kantoorruimte en bioscoop. Het betonskelet is hoofdzakelijk bekleed met een verfijnde aluminium vliesgevel. In de gevel aan de Mauritsweg is vorm gegeven aan de confrontatie van een orthogonale hoofdopzet met een stomphoekige stedebouwkundige situatie ■ This building consists of a high-rise block of 140 hotel rooms, a less-high block containing a youth hostel (smaller rooms with communal wash and toilet units), and a low-rise block with a restaurant plus accommodation for meetings and sport, at present housing offices and a cinema. The concrete frame is faced chiefly with a refined aluminium membrane. The Mauritsweg facade expresses the confrontation of a plan on orthogonal lines with its obtuse-angled urban site.

M12 WOONGEBOUW/HOUSING BLOCK

Schouwburgplein, Rotterdam

E. HARTSUYKER, L. HARTSUYKER-CURJEL ■ 1980-1985

Bouw 1986-6

Het Schouwburgplein, jarenlang één van de stedebouwkundige probleem-gevallen van de Rotterdamse binnenstad, wordt met dit woondak aan een zijde afgedicht. Het gebouw bestaat uit een winkel- en horecalaag, een kantoorlaag en zes lagen appartementen. De corridorontsluiting en woningplattegrond zijn afgeleid van de Unité d'Habitation van Le Corbusier. Het gebouw heeft een skelet van betonnen schijven. De opbouw van het gebouw komt met name in de kopgevels tot uiting ■ The Schouwburgplein has for years been a problem in the urban design of Rotterdam town centre. It is now closed on one side by this 'housing dock' comprising a ground floor of shops, restaurants, etc., one storey of offices, and six of apartments. Both corridor and dwelling layouts derive from Le Corbusier's Unité d'Habitation. With a frame of concrete piers, the building expresses its structure most in the head elevations.

KANTOORGEBOUW/OFFICE BUILDING DE UTRECHT M13

Coolsingel 75-77, Rotterdam

J.J.P. OUD ■ 1954-1961

Bouw 1963 p.470; BW 1962 p.40; Oud 3

Dit gebouw moest teruggliggend op een relatief diep perceel ontworpen worden. Het ging er Oud om 'het gebouw duidelijk en absoluut te scheiden van de belendingen' waartoe hij een gordijngevel spande tussen twee hardblauwe schotten. De gordijngevel van naturel geanodiseerd aluminium is ontworpen op een moduul van 1 x 1 m. Oud past een dubbel-corridorsysteem toe waardoor 'storende' elementen als trappen, toiletten en bergingen tussen de twee kantoorstroken worden geplaatst ■ This building had to be set back on a comparatively deep site. What concerned Oud was ensuring 'a clear, total separation from its neighbours', to which end he spanned a curtain wall between two bright blue screens. Of natural anodised aluminium the curtain wall follows a module of 1 x 1 m. Oud introduced a double corridor system in which such 'obtrusive' elements as stairs, toilets, and storerooms are sandwiched between two rows of offices, one on the front facade and one at the rear.

KOOPMANSBEURS/STOCK EXCHANGE M14

Beursplein 37, Rotterdam

J.F. STAAL ■ 1926-1928/1935-1940

Forum 1947 p.259

Staal verkrijgt de opdracht door het winnen van een prijsvraag in 1928 waaraan ook J.J.P. Oud meedoet. Het uiteindelijke ontwerp wijkt echter sterk af van het prijsvraagplan. De beurszaal van 90 x 60 m. wordt overspannen door gewelfde stalen liggers, bedekt met betonplaten waarin ronde glastegels zijn opgenomen. De entree wordt gemarkeerd door een ranke klokketoren en een op kolommen geplaatste vergaderzaal voor de Kamer van Koophandel. Een licht gebogen glazen erker biedt uitzicht over de Coolsingel ■ Staal received this commission by winning a competition in 1928 also entered by J.J.P. Oud. The ultimate design, however, deviates radically from the competition plan. The exchange hall of 90 x 60 m. is spanned by arched steel girders, which are clad in concrete panels embedded with round glazed tiles. Marking the entrance is a slender bell-tower and a meeting hall standing on columns for the Chamber of Commerce. A gently curving glass bay window offers a view of the Coolsingel.

WORLD TRADE CENTER M15

Beursplein 37, Rotterdam

GROOSMAN PARTNERS ■ 1983-1986

R.B. van Erk, A.H. Verbeek (proj.)

Arch 1983-3

Bovenop de beurszaal is een kantoortoren van twintig lagen in de vorm van een afgeplatte ellips evenwijdig aan de Coolsingel geplaatst. De toren rust op een betonnen tafel die wordt gedragen door acht kolommen. Hierdoor is het ruimteverlies in de beurszaal minimaal. De ellipsvorm, de groene kleur van het glas en de aluminium gevelpanelen zijn gebaseerd op vorm- en kleurmotieven in het oorspronkelijke beursgebouw ■ Standing above the hall of the Stock Exchange parallel to the Coolsingel is this twenty-storey office block. Shaped like a flattened ellipse it rests on a concrete table held aloft by eight columns, so minimalising loss of space within the hall below. Its elliptical shape, green glazing, and aluminium front panels stem from forms and colours in the original building beneath.

M16 WARENHUIS/DEPARTMENT STORE DE BIJENKORF

Coolsingel 105, Rotterdam

M. BREUER, A. ELZAS ■ 1955-1957

N. Gabo (b.k.)

BW 1957 p.393

AD 1958 p.186; B+W 1958 p.257; Breu 1

In tegenstelling tot de oude Bijenkorf van Dudok is deze naoorlogse versie als een vrijwel gesloten doos uitgevoerd. Een kolomafstand van 12 m. garandeert een optimale indeling van de verkoopruimte. De gevel is bekleed met raatvormige in twee richtingen gefrijnde travertinplaten met spleetvensters; er zijn grotere ramen bij het restaurant en de kantoren. Omdat Breuer weigert de vorm van zijn gebouw aan te passen aan de dubbele rooilijn van de Coolsingel, wordt een plastiek van Gabo voor het gebouw geplaatst ■ Unlike the former Bijenkorf ('Beehive') of Dudok, this post-war version of the department store was designed as an almost completely closed box. A column grid of 12 m. ensures an optimal subdivision of the sales area. Front and rear elevations are clad like a honeycomb with hexagonal travertine panels with horizontal and vertical fluting and slits of fenestration. There are larger windows for the restaurant and offices. Because Breuer refused to conform to the double building line of the Coolsingel, a plastic sculpture by Gabo was placed in front of the building.

M17 ERASMUSFLAT/HBU

Coolsingel 104, Rotterdam

W.M. DUDOK ■ 1938-1939/1953-1955

Lit 15

Dit twaalf verdiepingen hoge kantoorgebouw dient als visuele afsluiting van de Coolsingel. Boven een plint van zwart graniet zijn de gevels in geglazuurde baksteen uitgevoerd. De laagbouw is op kolommen geplaatst, zodat het erachter gelegen Schielandshuis met tuin zichtbaar blijft. De zakelijke architectuur is een gevolg van de zakelijke opgave, maar vertoont, kenmerkend voor Dudok, toch decoratieve accenten ■ This twelve-storey office block, its facades rising out of a black granite plinth, marks the end of the Coolsingel. Its low-rise section is on columns to retain a view through of the Schieland House and its garden. This objective architecture is the result of functional requirements, yet displays Dudok's characteristic decorative touches.

M18 MARITIEM MUSEUM/MARITIME MUSEUM 'PRINS HENDRIK'

Leuvehaven 1, Rotterdam

W. G. QUIST ■ 1981-1986

Plan 1983-6; WTABK 1982-6

Het museum staat op een van de markantste punten van de stad; twee belangrijke boulevards komen hier samen bij de Leuvehaven. Hoofdvorm van het museum is een over de diagonaal gehalveerd vierkant blok dat zich met zijn schuine zijde richt op de haven. Een dubbelhoge tentoonstellingsruimte is aan de schuine zijde half onder het blok geschoven. Stalen hellingbanen leiden naar de verdieping met tentoonstellingsruimtes, een bibliotheek en een dakterras met uitzicht op de haven ■ This museum is situated at one of the town's key points – where two important boulevards meet at the Leuvehaven. Its basic structure is one half of a square which has been bisected along the diagonal, with its oblique side towards the harbour. Half tucked in under this side is a double-height exhibition area. Steel ramps lead to an upper level with exhibition space, a library, and a roof terrace overlooking the harbour.

KANTOORGEBOUW/OFFICE BUILDING WILLEMSWERF M19

Op een onmogelijk stuk stedebouwkundige restruimte wordt op vijf parkeerlagen een kantoorgebouw van zestien lagen gebouwd. Op de onderbouw met een vrijstaande dubbele schroefvormige parkeeroprit is een rechthoekige schijf geplaatst met betegelde betonplaten en een wigvormige vliesgevel. De stabiliteit wordt verzekerd door twee I-vormige betonschijven in de achtergevel waarin liften en trappen zijn opgenomen. De rijweg aan de achterzijde blijft onder het gebouw doorlopen ■ On an impossible piece of urban leftover space are sixteen office levels above a five-storey carpark. Rising above the understructure with its free-standing double screw-shaped carpark entrance is a rectangular slab with tiled concrete panels and a wedge-shaped curtain wall. Ensuring stability will be two I-shaped concrete piers in the rear facade housing vertical circulation. The road behind will continue to run underneath the building.

Boompjes, Rotterdam

W.G. QUIST ■ 1983-1987

WTABK 1984-3

WILLEMSBRUG; HEFBRUG; KONINGINNEBRUG/THREE BRIDGES M20

De bruggen die het Noordereiland met de beide Maasoevers verbinden vormen een belangrijk onderdeel van het Rotterdamse stadsbeeld. Naast de basculebrug tussen het eiland en de zuidoever vormt de spoorweghefbrug, kortweg 'de Hef', een constante inspiratiebron voor Rotterdamse dichters en filmers. In de jaren zeventig wordt de oude stalen Willemsbrug die de verbinding met de noordoever vormde vervangen door een gewaagde nieuwe constructie ■ The three bridges which link the central island (Noordereiland) with both banks of the Maas constitute an important part of the Rotterdam townscape. Flanking the bascule bridge between island and south bank is the railway lifting-bridge, known as the 'Hef', a perpetual source of inspiration for local poets and cinematographers. During the '70s the old steel Willemsbrug linking north bank and island was replaced with a bold new structure.

Maasbruggen, Rotterdam

C. VEERLING; P. JOOSTING; A.H. VAN ROOD, W.G. WITTEVEEN
■ 1975-1981; 1924-1927; 1924-1929

A. de Vries (b.k.)

PT-B 1981 p.275; Joost 1; BW 1926 p.138

HET WITTE HUIS/THE WHITE HOUSE M21

Met zijn elf verdiepingen en hoogte van 45 m. is dit kantoorgebouw lange tijd het hoogste van Europa. Aangezien deze eerste Nederlandse 'wolkenkrabber' geen skeletconstructie bevat, maar is opgebouwd uit dikke dragende wanden (1,40-0,40 m.) met haaks daarop vier lichtere wanden voor de stabiliteit, is de reactie van de vakpers afwijkend. Ook de gevel van geglazuurde baksteen met mozaïeken en beelden wordt als kitsch beschouwd. Toch wordt het gebouw zeer populair in Rotterdam, mede door een openbaar uitkijkplatform op het dak ■ Eleven storeys and 45 m. high, this office block was for a long time Europe's tallest office building. Inasmuch as the first Dutch 'skyscraper' has no skeleton but is built up of loadbearing walls (1.40-0.40 m. thick) criss-crossed by four less-heavy wall partitions for stability, first professional press reports were negative. Its facade, too, of glazed brick with mosaics and statues was dismissed as kitsch. Yet this building has become very popular in Rotterdam due partly to the public viewing platform on its roof.

Wijnhaven/Geldersekade, Rotterdam

W. MOLENBROEK ■ 1897-1898

Arch 1982-2; Molenb 1

M22 PAALWONINGEN, BLAAKOVERBOUWING/POLE DWELLINGS, BLAAK HEIGHTS

Blaak/Spaansekade, Rotterdam

P. BLOM ■ 1978-1984

Plan 1985-1; Bouw 1985-20; Blom 1

A+U 1985-11

Deze overbouwing van een drukke verkeersweg vormt de apotheose in de paalwoningencyclus van Blom (zie ook Q19). De voetganger wordt hier verkeersvrij langs paalwoningen, winkeltjes en twee grotere kantoorruimtes naar de bebouwing aan de Oude Haven geleid. Daar is geprobeerd d.m.v. hoge dichtheden en een mediterrane vormentaal een sfeer en gezelligheid te scheppen. Aan de voet van de brug staat een woontoren, het 'potlood', een voorlopig hoogtepunt in de bizarre wereld van Piet Blom ■ Straddling a busy main road, this structure forms the climax of Blom's series of 'paalwoningen' (pole dwellings, see also Q19). Here the pedestrian is led without fear of traffic past paalwoningen, shops, and two larger office spaces to the Old Harbour layout. There, a high structural density and a Mediterranean vernacular aim to evoke warmth and conviviality. At the foot of the bridge is a residential tower block, known as the Pencil, a provisional high point in the bizarre world of Piet Blom.

M23 CENTRALE BIBLIOTHEEK/CENTRAL LIBRARY

Hoogstraat 110, Rotterdam

VAN DEN BROEK & BAKEMA ■ 1977-1983

J. Boot (proj.)

Plan 1983-5; Arch 1983-9; Bouw 1984-5

AJ 29-2-1984

In de nieuwe bibliotheek bevinden zich 250.000 boeken op zes trapsgewijs oplopende verdiepingen, verbonden door roltrappen in een vide onder een 'glazen waterval'. Een kern bevat stijgpunten en opslagruimtes; staf en administratie bevinden zich in een rechthoekig bouwblok. Het plan bevat voorts een krantenzaal, een klein theater en een informatiecentrum. Het plan wordt gedomineerd door een overdadig gebruik van de 45°-hoek in plattegrond en opstand en citaten uit recente architectuur ■ Rotterdam's new central library contains 250,000 books on six stepped levels reached by escalators in a void below a cascade of glass. A core includes lifts and storage space; staff and administration areas form a rectangular block. The plan further includes a newspaper reading-room, a small theatre, and an information centre. The whole is dominated by the exuberant use of 45° angles in plan and elevation and quotes from recent architecture.

M24 TWEE INDUSTRIEGEBOUWEN/TWO INDUSTRIAL BUILDINGS

Goudsesingel 82; Oostzeedijk 208-224, Rotterdam

H.A. MAASKANT, W. VAN TIJEN ■ 1948-1951; 1941-1947

BW 1951 p.388; Forum 1949 p.64, 1953 p.136

Werk 1949 p.64

Direct na de oorlog bestaat er grote behoefte aan bedrijfspanden, met name aan verhuurbare eenheden voor kleine bedrijven. Deze beide industrie-gebouwen zijn op verschillende manieren in te delen en bevatten collectieve ruimtes voor expeditie en opslag en een personeelskantine op het dak. Het eerste gebouw aan de Oostzeedijk is vanwege de schaarste aan cement en betonijzer geheel in baksteen uitgevoerd. Bij het tweede experimenteert Van Tijen reeds met zijn naoorlogse huwelijk tussen beton en baksteen ■ Immediately after the war there arose a great need for commercial properties, particularly rentable units for small companies. These two industrial buildings are variously subdivisible, and include communal zones for dispatch and storage, and a staff canteen on the roof. The first block on the Oostzeedijk was, owing to a scarcity of cement and iron for reinforcement, executed in brick. With the second block Van Tijen had already begun experimenting with his post-war marriage of concrete and brick.

SPAARBANK/SAVINGS BANK M25

Botersloot 25, Rotterdam

J.J.P. OUD ■ 1942-1955

Bouw 1951 p.319; Oud 3

Het gebouw is gelijktijdig met het BIM-gebouw (L15) in Den Haag ontworpen, maar pas twaalf jaar later gerealiseerd. Het gebruik van ornament en traditionele architectonische principes is hier veel minder uitgesproken. Evenals bij het BIM-gebouw gebruikt Oud witte handvormsteen en geometrische ornamenten in een streng symmetrische gevel. De centraal geplaatste ingang, voorzien van wanden van glazen bouwstenen, komt uit op een ovale centrale hal. Deze is inmiddels verbouwd ■ Designed at the same time as the BIM-building (L15) in The Hague, this one was built twelve years later. Use of ornament and traditional architectural principles are here less pronounced. Just as with the BIM-building Oud deployed white hand-formed brick and geometric ornaments in a severely symmetrical facade. An entrance centrally placed with glass block walls emerges in an oval main hall, since altered.

UITBREIDING ST. LAURENSKERK/EXTENSION OF A CHURCH M26

Grotekerkplein 25, Rotterdam

W.G. QUIST ■ 1976-1981

Arch 1982-12; Bouw 1982-20

Vijf met zwart natuursteen beklede kubussen vormen de uitbreiding van de door het bombardement van 1940 zwaar gehavende maar inmiddels gerestaureerde St. Laurenskerk. Plaats en schaal van de vrijwel geheel gesloten kubussen sluiten aan op de zijgevel van de kerk waarmee ze door glazen tussenstukken verbonden zijn. Ook de kubussen onderling zijn door glazen tussenleden verbonden, zodat de hoogte van de kerkramen zichtbaar blijft ■ Five black cubes clad in natural stone constitute the extension to the St. Laurenskerk, badly damaged in the 1940 bombardment but since restored. Position and scale of the almost completely closed cubes are geared to the side elevation of the church, the connections to which are executed in glass. The cubes, too, are thus interlinked and are low enough not to obscure the height of the church windows behind.

WONINGBOUW, STEDEBOUW/HOUSING, URBAN DESIGN HOFDIJK M27

Stroveer e.o., Rotterdam

J. VERHOEVEN ■ 1977-1983

Bouw 1984-13; Arch 1978-6

In dit project is getracht een woonwijk te ontwerpen met een 'eigen en tevens Rotterdamse' identiteit door de Rotte in een lus door het plan te trekken, een wijkeenheid op te bouwen uit kleine overzichtelijke elementen waarin door de repeterende 'Rotterdamse' kappen het individuele huis herkenbaar blijft, de woningen door een verhoogde woonstraat zoveel mogelijk vanaf de 'straat' te ontsluiten, en een sfeer te scheppen waarin 'een zo rijk mogelijke afspiegeling van het leven tot uitdrukking komt' ■ This project was an attempt to design a housing estate 'with an individual identity yet part and parcel of Rotterdam'. This was done by having the River Rotte thread through the plan; by building up a whole from small, manageable elements in which repeated use of stylised 'Rotterdam roofs' allows the individual unit to remain recognisable; by providing units by means of 'streets in the air' with as much 'street' access as possible; and by creating an atmosphere in which 'the fullest possible reflection of life may be expressed'.

M28 STADSVERNIEUWING/URBAN REDEVELOPMENT OUDE WESTEN

Kruiskade, Nieuwe Binnenweg e.o., Rotterdam

ACTIEGROEP OUDE WESTEN, P.P. HAMMEL ■ 1970

Lit 13; Lit 20

1. Studio 8 (B. Hoek) – Woningbouw, 1978; 2. P.P. Hammel – Wijkgebouw 'Odeon', 1971-1976, 1982; 3. P. Weeda – Woningbouw, 1984-1986;
4. J.B. Bakema – Verbouwing Theater/Bioscoop 't Venster, 1949-1953;
5. P.P. Hammel – Woningbouw, Winkels, Hotel, 1975-1977;
6. Van Wijngaarden (P. Bennehey) – Woningbouw met Parkeergarage, 1979-1981; 7. Loerakker, Rijnboutt, Ruijssenaars (R. Buiter) – Medisch Centrum, Woningen, 1981; 8. Girod & Groeneveld (J.P.H.C. Girod) – School, Clubhuis, Woningen, 1979-1984; 9. L. de Jonge (R. Roovers) – Renovatie woningen, 1983-1985; 10. W.G. Quist (C. van Gent) – School, Bibliotheek, Woningen, 1982-1984; 11. De Nijl (H. Engel, C. Scheen) – Woningbouw, 1983-1985; 12. Gemeentewerken (H. Völker) – Basisschool, 1982;
13. P. Weeda – Renovatie woningen en bedrijfsruimte, 1983,1986

Het Oude Westen, een negentiende-eeuwse wijk, wordt gekenmerkt door revolutiebouw in lange smalle straten. De langzame verpaupering van de wijk wordt begin jaren zeventig een halt toegeroepen als de bewoners samen met enkele architecten een actiegroep oprichten en de renovatie en herstructurering van de wijk voor de buurtbewoners afdwingen. Geen kaalslag, maar renovaties, opknapbeurten en kleinschalige nieuwbouw met betaalbare huren. Dit proces is inmiddels als 'stadsvernieuwing' geïnstitutionaliseerd. De voortvarendheid van de Rotterdamse aanpak oogst (internationale) lof; architectuur en stedebouw blijven echter achter bij de procedures en leiden tot de negatieve betiteling 'stadsvernieuwings-architectuur'. Dwarsverbindingen, wijkvoorzieningen en parkeergarages onder de woningen leiden tot een beter woonklimaat. Diverse vormen van renovatie, waarbij soms alleen de bouwmuren blijven staan, en nieuwbouw komen hier naast elkaar voor ■ A 19th century district, the Oude Westen is characterised by long, narrow streets of jerry-building. In the early '70s its slow decline was called to a halt when inhabitants together with several architects set up an action committee and demanded renovation and restructuring of the district in the interest of its residents. No swathe of demolition, but renovations, restorations, and small-scale redevelopment with rents locals could afford. This process has since been institutionalised as 'urban renewal'. The vitality of this approach received international acclaim; architecture and urban design, however, suffered during negotiations leading to the negative expression 'urban renewal architecture'. Connecting side streets, district facilities, and garages below houses have made living conditions more attractive. Development and various types of renovation, at times retaining only the structural walls, can here be found side by side.

M29 WIJKGEBOUW/DISTRICT CENTRE 'ODEON'

Gouvernestraat 60, Rotterdam

P.P. HAMMEL ■ 1971-1976/1982

Bouw 1977 p.677

Verbouwing en uitbreiding van een oud zalencomplex tot wijkcentrum met o.a. een sportzaal, crèche en vergaderruimte. De ruimtes zijn gekoppeld door een binnenstraat met lichtkap in de lengte van het gebouw. Een passage leidt naar een wijkpark. De excessieve vormentaal van bogen en hoeken van 45° is bont gekleurd (paars, oranje). Ook verlichting, inrichting en meubilair zijn geornamenteerd ■ Refurbishment and extension of an old block of halls as a community centre including sports hall, crèche, and meeting room. Volumes are interlinked by an inner street with rooflighting along the building's length. An arcade leads to a local park. The excessive vocabulary of arches and 45° angles is richly decked in purple and orange. Ornamentation extends to the interior, its lighting, and its furniture.

SCHOOL, CLUBHUIS, WONINGBOUW/SCHOOL, CLUBHOUSE, HOUSING M30

Josephstraat, Rotterdam

GIROD & GROENEVELD ■ 1979-1984

J.P.H.C. Girod (proj.)

Bouw 1985-9

Een strook van dertien maisonettewoningen vormt een continue straatwand boven diverse functies. Aan weerszijden van een poort bevinden zich een clubhuis en een basisschool, die doorloopt over het binnenterrein. Daarnaast een gymnastieklokaal met gevels van glazen bouwstenen. De puien zijn op diverse plaatsen vrijgehouden van het betonskelet. In kleur, materiaalgebruik en afwerking (trappehuizen, hekwerk, vide, brievenbussen en naamplaatjes) zijn (post)moderne accenten aangebracht ■ Above, a row of thirteen maisonettes form a streetwall. Below, next to a portal are a clubhouse, and a school which extends back into the courtyard. Next to the school is a gymnasium with glass brick skin. Lower fronts are at various points held clear of the concrete frame. Colour, use of material and finish (staircases, balustrading, void, letterboxes and name-plates) have a (post-)modern touch.

WONINGBOUW MET VOORZIENINGEN/HOUSING AND FACILITIES M31

Josephstraat/Gaffelstraat/Kogelvangerstraat, Rotterdam

W.G. QUIST ■ 1982-1984

C. van Gent (proj.)

Lit 20

Op een onderbouw bestaande uit een school, een clubhuis, een werkplaats en een bibliotheek zijn in twee stroken woningen geplaatst die worden ontsloten door een binnenstraat op de eerste verdieping. De maisonette-woningen zijn voor een deel op kleine flatwoningen geplaatst. In de vloer van de binnenstraat zijn ter plaatse van het dak van de school lichtdoorlatende tegels aangebracht ■ Built above an understructure consisting of school, clubhouse, workshop, and library and reached from an inner street on the first floor are two rows of dwellings (maisonettes built partly above smaller flats). The section of inner street above the school has been 'paved' with translucent tiles.

WONINGBOUW/HOUSING M32

Adrianastraat, Van Speykstraat, Rotterdam

DE NIJL ■ 1983-1985

H. Engel, C. Scheen (proj.)

WTABK 1985-23/24; Bouw 1986-8; Lit 20

Aantal invullingen in een bouwblok, dat onderbroken wordt door een dwarsverbinding met een school/buurthuis. Het blok bevat twee lagen maisonettes. De bergingen zijn op de begane grond-hoeken geconcentreerd. Door de beplating van de gevels in een gewaagde kleurstelling met ritmische verticalen, worden de individuele woningen ondergeschikt gemaakt aan de totaalcompositie van het bouwblok ■ Featured here are a number of infills in a housing block bisected by a passage to a school/community centre. The block comprises two levels of maisonettes with storage space concentrated in the ground floor corners. Bold colours and rhythmic verticals in the facades subordinate individual units to the block's totality.

M33 KANTOORGEBOUW/OFFICE BUILDING R. MEES & ZONEN

's-Gravendijkwal/Mathenesserlaan, Rotterdam

BRINKMAN & VAN DER VLUGT ■ 1929-1931

8 en O 1932 p.63

Dit bankfiliaal bevindt zich op een betrekkelijk klein terrein (8 x 12,5 m.) op de hoek van twee belangrijke straten. Boven de, in de gevel door zwart natuursteen geaccentueerde, onderbouw met publieksruimtes bevinden zich de kantoren op de eerste verdieping en een conciërgewoning, archief en koffiekamer op de tweede en derde verdieping. Het interieur is inmiddels verbouwd; het exterieur verkeert nog grotendeels in de oorspronkelijke staat ■ This branch of a bank stands on a fairly small site (8 x 12.5 m.) on the corner of two important streets. Above an understructure accentuated in the facade with black stone and containing reception areas are offices on the first floor, and a caretaker's lodge, archives, and coffee room on the second and third floors. The interior has since been altered, while the exterior is more or less in its original state.

M34 WOONHUIS SONNEVELD/PRIVATE HOUSE

Jongkindstraat 12, Rotterdam

BRINKMAN & VAN DER VLUGT ■ 1929-1933

8 en O 1934 p.77; vdVl 2

Deze villa was bestemd voor één van de directeuren van de Van Nellefabriek (N07). De woning bestaat uit een betegelde onderbouw met dienstruimtes en een studio op het zuiden, de woonvertrekken op de verdieping met een raamstrook over de gehele gevelbreedte, en de slaapvertrekken op de tweede verdieping. Zoals alle villa's van Van der Vlugt is ook deze woning voorzien van een dakterras. De draagconstructie bestaat uit een staalskelet. De woning is verbouwd tot kantoorruimte ■ This villa was intended for one of the directors of the Van Nelle factory (N07). The house has a steel frame and consists of a tiled understructure with services and a studio on the south side, living room on the first floor with a strip of fenestration the entire length of the facade, and bedrooms on the second floor. Like all Van der Vlugt's villas this one, too, has a roof terrace. The whole has been refurbished as an office.

M35 WOONHUIS BOEVÉ/PRIVATE HOUSE

Mathenesserlaan 9, Rotterdam

BRINKMAN & VAN DER VLUGT ■ 1931-1933

BW 1935 p.197; 8 en O 1934 p.77; vdVl 2

Gezien de slechte bodemgesteldheid is deze villa uiterst licht geconstrueerd. De draagconstructie bestaat uit een stalen skelet. De niet-dragende functie van de gevels wordt gedemonstreerd door een doorlopende glasstrook op de begane grond. Hier bevinden zich de woonvertrekken en een dokterspraktijk. De slaapkamers op de verdieping liggen aan een langgerekte gang en sluiten aan op een balkonstrook over de gehele lengte van de woning. Op het dakterras bevindt zich een gymnastiekkamer ■ Because of the poor state of the ground this villa has an extremely lightweight construction. Supported by a steel frame, the non-loadbearing aspect of its facades is expressed by a continuous glass strip on the ground floor. The latter contains living spaces and a doctor's practice. The bedrooms upstairs line an elongated corridor and share a balcony running the entire length of the house. The roof terrace also contains a gymnastics room.

MUSEUM BOYMANS-VAN BEUNINGEN M36

Mathenesserlaan 18, Rotterdam

A.J. VAN DER STEUR ■ 1928-1935

BW 1929 p.177, 1935 p.269; 8 en O 1936 p.106

Rond een binnenhof liggen in twee lagen tentoonstellingszalen; op de begane grond de kunstnijverheid en op de verdieping de schilderkunst, respectievelijk achter een zandsteen- en een baksteengevel. Deze laatste is 'ter verlevendiging' met twee formaten gemetseld. De toren is om esthetische redenen toegevoegd en bevat bergruimte. Het traditionele, op de Scandinavische architectuur geïnspireerde gebouw met een functionele plattegrond, werd scherp bekritiseerd door Nieuw-Zakelijke architecten ■ Ranged around an inner court are two levels of exhibition galleries – on the ground floor applied arts behind a sandstone facade, and upstairs painting – with a facade involving two sizes of brick 'for the sake of enlivenment'. The tower was added for aesthetic reasons and contains storage space. This building – traditional, of Scandinavian influence yet with a functional plan – was sharply criticised by architects of the Nieuwe Zakelijkheid ('New Objectivity').

UITBREIDING/EXTENSION MUSEUM BOYMANS-VAN BEUNINGEN M37

Mathenesserlaan 18, Rotterdam

A. BODON ■ 1963-1972

H. Salomonson (int.)

Bouw 1972 p.1450

De nieuwbouw past zich door het gebruik van baksteen aan bij het bestaande gebouw, maar heeft een grotere openheid naar de straat. De expositieruimte bestaat uit grote, flexibele ruimtes met neutrale, witte wanden. De expositieruimte is in drieën verdeeld door twee verkeersstroken. Op de verdieping zijn m.b.v. stalen sheddaken bovenlichten gevormd. De kantoren zijn ondergebracht in een laagbouwstrook ■ The new wing fits in well with the existing building because of its use of brick, but is more open to the street. The exhibition space consists of large, flexible areas with neutral white partition walls and is split into three by two walkways. On the upper floor, steel shed roofs provide lighting. Offices are housed in a low-rise strip.

KANTOORGEBOUW/OFFICE BUILDING UNILEVER M38

Rochussenstraat/Wytemaweg, Rotterdam

H.F. MERTENS ■ 1930-1931

BW 1931 p.445

Het gebouw bestaat uit twee blokken van ongelijke lengte, verbonden door een tussenlid en een monumentale entree aan een wegsplitsing. Het trappehuis (met ronde trap) en een vergaderzaal boven de entree zijn duidelijk geaccentueerd. Het betonskelet, in het interieur van de kantoorzalen goed zichtbaar, is aan de buitenzijde aan het oog onttrokken door donkere, massieve gevels van bruine baksteen in mozaïekpatronen. Nog geen twee jaar later realiseert Mertens het zeer moderne HAKA-gebouw (N04) ■ This office building is in two blocks of dissimilar length linked by a corridor and a monumental entrance where two roads meet. The circular stair and meeting hall above the entrance are clearly accentuated. The concrete frame, plainly visible within the offices, is outside obscured by dark, massive facades of brown brick in mosaic patterns. Less than two years later Mertens was to produce his ultra-modern HAKA-building (N04).

M39 MEDISCHE FACULTEIT/MEDICAL FACULTY

Wytemaweg, Rotterdam

OD 205 ■ 1965-1968

A. Hagoort, G. Martens (proj.)

J. Prouvé (gevelpanelen)

Bouw 1972 p.38; TABK 1972 p.453; PT-B 1971 p.967

Deze 114 m. hoge kolos beheerst de skyline van Rotterdam. De hoogbouw bevat laboratoria, de laagbouw collegezalen en administratieve ruimtes. Het betonskelet wordt geheel omsloten door wit gemoffelde aluminium sandwichpanelen ontworpen door Jean Prouvé. De uitzonderlijk snelle bouwtijd is bereikt door uit te gaan van flexibele standaardplattegronden en vergaande prefabricage. Dit bouwtechnisch bijzonder geslaagde gebouw is stedebouwkundig minder goed ingepast ■ This 114 m. high colossus dominates Rotterdam's skyline. The high-rise slab contains laboratories, the low-rise block lecture halls and administration. Its concrete frame is fully clad in white enamelled aluminium sandwich panels designed by Jean Prouvé. It was built in a remarkably short time by following flexible standard plans and using extensive prefabrication. Technically an exceptional accomplishment, its relation to its urban surroundings is less of a success.

M40 VAN DAM ZIEKENHUIS/HOSPITAL

Westersingel 115, Rotterdam

BRINKMAN & VAN DER VLUGT, J.H. VAN DEN BROEK/VAN DEN BROEK & BAKEMA ■ 1931-1938/1957-1960

BW 1939 p.265; 8 en O 1939 p.279 ■

Dit door Van der Vlugt ontworpen, maar na diens dood onder leiding van Van den Broek gebouwde, ziekenhuis bevat een polikliniek, dienst- en kantoorruimtes in de onderbouw, drie lagen met verpleegafdelingen daarboven en een operatie-afdeling met een dakterras op de bovenste verdieping. De constructie bestaat uit een betonskelet met lichte scheidingswanden en geglazuurde baksteengevels met stalen kozijnen. Het ziekenhuis is in 1957-1960 door Van den Broek & Bakema uitgebreid ■ Designed by Van der Vlugt, and after his death built under the direction of Van den Broek, this hospital comprises an out-patients', services and office spaces in the understructure, three levels of wards above, and an operating department with roof terrace on the top floor. Its structure consists of a concrete frame with lightweight partition walls, and facades of glazed brick with steel window and door frames. In 1957-1960 the hospital was extended by Van den Broek & Bakema.

M41 PARKLAANFLAT/BLOCK OF FLATS

Parkstraat 2, Rotterdam

W. van Tijen ■ 1933

8 en O 1933 p.139; BW 1935 p.59

De luxe appartementen in dit woongebouw van zeven verdiepingen beslaan elk een volledige verdieping. Voor zichzelf bouwde Van Tijen een appartement op het dak, waar een ruim dakterras uitzicht biedt op de haven. De draagconstructie bestaat uit een staalskelet met houten vloeren. Zonder het te weten realiseerde Van Tijen de eerste glazen vliesgevel in Nederland. Het draadglas in de puien en de balkonafscheidingen is daar waar deze ondoorzichtig dienen te zijn met grijze verf bedekt ■ Each luxury apartment in this seven-storey housing block occupies an entire floor. For himself Van Tijen built an apartment on the roof, where a spacious roof terrace looks out over the harbour. The loadbearing structure consists of a steel frame with wooden floors. Without knowing it Van Tijen had designed the first glass curtain wall to be built in the Netherlands. Wired glass both in lower fronts and balcony partitions was where privacy was requested painted grey.

EUROMAST; SPACETOWER M42

Parkhaven 20, Rotterdam

H.A. MAASKANT; GEMEENTEWERKEN ■ 1958-1960; 1969-1970

Bouw 1959 p.288; BW 1961 p.375; Bouw 1970 p.1766

TdT 1961 p.39

Attractietoren van 107 m. hoog, bestaande uit een betonnen schacht, (Ø 9 m.) met een scheepsbrug op 30 m. en een kraaienest op 100 m. hoogte. Het dynamisch vormgegeven kraaienest bevat een amphitheatergewijs restaurant en kraagt maximaal 12 m. uit. Deze staalconstructie is op de begane grond in elkaar gelast, afgewerkt en daarna opgevijzeld. Als de Euromast in 1970 het hoogterecord verliest aan de Medische Faculteit (M39), wordt de zgn. Space Tower geplaatst, een slanke stalen schacht, waaromheen een ringvormige kabine naar een hoogte van 176 m. cirkelt ■ Designed simply as an attraction, this 107 m. high 'mast' consists of a concrete shaft 9 m. in diameter with a ship's bridge at 30 m. and a crow's-nest at 100 m. The dynamically conceived crow's-nest comprises an amphitheatre-shaped restaurant cantilevering a maximum of 12 m. This steel structure was first welded, then faced, and finally hoisted into position. In 1970 when the Euromast lost its record height to the Medical Faculty (M39), a slender steel shaft, the 'Space Tower', was added, up which a ring-shaped cabin circles to a height of 176 m.

MAASTUNNEL, FILTERGEBOUWEN/TUNNEL, FILTER HOUSES M43

Parkhaven, Charloisse Hoofd, Rotterdam

J.P. VAN BRUGGEN (GEM. TECHNISCHE DIENST) ■ 1937-1941

A.J. van der Steur (arch.)

vdSt 1

De tunnel onder de Maas bestaat uit twee gescheiden kokers met elk twee rijbanen voor het gemotoriseerde verkeer en twee, boven elkaar gelegen, kleinere kokers voor fietsers en voetgangers. De betonnen tunnel is in delen geprefabriceerd en met een drijvende kraan naar hun plaats gebracht om te worden afgezonken. De hand van architect Van der Steur is vooral herkenbaar in de vormgeving van de beide filtergebouwen op de noord- en zuidoever ■ The tunnel under the River Maas consists of two separate tubes each of two lanes for motorised traffic and two smaller tubes, one for cyclists above another for pedestrians. The concrete tunnel is in prefabricated sections built beforehand and carried by floating crane to their destination and subsequently sunk. The influence of architect Van der Steur can be seen in the shape of the two filter houses on north and south banks.

SCHEEPVAART VEREENIGING ZUID/PORT EMPLOYERS' ASSOCIATION BUILDING M44

Pieter de Hoochweg 110, Rotterdam

W. KROMHOUT ■ 1920-1922

Bb 1925 p.249; Krom 1

Dit gebouw voor de vereniging van werkgevers in de Rotterdamse haven heeft een symmetrische plattegrond en een rijk gedetailleerde hoofdvorm. Sommige elementen zoals de boegvormige gevelbeëindigingen en de masten op het dak verwijzen naar de scheepsbouw. Een ander werk van Kromhout is het ertegenover gelegen gebouw van drukkerij Wyt & Zonen uit 1924-1925 (Pieter de Hoochweg 111) ■ This building for an employers' association in Rotterdam's harbour has a symmetrical plan and detailed main volume. Such elements as prow-shaped extremities in the facade and masts on the roof speak of the shipping world. By the same architect are the printing works opposite (Wyt & Zonen, Pieter de Hoochweg 111) dating from 1924-1925.

KAART/MAP N: ROTTERDAM

N01 BASISSCHOOL/INFANTS' AND PRIMARY SCHOOL DELFSHAVEN

Pieter de Hoochstraat 52, Rotterdam

DE NIJL ■ 1982-1984

B. Cohen, L. van Duin, H. Engel (proj.)

Bouw 1985-4

Deze basisschool bestaat uit acht lokalen, die trapsgewijs in twee lagen op het zuiden zijn georiënteerd. Op beide etages zijn enige werkkamers en een bijzonder lokaal toegevoegd. Hal- en gangruimte voor de lokalen zijn te gebruiken als spel- en studieruimte. Boven trappehuis en lokaalentrees is een lichtkap aangebracht. In tegenstelling tot de gesloten, formele straatgevel heeft de gevel aan de speelplaats een open karakter: een houten pui met glas en panelen toont functie en constructie van het gebouw ■ Infants' school and primary school are here combined in eight classrooms arranged stepwise in two storeys and orientated to the south. On both floors are a number of work spaces and an extra room. Hall and corridors in front of classrooms can be used as play or study space. Above the staircase and room entrances is a rooflight. The open character of the playground facade contrasts with the closed, formal street elevation. Glass and panels in a wooden framework reveal the building's function and structure.

N02 WONINGBOUW MET WINKELS/HOUSING AND SHOPS

Mathenesserplein, Rotterdam

J.H. VAN DEN BROEK ■ 1927-1929

Broek 1

Dit eerste woningbouwproject van Van den Broek behelst de architectonische verfraaiing van drie bouwblokken aan een Y-vormige wegsplitsing. Het ontwerp is gebaseerd op standaardplattegronden van bouwondernemers. Door toevoeging van twee torens en twee lage showrooms ontstaat een monumentaal verkeersplein. Deze stedebouwkundige opzet is terug te voeren op de vormprincipes van Berlage (G01) ■ This housing project, Van den Broek's first, embodies the architectural embellishment of three housing blocks at a fork in the road. The design is based on standard plans used by building contractors. By adding two towers and two low-rise showrooms he created a monumental square. This type of urban layout can be traced back to the formal principles of Berlage (G01).

N03 WONINGBOUW/HOUSING TUSSCHENDIJKEN

Jan Kobellstraat, Van Duylstraat, Rotterdam

J.J.P. OUD ■ 1921-1923

Plan 1981-9; Oud 3

AV 1925-I

Van de oorspronkelijk acht, door Oud in dienst van de gemeente ontworpen woonblokken resteert alleen dit blok. Blok IX uit Spangen (N10) diende als prototype voor het project. De eerder ontwikkelde binnentuin is hier royaler en beter uitgewerkt. In de verschillende bouwblokken is Ouds ontwikkeling naar een anonieme strakke straatgevel, waarin de individuele woning ondergeschikt wordt gemaakt aan de eenheid van het straatbeeld (benadrukt door de steeds plastischer hoekoplossingen) duidelijk te volgen ■ Of the original eight housing blocks built here by Oud as city architect this is the sole survivor. Block IX of the Spangen housing (N10) served as prototype for the project. The earlier developed inner garden is here more lavish and more successfully elaborated. The various blocks trace a clearly visible development towards an anonymous, taut street facade in which the individual dwelling is subordinated to the unity of the street image, emphasised by an increasingly plastic treatment of the corners.

Het gebouw voor de Coöperatieve Groothandelsvereniging 'De Handels-kamer' bevatte kantoor- en bedrijfsruimte, opslagplaatsen, een silo en een fabriek. Wegens de geringe breedte van het beschikbare terrein (15 m.), ingeklemd tussen kademuur en rijweg, kragen de verdiepingen aan weerszijden 2,30 m. uit. Onder de eerste verdieping kunnen spoorwagons voorrijden; de begane grond is op laadhoogte hiervan. Het gebouw is geconstrueerd als betonskelet met lichte scheidingswanden ■ Built for a cooperative wholesalers' society, 'De Handelskamer' is split into office and industrial areas, storage zones, silo, and factory. Owing to the narrowness of the available site (15 m.), crammed between harbour and roadway, all but the ground floor cantilever 2.30 m. on both sides. Below the first floor are rails enabling wagons to load at ground floor level. The building is concrete-framed with lightweight wall partitions.

HAKA-GEBOUW/BUILDING N04

Vierhavenstraat 40-42, Rotterdam

H.F. MERTENS, J. KOEMAN ■ 1931-1932

BW 1932 p.281, 1933 p.161; Bb 1934 p.105

In de jaren zeventig schaft de gemeente zich de Mercedes onder de kantoorgebouwen – een doos van SOM – aan. Aanvankelijk zouden twee torens op een veel geschikter plaats in het centrum aan de Leuvehaven verrijzen. Later zijn ze verbannen naar de rand van de stad en met een derde toren uitgebreid. De kantoorruimtes zijn gegroepeerd rond een lift/installatiekern. De gevels zijn bekleed met wit travertin. Toen de gemeente in 1978 twee torens betrok zijn deze op de begane grond gekoppeld door een bronskleurige onderbouw ontworpen door Gemeentewerken ■ In the '70s the City of Rotterdam bought the 'Mercedes among office slabs' – a box by Skidmore, Owings & Merrill. Originally two towers were to have been erected at a much more suitable location in the heart of the Leuvehaven. They were subsequently relegated to the edge of town and supplemented with a third tower. Office spaces are grouped around a core of lift and installations. Facades are clad in white travertine. In 1978 when the City took possession of two of the towers these were then joined up with a bronze-coloured understructure designed by Public Works.

KANTOORGEBOUW/OFFICE BUILDING 'EUROPOINT' N05

Marconiplein, Rotterdam

SKIDMORE, OWINGS & MERRILL ■ 1971-1975

Lit 15

Hoewel het driehoekige terrein voor tijdelijke bewoning is bedoeld, wordt het door Oud zorgvuldig en bijzonder gedetailleerd ingevuld. Er is uitgegaan van één standaardwoning die telkens aan de situatie wordt aangepast. Deze variatie op één thema en het aan De Stijl verwante kleurgebruik (zwarte straten, witte muren met een gele plint, blauwe deuren, gele kozijnen en goten en helderrode pannen) maken het 'Witte Dorp' tot Ouds meest levendige woonwijk. De woningen zullen binnenkort worden gesloopt ■ Though the triangular site was intended for temporary occupation it was filled in by Oud with great care and a wealth of detail. One standard dwelling constantly adjusted to fit its setting serves as basis. This variation on a single theme and the use of colour akin to that of De Stijl (black streets, white walls with a yellow plinth, blue doors, yellow frames and gutters, and pillarbox-red roofing tiles) make the Witte Dorp (White Village) Oud's most lively housing estate. Its dwellings are soon to be demolished.

WONINGBOUW/HOUSING OUD-MATHENESSE N06

Aakstraat/Baardsestraat/Barkasstraat, Rotterdam

J.J.P. OUD ■ 1922-1923

BW 1924 p.418; Plan 1972-9; Oud 3

AV 1925-I

N07 VAN NELLEFABRIEK/FACTORY

Van Nelleweg 1, Rotterdam

BRINKMAN & VAN DER VLUGT ■ 1925-1931

M. Stam (arch.)

J.G. Wiebenga (constr.)

Wend 1930-1; BW 1929 p.97; Bb 1929 p.128; KNOB 1970 p.123; vdVl 2; vdVl 3

AV 1933-I

Van der Vlugt wordt bij de bouw van deze koffie-, thee- en tabaksfabriek betrokken na de dood van M. Brinkman. Er is dan alleen een globaal structuurplan van de indeling van het terrein bekend. Het ontwerp van de fabriek is op vele punten innoverend. Dit is naast de inventiviteit van de jonge Van der Vlugt en zijn medewerkers vooral te danken aan de inzet van de opdrachtgever C.H. van der Leeuw. Naast het optimaal functioneren van het bedrijf is grote nadruk gelegd op het creëren van verbeterde werkomstandigheden voor de arbeiders.
De eigenlijke fabriek bestaat uit een strook werkruimtes in gebouwonderdelen van aflopende hoogte; acht lagen voor de tabaksfabriek, vijf lagen met een dubbelhoge tussenlaag voor de koffiefabriek en drie lagen voor de theefabriek. De verschillende fabrieken zijn onderling gekoppeld door gebouwdelen waarin trappen, toiletten en wasruimtes en mogelijkheden voor verticaal transport zijn opgenomen. Elk trappehuis heeft zijn eigen trapvorm. Aan de achterzijde van de tabaksfabriek ligt een magazijn met zaagtandkap. De fabrieken liggen langs een expeditiestraat en zijn via de voor het gebouw zo karakteristieke luchtbruggen verbonden met een strook expeditie- en opslagruimtes langs het water. In deze strook zijn tevens een rijwielberging, ketelhuis en werkplaatsen opgenomen.
De entree tot het terrein wordt gevormd door een vrijstaand kantoorgebouw dat de gebogen lijn van de expeditiestraat met zijn voorgevel volgt. Verspreid over het terrein liggen nog een kantine en sportvelden met enige sportgebouwtjes (inmiddels afgebroken). De betonvloeren van de fabriek worden gedragen door betonnen paddestoelkolommen. De gevel blijft daardoor kolomvrij, hetgeen tot uiting komt in de doorlopende stalen raamstroken die een maximum aan daglicht in de werkruimtes toelaten. Het kantoor bestaat uit een gebogen strook directievertrekken en een strook met de overige kantoorruimtes loodrecht op de expeditiestraat. De beide delen zijn verbonden door een dubbelhoge open kantoorruimte met glazen wanden en glazen spreekkamers. De ronde tearoom op het dak van de tabaksfabriek is tijdens de bouw toegevoegd om blijvend te kunnen genieten van het uitzicht.
Een belangrijke medewerker van Van der Vlugt is Mart Stam. Zijn inbreng is waarschijnlijk vooral bepalend geweest voor het strakke, uiterst functionele karakter van de fabrieken. Met de meest expressieve vormen van het

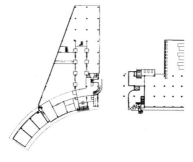

kantoor en de 'bonbon-doos' op het dak was hij het niet eens. Toch zijn het juist deze elementen die dit functionalistische meesterwerk een architectonische meerwaarde geven. Dit is toch voornamelijk Van der Vlugts inbreng, die het objectieve functionalisme koppelt aan een humane architectuuropvatting; een werkwijze die hij met Duiker en die heeft geleid tot de hoogtepunten van het Nieuwe Bouwen in Nederland.
■ Van der Vlugt became involved in the construction of this coffee, tea, and tobacco factory after the death of M. Brinkman. At that point there existed only a broad structural plan subdividing the site. The factory's design is in many ways revolutionary. Acknowledging the inventiveness of the young Van der Vlugt and his colleagues, this innovation is equally attributable to the dedication of the client, C.H. van der Leeuw. Besides optimal functioning of the concern great emphasis was placed on providing improved working conditions for employees.
The factory proper is in three volumes of decreasing height – one of eight levels for tobacco, a coffee section of five levels with a double-height entresol, and a three-level tea department. These three factory zones are interlinked by volumes containing stairs, toilets, washrooms, and space for lifts. Each stairhouse has its own shape of stair. At the rear of the tobacco section is a warehouse with sawtooth roof. All three zones adjoin a main service route, and are further connected by bridges (almost the hallmark of this factory) to a row along the water of dispatch and storage spaces, bicycle shed, boilerhouse, and workshops.
The entrance to the grounds is formed by a free-standing office building whose facade follows the curve of the service route. Spread across the rest of the site are sportsfields with a few small outhouses (since demolished), and a canteen. The factory's concrete floor slabs are supported by concrete mushroom columns, which leaves facades column-free – a state demonstrated by continuous strips of fenestration which flood the work areas with daylight. The office building consists of a curved row of managerial offices, the remainder being housed in a row at right angles to the service route. The two sections are linked by a double-height open office zone with glazed partitions and glazed cubicles. The circular tea room on the roof of the tobacco factory section was added during building to allow continued enjoyment of the view.
An important collaborator with Van der Vlugt on this venture was Mart Stam. His contribution is probably most appreciable in the taut, extremely functional character of the whole. He disagreed, however, with the more expressive forms of the office and the 'chocolate box' on the roof. Yet it is these elements, chiefly the work of Van der Vlugt, which give this Functionalist masterpiece its architectural superiority. This combination of an objective Functionalism and a humane view of architecture, an approach Van der Vlugt shared with Duiker, resulted in one of the absolute pinnacles of the Nieuwe Bouwen in the Netherlands.

N08 WONINGBOUW/HOUSING SPANGEN

Justus van Effenstraat e.o., Rotterdam

M. BRINKMAN/L. DE JONGE ■ 1919-1922/1982-1985

BW 1920 p.45; S&V 1924 p.197; Forum 1960/61 p.159

Casab 1985-juli/aug

In 1919 ontwerpt Michiel Brinkman in opdracht van de Rotterdamse Gemeentelijke Woningdienst een complex van 273 woningen in de wijk Spangen. De mogelijkheden van het gesloten bouwblok worden hier optimaal benut. Eén groot blok van 147 x 85 m. omsluit een binnenterrein, waar enige kleinere blokken staan, alsmede een centraal hoger gebouw dat c.v.-ruimte, badhuis en fietsenstalling bevat. Door het bouwblok loopt een openbare straat die zich splitst bij het voorzieningengebouw. Nieuw is de toepassing van een galerij, een verhoogde woonstraat, aan de binnenzijde van het blok. Hierdoor is het mogelijk een zeer grote dichtheid te realiseren, zonder te hoeven vervallen in ingewikkelde, veel ruimte innemende trappehuizen.

De ingangen van vrijwel alle woningen bevinden zich aan het binnenterrein. De woningen op de onderste twee lagen hebben hun entree op de begane grond en een tuin. Erboven bevinden zich twee maisonettes met een entree aan de galerij. Alle woningen bevatten een woonkamer, een keuken, toilet en drie slaapkamers. De woningen hebben centrale verwarming (voor het eerst toegepast in volkswoningbouw in Nederland) en een vuilstortkoker. Het binnenterrein wordt ontsloten door vier markante toegangspoorten, aan elke zijde één. Tien trappehuizen en twee goederenliften (voor de handkarren van de leveranciers) leiden naar de galerij, die 2,20-3,30 m. breed is. De galerij fungeert door deze royale maatvoering als verhoogde straat: kinderspeelplaats en balkon voor burencontact en huis-aan-huis-bezorgers. De galerij is van beton en verlevendigd met bloembakken, tegeltableaus en kijkspleten voor kinderen. Tussen de kolommen van de galerij zijn droogbalkons aangebracht. Er is een groot contrast tussen de strakke, ritmische straatgevels en de levendige gevel aan het binnenterrein. Elke woning heeft een buitenruimte.

Door toedoen van A. Plate, directeur van de Woningdienst en enkele socialistische wethouders wordt de aanvankelijke kritiek op het plan overwonnen. Deze is vooral gericht op het on-Hollandse karakter, de grote nadruk op collectiviteit en op de dure voorzieningen. Ook is men bang dat de combinatie van platte daken en een galerij 'gevaren van morele aard' zal opleveren. De toepassing van een galerij in de woningbouw is van zeer grote invloed in de Nederlandse architectuur. Ze dient als inspiratie voor steeds nieuwe generaties architecten, zoals bij de Bergpolderflat (N15), de Hengelose Es (B16), Buikslotermeer (H06) en Bleyenhoek (K40). In 1984 is

men gestart met de renovatie van het inmiddels wereldberoemde complex door architectenbureau L. de Jonge in nauwe samenwerking met de Rijksdienst voor Monumentenzorg. Twee maisonettewoningen worden samengevoegd tot één grotere vier- of vijfkamerwoning, zodat er ook weer gezinnen met kinderen in het complex kunnen wonen. De galerij wordt zorgvuldig hersteld en deels vervangen. Het oude badhuis wordt kinderdagverblijf en verenigingsruimte. Het binnenterrein blijft autovrij.

■ In 1919 Michiel Brinkman designed as commissioned by the Rotterdam Municipal Housing Agency an estate of 273 dwellings in the Spangen district. The possibilities of the closed housing block were here applied to the full. One large block of 147 x 85 m. embraces an inner court containing a few smaller blocks and a central taller building comprising central heating plant, baths, and bicycle shed. Running through the large housing block is a public street which forks at the facilities building. New at that time was the use of an access gallery, a raised walkway on the block's inner edge. This allowed a high housing density without resorting to complicated, space-consuming stairhouses. Entrances to almost all dwellings are on the inner court. Dwellings on the ground and first floors are entered at ground level and possess a garden. Above them are two maisonettes reached from the access gallery. All dwellings comprise a living room, kitchen, toilet, and three bedrooms, plus central heating (the first Dutch social housing to do so) and a rubbish chute. The inner court is gained from four striking gateways, one on each side. Ten staircases and two goods lifts for tradesmen's hand-carts lead to the access gallery, 2.20-3.30 m. wide. The latter, due to its ample width, functions as raised street – a children's play area and balcony for neighbourly contact and door-to-door services. Enlivening this concrete gallery are plant boxes, tiled artwork, and children's peep-holes. Between its columns are balconies for drying clothes. There is a great contrast between the taut, rhythmic street elevations and the lively facades facing the inner court. Each dwelling has an outdoor area.

Due to the intervention of A. Plate, director of the Housing Agency, and various socialist Aldermen, initial criticism of the plan was crushed. This was levelled especially at its 'un-Dutch' character, the emphasis on collectivity, and its expensive facilities. There were fears, too, that the combination of flat roofs and access galleries would lead to 'dangers of a moral nature'. The application of an access gallery to housing was to be of enormous influence in Dutch architecture. It has served as a continuing inspiration to new generations of architects – see the Bergfolderflat (N15), Hengelose Es (B16), Buikslotermeer (H06), and Bleyenhoek (K40). In 1984, work began on the renovation of this housing – by that time world-famous – by L. de Jonge's office in close collaboration with the State Service for the Care of Monuments. Two maisonette dwellings were combined into one larger four- or five-room apartment, so that families with children could once again live on the estate. The access gallery was carefully restored and partly replaced, while the former baths became a crèche and clubhouse. The inner court continues to remain traffic-free.

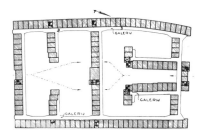

N09 WONINGBOUW/HOUSING SPANGEN BLOK I & V

Spaansebocht/Bilderdijkstraat, Rotterdam

J.J.P. OUD ■ 1918-1920

BW 1923 p.219; Plan 1981-9; Lit 48

AV 1925-I

Ouds eerste woningblokken in dienst van de gemeente Rotterdam zijn niet helemaal door hem ontworpen; de wanden langs de Bilderdijkstraat zijn van Meischke en Schmidt. Door een gelijke goothoogte en een doorlopende plint is de eenheid in de blokken bewaard. De blokken bestaan uit appartementen op de twee onderlagen met maisonettes daarboven. Alle woningen hebben hun voordeur aan de straat. Theo van Doesburg verzorgde de kleuradviezen voor de interieurs en ontwierp de glas-in-loodramen boven de deuren ■ Oud's first housing blocks as Rotterdam City Architect were not entirely his design, the walls on the Bilderdijkstraat being by Meischke and Schmidt. The alignment of eaves gutters and a continuous plinth preserve a unity within the blocks. Each consists of apartments on the two lower levels with maisonettes above. All units have front doors on the street. Theo van Doesburg gave advise on the interior colour schemes and designed the leaded windows above the doors.

N10 WONINGBOUW/HOUSING SPANGEN BLOK VIII & IX

Van Harenstraat/Jan Luykenstraat/Pieter Langendijkstraat, Rotterdam

J.J.P. OUD ■ 1919-1920

BW 1923 p.15; Plan 1981-9; Lit 48

AV 1925-I

Blok IX is Ouds eerste blok met een collectieve binnentuin; een ontwikkeling in de volkswoningbouw die op meerdere plaatsen min of meer gelijktijdig begon (zie ook N08 en H38). In tegenstelling tot de eerdere blokken zijn de woonkamers hier niet op de straat, maar op het binnenterrein gericht. Van blok VIII is alleen het gedeelte aan de Pieter Langendijkstraat door Oud ontworpen ■ Block IX was Oud's first with a communal inner garden; a development in social housing which evolved on different sites more or less simultaneously (see also N08 and H38). As opposed to earlier blocks the living rooms here overlook not the street but the inner courtyard. Of Block VIII only that section on the Pieter Langendijkstraat is by Oud.

N11 ASFALTCENTRALE/ASPHALT WORKS

Giessenweg 4-6, Rotterdam

P.P. HAMMEL, N. WITSTOK, N. ZWARTS ■ 1969-1974

N. Zwarts (proj.)

WTABK 1979-16/17

Het gebouw bestaat uit een toren en twee verdiepingen met bedieningskamers. Voor industriële architectuur is de gevel opvallend en kleurig: gele en zwarte geprofileerde metalen platen. De architectuurcriticus K. Frampton roemt deze pretentieloze, 'versierde schuur' en wijst op parallellen met het werk van hard-edge kunstenaars als Frank Stella en Donald Judd ■ These asphalt works consist of a tower and two storeys of work spaces. For industrial architecture the facade is striking and colourful with its yellow and black profiled steel plates. Architecture critic K. Frampton praises this unpretentious, 'decorated shed' comparing it to work by hard edge artists like Frank Stella and Donald Judd.

Gegroepeerd langs de hoofdas in de lengterichting van het park liggen de diverse dierenverblijven en -weiden. Het hoofdgebouw, de Rivièrahal, staat in verbinding met de hallen voor apen, dikhuiden en tropische dieren. In de decoratie van de gebouwen is geprobeerd de herkomst van de dieren te symboliseren. De gebogen lijn, een terugkerend vormthema in Van Ravesteyns werk, is ook in dit ontwerp alom aanwezig. De meeste gebouwen, met name de Rivièrahal, zijn in de loop der jaren verbouwd ■ Indoor and outdoor accommodation of animals are grouped along the principal axis following the length of the park. The main block – the 'Rivièrahal' – adjoins the houses for primates, pachyderms, and tropical fauna. Each building's decoration sets out to symbolise its occupants' place of origin. The curve, a recurring formal theme in Van Ravesteyn's work, is here to be found in abundance. Most of the buildings, in particular the Rivièrahal, have been subject to alteration over the years.

DIERGAARDE/ZOO BLIJDORP N12

Van Aerssenlaan 49, Rotterdam

S. VAN RAVESTEYN ■ 1937-1941

BW 1959 p.146; vR 1; vR 2

De woning is gesitueerd op de kop van een rij woningen en heeft alle kenmerken van een functionalistische 'witte' villa: een flexibele plattegrond met schuifwanden; witgepleisterde wanden; langwerpige stroken stalen ramen; een staalskelet, zichtbaar (bekleed) in gevel en bij de balkons; een dakterras met als vrije vorm een logeerkamer. De woning is in vrijwel ongewijzigde staat, afgezien van de opbouw rond het trappehuis uit de jaren vijftig ■ This residence, standing at the head of a row of houses, has all the features of a Functionalist 'white' villa: a flexible plan with sliding partitions; white-plastered walls; elongated strips of steel-framed windows; a steel structure, clad but visible in the facade and at the balconies; and a roof terrace with a free-form spare room. The house has changed little over the years, except for a small staircase extension dating from the '50s.

WOONHUIS GESTEL/PRIVATE HOUSE N13

Bentincklaan 23, Rotterdam

J.H. VAN DEN BROEK ■ 1937-1939

Broek 1

De diverse ruimtes zijn gesitueerd aan een lange gang over twee verdiepingen; deze gang variëert in breedte en functioneert plaatselijk als overblijf-, expositie-, studie- en ontmoetingsruimte. Het gebouw bestaat uit een stafvleugel boven de weg, een conciërgewoning, een aula over twee verdiepingen in het hart van de school, een rij vaklokalen, en aan het eind een gymnastieklokaal. De theorielokalen zijn in de hoogbouw geconcentreerd. Elke functie heeft een eigen architectonische uitdrukking in ruimtevorm, gevel en constructie ■ The various spaces are ranged along a lengthy corridor two storeys high. This corridor is of changing width and variously serves as space for exhibitions, study, encounter, and for those lunching at school. The building comprises a staff wing above the road and porter's residence, a central double-height aula, a row of classrooms, and at the far end a gymnasium. The theoretical side is concentrated on the upper floor. Each function has its own architectonic expression in its spatial form, facade, and structure.

MONTESSORILYCEUM/SCHOOL N14

Schimmelpenninckstraat 20, Rotterdam

VAN DEN BROEK & BAKEMA ■ 1955-1960

J.M. Stokla (proj.)

Bouw 1960 p.1170

B+W 1959 p.383; AdA 1961-feb/ma; Broeba 1

N15 BERGPOLDERFLAT/BLOCK OF FLATS

Abraham Kuyperlaan/Borgesiusstraat, Rotterdam

W. VAN TIJEN, BRINKMAN & VAN DER VLUGT ■ 1932-1934

BW 1934 p.361; 8 en O 1934 p.45; Bb 1934 p.173, 1935 p.243; vdVl 2

De Bergpolderflat vormt in feite het prototype voor vele later gebouwde schijfvormige woongebouwen. Ondanks het feit dat de gemeente Amsterdam hoogbouw voor arbeiderswoningen economisch onverantwoord acht en de woontoren voor beter gesitueerden aan het Victorieplein (G16) een commerciële mislukking blijkt, durven een aantal Rotterdamse ondernemers de proef met hoogbouw voor arbeiders aan. In tegenstelling tot de formele uitgangspunten van de Amsterdamse toren (een verticaal accent in Berlages plan voor Amsterdam-Zuid) zijn de Rotterdamse motieven voor hoogbouw economisch, sociaal en praktisch van aard. Men gaat uit van de hygiënische voordelen van de toetreding van zonlicht en lucht en de mogelijkheden tot aanleg van ruime groenvoorzieningen tussen de blokken, gekoppeld aan de economische voordelen van een vergaande standaardisatie en prefabricage om tot concurrerende huurprijzen te komen. Het gebouw bestaat uit negen woonlagen van elk acht door een galerij ontsloten identieke woningen. De galerijen zijn bereikbaar via een lift achter het glazen trappehuis op de kop van de schijf. Doordat de lift stopt op een tussenbordes worden telkens twee galerijen per stopplaats ontsloten. De woningen, inwendig zes meter breed en acht meter diep, zijn verdeeld in een smalle en een brede zone. De brede zone bevat aan de galerijzijde de entree, de keuken, een toilet en een wasruimte en aan de balkonzijde de woonkamer. De smalle zone bevat een kinderslaapkamer aan de galerijzijde en een ouderslaapkamer aan de balkonzijde. De wand tussen de woonkamer en de ouderslaapkamer is geheel beglaasd en voorzien van schuifdeuren. De constructie bestaat uit een staalskelet met windkruisen tussen de in lichte drijfsteen uitgevoerde scheidingswanden. De vloeren zijn van hout, om de drie verdiepingen afgewisseld door een brandvrije betonvloer. Trappen, galerij- en balkonvloeren zijn van geprefabriceerd beton. De houten puien met stalen bewegende delen zijn eveneens geprefabriceerd.
Op de begane grond bevinden zich bergingen en nog steeds functionerende was- en droogcellen. Hier was tevens ruimte gereserveerd voor een crèche. Door een lager gebouwdeel loodrecht op de schijf langs de straat te leggen, voegt het op zich vreemde hoogbouwelement zich in het stratenpatroon van zijn omgeving, krijgt de entree een accent en wordt de collectieve tuin van de straat afgeschermd. Het zijn vooral deze extra voorzieningen die het wonen in deze hoogbouw een kwaliteit gaven die in de latere navolgers vrijwel ontbreekt, waardoor de ontegenzeglijke nadelen van hoogbouw niet meer

worden gecompenseerd. De kleine woningen zijn inmiddels aangepast aan de huidige normen.

■ The Bergpolderflat constitutes the prototype for many later slab-shaped housing blocks. Despite the fact Amsterdam Municipality had condemned as economically irresponsible the housing of workers in high-rise blocks, and the tower block of flats 'for the better off' in the Victorieplein (G16) proved a financial disaster, several Rotterdam contractors plucked up courage and tackled the problem of high-rise housing for workers themselves. As opposed to the formal basic premises behind the Amsterdam block (among them a vertical accentuation for Berlage's Amsterdam-Zuid masterplan), reasons to build high in Rotterdam were by nature economical, social, and practical. They were based on the advantages to health of sun and light penetration, the possibilities of ample green space in-between blocks, and the economic advantage of a far-reaching standardisation and prefabrication, leading to competitive rents.
The building consists of nine levels of housing each containing eight identical gallery flats. The access galleries are reached using a lift behind the glazed stairhouse at the building's head, which stops at intermediary levels each serving two galleries. The dwelling units, each of six metres wide by eight metres deep, are subdivided into a narrow and a wide zone. The latter contains on the access gallery side entrance, kitchen, toilet, and washroom, with the living room on the balcony side. The narrow zone comprises a children's bedroom on the gallery side and parents' bedroom adjoining the balcony. The structure consists of a steel frame with X-shaped wind braces between partition walls of lightweight sandstone. Floors alternate upwards between two of wood and one of concrete as a fire precaution. Stairs, access galleries, and balcony floors are of prefabricated concrete. Wooden fronts with movable steel sections are prefabricated too.
On the ground floor are storage spaces, and washing and drying facilities which are still used today. Space was also provided for a children's nursery. By placing along the street a lower volume at right angles to the slab, the latter – in itself an alien element – has been scaled to its surroundings, its entrance accentuated, and the communal gardens screened from the street. These extra facilities are the main reason why living in this high-rise block has a quality almost entirely lacking in its successors in which the undeniable disadvantages of high-rise are no longer compensated for. The small dwelling units have since been adapted to current norms.

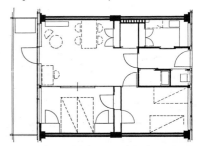

N16 WONINGBOUW/HOUSING

Vroesenlaan/Van der Horststraat/Navanderstraat, Rotterdam

J.H. VAN DEN BROEK ■ 1929-1935

BW 1936 p.225; Broek 1

Dit project neemt een centrale plaats in bij de overgang van gesloten bouwblok naar open (stroken-)verkaveling. Het bouwblok met een kleuterspeelzaal in de hoek is open naar de parkzijde en omsluit een grote siertuin. De woningen liggen een halve verdieping boven straatniveau; eronder is ruimte voor bergingen, was- en speelruimte. De woningen zijn geconstrueerd in een betonskelet, een zeldzaamheid in die tijd. Door glazen schuifpuien is de indeling van de woning te wijzigen van een dag- in een nachtvariant ■ This project occupies an important place in the transition from closed housing block to open (row) planning. The housing block with a children's playroom in one corner is open on the park side and encloses a large ornamental garden. The dwellings are raised half a storey above street level allowing for storage, wash, and play space below, and are concrete-framed, a rarity in those days. Sliding glass partitions allow different internal subdivision of the houses for day and night.

N17 WONINGBOUW, STEDEBOUW/HOUSING, URBAN DESIGN

Ungerplein/Schiekade, Rotterdam

J.H. VAN DEN BROEK ■ 1931-1936

Bb 1936 p.75; Broek 1

De bebouwing vormt een plein aan de Schiekade: een traditionele straatwand met poorten wordt gecombineerd met een flatgebouw van twaalf lagen. Per verdieping zijn rond een trappehuis en lift twee luxueuze woningen gesitueerd; de grote woning is gericht op de verkeersweg, de kleinere op het plein. Het gebouw is geconstrueerd als betonskelet. Op de begane grond was een restaurant gevestigd. De flat is gerenoveerd en bevat nu kantoren ■ This development, forming a square off the Schiekade, combines a traditional street wall with a twelve-storey block of flats. On each floor around a staircase and lift are two luxurious apartments, the larger facing the main street and the less-large the square. On the ground floor of this concrete-framed building there was originally a restaurant. The block has since been renovated and now contains offices.

N18 WOONHUIS SNOEK/PRIVATE HOUSE

C.N.A. Looslaan 15, Rotterdam

J.H. VAN DEN BROEK ■ 1937-1939

Broek 1

De woning bestaat formeel en functioneel uit drie hoofdvolumes: een entreegedeelte, een woongedeelte en een garage met logeerkamer. Om optimaal van het riante uitzicht over de plas te kunnen profiteren is het woongedeelte een half niveau boven het maaiveld geplaatst. De grote woonkamer is d.m.v. schuifwanden in drie gedeeltes te verdelen. De gevel aan de straatzijde is gesloten en van gepleisterde baksteen, de achtergevel is vrijwel geheel beglaasd. Het interieur is ingrijpend gewijzigd ■ This house consists in both form and function of three main volumes: an entrance area, a living area, and a garage with spare room. To make the most of the superb view across the lake the living area is raised half a storey. The large living room can be subdivided into three using sliding partitions. While the street elevation is closed and of plastered brick, the rear is virtually all glass. The interior has since undergone drastic revision.

SCHOOL, BUURTHUIS/SCHOOL, NEIGHBOURHOOD CENTRE N19

Martinplein, Rotterdam

VAN DEN BROEK & BAKEMA ■ 1983-1984

Z. Zavrel (proj.)

Bouw 1985-23

Het gebouw bestaat uit een rechthoekig buurthuis en een kwartcirkel op het zuiden, waar de school in twee lagen van vier lokalen rond een gemeenschappelijke ruimte is gesitueerd. Bepaalde ruimtes in het buurthuis zijn ook door de school te gebruiken. Het buurthuis is met een uitnodigende ingang aan het plein gesitueerd. Een gebogen kap accentueert de grote, multifunctionele zaal. De draagconstructie is uitgevoerd in staal, waar mogelijk in het zicht gelaten ■ This building consists of a rectangular community centre and a school in the form of a quadrant on the south elevation – two levels of four classrooms about a communal space. Certain areas of the community centre are also available to the school. The centre, its steel frame left showing where possible, has its inviting entrance on the square. A vaulted roof emphasises its large, multi-functional hall.

PLASLAANFLAT/BLOCK OF FLATS N20

Kralingse Plaslaan/Ramlehstraat, Rotterdam

W. VAN TIJEN, H.A. MAASKANT ■ 1937-1938

8 en O 1938 p.99; Plan 1970 p.580

Van Tijens tweede woonschijf bevat duurdere woningen dan de Bergpolderflat (N15). De hoofdopzet is echter gelijk: bergingen en collectieve voorzieningen op de begane grond, een lage uitbouw langs de straat, een galerijontsluiting en één liftstopplaats per twee verdiepingen. Alleen de draagconstructie is anders; een betonskelet bleek goedkoper en beter. De woningplattegronden zijn nagenoeg gelijk, alleen bevat elke verdieping slechts vier woningen en zijn de kopwoningen groter. Van de bedoelde veertien lagen zijn er slechts tien uitgevoerd ■ Van Tijen's second block of flats contains units more expensive than those of the Bergpolderflat (N15). The principal layout however is the same – storage and communal facilities on the ground floor, a low-rise section along the street, access galleries, and a lift serving two storeys per stop. Only the loadbearing structure is different: a concrete frame appeared cheaper and more effective. Dwelling plans are virtually alike, though each floor contains only four dwellings and those at each end are larger. Of the intended fourteen storeys only ten were realised.

CLUBGEBOUW/CLUBHOUSE KRALINGSCHE ZEIL- EN ROEIVERENIGING N21

Kralingse Plaslaan 113, Rotterdam

W. VAN TIJEN ■ 1936

8 en O 1937 p.243; Plan 1970 p.574

Door alle utilitaire ruimtes op de begane grond te situeren blijft de gehele verdieping vrij voor de clubzaal en de bar. Een ruim balkon en grote glazen puien in de gevel bieden een riant uitzicht over de Kralingse Plas. Het dak, dat zo veel mogelijk wordt vrijgehouden van de wanden, rust op gebogen spanten die zijn vervaardigd uit met vliegtuiglijm op elkaar verlijmde houten vloerdelen ■ In locating all utility spaces on the ground floor the entire upper level has been kept free for clubroom and bar. A roomy balcony and large glazed fronts offer a generous view across the lake (Kralingse Plas). The roof, kept separate where possible from the walls, rests on curved rafters constructed of wooden floorboards fixed together with aeroplane glue.

N22 WOONHUIS VAN DER LEEUW/PRIVATE HOUSE

Kralingse Plaslaan 38, Rotterdam

BRINKMAN & VAN DER VLUGT ■ 1927-1929

BW 1930 p.241; Arch 1982-5; WTABK 1983-20; vdVl 2

AV 1933-I

Deze villa voor C.H. van der Leeuw, de opdrachtgever van de Van Nelle fabriek (N07), bestaat uit dienstvertrekken op de begane grond, woonvertrekken op de eerste, slaapvertrekken op de tweede verdieping en een dakterras met een solarium/gymnastiekruimte. De tuingevel bestaat uit een vrijwel geheel beglaasd stalen skelet. De verschillende verdiepingen worden verbonden door een stalen spiltrap in de hoek van een dubbelhoge wintertuin aan de zuidzijde. Het interieur is verbouwd ■ This villa for C.H. van der Leeuw, who commissioned the Van Nelle factory (N07), consists of services on the ground floor, living spaces on the first floor, bedrooms on the second, and a roof terrace with solarium/gymnastics room. The garden facade is virtually all glass with a steel frame. All levels are joined by a steel spiral stair in the corner of a double-height winter-garden on the south side. The interior has since been altered.

N23 WOONHUIS VAES/PRIVATE HOUSE

Plaszoom 1, Rotterdam

BRINKMAN & VAN DER VLUGT ■ 1932-1935

vdVl 2

Dit woonhuis is de laatste door Van der Vlugt ontworpen villa. Opvallend element is de halfronde beëindiging van één van de gevels. Hier bevindt zich op de begane grond een werkkamer en op de verdieping een slaapkamer. De woonruimtes op de begane grond sluiten aan op een verhoogd terras. Vanaf het dakterras, een terugkerend element in Van der Vlugts villa's, wordt een wijds uitzicht over de Kralingse Plas geboden. De villa is inmiddels verbouwd ■ This house was Van der Vlugt's last villa design. Worthy of note is the semi-circular end of one of its facades, which contains a workshop/studio on the ground floor and a bedroom upstairs. Living spaces on the ground floor are connected to a raised terrace. The roof terrace, a recurring element in Van der Vlugt's villas, offers a panoramic view across the lake (Kralingse Plas). The villa has since undergone alteration.

N24 EIGEN WOONHUIS 'YPENHOF'/THE ARCHITECT'S HOUSE

Kralingseweg 179, Rotterdam

J.H. VAN DEN BROEK ■ 1948-1952

Forum 1956 p.148; Broek 1

AD 1954 p.227; B+W 1956 p.83

De woning bestaat uit een groot rechthoekig blok, met garage, slaapkamer, werkkamer en een dubbelhoge woonkamer met insteekverdieping, en een kleiner blok met entree en keuken. De woning is vrijwel gesloten naar de straatkant; de tuingevel daarentegen is d.m.v. tweeverdiepinghoge glazen schuifdeuren geheel te openen. Aan deze zijde is ook een balkon met stalen trap. De gepleisterde gesloten baksteen wanden zijn dragend, bij de tuingevel staan ronde stalen kolommen ■ This house consists of a large, rectangular block containing garage, bedroom, studio and a double-height living room with mezzanine floor, and a smaller block with entrance and kitchen. It is virtually closed to the street; the garden elevation, on the other hand, can be opened up completely using glazed sliding partitions two storeys high. On this side too is a balcony with steel stair. The plastered, closed brick walls are loadbearing. Round steel columns stand along the garden elevation.

MANEGE, WOONHUIS/RIDING SCHOOL, PRIVATE HOUSE N25

Kralingseweg 120, Rotterdam

W. VAN TIJEN ■ 1937

8 en 0 1937 p.239; Plan 1970 p.576

Van Tijen, die deze opdracht kreeg 'omdat hij zo goedkoop kon bouwen', heeft inderdaad een eenvoudig en doeltreffend geconstrueerd gebouw geleverd. Het complex bestaat uit drie onderdelen: de stallen aan de noordzijde, een dubbele woning aan de zuidzijde en daartussen de eigenlijke manege. Deze bestaat uit een dubbelhoge dressuurruimte met langs één van de lange zijden een tribune en een glazen foyer/clubruimte, met kleed- en tuigkamers daaronder ■ Van Tijen, given this commission 'because he could build so cheaply', did indeed come up with a simple and effectively constructed building. The block is in three sections: stalls on the north side, a double house on the south side, and in-between these the riding school itself. This consists of a double-height dressage area with a tribune on one of its long sides, and a glazed foyer/clubroom with changing-room and tackroom below.

CLUBGEBOUW/CLUBHOUSE ROTTERDAMSE GOLFCLUB N26

Kralingseweg 200, Rotterdam

BRINKMAN & VAN DER VLUGT ■ 1933

Dit clubgebouw is één van Van der Vlugts minst bekende en zelden gepubliceerde werken. Het toont de ontwikkeling in zijn werk naar een vrijere, meer expressieve vorm, die echter steeds gerealiseerd wordt met functionele middelen. Het gebouw bestaat uit een langwerpig gedeelte, ingeschoven in een hogere, ronde verenigingszaal ■ This clubhouse is one of Van der Vlugt's least known and seldom discussed works. It demonstrates the development in his work towards a freer, more expressive form, still realised, however, using functional means. The building consists of an oblong section slotted into a taller, circular clubroom.

WOONHUIS/PRIVATE HOUSE 'DE BOOGERD' N27

's-Gravenweg 69, Rotterdam

M.J. GRANPRÉ MOLIÈRE ■ 1929-1930

BW 1930 p.18

Deze woning voor de bankier Van der Mandele, initiatiefnemer van Tuindorp Vreewijk (N41), is een zuiver voorbeeld van het archetypische huis: bakstenen muren, een zadeldak belegd met pannen, kleine ramen in houten kozijnen en vrijwel symmetrische gevels. Een gebouwde beginselverklaring van de Delftse School met 'een eenvoud die eenvoudigen voorbij doet gaan zonder om te zien, een eenvoud die gevoeligen voor verhouding doet stilstaan in bewondering' ■ This house for banker Van der Mandele, originator of Vreewijk garden estate (N41), is a perfect example of the archetypal house – brick walls, a gabled roof with tiles, small wooden-framed windows, and almost symmetrical facades. A three-dimensional statement of intent by the Delft School – 'a simplicity which eludes the simple passer-by, but which makes those sensitive to proportion stop in wonder'.

N28 WONINGBOUW/HOUSING

Gerdesiaweg/Willem Ruyslaan, Rotterdam

K. RIJNBOUTT (VDL) ■ 1977-1982

E. Meisner, Sj. Soeters (arch.)

Arch 1982-5; Bouw 1983-17; VDL 1

Op een gebied dat oorspronkelijk als groenzone was bestemd zijn 280 woningen gebouwd. De plaatsing van de woningblokken is aangepast aan de nogal chaotische omgeving met een metro-tracé dwars door het gebied. Hoofdbestanddeel van de bebouwing is een poortgebouw over de Gerdesiaweg met loodrecht daarop twee L-vormige blokken waardoor een binnenplein is ontstaan. Enige verspreid liggende kleinere blokken sluiten aan op de omringende bebouwing ■ Standing on a site originally intended as green space are 280 dwellings, in blocks adapted to their somewhat chaotic surroundings with a Metro route tunneling right across the site. Principal element is a portal building straddling the Gerdesiaweg which with the two L-shaped blocks at right angles to it creates an enclosed square. Several smaller blocks scattered nearby merge with the surrounding built environment.

N29 DUBBEL WOONHUIS/DOUBLE PRIVATE HOUSE

Essenlaan 77-79, Rotterdam

W. VAN TIJEN ■ 1936

8 en O 1937 p.241; Plan 1970 p.575

De woonverdieping van deze twee gekoppelde woningen is geheel open of met glazen (schuif-)wanden op te delen. Karakteristiek voor de woningen zijn de door de zijgevel brekende, halfronde, stalen trappuien. Een vergelijkbare woning van Van Tijen is gesitueerd aan de Ouddorpweg 26 ■ The living level of this double residence is entirely open – or subdivisible with glazed sliding partitions. A distinguishing feature is provided by a semi-circular stair section in steel and glass projecting through the side elevation. A similar house by the same architect stands on the Ouddorpweg no. 26.

N30 ADRIAAN VOLKERHUIS/OFFICE BUILDING

Oostmaaslaan 71, Rotterdam

MAASKANT, VAN DOMMELEN, KROOS ■ 1970-1973

P.J. Gerssen (proj.)

Bouw 1974 p.991; Plan 1984-9

Twee Z-vormige kernen zijn in glijbekisting gerealiseerd, waarna het gebouw in recordtijd wordt opgebouwd uit geprefabriceerde gevelplaten, -balken en TT-vloerplaten. De 'toren' heeft een complexe plattegrond, opgebouwd uit vloervelden van 7,20 x 7,20 m., die vrij indeelbare kantooreenheden vormen. De gevels, 16 witte en 14 zwarte schijven, resp. sandwich betonelementen met witte toeslag en donker zonwerend glas met zwarte (geanodiseerde) aluminium borstweringen, doorbreken met hun verticalisme de bouwhoogtebeperking van 60 m. ■ Two Z-shaped cores in slipform enabled this office building to be erected in record time using prefabricated front panels and posts, and reinforced concrete floor panels. The tower has a complex plan based on areas of 7.20 x 7.20 m. which form freely subdivisible office units. Facades of 16 white and 14 black vertical strips – the former in concrete sandwich elements faced in white, the latter in black sunproof glass and aluminium – help compensate with their verticality the limited height of 60 m.

WOONGEBOUW/HOUSING BLOCK N31

Herman Bavinckstraat, Rotterdam

P. DE BRUIJN ■ 1981-1983

Bouw 1984-26; Lit 20

Het gebouw sluit een nieuwbouwwijk visueel en geluidstechnisch af van een verkeersweg. De woningen zijn op het zuiden georiënteerd. De begane grondwoningen worden vanaf straatniveau ontsloten; twee dubbelhoge galerijen ontsluiten daarboven elk drie woonlagen, hetgeen in de noordgevel tot uiting komt. Het verticale transport vindt plaats door twee trappenhuizen in 'punt' en 'staart' van het 200 m. lange blok en twee liften t.p.v. de knikken in de gevel, waar zich ook de hoofdtoegangen bevinden ■ This building screens a housing estate both visually and acoustically from a main road. All dwellings face south; those on the ground floor are entered at streetlevel. Above them two double-height access galleries each serve three levels, expressed in the north elevation. Vertical transport is via two staircases in the head and tail ends of the 200 m. long block and two lifts at shifts in the frontage where the main entrances are also situated.

WONINGBOUW/HOUSING N32

Herman Bavinckstraat e.o., Rotterdam

W. PATIJN, J. MULDER (DIENST VOLKSHUISVESTING) ■ 1981-1984

Arch 1985-3; Bouw 1985-7; Pat 2; Lit 20

Bauwelt 1984-17

Vijf in lengte variërende rechte blokken en twee geknikte blokken staan op een driehoekig terrein. De woningen zijn zodanig ontworpen dat verschillende plattegronden binnen de basisstructuur mogelijk zijn. In de dragende betonwanden zijn sparingen aangebracht zodat verschillende koppelingsmogelijkheden ontstaan. De niet-dragende scheidingswanden zijn gemakkelijk te verwijderen. De gevels zijn opgebouwd uit witte betonsteen en houten kozijnen waarvan de kleur per straat en binnengebied verschilt ■ Two angled blocks, and five straight ones of varying length occupy a triangular site. Dwellings are so designed as to make possible a variety of plans within a basic structure. Loadbearing concrete walls include slots providing a choice of subdivision within each unit (or even between two). Non-loadbearing walls are easily replaced. Facades are of white concrete brick with wooden window and doorframes that differ in colour per street and inner court.

HERGEBRUIK FILTERGEBOUWEN/CONVERSION OF FILTER HOUSES N33

Watertorenweg 336, Rotterdam

A.J. VAN DER STEUR/W. PATIJN, J. MULDER ■ 1928-1929; 1941; 1950/1979-1983

Pat 1

Casab 1983-april

De in onbruik geraakte filtergebouwen van het voormalig drinkwaterleidingbedrijf zijn verbouwd tot woningen voor een- en tweepersoonshuishoudens. De oorspronkelijke leidingstraat is getransformeerd tot een dubbelhoge corridor annex binnentuin van waaruit de woningen zijn ontsloten. De maat van de woningen is gebaseerd op de maat van de oorspronkelijke filterbakken waarop ze zijn gebouwd. Hierdoor is een voorbeeldig hergebruikproject ontstaan met een voor deze woningtypes ongekende ruimtelijke kwaliteit ■ Disused filter houses of a former waterworks have been recast as dwellings for one to two persons. The original service channels have each been transformed into a combined double-height corridor and inner garden off which are dwelling entrances. Size of the units stems from that of the original filter tanks on which they stand. The result is an exemplary refurbishment with a spatial quality hitherto unknown in this type of dwelling.

N34 DRINKWATERPRODUKTIEBEDRIJF/WATERWORKS

Schaardijk 150, Rotterdam

W.G. QUIST ■ 1973-1977

Bouw 1978-15

Het complex bestaat uit een spaarbekken, een pompstation, een doseringsgebouw, een filterinstallatie, een dienstgebouw en twee grote druppelvormige reinwaterreservoirs (zie ook K42). De afgeschuinde hoeken van het dienstgebouw verwijzen naar de bestaande fabrieken aan de overkant van de weg. Langs een centrale gang bevinden zich laboratoria, werkplaatsen en kantoren. Het complex is door zijn gevarieerde constructie en zorgvuldige detaillering een perfect voorbeeld van ingenieurs-architectuur ■ This complex consists of a storage basin, pumping station, dosing block, filter plant, staff building, and two large tear-shaped clear-water reservoirs (see also K42). The splayed corners of the staff building point it towards the factories across the main road. Ranged along a central corridor are laboratories, work areas, and offices. In its varied structure and attention to detail the whole constitutes a perfect example of engineering architecture.

N35 WONINGBOUW/HOUSING 'DE MUUR'

Prins Alexanderlaan, Rotterdam

APON, VAN DEN BERG, TER BRAAK, TROMP ■ 1981-1983

J.A. van den Berg, L. Thier (proj.)

K. Froger (b.k.)

Bouw 1984-19; Arch 1984-3

Het project bestaat uit een ruim 300 m. lange, licht gebogen 'woonwand' van zes lagen, met erachter enige lagere woonblokken, tuinen en twee overdekte parkeergarages. De bovenste twee lagen van de 'muur' kragen uit en worden ontsloten vanuit een middengang. De onderste lagen zijn gemetseld met een zachtgele steen; de witte kunststofplaten van de bovenste lagen zijn ter plekke van poorten in de muur van kleuraccenten voorzien door K. Froger ■ This project consists of a good 300 m. long, gently curving 'residential wall' in six storeys, with behind it some less-high housing slabs, gardens, and two roofed parking lots. The uppermost two storeys of the 'wall' project and are reached from a central corridor. The lowest two are of a pale yellow stone; where there are portals in the wall the white synthetic panels of the upper storeys have been accentuated in colour by K. Froger.

N36 KANTOORGEBOUW/OFFICE BUILDING MORET & LIMPERG

M. Meesweg 51, Rotterdam

J. HOOGSTAD ■ 1977-1981

Bouw 1982-3; Plan 1983-7/8; Arch 1982-3

In de doorsnede van het gebouw zijn de diverse ontsluitingssystemen te zien: een dubbele corridor, een enkele corridor en een galerij. Basiseenheid is een éénpersoonskamer (4,20 m. breed). In het gebouw zijn draagconstructie, luchtbehandeling en verlichting geïntegreerd. Holle kolommen bevatten de afvoerkanalen; de aanblaaskanalen zijn als zich verjongende pijpen in de gevel te zien. In de afvoerkanalen geïntegreerde tl-armaturen zorgen voor warmte-afvoer en -recirculatie ■ A section through this block of offices reveals more than one access system – a double corridor, a single corridor, and a gallery. One-person offices of 4.20 m. wide serve as basic unit. Loadbearing structure, air circulation, and lighting are integrated. Hollow columns contain discharge pipes, while air circulation ducts are visible in the facade as tapering tubes. In the discharge pipes integrated fluorescent light fittings take care of heat discharge and recirculation.

GOEDERENKANTOOR/GOODS OFFICE FYENOORD N37

Een rechthoekig blok met entree, dienstruimtes en dienstwoning is in een rond kantoor geschoven. Een ronde centrale hal wordt door een glazen wand met loketten gescheiden van de open kantoorruimte langs de gevel. Door middel van losse kastelementen is het kantoor in verschillende werkruimtes op te delen. Naast een vroeg voorbeeld van functionalistische beton-architectuur is dit gebouw een voorloper van de hedendaagse kantoortuinen. Het oorspronkelijke wit/zwarte interieur is inmiddels bruin geverfd ■ A rectangular block with entrance, directors office and residence is slotted into a round office. Separating the round central hall from an open office zone along the facade is a glazed partition with service windows. Free-standing cupboard units allow a variety of office subdivisions. Besides being an early example of Functionalist architecture in concrete this building foreshadows contemporary 'kantoortuinen' (office landscapes). Its original black and white interior has since been painted brown.

Wilhelminakade 8a, Rotterdam

S. VAN RAVESTEYN ■ 1927

i10 1927-1 p.19; vR 1

AV 1927-II

GEBOUWEN/BUILDINGS HOLLAND AMERIKA LIJN N38

Naast het uit 1901 daterende hoofdkantoor met Art Nouveau-motieven werden hier rond de jaren veertig diverse Nieuw-Zakelijke gebouwen gebouwd: de vertrekhal, een betonconstructie gestort rond een kolommensysteem van een oude loods; de aankomsthal, een 135 m. lange betonconstructie van twee verdiepingen met zes cilindrische schaaldaken; het werkplaatsengebouw, waarvan de gevels bestaan uit geprefabriceerde betonpuien en raampartijen, slechts onderbroken voor een kenmerkend Van den Broek & Bakema-accent: het glazen trappehuis ■ The head office of 1901 with its Art Nouveau motifs was supplemented during the '40s with various Functionalist buildings. First came the departure hall, a concrete structure poured around a system of posts from a former warehouse. Then followed the arrival hall, 135 m. long and also in concrete with two storeys topped with six cylindrical shell roofs. And lastly the workshop block, with its prefabricated concrete facades and window-frames, interrupted only by an accentuation typical of Van den Broek & Bakema – a glazed stairhouse.

Wilhelminakade, Rotterdam

C.B. VAN DER TAK; J.H. VAN DEN BROEK; VAN DEN BROEK & BAKEMA ■ 1901; 1937-1938, 1949; 1950-1953

BW 1939 p.3; Lit 15; Lit 22

AdA 1952-apr

BETONWONINGEN/CONCRETE DWELLINGS N39

Een voorbeeld van de experimenten met betontechnieken als vervanging van de traditionele baksteenbouw. Het zgn. Isola-bouwsysteem bestaat uit gestapelde betonblokken, aanvankelijk zonder buitenafwerking toegepast. De 'strengheid van conceptie', het grijze uiterlijk, de platte daken en de grotere module, door de architect als voordeel gezien, vindt bij het grote publiek minder waardering. De andere wijk bestaat uit gegoten woningen volgens het zgn. Kossel-systeem ■ These housing projects are an example of experimentation with concrete to replace traditional brick structures. The 'Isola' building system uses stacked concrete blocks, originally left exposed. Its 'severity of conception', pervading greyness, flat roofs and large module (considered advantageous by the architect) was less enthusiastically received by the general public. The other project uses the 'Kossel' system of poured concrete.

Dortsmondstraat/Heer Daniëlstraat; Walravenstraat, Rotterdam

J.M. VAN HARDEVELD ■ 1924-1925

BW 1925 p.138; Lit 15

AV 1926-I

Kiefhoekstraat/Lindtstraat; Eemstein 23, Rotterdam

J.J.P. OUD ■ 1925-1930; 1928-1929

BW 1930 p.369, 381; Oud 3

AV 1933-I

De woonwijk Kiefhoek bestaat uit ongeveer driehonderd woningen, twee winkels, een waterstokerij en een kerk. In het plan zijn verder twee verhoogde speelplaatsen opgenomen. Kiefhoek is door Oud in 1925 ontworpen en tussen 1928 en 1930 uitgevoerd. De woningen zijn bedoeld voor minder draagkrachtige arbeidersgezinnen.

De basis van het plan wordt gevormd door langgerekte stroken opgebouwd uit gestandaardiseerde woningen in twee lagen. Door deze rationele basis op verschillende manieren op de omgeving te laten reageren is een gevarieerd stedebouwplan ontstaan. Aan de zuidzijde van de wijk resulteert de schuine grenslijn in afgeronde hoeken van twee, aan deze zijde gesloten, bouwblokken. In de ronde hoeken zijn winkels opgenomen. Deze blokbeëindiging is verwant aan die van het bouwblok in Hoek van Holland dat een jaar eerder door Oud is ontworpen (K29). Ook in de gevelbehandeling vertonen de beide plannen overeenkomsten. De horizontaal gelede gevels bestaan uit een onderstrook van grijze puien met gele bakstenen borstweringen. Een eveneens doorlopende gele raamstrook op de verdieping wordt van de onderzijde gescheiden door een witgestucte middenband. De voortuinen worden gescheiden door gele bakstenen muurtjes en afgesloten door blauwe stalen hekjes. In tegenstelling tot Hoek van Holland wordt de achtergevel gelijk behandeld. De compacte plattegronden van 7,5 x 4,1 meter bestaan op de begane grond uit een woonkamer en een entreeportaal aan de straatzijde en een keuken aan de tuinzijde. Een halfronde trap leidt naar de verdieping met drie slaapkamers. Vanwege bezuinigingen zijn aanvankelijk geplande voorzieningen als een douche, wastafel, strijkplank en doorgeefkast niet uitgevoerd. Desondanks is Oud erin geslaagd met beperkte middelen en ruimte een volwaardige woning te ontwerpen en aan het 'Existenzminimum' een architectonische meerwaarde te geven. Terecht worden zowel het stedebouwplan als de woningplattegronden internationaal geprezen. Door het ontwerp voor de kerk gratis uit te voeren verzekert Oud zich ervan, dat de eenheid in de wijk zou worden bewaard. De eenvoudige rechthoekige zaal met aan weerszijden balkons wordt aan één zijde geflankeerd door nevenruimtes in een wisselende hoogte. Evenals bij de woningen zijn de gevels witgestuct en horizontaal geleed. Alleen de schoorsteen geeft een verticaal accent. Woningen en kerk zijn gerenoveerd waarbij het oorspronkelijke ontwerp zo veel mogelijk intact is gelaten.

■ About three hundred dwelling units, two shops, a hot-water service, two raised playgrounds, and a church make up the Kiefhoek housing estate. Designed by Oud in 1925 and built between 1928 and 1930 its dwellings were intended for less-prosperous workers' families.

The plan is based on elongated rows built up of standardised two-level dwelling units. Having this rational basis respond to its surroundings in different ways led to a varied urban design plan. On the estate's south side the oblique borderline resulted in rounded corners for the only two closed blocks on the estate. Containing shops, these rounded corners are very much like those of Oud's Hook of Holland housing of one year earlier (K29). The facades of both plans are similar too. Here, the horizontally articulated facades consist of a lower strip of grey-framed glass sheets with yellow brick parapets. Separating this from a similarly uninterrupted yellow strip with fenestration on the upper level is a central white-plastered band. Front gardens are separated from each other by walls of yellow brick and fenced in with blue steel railings. Unlike the Hook of Holland housing, rear and front facades are here treated the same. The compact plan (7.5 x 4.1 m.) consists on the ground floor of a living room and entrance on the street side and a kitchen facing the garden. A semi-circular stair leads to the upper level of three bedrooms.

Lack of funds meant that plans for such facilities as a shower, washbasin, ironing board, and service hatch had to be abandoned. Despite this Oud used the limited means and space to create a fully-fledged dwelling and boost the 'Existenzminimum' (minimum subsistence level) with an architectural 'surplus value'. Both urban design and dwelling plans were justifiably greeted with international acclaim. By designing the church at his own expense Oud made sure that nothing of the estate's unity would be lost. The simple rectangular main space with balconies either side is flanked on one side by ancillary spaces of varying height. Like the houses the church has white-plastered facades and horizontal articulation. Only the chimney adds a vertical touch. Dwellings and church have since been renovated, keeping as close to the original design as possible.

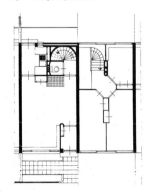

N41 TUINDORP/GARDEN VILLAGE VREEWIJK

Groenezoom e.o., Rotterdam

GRANPRÉ MOLIÈRE, VERHAGEN, KOK ■ 1913

H.P. Berlage (stedebouwkundig basisplan)

S&V 1921 p.124, 159, 1966 p.189

Deze tuinwijk voor arbeiders (totaal 5700 woningen) wordt gerealiseerd buiten het speculatiegebied van Rotterdam naar een stratenplan van Berlage. Er zijn vrijwel geen gemeenschappelijke voorzieningen. De woningen zijn eenvoudig, goedkoop en traditioneel, gebouwd zonder nieuwe materialen of technieken, in blokken laagbouw met zeer veel groen. Bij het ontwerp is zeer veel aandacht besteed aan de oriëntatie op de zon, lengte en diepte van bouwblokken en straatprofielen ■ This workers' garden estate of 5700 dwellings outside Rotterdam's speculation area was created using a street layout by Berlage. There is an almost complete lack of communal facilities. Dwellings are basic, cheap, and traditional, built without new materials and techniques in low-rise blocks with abundant green space. During design much attention was paid to orientation to sun, length and depth of housing blocks, and street profiles.

N42 STADION/STADIUM FEYENOORD

Olympiaweg 50, Rotterdam

BRINKMAN & VAN DER VLUGT ■ 1934-1936

BW 1936 p.481; KNOB 1970 p.137

'De Kuip' heeft een onder- en een boventribune waarvan de doorlopende kromming de vorm van het veld zodanig volgt dat de afstand van de toeschouwer tot het speelveld zo klein mogelijk is. De overkapping en de boventribune zijn opgehangen aan een vrij uitkragende stalen vakwerk-constructie. De 65.000 toeschouwers kunnen het stadion in zes minuten verlaten via 22 dubbele stalen traptorens aan de buitenzijde van het stadion ■ 'De Kuip' ('The Tub') has a lower and an upper level of terraces whose continuous curves so follow the pitch as to keep the distance between spectator and game at a minimum. Roofing and upper level are suspended from a cantilevered steel lattice structure. 65,000 spectators are able to vacate the stadium in six minutes flat via 22 double steel stairs on its outer face.

N43 WOONGEBOUW/HOUSING BLOCK 'DE PEPERKLIP'

Rosestraat, Rotterdam

C.J.M. WEEBER ■ 1978-1982

Plan 1983-9; Bouw 1983-14/15; Lit 20

AR 1985-1

Dit superblok in de vorm van een uitgebogen paperclip bevat 549 woningwetwoningen. De ronde einddelen bevatten maisonettes ontsloten vanuit galerijen; de tussendelen bestaan uit portiekflats in vier lagen. De geprefabriceerde betonnen gevelelementen zijn met verschillend gekleurde tegels afgewerkt en in zodanige patronen op de gevels aangebracht dat de individuele woning onherkenbaar is. Deze aan de buitengevels legitieme anonimiteit is jammergenoeg ook in het binnengebied doorgezet ■ This superblock in the shape of an opened-out paperclip comprises 549 social housing units. Its rounded end sections contain maisonettes reached from access galleries; sections in-between consist of four levels of porch flats. Prefabricated concrete cladding panels are faced with different-coloured tiles patterning the facade in such a way as to make individual units indistinguishable. This anonymity, whilst valid in the outer facades, unfortunately characterises those overlooking the inner court as well.

Een winnend, maar nog onuitvoerbaar prijsvraagontwerp uit 1967 wordt uiteindelijk op een andere locatie gerealiseerd. Het gebouw is gebaseerd op de studie Biopolis, een kritiek op de CIAM-stedebouw in de vorm van macrostructuren met diverse, geïntegreerde functies. Door de terrasvormige stapeling van de 179 woningen en de combinatie met rechte blokken voor kantoren, ateliers en gemeenschappelijke voorzieningen ontstaat een boeiend ruimtelijk geheel in de binnenruimtes ∎ At first impossible to build, this competition-winning design from 1967 was eventually realised on a different site. It is based on 'Biopolis', a critical study rejecting CIAM urban design in favour of macrostructures with an integrated mixture of functions. Its 179 dwellings in terraced layers combine with blocks for offices, workshops, and communal facilities to create an exhilarating spatial whole in the inner courts.

Spinozaweg/Molenvliet, Rotterdam

E. HARTSUYKER, L. HARTSUYKER-CURJEL ∎ 1967/1976-1980

Arch 1980-6; Bouw 1971 p.450

ZUIDPLEINFLAT/BLOCK OF FLATS N45

De Zuidpleinflat bevat woningen voor alleenstaanden en kleine gezinnen; Van Tijen vond bij nader inzien dat het door hem ontwikkelde gebouwtype (N15, N20) minder geschikt was voor gezinnen met kinderen. Op het dak bevinden zich een aantal kamers die als logeerkamer of als tijdelijke uitbreiding voor de woningen gebruikt kunnen worden. Op de begane grond wordt een collectieve tuin omsloten door een café, twee winkels, een crèche en een garage. Onder de flat bevinden zich bergingen, en was- en droogruimtes ∎ The Zuidpleinflat comprises dwellings for single persons and small families; Van Tijen had on reflection decided that the type of building he had developed (N15, N20,) was less suited to families with children. On the roof are a number of rooms possibly serving either as guest-room or as temporary extension to the unit. The ground floor contains a communal garden ringed by a café, two shops, a day nursery, and a garage. Beneath the block are spaces for storage, washing, and drying.

Zuidplein/Mijnsherenlaan, Rotterdam

W. VAN TIJEN, E.F. GROOSMAN ∎ 1941-1947

J.B. Bakema, H.A. Maaskant (arch.)

Bouw 1949 p.870

WONINGBOUW/HOUSING N46

Met dit woningblok experimenteert Van Tijen met de mogelijkheden van industrialisatie in de bouw. De draagconstructie bestaat uit een staalskelet met gemetselde scheidingswanden. De houten puien in de gevels zijn bekleed met verzinkte staalplaten en voorzien van zonwerende luifels van draadglas. De drie verschillende woningtypen worden ontsloten door portieken. Elke woning heeft een zone met de ouderslaapkamer aan de straatzijde, door een glazen (schuif-)wand gescheiden van de woonkamer aan de tuinzijde ∎ In this housing block Van Tijen experimented with the possibilities available to industrialised building. Its loadbearing structure is a steel frame with brick wall partitions. Wooden lower fronts are clad in steel sheets coated with zinc and provided with wired glass awnings. All three different dwelling types use porch entrances. Each unit has a zone with parents' bedroom on the street side separated by a glazed sliding partition from the living room on the garden side.

Frans Bekkerstraat 70-80, Rotterdam

W. VAN TIJEN ∎ 1934

8 en O 1935 p.127; Plan 1970 p.572

Slinge/Zuiderparkweg/Groene Kruisweg, Rotterdam

C.I.A. STAM-BEESE ■ 1949-1953

Opbouw, J.B. Bakema (arch.)

S&V 1953 p.121; Lit 13; Lit 43; Lit 85

Pendrecht, één van de woonwijken die tijdens de wederopbouw aan de zuidrand van Rotterdam zijn gebouwd, is bedoeld als huisvesting voor de arbeiders die in de nabijgelegen havens werkzaam zijn. Het fascinerende van Pendrecht is de poging die wordt gedaan om greep te krijgen op de 6300 woningen door gebruik te maken van een oplopende reeks ruimtelijke eenheden: woning-woninggroep-buurt-wijk-stad. In 1949 maakt Lotte Stam-Beese voor de Dienst Stadsontwikkeling en Wederopbouw verschillende plannen waarbij de inbreng van de Rotterdamse architectengroep 'Opbouw' waarschijnlijk van invloed is geweest op de uiteindelijke uitwerking.
De wijk bestaat uit vier buurten rond een verkeersvrij centraal plein. Als bouwsteen voor de buurten is niet zoals gebruikelijk gekozen voor een stelsel van (gesloten) bouwblokken of van reeksen vrijstaande woongebouwen, maar voor zogenaamde 'wooneenheden', die kunnen worden gezien als ruimtelijke en sociale schakel tussen woning en buurt. Elke wooneenheid bestaat uit een gemengde bebouwing voor verschillende bewonerscategorieën. Deze sociale verscheidenheid wordt gereflecteerd in de ruimtelijke verschijning van de wooneenheden: vrijstaande blokken van verschillende hoogte die gezamenlijk een collectief groengebied omsluiten. De later meer gebruikelijke benaming voor de wooneenheid, de 'stempel', wordt verklaard door de wijze waarop de wooneenheden in een strak orthogonaal stelsel zijn geschakeld. Ook in het ontsluitingssysteem is een oplopende reeks herkenbaar. Doodlopende woonstraten met speelgelegenheid sluiten vanuit de wooneenheden aan op buurtstraten tussen de hogere blokken. De wijk is met de stad verbonden door een centrale ontsluitingsweg in oost/west-richting. De scholen zijn opgenomen in het centrum en in een groenzone die het centrum met het Zuiderpark ten noorden van de wijk verbindt. Winkels zijn gedeeltelijk in het centrum, gedeeltelijk gedecentraliseerd in het plan opgenomen.
Pendrecht heeft het denken over stedebouwkundige oplossingen voor de grote vraag naar woningen na de Tweede Wereldoorlog gedurende de jaren vijftig grotendeels bepaald. Het politieke besluit in het begin van de jaren zestig om de bouwprogramma's in versneld tempo uit te voeren liet echter geen ruimte meer voor het geduldig uitwerken van dergelijke 'vormproblemen' en leidde tot een wildgroei aan hoogbouwwijken zonder aandacht voor sociale of formele verhoudingen.

■ One of the districts built during the post-war reconstruction on the southern perimeter of Rotterdam, Pendrecht was originally intended to house those working in the nearby harbours. The fascinating thing about Pendrecht is the attempt to make manageable its 6300 dwellings by using an ascending series of spatial units: dwelling-block-neighbourhood-district-town. In 1949 Lotte Stam-Beese produced plans for the Dienst Stadsontwikkeling en Wederopbouw (Urban Development and Reconstruction Service). 'Opbouw', a group of architects in Rotterdam, was a likely influence on their ultimate elaboration.
The district consists of four neighbourhoods around a traffic-free square. Rather than the usual system of (closed) housing blocks or series of free-standing blocks the fundamental unit chosen for these neighbourhoods was the so-called 'wooneenheid' ('cluster'), which can be considered a spatial and social link between house and neighbourhood. Each cluster consists of a variety of buildings serving differing categories of tenant. This social diversity is reflected in their spatial layout – free-standing blocks of differing height together surrounding a communal green space. The later, more common name for the cluster, the 'stempel' ('stamp') derives from the way in which clusters are organised in a strict orthogonal system. An ascending series is also recognisable among the different types of access. Cul-de-sacs with play space connect clusters to neighbourhood streets running between the taller blocks. Joining the district to the town is a central access road running in an east-west direction. Schools are accommodated in the district's centre and in a green zone linking the centre with the Zuiderpark to the north of the district. Shops are either located centrally or are 'decentralised' elsewhere in the plan.
Pendrecht greatly influenced ideas on urban design solutions to the great post-war demand for housing during the '50s. The political decision of the '60s to accelerate the building programme, however, left no room for patiently solving such 'problems of form', and led to an over-proliferation of high-rise districts paying no attention either to social or to formal proportions.

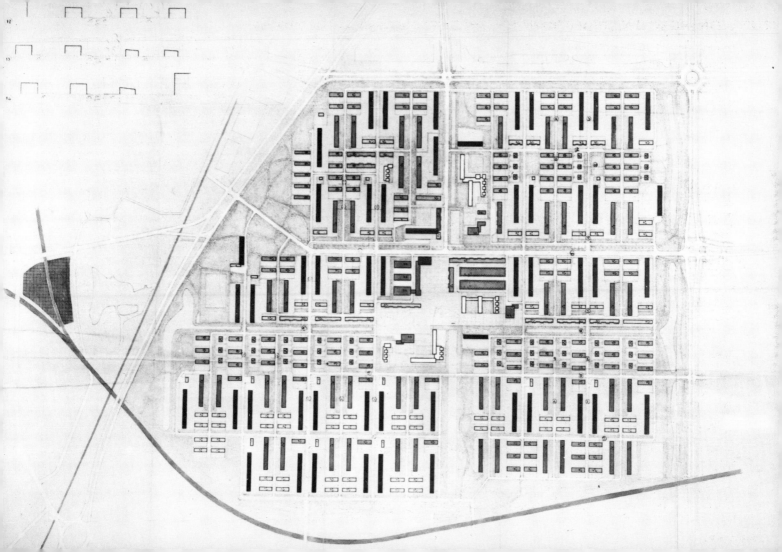

KAART/MAP P: ZUIDWEST NEDERLAND/SOUTH-WEST NETHERLANDS

P01 DELTA WERKEN/DELTA WORKS

Zeeland

RIJKSWATERSTAAT ■ 1953

Haringvlietdam, 1957-1971 (1); Brouwersdam, 1965-1972 (2); Stormvloedkering Oosterschelde, 1965-1974, 1979-1986 (3); Veerse Gatdam, 1957-1961 (4); Zandkreekdam, 1958-1960 (5); Zeelandbrug, 1961-1965 (6); Grevelingendam, 1960-1964 (7); Volkerakdam, 1957-1969, Haringvlietbrug, 1961-1964 (8)

Lit 67

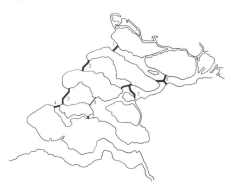

Op 1 februari 1953 brak door de combinatie van een ongekend hoog springtij en een Noordwesterstorm een groot gedeelte van de dijken in Zuidwest-Nederland, zodat ruim 150.000 ha. land overstroomde en 1835 mensen het leven lieten. De ramp bracht de plannen tot dijkverzwaring en stormbeveiliging in een stroomversnelling; reeds op 21 februari werd de Deltacommissie geïnstalleerd om de plannen in versneld tempo uit te werken. Hoofdbestanddeel van het Deltaplan is de verkorting van de totale lengte aan zeewerende dijken met 700 km. door het afsluiten van de zeearmen het Haringvliet, het Brouwershavense Gat, het Veerse Gat en de Oosterschelde. Ook wordt een groot gedeelte van de dijken in Zeeland en Zuid-Holland verzwaard. Verder besloot men tot de aanleg van de Zeelandroute, een stelsel van bruggen en berijdbare dijken die de voorheen moeilijk bereikbare eilanden met het vasteland verbinden. Men begon met het zogenaamde 'drie-eilandenplan', de oeververbinding van Noord-Beveland met Walcheren en Zuid-Beveland om ervaring met nieuwe technieken en materialen op te doen. De dam in het Haringvliet bevat uitwateringssluizen om de overloop van de Rijn op de Noordzee te kunnen spuien ■ On 1 February 1953 the combination of a spring-tide of unparalleled height and a north-westerly gale burst through large sections of dike in the South-West Netherlands, flooding more than 150,000 hectares. 1835 people lost their lives. The disaster accellerated plans to strengthen the dikes against wind and water; on 21 February the Delta Committee was already installed to formulate plans at high speed. The crux of the Delta Plan was to shorten the total length of sea wall by 700 km. by closing off four sea-arms – the Haringvliet, the Brouwershavense Gat, the Veerse Gat, and the Oosterschelde. The majority of dikes in Zeeland and Zuid-Holland were to be strengthened too. It was also decided to construct the 'Zeeland route', a system of bridges and passable dikes linking islands otherwise difficult to reach with the mainland. Things got under way with the so-called 'Three Islands Plan', joining Noord-Beveland with nearby Walcheren and Zuid-Beveland, so as to gain experience with the necessary new techniques and materials. The Haringvliet dam contains sluices used to discharge excess water from the Rijn into the sea.

ZEELANDBRUG/BRIDGE P02

Zierikzee/Colijnsplaat, Zeeland

RIJKSWATERSTAAT ■ 1961-1965

Lit 67

Deze brug, met zijn lengte van meer dan vijf kilometer de langste brug van Nederland, maakt feitelijk geen deel uit van het Deltaplan. Het is het sluitstuk van de Zeelandroute die begint met de tunnel onder de Oude Maas (de Heinenoordtunnel) en loopt over de brug/sluis/dijkdriesprong bij het Hellegatsplein en de Grevelingendam om via de Zandkreekdam bij Noord-Beveland te eindigen bij Goes ■ This bridge, at a length of over five kilometers Holland's longest, has nothing to do with the nearby Delta Plan. It is in fact the last phase of the Zeeland route that begins with the tunnel under the Oude Maas river (the Heinenoordtunnel), crosses the bridge/sluice/dike triple fork at the Hellegatsplein, follows the Grevelingendam and Zandkreekdam to Noord-Beveland, and ends at Goes.

STORMVLOEDKERING/FLOOD BARRIER OOSTERSCHELDE P03

Westenschouwen/Kamperland, Zeeland

RIJKSWATERSTAAT ■ 1965-1974/1979-1986

Lit 67

Eén van de voordelen van het Deltaplan zou het ontstaan van grote zoetwaterreservoirs zijn. Tegen de plannen voor totale afsluiting van de Oosterschelde ontstond verzet juist omdat een uniek zoutwatermilieu met mossel- en oesterkwekerijen verloren dreigde te gaan. Door het aanbrengen van enorme sluizen die alleen bij extreem hoge waterstand zullen worden gesloten blijft de werking van de getijden en daarmee het zoutwatermilieu gehandhaafd. De constructie bestaat uit 66 enorme betonpijlers waartussen stalen schuiven hydraulisch kunnen worden neergelaten ■ One of the advantages of the Delta Plan was to have been the creation of vast freshwater reservoirs. Those protesting about this very phenomenon, however, claimed that this total enclosure would threaten the existence of a unique salt-water environment and its attendant mussel and oyster farms. However, by introducing enormous flood-gates which are to be closed only in extreme circumstances, tides continue to ebb and flow and the environment remains unimpaired. The structure consists of 66 colossal concrete piers in-between which steel curtains can be lowered hydraulically.

DIENSTGEBOUW STORMVLOEDKERING/FLOOD BARRIER SERVICE BUILDING P04

Werkeiland Neeltje Jans, Zeeland

W.G. QUIST ■ 1980-1985

WTABK 1984-3

AR 1985-1

Het dienstgebouw bevindt zich op het werkeiland Neeltje Jans midden op de Oosterscheldedam. In de laagbouw bevinden zich magazijnen, kantoren, dieselgeneratoren en werkplaatsen rond een binnenhof met parkeer-plaatsen. Bezoekers van de tentoonstelling over de bouw van de dam worden via een glazen entree met een brug over de binnenplaats geleid naar een centraal trappehuis. Daar leidt een dubbele spiraaltrap naar een restaurant en de expositieruimte in een vrijgehouden, gesloten bouwlichaam boven de binnenhof ■ This service building is situated on an artificial island ('Neeltje Jans') in the middle of the Oosterschelde Dam. A low-rise section ranges stores, offices, diesel generators, and workshops around an inner court with parking facilities. Visitors to the exhibition illustrating the construction of the dam are led through a glazed entrance with a bridge across the inner court to a central staircase. From there a double stair spirals up to a restaurant and the exhibition gallery both housed in a closed volume hovering above the inner court.

P05 RAADHUIS/TOWN HALL

Oostelijk Bolwerk 4, Terneuzen

VAN DEN BROEK & BAKEMA ■ 1963-1972

L. Kruyne, J. Weber, D. Paul (arch.)

Bouw 1973 p.523

B+W 1974 p.77; Broeba 4

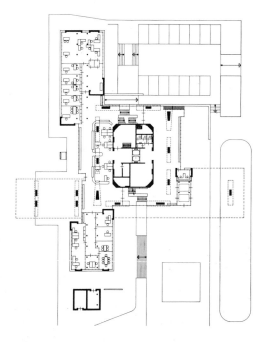

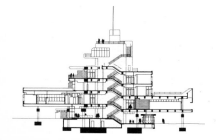

Het raadhuis is gesitueerd op een prominent punt aan de dijk langs de Westerschelde, op de grens tussen het oude dorp en de uitbreidingswijken. Het gebouw bestaat uit een centrale kern, waaruit naar vier kanten vloeren uitkragen. De verdiepingen zijn een half niveau ten opzichte van elkaar versprongen zodat een onderlinge ruimtelijke koppeling is ontstaan waarin de trappen op een natuurlijke wijze zijn opgenomen. Deze spiraalsgewijze opbouw rond de kern wordt nog versterkt door de getrapte verdiepingen. Andere voorbeelden van dergelijke spiraalvormige gebouwen van Bakema zijn het expo-paviljoen in Osaka (1970) en een nooit gerealiseerd ontwerp voor de Euromast (1957).

De kern bevat liften, toiletten, dienstvertrekken en technische ruimtes. Op de begane grond bevinden zich de publieke functies, en er is tevens enige ruimte gereserveerd voor culturele activiteiten. De hoofdentree wordt gemarkeerd door de erboven gelegen raadzaal. Op de verdiepingen bevinden zich verder kantoorruimtes en vertrekken voor burgemeester en wethouders. Op de vijfde verdieping ten slotte de burgerzaal met balkon en een spectaculair uitzicht. De centrale kern is opgetrokken uit ter plaatse gestort beton. De uitkragende verdiepingen bestaan uit voorgespannen liggers in vier richtingen met prefab pendelkolommen. Op de derde verdieping is de prefabconstructie nog oningevuld, om toekomstige uitbreidingen mogelijk te maken, een soort tijdelijke pergola op het dak. In de gevels zijn in betonsteen invullingen opgemetseld op de prefab gevelbalken. Puien en kozijnen zijn evenals de betimmeringen en puien in het interieur van hardhout.

Het robuuste materiaalgebruik en de expressieve uitdrukking van functies, constanten in het werk van Van den Broek & Bakema, leveren hier een gebouw dat bijna een sculptuur te noemen is. Een gebouw, dat in zijn uiterlijk ook bijzonder goed past in de context van scheepvaart en waterbouw.

■ This town hall stands on a prominence on the dike along the Westerschelde where the old village and its new environs meet. It consists of a central core from which floor slabs cantilever in four directions. Upper storeys spiral up at half-level intervals in a spatial interlinking into which the stairs fit naturally. This spiral construction about a core is further strengthened by stepping the storeys. Other examples of Bakema's spiral buildings are his Expo Pavilion in Osaka (1970) and an unrealised design for the Euromast (1957).

The core contains lifts, toilets, services, and plant. On the ground floor are public functions, with some space reserved for cultural activities. The main entrance is emphasised by the council chamber above it. Upstairs, too, are office spaces and rooms for the Mayor and Aldermen. Finally, on the fifth floor is the civic hall with balcony – and a spectacular view. The central core is of concrete cast in place. The cantilevered upper floors consist of pre-stressed girders in four directions with prefabricated hinged columns. The third floor's prefabricated structure is as yet not filled in, allowing for future extensions – a sort of temporary pergola on the roof. Facades have concrete block infills between prefabricated beams. Lower fronts and window and door frames are, like all interior woodwork, made of hardwood. Robust use of material and vivid expression of functions (constants in the work of Van den Broek & Bakema) have here led to a building verging on sculpture – a building whose outward appearance fits remarkably well in its context of shipping and waterways.

P06 UITBREIDING ST. FRANCISCUS-ZIEKENHUIS/EXTENSION OF A HOSPITAL

Heerma van Vossstraat, Roosendaal

TUNS & HORSTING ■ 1980-1983

Bouw 1984-1

Een bestaand ziekenhuis is door hetzelfde bureau uitgebreid met een nieuwe vleugel. Deze bevat een verpleegafdeling in drie lagen boven een afdeling voor fysiotherapie, een isotopenlaboratorium en een apotheek. Het afgebrokkelde eind van de nieuwbouw verduidelijkt de uitbreidbaarheid van de lineaire structuur. De zorgvuldig gedetailleerde aluminium gevel wijkt door zijn grafische karakter bewust af van het bestaande gebouw ■ Here, an existing hospital has been extended by its original designers with a new wing containing a three-storey section of wards above a physiotherapy department, isotope laboratory, and dispensary. The unfinished look of the new block's extremity emphasises the potential for expansion of its linear structure. The meticulously detailed aluminium facade is a conscious deviation from the existing building.

P07 TOMADOFABRIEK/FACTORY

Oude Kerkstraat 2, Etten-Leur

H.A. MAASKANT, L. VAN HERWIJNEN ■ 1954-1955

Forum 1956 p.200; KB 1956 p.33; BW 1955 p.557

AD 1956 p.256

In het gebouw zijn de thema's representatie en produktie verbeeld. Het kantoorgedeelte met hoofdentree werd gemarkeerd door een – inmiddels verwijderd – reliëf van Zadkine. De moderne bedrijfshal voor huishoudelijke produkten heeft sheddaken en functionele kleuraccenten van leidingen, verwarmings- en verlichtingselementen. Een verbindingsgang over twee verdiepingen leidt naar een terzijde gelegen kantine. Met de teloorgang van Tomado is de toekomst van deze zorgvuldig ontworpen bedrijfspanden onzeker (zie ook K37) ■ White-collar work and factory floor – these are the themes expressed by this industrial building. Originally, office section and main entrance were announced by a Zadkine relief, since removed. The modern factory floor has shed roofs and functionally coloured service shafts and lighting elements. A corridor over two storeys leads to a canteen on one side. Since the demise of the Tomado concern the future of these meticulously organised factory premises is uncertain (see also K37).

P08 DOUANE-EMPLACEMENT/CUSTOMS HOUSE

Rijksweg A16/E10, Hazeldonk

BENTHEM & CROUWEL ■ 1983-1984

Bouw 1985-13; Arch 1985-1

AR 1985-1

Het complex bestaat uit een aantal controle-abri's onder een ruimtevakwerk en een gebouw voor de afhandeling van het vrachtverkeer. Dit laatste bestaat uit een strook grote kantoorruimtes met verplaatsbare wanden onder een ruimtevakwerk, en twee lagen kleinere kantoor- en werkruimtes in een betonconstructie. Deze twee lineaire gebouwdelen zijn gekoppeld door een splitlevel-corridor onder een lichtstraat. Architectuur en kleurgebruik zullen in de toekomst ook bij andere grensovergangen toegepast worden ■ This customs house consists of a number of control shelters with a space-frame roof and a building for handling heavy transport. The latter is made up of a row of large office volumes with removable partitions below a space frame, and two levels of smaller offices and other work areas within a concrete structure. These two distinct sections of the building are connected by a split-level corridor under a vaulted roof light. Both its architecture and use of colour are to be applied to future customs houses.

KANTOORGEBOUW/OFFICE BUILDING SUIKERUNIE P09

Zuilenstraat 100, Breda

W.G. QUIST ■ 1973-1976

Bouw 1976 p.616; PT-B 1976 p.649

Een vierkant vormt de basis van de plattegrond van dit kantoorgebouw. Massieve baksteenwanden waaruit grote vierkante gaten zijn gesneden omsluiten drie zijden van het vierkant. Aan de vierde zijde is een kwart van het vierkant open gelaten. Voor de glazen gevels van de twee diagonaal naar het middelpunt lopende wanden zijn hoge metalen zonweringen geplaatst die om hun verticale as kunnen draaien. Deze bewegende roosters worden door de ontwerper vergeleken met het inwendige van een zeeanemoon ■ The plan of this office building is based on a square. Massive brick walls in which huge square holes have been punched form three sides of this basic square. On the fourth side a quarter of the square's area has been discarded. The resulting pair of walls running diagonally to the centre of the square have glass facades in front of which are tall metal sunbreaks able to rotate about their vertical axes. These movable slats have been compared by their designer to the innards of a sea-anemone.

KERK/CHURCH O.L. VROUW VAN ALTIJD DURENDE BIJSTAND P10

Mgr. Nolensplein 2, Breda

M.J. GRANPRÉ MOLIÈRE ■ 1951-1953

Forum 1953 p.384

Deze kerk vormt een van de werken die Granpré Molière, de voorman van de Delftse School, tijdens zijn hoogleraarschap realiseert. De harmonische, op ritme en verhouding gecomponeerde kopgevels staan als een scherm voor de kerk en onttrekken de dwarsdoorsnede aan het oog. De traditionele driedeling in middenschip en zijbeuken is hier gecombineerd met een tweedeling in de lengterichting, waardoor diverse overgangsgebieden in de kerkzaal zijn ontstaan ■ This church is just one work built by Granpré Molière, leading light of the Delft School, during his professorship. Based on rhythm and proportion, the harmonious head elevations stand like shields before the church, hiding its cross section from view. The traditional tripartite division into nave and aisles is here combined with a longitudinal division into two, creating transitional zones within the main space.

WOONHUIS KLEP; WOONHUIS NUYENS/TWO PRIVATE HOUSES P11

Montenspark 8; Montenspark 6, Breda

G.TH. RIETVELD ■ 1931; 1933

8 en O 1932 p.230

Aan de tuinzijde van het witgestucte rechthoekige woningblok bevindt zich een terras dat over de volle breedte van de woning en de garage aan de korte kant doorloopt. Aan de zuidzijde kraagt het platte dak licht uit. Achter de halfronde glazen gevel onder het terras bevindt zich de eetkamer. De woning ernaast (nr. 6) is enige jaren later eveneens door Rietveld ontworpen ■ On the garden side of this white-plastered rectangular block is a full-length terrace continuing above the garage on the short side. The flat roof above the south facade cantilevers slightly. Behind the semi-circular glazed facade below the terrace is the dining room. The house next door (no. 6) was also designed by Rietveld a few years later.

KAART/MAP Q: ZUID NEDERLAND/SOUTH NETHERLANDS

Q01 K. VAN DER GAAST ■ STATION
Q02 VAN DEN BROEK & BAKEMA ■ KERNWANDGEBOUWEN/MEGASTRUCTURAL BLOCKS
Q03 J.H.A. BEDAUX, J.A. VAN DER LAAN ■ ECONOMISCHE HOGESCHOOL/SCHOOL OF ECONOMICS
Q04 A.J. KROPHOLLER ■ RAADHUIS/TOWN HALL
Q05 H.J. HENKET ■ BARTH LIJSTENFABRIEK/FRAME-MAKER'S FACTORY
Q06 G. WIJNEN, A.J.C. VAN BEURDEN ■ RAADHUIS/TOWN HALL
Q07 MAASKANT, VAN DOMMELEN, KROOS ■ PROVINCIEHUIS/PROVINCIAL HOUSE
Q08 J.P. THOLE (AAS) ■ MOLUKSE KERK/MOLUCCAN CHURCH
Q09 D. KREYKAMP ■ BOLWONINGEN/GLOBE DWELLINGS
Q10 G. PONTI, TH.H.A. BOOSTEN ■ WARENHUIS/DEPARTMENT STORE DE BIJENKORF
Q11 A.J. KROPHOLLER/F. VAN DEN BERG ■ VAN ABBEMUSEUM
Q12 W.G. QUIST ■ WATERTOREN/WATER TOWER
Q13 L.C. KALFF, L. DE BEVER ■ EVOLUON
Q14 VAN DEN BROEK & BAKEMA ■ WONINGBOUW, STEDEBOUW/HOUSING, URBAN DESIGN 'T HOOL
Q15 F. VAN KLINGEREN, J. DE WEIJER, J.A.M. MULDER/C. PASSCHIER ■ MULTI-FUNCTIONEEL WIJKCENTRUM/MULTI-FUNCTION CENTRE 'T KARREGAT'
Q16 S.J. VAN EMBDEN, OD 205 ■ TH-WIJK/TECHNICAL COLLEGE
Q17 OD 205 ■ HOOFDGEBOUW, W-HAL/MAIN BUILDING, W-HALL
Q18 OD 205 ■ WERKTUIGBOUWKUNDE/MECHANICAL ENGINEERING
Q19 P. BLOM ■ 'T SPEELHUIS'; PAALWONINGEN/CULTURAL CENTRE; POLE DWELLINGS
Q20 G.TH. RIETVELD ■ WEVERIJ/WEAVING MILL DE PLOEG
Q21 G.TH. RIETVELD/A.E. VAN EYCK ■ WOONHUIS VISSER/PRIVATE HOUSE
Q22 VAN DEN BROEK & BAKEMA ■ BUNGALOWPARK 'DE LOMMERBERGEN'
Q23 J. COENEN ■ UITBREIDING LOM-SCHOOL/EXTENSION OF A SCHOOL
Q24 L. WILLEMS ■ GROENE KRUISGEBOUW/HOME HELP BUILDING
Q25 J. COENEN ■ BAKKERIJ/BAKERY DRIESSEN
Q26 F.P.J. PEUTZ ■ BIOSCOOP/CINEMA ROYAL
Q27 F.P.J. PEUTZ ■ WARENHUIS/DEPARTMENT STORE SCHUNCK
Q28 F.P.J. PEUTZ ■ RAADHUIS/TOWN HALL

Q29 J. COENEN, P. MERTENS ■ MEERVOUDIGE WELZIJNSACCOMMODATIE/CIVIC CENTRE
Q30 P.W.L. & J.H.F. PEUTZ ■ THERMENMUSEUM/MUSEUM OF ROMAN BATHS
Q31 L. BISSCHEROUX ■ KANTOORGEBOUW/OFFICE BUILDING AZM
Q32 F.P.J. PEUTZ ■ RETRAITEHUIS/SANCTUARY 'MGR. SCHRIJNEN'
Q33 L. BISSCHEROUX ■ ONDERGRONDSE KERK/UNDERGROUND CHURCH
Q34 RIETVELD, VAN DILLEN, VAN TRICHT ■ WOONHUIS VAN SLOBBE/PRIVATE HOUSE
Q35 S. VAN RAVESTEYN ■ SEINHUIS/SIGNAL BOX
Q36 F.P.J. PEUTZ ■ WOONHUIS/PRIVATE HOUSE ''T SONNEHUYS'
Q37 B.G.J.J. SNELDER ■ GOUVERNEMENTSGEBOUW/PROVINCIAL HOUSE
Q38 P.H. DINGEMANS ■ CONSERVATORIUM/CONSERVATORY
Q39 P. SATIJN ■ ROZ-STUDIO'S/BROADCASTING STUDIOS
Q40 DOM H. VAN DER LAAN ■ KAPEL, KLOOSTER/CHAPEL, MONASTERY
Q41 J.H.A. HUYSMANS ■ ST. JOSEPHKERK/CHURCH

Q01 STATION

Spoorlaan, Tilburg

K. VAN DER GAAST ■ 1957-1965

Bouw 1966 p.648

B+W 1968 p.186

Door het nieuwe gebouw op een verhoogd emplacement te plaatsen ontstaan drie vrije onderdoorgangen. Om een stedebouwkundig juist profiel te krijgen is het gebouw zo smal en transparant mogelijk gehouden: een verzameling min of meer losstaande gebouwen van staal en glas, deels onder de perrons gebouwd. De overkapping bestaat uit twaalf hypparschalen (21 x 21 m.) op tien steunpunten: drie stalen kolommen aan weerszijden en vier betonnen steunpunten op het middenperron ■ Placing the new railway station in a raised yard provided space for three subways. To achieve a satisfactory urban profile its design was kept as narrow and transparent as possible – an assemblage of more or less detached volumes in steel and glass, partly below the platforms. Roofing consists of two hyperbolic paraboloid shells (21 x 21 m.) sustained at ten points: three steel columns on each side and four concrete supports on the central platform.

Q02 KERNWANDGEBOUWEN/MEGASTRUCTURAL BLOCKS

Stadhuisplein/Paleisring, Tilburg

VAN DEN BROEK & BAKEMA ■ 1964-1975

W.J. van der Jagt (proj.)

Broeba 4

In een aantal grote stedebouwkundige studies uit de jaren zestig (Tel Aviv, Pampus, Eindhoven) ontstaat het idee voor de kernwandgebouwen. De langgerekte, vaak geknikte gebouwen met een gelaagde opbouw en een complexe doorsnede begrenzen stedelijke ruimtes. In Tilburg is een dergelijk plan gedeeltelijk gerealiseerd. Door de complexe doorsnedes krijgen de gebouwen een sculpturale kwaliteit, vergelijkbaar met Erskine's Bykerwall in Newcastle ■ Several large-scale urban design studies of the '60s (Tel Aviv, Pampus, Eindhoven) provided the concept of the megastructural block. The elongated, often jointed buildings with a layered structure and complex section are a means of delimiting urban space. A similar plan has been partly realised in Tilburg. Because of their complex sections the buildings take on a sculptural quality, comparable with Erskine's Bykerwall in Newcastle.

Q03 ECONOMISCHE HOGESCHOOL/SCHOOL OF ECONOMICS

Hogeschoollaan 225, Tilburg

J.H.A. BEDAUX, J.A. VAN DER LAAN ■ 1957-1962

Bouw 1964 p.436

In een bijna vierkante doos zijn enkele collegezalen en twee binnenhoven losjes gegroepeerd; aan de randen zijn de kleinere kantoorruimtes ondergebracht. De resterende ruimte functioneert als gang, trap, hal of – door glaswanden afgescheiden – koffiekamer. Deze aan een klooster verwante opbouw levert een variëteit aan ruimtes: sommige zijn verrassend majestueus, andere zijn typische restruimtes. Het geheel uit baksteen opgetrokken gebouw is bekleed met muschelkalksteenplaten ■ In an almost square box some lecture rooms and two inner courts are loosely grouped. Around the sides are smaller office volumes. The remaining space functions as passage, stair, hall, and a coffee-room behind glazed partitions. This cloister-like construction yields a variety of spaces: some are surprisingly majestic, others typical leftover spaces. The all-brick building is clad with shell-limestone panels.

TH-WIJK/TECHNICAL COLLEGE Q16

De Wielen/De Zaale, Eindhoven

S.J. VAN EMBDEN, OD 205 ■ 1954-1964

BW 1964 p.293

Het complex voor de Technische Hogeschool in Eindhoven bestaat uit een aantal gebouwen, gekoppeld door een voetgangerssysteem van loopbruggen op 4,80 m. boven de begane grond. Hierdoor wordt duidelijk dat de verschillende afdelingen niet in afzonderlijke gebouwen gehuisvest zijn, maar gebruik maken van meerdere gebouwen. De verschillende disciplines komen zo maximaal met elkaar in contact. Alle zestien collegezalen zijn ondergebracht in een auditorium met een aula en een vergaderzaal voor de senaat. Het terrein wordt gedomineerd door de vliesgevel van het hoofdgebouw, een lange hoogbouwschijf op een betonnen onderbouw. Hierachter ligt het centrale werkplaatsencomplex, de W-hal. Het dak is opgehangen aan afgetuide stalen kolommen op een vierkant stramien. Lichtstroken tussen 'opgetilde' dakvlakken voorzien de werkplaatsen van daglicht. De onnadrukkelijke, technische architectuur sluit goed aan bij de functie van dit gebouw en biedt een bruikbaar kader voor zowel werkplaats, studieruimte als kantoor ■ The Technische Hogeschool complex in Eindhoven consists of a group of buildings linked by a pedestrian system of bridges 4.80 m. above ground level. This shows clearly that different departments are not housed individually but make use of more than one building, thus affording maximum contact between the different fields of study. All sixteen lecture halls are accommodated in an 'auditorium' with aula and board room. The site is dominated by the curtain wall of the main block, an elongated high-rise slab on a concrete understructure. Behind this is the central workshop block or W-hall. Its roof is suspended from steel columns in a square grid. Strips of fenestration between raised roof sections provide the workshops with daylight. The unassertive, technical architecture matches admirably the function of this building and offers a practicable framework whether for workshop, study, or office.

HOOFDGEBOUW, W-HAL/MAIN BUILDING, W-HALL Q17

De Wielen, Eindhoven

OD 205 ■ 1954-1964

S.J. van Embden, J.L.C. Choisy (proj.)

BW 1964 p.293

WERKTUIGBOUWKUNDE/MECHANICAL ENGINEERING Q18

De Wielen, Eindhoven

OD 205 ■ 1968-1975

J.L.C. Choisy, R.J. Ouendag, W.A.M. Nieuwhof (proj.)

Bouw 1976 p.485

De vorm van het gebouw voor werktuigbouwkunde wordt bepaald door de functionele zonering van de doorsnede. De hoge laboratoria en tekenzalen aan de noordgevel zijn in de middenzone (verkeersruimtes, utilitaire ruimtes) gekoppeld aan de lagere kabinetten aan de zuidgevel en met loopbruggen verbonden met een werkplaatsenblok aan de noordzijde. De middenzone heeft twee hoge vides, waarin stalen trappenhuizen zijn opgenomen. Noord- en zuidgevel verschillen aanmerkelijk in materiaal en maatvoering ■ The form of the mechanical engineering building stems from the functional zoning of its cross section. High laboratories and drawing rooms on the north facade are linked in the central zone (circulation and service areas) to lower cubicles on the south facade and connected with bridges to a workshop block on the north side. In the central zones are two tall voids containing steel staircases. North and south facades differ considerably in material and measurements.

Q19 ''T SPEELHUIS'; PAALWONINGEN/CULTURAL CENTRE; POLE DWELLINGS

Markt; Europaweg, Helmond

P. BLOM ■ 1972-1976; 1974-1975

H. Sanders (b.k.)

Bouw 1976 p.7; Blom 1; Blom 2

AdA 1975-jan/feb

Met de opdracht aan Blom om voor de binnenstad een cultureel centrum te ontwikkelen, probeert het provinciestadje Helmond zijn imago wat op te vijzelen. Blom stelt voor het cultureel centrum meer draagvlak en een geringere drempel te geven door het te combineren met (een complex) woningen. Geïnspireerd door de bossen van de Peel en voortborduren op zijn oudere ideeën ('wonen als stedelijk dak', zie B15) komt hij tot een revolutionaire vorm van woningbouw en stedebouw: de paalwoning en het woonwoud. Bij wijze van experiment worden in 1975 eerst drie prototypes van de paalwoning gebouwd.

De paalwoning bestaat uit een gekantelde kubus, met één punt op een betonnen kern, waarin zich de entree en het trappenhuis bevinden. In de houten kubus bevinden zich drie niveaus: het 'straathuis' (keuken en woonkamer), het 'hemelhuis' (slaapkamers) en het 'loofhutje' (balkon of tuintje). De schuine wanden en onconventionele raamvormen dwingen de bewoners tot creativiteit bij de inrichting, aangezien er geen plaats is voor standaardmeubilair en -gordijnen. Door het geringe ruimtegebruik en de afwezigheid van straat en erf of tuin betekent de verkaveling een radicale breuk met de traditie. In 1976 wordt ''t Speelhuis' gerealiseerd met daaromheen slechts 18 woningen i.p.v. de geprojecteerde 183. Het gebouw zelf bestaat uit een grote kubus temidden van een aantal kleinere kubussen; de grote zaal, met op de begane grond foyers en kleedkamers, en op de verdieping vergader- en studieruimtes. De betonnen kernen bevatten trappenhuizen. De betonnen plafonds van de grote kubus zijn als zeildoek beschilderd door H. Sanders, waardoor de grote zaal tot een soort circustent wordt omgevormd.

Met de introductie van de paalwoning profileert Blom zich eens te meer als onbegrepen eenling in een vijandige bureaucratische wereld van collega-architecten, bestuurders en bouwers. De paalwoning wordt wereldberoemd, een faam die voornamelijk berust op anekdotiek en de waarde als kermisattractie. Bloms oorspronkelijke ideeën over wonen raken meer en meer op de achtergrond, zeker in het vervolgproject, de Blaakoverbouwing in Rotterdam (M22), waar de architectuur nog louter als toeristische attractie functioneert.

■ In commissioning Blom to design a cultural centre the country town of Helmond was looking for a boost of image. Blom then proposed a broader social basis and less prefatory space by combining it with housing. Inspired

by the nearby woods and embroidering on his former ideas ('living-space as an urban roof', see B15) he arrived at a revolutionary form of housing and urban development, that of the 'paalwoning' ('pole dwelling') and 'woonwoud' ('tree housing'). In 1975, as an experiment, three prototypes were erected.

The 'paalwoning' consists of a tilted cube with one point in a concrete core containing entrance and stair. In this timber cube are three levels – the 'street-house' (kitchen and living room), the 'heaven-house' (bedrooms) and the 'outhouse' (balcony or small garden). Sloping walls and unconventional window forms necessitate a creative approach to furnishing by its occupants, standard furniture and curtains being out of the question. Taking up little room and relinquishing street and garden as such the plan signifies a radical break with tradition. In 1976 the cultural centre was built, with around it only 18 of the projected 183 dwellings. The building itself, a large cube amidst a number of smaller ones, comprises a main hall with on the ground floor foyers and changing-rooms, and upstairs spaces for meetings and study. The concrete cores contain stairs. The concrete ceilings of the large cube were painted by H. Sanders in an imitation of canvas, giving the main hall the appearance of a circus tent.

With the arrival of the paalwoning Blom once again presents himself as a misunderstood loner in a hostile bureaucratic world of fellow architects, executives, and builders. The paalwoning is now world-famous, a fame resting largely on anecdote and its value as crowd-puller. Blom's original ideas on living slip increasingly into the background, certainly as regards his follow-up, the Blaak Heights in Rotterdam (M22), where architecture functions merely as tourist attraction.

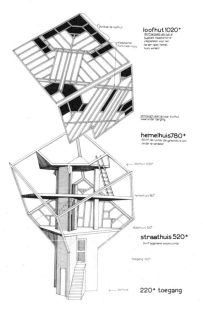

loofhut 1020*

hemelhuis 780+

straathuis 520+

220+ toegang

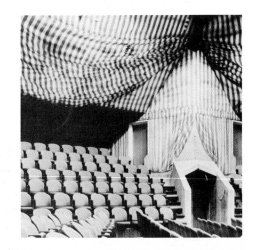

Q20 WEVERIJ/WEAVING MILL DE PLOEG

Riethovensedijk 20, Bergeyk

G.TH. RIETVELD ■ 1956-1957

M. Ruys (tuinarch.)

Werk 1963 p.94

Gebogen schalen in oost-westrichting vormen een zaagtanddak waardoor noorderlicht in de werkruimtes kan binnenvallen. De fabriek is in de langsrichting uitbreidbaar en de binnenwanden zijn verplaatsbaar. Plattegrond en gevels zijn gebaseerd op een maatraster van 1 x 1 meter. De langsgevels zijn vrijwel geheel beglaasd. Door de beëindiging van de schaaldaken in de westgevel schuin te plaatsen ontstaat een coulissengevel met glasstroken op het noorden. De hoofdingang wordt geaccentueerd door een vrijstaande stalen constructie ■ Curved shells in an east-west direction form a sawtooth roof allowing light to penetrate the work space from the north. The factory is extendable lengthways and its inner partitions can be removed or repositioned. Both plan and facades are based on a module of 1 x1 m. The facades along its length are almost entirely of glass. Rotating the western extremity of each shell has created something like the wings of a theatre with strips of fenestration on the resulting northern edges. The main entrance is emphasised by a free-standing steel structure.

Q21 WOONHUIS VISSER/PRIVATE HOUSE

Bergerdreef 2, Bergeyk

G.TH. RIETVELD/A.E. VAN EYCK ■ 1956/1967-1969

WTABK 1984-3

Domus 1970-oct

Om een kunstcollectie te huisvesten wordt de eenvoudige door Rietveld ontworpen woning door Van Eyck met een gesloten bakstenen cilinder uitgebreid. Een kwart van de cilinder is open gelaten en door een glazen tussenruimte verbonden met de oorspronkelijke woning. Door een trapcilinder asymmetrisch op de grens van woning en expositieruimte te plaatsen en door de buitenruimte gedeeltelijk te laten binnendringen weet Van Eyck op basis van de statische cirkelvorm een dynamische ruimte te ontwerpen ■ To accommodate an art collection in this house Van Eyck extended Rietveld's basic design with a closed brick cylinder. One quadrant of this remains open and is connected to the original residence by a glazed intermediary space. By placing a cylindrical staircase asymmetrically where house and exhibition area meet and by allowing the outdoor area to penetrate indoors Van Eyck has managed to create a dynamically spatial design using the static circle form.

Q22 BUNGALOWPARK 'DE LOMMERBERGEN'

Lommerbergen 1, Reuver

VAN DEN BROEK & BAKEMA ■ 1967-1972

H. Klopma (proj.)

BW 1969 p.318

Broeba 3, Broeba 4

Het sterk geaccidenteerde terrein bevat vakantiehuisjes en enkele voorzieningen als een winkel, een restaurant, een sauna, speelweides en een zwembad, dat 's winters overdekt kan worden met een plastic tent. De huisjes zijn geschakeld in kleinere eenheden, en zoveel mogelijk in de natuur geplaatst. Ze bevatten minimale woonvoorzieningen en een extra ruimte in de vorm van een zolder. Ze zijn opgetrokken uit B2-blokken, donker geïmpregneerd hout en zwarte asbestplaten ■ This highly uneven site contains holiday chalets with shop, restaurant, sauna, playing fields, and a swimming-pool which can be covered in winter with a plastic tent. The chalets are grouped in small units and given as natural a setting as possible. Constructed from concrete blocks, dark impregnated wood, and black asbestos panels they contain a minimum of facilities but have an attic as extra space.

UITBREIDING LOM-SCHOOL/EXTENSION OF A SCHOOL Q23

Deze uitbreiding van een LOM-school met drie lokalen is lineair uitgevoerd. Door middel van dakopbouwen vindt indirecte lichtinval in de lokalen plaats, waardoor de geometrische strengheid van de plattegrond doorbroken wordt. In een lagere gesloten strook tussen de lokalen bevinden zich de toiletten. Een uitwaaierende gebogen glazen gang verbindt de lokalen met de bestaande school ■ This extension of three classrooms to a school for special education has been done linearly. Box-like roof constructions allow indirect light penetration of the classrooms, thus softening the geometric severity of the plan. In a lower, enclosed strip between classrooms are the toilets. A billowing, curved glazed corridor joins this addition to the existing school.

Valkstraat 2-4, Sittard

J. COENEN ■ 1980-1983

G. Coenen, U. Müller, T. Wijnhoven (arch.)

Arch 1984-4; Bouw 1984-12; Plan 1985-6

GROENE KRUISGEBOUW/HOME HELP BUILDING Q24

De architectuur is een merkwaardige mengvorm van Nieuwe Zakelijkheid, traditionele bouwtechnieken en decoratieve elementen, zoals de afrondingen van portalen en voordeur en de geprofileerde zonweringskoven. De gevel is deels gestuct, deels is het metselwerk in het zicht gelaten. De riante situering van het gebouw wordt benadrukt door de hoekoplossing ■ The architecture is a remarkable synthesis of Nieuwe Zakelijkheid (New Objectivity), traditional techniques, and decorative elements such as the splayed portals and front door, and profiled sun-break mouldings. The facade is of brick partly plastered and partly left exposed. The building's ample siting is emphasised by the treatment of its corner.

Kloosterstraat 17, Brunssum

L. WILLEMS ■ 1934-1936

BAKKERIJ/BAKERY DRIESSEN Q25

In de plattegrond en de gevelcompositie van dit verbouwde traditionele rijtjespand zijn diverse cirkelsegmenten toegepast: een cilindervorm rond een spiltrap naar de erboven gelegen woning, de gebogen zijwand, het uitstekende balkon, het dakraam en de ronde stalen kolom. De architectuur verwijst naar de jaren vijftig ■ Both plan and elevation of this converted traditional terraced house involve curvilinear elements: the cylinder embracing a circular stair to the maisonette above, the curved side wall, projecting balcony, roof window, and round steel column. Its architecture harks back to the '50s.

Stationsstraat 181, Nuth

J. COENEN ■ 1981

Arch 1982-2

Q26 BIOSCOOP/CINEMA ROYAL

Stationsplein 5, Heerlen

F.P.J. PEUTZ ■ 1937

J. Bongaerts (arch.)

Peutz 1

De bioscoop is gesitueerd op een driehoekig terrein. Op de open hoek bevinden zich de entree en, op de verdieping, de foyer, beiden gericht op de Stationstraat. De ovale zaal is loodrecht op de gesloten achterwand gesitueerd. In de trappartij tussen zaal en entree/foyer worden de beide hoofdrichtingen opgenomen. In de afgeronde hoofdvormen en de detaillering worden de plastische mogelijkheden van beton ten volle benut ■ This cinema stands on a triangular site. An open corner contains the entrance and upstairs the foyer, both facing onto the Stationstraat. The oval auditorium is placed at right angles to the closed rear facade. A stair between auditorium and entrance/foyer assimilates the two principal directions. Both in its rounded principal forms and in its detail the plastic possibilities of concrete have here been exploited to the full.

Q27 WARENHUIS/DEPARTMENT STORE SCHUNCK

Nassaustraat/Bongerd, Heerlen

F.P.J. PEUTZ ■ 1936-1942

BW 1936 p.262; Bb 1937 p.61; Peutz 1

Een overdekte markt voor kledingstoffen met verkoopruimtes op de eerste lagen en werkruimtes op de vierde laag is gesitueerd tussen twee in niveau verschillende pleinen. Op het dak is een woning in twee lagen voor de eigenaar gebouwd. De constructie bestaat uit paddestoelkolommen met betonnen vloeren. De glazen vliesgevel is 50 cm. vrijgehouden van de vloeren waardoor het gebouw door middel van luiken in het dak kon worden geventileerd. Het warenhuis is inmiddels ingrijpend gewijzigd ■ This indoor market selling clothing materials with sales department on the lower floors and work spaces on the fourth stands between two squares lying at different levels. On its roof is the owner's two-storey residence. The structure consists of mushroom columns with concrete floors. Glass curtain walls hang 50 cm. in front of each floor so that the building can be ventilated using hatches in the roof. The department store has since been drastically altered.

Q28 RAADHUIS/TOWN HALL

Raadhuisplein, Heerlen

F.P.J. PEUTZ ■ 1936-1942

Forum 1949 p.2; Arch 1982-4; Peutz 1

Het raadhuis is opgedeeld in een administratief gedeelte aan de Geleenstraat en een representatief deel aan het hoger gelegen Raadhuisplein. De administratieve ruimtes zijn gegroepeerd rond een hal met een door een glaskap overdekte vide. In het representatieve deel met afgeronde paddestoelkolommen leidt een zeer brede trap naar de raadzaal en de burgerzaal. De gevels, gebaseerd op de gulden snede, zijn bekleed met natuursteen. De korte zijde van de burgerzaal wordt geaccentueerd door een klassieke kolompartij ■ This town hall has its administrative section on the Geleenstraat, and ceremonial section overlooking the higher level of the Raadhuisplein. Administrative spaces are grouped around a hall with glass-capped void. In the more public area with its rounded mushroom columns an extremely wide staircase leads to the council chamber and civic hall. Facades based on the golden section are clad in natural stone. One short side of the civic hall is emphasised by a group of Classical columns.

De gebouwdelen: het stedelijk museum, de Kamer van Koophandel en de bibliotheek omsluiten een centrale binnenplaats. De bibliotheekruimtes worden op de laagste verdiepingen verbonden door een hellingbaan, die met het terrein meeloopt. Bovenop de cilinder ligt een vergaderzaal met panoramaterras. Het gebouw is met zijn klassieke vormen en materiaalgebruik een waardige pendant van Peutz' raadhuis ■ Here municipal museum, Chamber of Commerce, and library enclose a central courtyard. Library spaces are linked on the lower floors by a ramp which follows the sloping line of the site. At the top of the cylinder is a meeting room with viewing terrace. With its Classical forms and use of materials this building constitutes a worthy supplement to Peutz's town hall.

MEERVOUDIGE WELZIJNSACCOMMODATIE/CIVIC CENTRE Q29

Raadhuisplein, Heerlen

J. COENEN, P. MERTENS ■ 1983-1985

Arch 1986-feb; AB 1986-3; Archis 1986-7

Casab 1984-sep

Een stalen ruimtevakwerk van 50 x 55 m. overdekt de resten van een Romeins badhuis, dat van 50 v.C. tot 500 n.C. heeft gefunctioneerd. Het dak rust op slechts vier stalen kolommen, zodat een vrij uitzicht op de restanten vanaf een stalen loopbrug wordt gegarandeerd. Op het eveneens door een ruimtevakwerk overdekte voorzieningenblok is een betonnen archieftoren geplaatst ■ A steel space frame of 50 x 55 m. covers the remains of Roman hot baths (thermae) in use between 50 B.C. and 500 A.D. The roof rests on just four steel columns, guaranteeing an unobstructed view of the remains from a steel bridge. Above the facilities block which too has a space-frame roof stands a concrete tower containing archives.

THERMENMUSEUM/MUSEUM OF ROMAN BATHS Q30

Coriovallumstraat 9, Heerlen

P.W.L. & J.H.F. PEUTZ ■ 1975-1977

Bouw 1978-26; PT-B 1979 p.67

Dit futuristische bouwsel blijkt een simpel, flexibel, in hoge mate geprefabriceerd kantoorgebouw. De kantoren bevinden zich rond een centrale hal met trappen, lift en toiletten. Op een betonnen kelder is een staalskelet opgebouwd met als verdiepingshoogte en overspanning een maat van 4,50 m. Binnenwanden, glaspuien en polyester gevelelementen met zonwerende kappen hebben alle een gelijke maat van 4,26 x 4,26 m. De stabiliteit wordt verzorgd door betonnen vloeren en kruisen in de gevel (drukschoren) ■ This futuristic structure turns out to be a basic, flexible, largely prefabricated office building. Offices surround a central hall with stairs, lift, and toilets. A concrete cellar supports a steel frame with both storey height and span of 4.50 m. Inner walls, glazing, and polyester facade elements with sunproof cappings all adhere to a module of 4.26 x 4.26 m. Stability is provided by concrete floor slabs and crosses on the frontage.

KANTOORGEBOUW/OFFICE BUILDING AZM Q31

Akerstraat 27, Heerlen

L. BISSCHEROUX ■ 1970-1972

Bouw 1972 p.902

AdA 1972/73-dec/jan; DB 1973-4

Q32 RETRAITEHUIS/SANCTUARY 'MGR. SCHRIJNEN'

Oliemolenstraat 60, Heerlen

F.P.J. PEUTZ ■ 1932

BW 1934 p.63; Peutz 1

Het voormalige retraitehuis voor vrouwen bestaat uit een onderbouw met collectieve en administratieve ruimtes met daarop een schijfvormig blok met verblijfsruimtes en een dubbelhoge kapel. Aan de kwaliteit van de daglichttoetreding is veel aandacht besteed. Vanwege de slechte ondergrond is een puntsgewijze fundatie toegepast, waardoor de stalen draagconstructie plaatselijk kon worden opgevijzeld. De massief ogende buitenwanden bestaan uit een lichte binnenspouw en een buitenspouw van gestuct steengaas ■ This former sanctuary for women consists of an understructure of communal and administrative spaces with above it a slab-shaped block containing living quarters and a double-height chapel. Much care was taken over the quality of daylight penetrating the building. The unsatisfactory state of the ground led to a point-by-point foundation allowing the steel loadbearing structure to be raised up if necessary one segment at a time to its correct level. Outer walls of massive appearance consist of a light inner leaf and an outer leaf of plastered wire mesh and stucco.

Q33 ONDERGRONDSE KERK/UNDERGROUND CHURCH

Palestinastraat/Zeishof, Heerlen

L. BISSCHEROUX ■ 1975-1977

R. Takens (b.k.)

Bouw 1978-22

Deze gedeeltelijk onder een heuvel gebouwde kerk bevat veel symboliek en vormexperimenten. Naast een rechthoekige pastorie ligt de vierkante kerkzaal (Kamer van Gabriël), met daaromheen een ronde wandelgang (Levenspad). Boven het altaar in de vierkante gesloten ruimte bevinden zich enkele raamopeningen: twee driehoeken, een cirkel en een vierkant. Een zuil rijst door het dak 'naar het oneindige, ongrijpbare' ■ Partly built into a hill, this church contains much in the way of symbolism and experiments with form. Next to a rectangular vicarage is the main church volume (Chapel of Gabriel) with around it a circular gallery (Path of Life). Above the altar in this square, enclosed space are four windows, two triangular, one circular and one square. A column rises through the roof 'towards the eternal, the unfathomable'.

Q34 WOONHUIS VAN SLOBBE/PRIVATE HOUSE

Zandweg 122, Heerlen

RIETVELD, VAN DILLEN, VAN TRICHT ■ 1962-1964

G.Th. Rietveld (proj.)

Bouw 1966 p.910

Domus 1965-sep

Deze woning, een van Rietvelds laatste, is tegen de top van een heuvel gebouwd zodat de bewoners vanuit de woonvertrekken en de terrassen een prachtig uitzicht geboden wordt. De onderlaag bevat de entree en dienstruimtes, de middenlaag woon- en ontvangstruimtes en de bovenlaag de slaapvertrekken. De draagconstructie bestaat uit een betonskelet dat is ingevuld met grote stalen puien en witte geglazuurde baksteen ■ This house, one of Rietveld's last, stands against the top of a hill so that its occupants looking out from living spaces and terraces are offered a magnificent view. Its lower level contains entrance and service spaces, the middle level living and reception areas, and the upper level bedrooms. Its loadbearing structure consists of a concrete frame with an infill of large steel-framed glass sheets and white glazed brick.

SEINHUIS/SIGNAL BOX Q35

Spooremplacement, Maastricht

S. VAN RAVESTEYN ■ 1932-1933

8 en O 1933 p.231; vR 1

Twee holle betonkolommen, die respectievelijk een verwarmingsketel en een hijsinstallatie bevatten, dragen een betonnen dak met daarin de 10.000 kg. zware electrische installatie. Het W-vormige dak hangt aan een betonnen juk, zodat vanuit de glazen ruimte op de betonbak een kolomvrij uitzicht op de spoorlijnen wordt geboden ■ Two hollow concrete columns, one housing a boiler and the other hoisting gear, carry a concrete tray containing 10,000 kg. of electrical equipment. The W-shaped roof is suspended from a concrete yoke to allow a view unobstructed by columns of the rails from the glazed compartment above the tray.

WOONHUIS/PRIVATE HOUSE ''T SONNEHUYS' Q36

Scharnerweg 104, Maastricht

F.P.J. PEUTZ ■ 1933

Peutz 1

De ruimtes in ''t Sonnehuys' zijn gegroepeerd rond een ovale trap in de hoek van het hoofdblok, die vanuit het dak van daglicht wordt voorzien. Aan de tuinzijde van de woning loopt een halfronde trap vanaf het terras op de hoofdverdieping langs een glazen serre naar de lager gelegen tuin. Peutz' eigenzinnige omgang met het functionalistisch idioom wordt, na lange tijd te zijn doodgezwegen, de laatste jaren opnieuw gewaardeerd ■ Spaces in the 'Sonnehuys' are ranged around an oval stair in the corner of the main block, daylight entering them via the roof. On the garden side of the house is a semi-circular stair reaching from a terrace on the principal upper floor along a glazed conservatory to the lower-lying garden. Peutz's individual approach to the Functionalist idiom is after years of neglect only now the subject of renewed appreciation.

GOUVERNEMENTSGEBOUW/PROVINCIAL HOUSE Q37

Hoge Weerd 10, Maastricht

B.G.J.J. SNELDER ■ 1978-1985

D. Elffers (int.)

Bouw 1985-22; AB 1986-6/7

Het gouvernementsgebouw voor de provincie Limburg is gebouwd op de uiterwaarden van de rivier de Maas. Het complex bestaat uit een aantal kruisvormige bakstenen gebouwdelen van wisselende hoogte, afgedekt met schuine kappen. In het centrum van elk kruisgebouw bevinden zich trappen, liften en toiletten. De Statenzaal bestaat uit een cirkelvormige vergaderzaal met daaromheen halve ringen van aflopende lengte met verkeersruimtes en voorzieningen. Het gehele representatieve deel bevindt zich op een kunstmatig eiland ■ The government building for the province of Limburg stands among the water-meadows of the river Maas. The block comprises a number of cruciform brick volumes of varying height, capped with slanting roofs. In the centre of each of these volumes are stairs, lifts, and toilets. The State Room consists of a circular conference hall with around it semi-circles sloping lengthways of circulation spaces and facilities. The entire ceremonial section is situated on an artificial island.

Q38 CONSERVATORIUM/CONSERVATORY

Bonnefantenstraat 15, Maastricht

P.H. DINGEMANS ■ 1965

Bouw 1967 p.748

De grillige plattegrond, het bouwvolume en het schuine dak zijn geïnspireerd op de oorspronkelijke verzakte en bebouwing over de rivier. De rode veldovensteen, de natuursteenbekleding van het betonskelet en de blauwe leien op het dak zijn typische materialen uit de Limburgse vakwerkbouw. Op de begane grond bevinden zich entree, docentenvertrekken en een concertzaal over drie lagen; op de verdiepingen leslokalen in diverse groottes en vormen; in de kelder een opnamestudio en oefenkamers ■ Fanciful plan, volume, and sloping roof were all inspired by the subsiding structure, since demolished, across the river. Local red brick, stone cladding of the concrete frame, and blue slate roof are all characteristic of timber-framing in the Limburg region. On the ground floor are entrance, lecturers' rooms, and triple-height concert hall, the upper floors containing tuition rooms of various shapes and sizes and the basement a recording studio and rehearsal rooms.

Q39 ROZ-STUDIO'S/BROADCASTING STUDIOS

Bankastraat 3, Maastricht

P. SATIJN ■ 1975-1979

P. Schuffelers (arch.)

Jak. Ritzen (tuinarch.)

Arch 1979-11

Deze huisvesting voor de regionale omroep voor Zuid-Nederland bestaat uit een laagbouwdeel met twee kleine en een grotere radiostudio, dat om akoestische redenen los is gehouden van een hoger deel met administratieve ruimtes en een kantine met daktuin. De gevels van het kantoordeel zijn opgebouwd uit zilverkleurig gemoffelde aluminium sandwichpanelen. Om een goede geluidsisolatie te verkrijgen zijn de aluminium platen bij het studiodeel voor een dikke betonstenen wand geplaatst ■ This building accommodating the regional network for the South Netherlands consists of a low-rise volume containing three broadcasting studios; two small ones and a larger one which for acoustic reasons is kept separate from a taller volume containing the administrative department and a canteen with roof terrace. Facades of the office section are of silver-enamelled sandwich panels. To ensure satisfactory soundproofing the aluminium sheets of the studio section are backed by a thick wall of concrete block.

Q40 KAPEL, KLOOSTER/CHAPEL, MONASTERY

Mamelis 39, Lemiers

DOM H. VAN DER LAAN ■ 1956-1963/1956-1967/1984-1986

Lit 69

Jarenlang onderzoekt de monnik (met architectuuropleiding) Van der Laan de essentie van de architectuur. De resultaten van deze levenslange studie zijn uitgewerkt in twee boeken en enkele gerealiseerde werken, waarin de verhouding van de ruimte, het ritme en de proportie van de elementen, een sobere materialisering en contact met de natuur centraal staan. In deze uitbreiding van een abdij uit 1923 zijn ook de interieurs en de meubels door Van der Laan ontworpen ■ Van der Laan, a monk with an architectural education, spent years searching for the essence of architecture. The results of this lifelong study are two books and a number of buildings in which spatial relationships, rhythm and proportion of elements, sober use of material, and contact with nature form the central issues. In this extension of an abbey from 1923, interiors and furniture are also by Van der Laan.

Deze kerk vormt een merkwaardige synthese van traditie en modernisme, in de Architectural Review omschreven als 'rococo in beton'. De nabijgelegen heuvelrug inspireerde tot het golfdak, waaruit weer het cirkelmotief voortkomt. Het betonskelet is afgedekt met betonschalen van 6 cm. dikte en om akoestische redenen voorzien van gordingen. Voor de afwerking zijn lokale materialen gebruikt, door de specifieke ligging van Vaals (niet per trein bereikbaar) veelal uit Aken en de Eifel afkomstig ∎ This church is a remarkable synthesis of the traditional and modern, described by the Architectural Review as 'Rococo in concrete'. The nearby range of hills inspired its corrugated roof, which in turn spawned the circle motif. Its concrete frame is capped with concrete shell roofing 6 cm. thick with purlins for the acoustics. Local materials provide the finish, mainly from Aachen and the Eifel Mountains in nearby Germany – Vaals being off the beaten track and without trains.

ST. JOSEPHKERK/CHURCH Q41

Maastrichterlaan , Vaals

J.H.A. HUYSMANS ∎ 1958

Bouw 1959 p.538

AR 1959 p.128; AF 1959 p.150

Vaals 277

ARCHITECTENREGISTER/ARCHITECT INDEX

B. van Aalderen (1933)

E29	Kantongerecht	Zaandam	1979-1981

De 8

E01	Woningbouw, Stedebouw	Nagele	1947-1957

Lit 71

A. Alberts (1927)

K16	Woningbouw, Wijkcentrum Meerzicht	Zoetermeer	1972-1977
C36	Emmauskerk	Nieuwegein	1975-1977
C47	Woonhuis De Waal	Utrecht	1978-1980
H50	Hoofdkantoor NMB	Amsterdam	1979-1986

WTABK 1977-24; Arch 1980-9; Lit 69

Apon, Van den Berg, Ter Braak, Tromp

D.C. Apon (1926), J.A. v.d. Berg, A.J. ter Braak, W.B. Tromp

E16	Woningbouw, Stedebouw	Almere-Haven	1974-1979
N35	Woningbouw 'De Muur'	Rotterdam	1981-1983
L04	Ministerie van Buitenlandse Zaken	Den Haag	1974-1984
> L25			

Apon 1: Apon etc., Woonplannen, Rotterdam, 1982; TABK 1968 p.563

G. van Arkel (1858-1918)

F05	Kantoorgebouw Eerste Hollandsche Levensverzekeringsbank	Amsterdam	1904-1905

vA 1: Bibliotheek voor de Moderne Hollandsche Architectuur, deel 3, aflevering 2. G. van Arkel, Bussum, 1917

Articon

A.J. Fichtinger, J. Bak

C39	Hoofdkantoor RABO-bank	Utrecht	1978-1983
C10	Expeditieknooppunt PTT	Arnhem	1981-1983
A10	Station	Heerenveen	1980-1984

J.B. Bakema > Van den Broek & Bakema

H.D. Bakker

Bakker & Verhoef

M08	Lijnbaanflats	Rotterdam	1954-1956
E13	Centrumpassage	Almere-Stad	1983-1985

K.P.C. de Bazel (1869-1923)

C11	Kantoorgebouw Nederlandsche Heidemaatschappij	Arnhem	1912-1913
F17	Kantoorgebouw Nederlandsche Handel-Maatschappij	Amsterdam	1919-1926

Baz 1: A.W. Reinink, K.P.C. de Bazel, Beeldende Kunst en Bouwkunst in Nederland, Amsterdam 1965; Baz 2: A.W. Reinink, K.P.C. de Bazel – Architect, Leiden, 1965; Baz 3: F. de Miranda, K.P.C. de Bazel, Bouwkunst tussen Oost en West, Wassenaar, 1977; BW 1923 p.495; Lit 83

J.H.A. (Jos) Bedaux, J.A. van der Laan

Q03	Economische Hogeschool	Tilburg	1957-1962

C.I.A. Beese > C.I.A. Stam-Beese

Benthem & Crouwel

J. Benthem (1952), M. Crouwel (1953)

L20	Woonhuis Jager	Den Haag	1981-1982
E15	Eigen Woonhuis Benthem	Almere-Stad	1982-1983
P08	Douane-emplacement	Hazeldonk	1983-1984

Lit 69; WTABK 1983-17/18; Forum 1983-3

J.F. Berghoef (1903)

Berghoef & Klarenbeek; Berghoef, Hondius & Lamers

H24	Woningbouw Sloterhof	Amsterdam	1955-1960
B14	Raadhuis	Hengelo	1948-1963
> C11, F17, G01			

J.F. Berghoef, De Stede – herstel van onze leefruimte, Zutphen, 1980; Lit 69; Plan 1983-4

H.P. Berlage (1856-1934)

L09	Kantoorgebouw De Nederlanden van 1845	Den Haag	1895-1896
F31	Kantoorgebouw Algemeene Nederlandsche Diamantbewerkersbond	Amsterdam	1898-1900
F01	Koopmansbeurs	Amsterdam	1896-1903
C16	Jachtslot 'St.-Hubertus'	Otterlo	1915
G01	Woningbouw, Stedebouw Amsterdam-Zuid	Amsterdam	1915-1917
L31	First Church of Christ, Scientist	Den Haag	1925-1926
L14	Kantoorgebouw De Nederlanden van 1845	Den Haag	1921-1927
H26	Woningbouw, Winkels Mercatorplein	Amsterdam	1925-1927
A01	Raadhuis	Usquert	1928-1930
G18	Berlagebrug	Amsterdam	1926-193
L29	Gemeentemuseum	Den Haag	1927-193
> N41			

Berl 1: J. Gratama, Dr. H.P. Berlage Bouwmeester, Rotterdam, 1925; Berl 2: P. Singelenberg, K. Broos, M. Bock, Nederlandse Architectuur 1856-1934. Berlage, Amsterdam, 1975; Berl 3: Nederlands Kunsthistorisch Jaarboek 1974, H.P. Berlage 1856-1934. Een bouwmeester in zijn tijd, Bussum, 1975; Berl 4: A.W. Reinink, Amsterdam en de beurs van Berlage, reacties van tijdgenoten, 's-Gravenhage, 1975; Berl 5: F.F. Fraenkel, Het plan Amsterdam-Zuid van H.P. Berlage, Alphen a/d Rijn, 1976; Berl 6: Th. v. Velzen, Het Haags gemeentemuseum, 's-Gravenhage, 1982; Berl 7: E. Taverne, Het raadhuis van Berlage in Usquert, Groningen, 1980; Berl 8: P. Singelenberg, H.P. Berlage, Idea and style: the quest for modern architecture, Utrecht, 1972; Berl 9: M. Bock, Anfänge einer neue Architektur. Berlages Beitrag zur architektonischen Kultur der Niederlande im ausgehenden 19. Jahrhundert, 's-Gravenhage/Wiesbaden, 1983; Berl 10: J. Kroes, Het paleis aan de laan, Amsterdam, 1979; Berl 11: Hendrik Petrus Berlage, disegni, tekeningen, Venezia, 1986

B. (Bernard) Bijvoet (1889-1979)

E47	Woonhuis Suermondt	Aalsmeer	1924-192
G02	Eerste Openluchtschool voor het Gezonde Kind	Amsterdam	1927-193
D08	Sanatorium 'Zonnestraal'	Hilversum	1926-193
D13	Grand Hotel 'Gooiland'	Hilversum	1934-193
C03	Schouwburg	Nijmegen	1955-196
> F28			

L. (Laurens) Bisscheroux

Q31	Kantoorgebouw AZM	Heerlen	1970-197
Q33	Ondergrondse Kerk	Heerlen	1975-197

C.J. Blaauw (1885-1947)

E23	Drie Villa's, Park Meerwijk	Bergen	1915-1918
> G01, H25-2			

P. (Piet) Blom (1934)

1965-1967 Werkplaats voor Publieke Werken (P. Blom, R. Blom van Assendelft, W. Samusamu, L. Lafour)

1967- Blom Bouw Ontwerp Groep (BBOG)

B12	Mensa in verbouwde boerderij	Drienerloo	1962-196
B13	Mensa 'De Bastille'	Drienerloo	1964-196
B15	Woningbouw 'De Kasbah'	Hengelo	1969-197
Q19	Paalwoningen	Helmond	1974-197
Q19	''t Speelhuis'	Helmond	1972-197
M22	Paalwoningen, Blaakoverbouwing	Rotterdam	1978-198

A04 Academie 'Minerva' Groningen 1976-1984
Blom 1: S. Hiddema, Piet Blom en de Kunst van het Bouwen, Groningen, 1984; Blom 2: P. Blom, H. Sanders, E. v. Rennes, 't Speelhuis, Helmond, Helmond, 1980; Lit 44; Lit 69; Arch 1978-4, 1978-5, 1978-6

A. (Alexander) Bodon (1906)
arch. bij Merkelbach & Karsten
Drexhage, Sterkenburg, Bodon, Veenstra (DSBV)
F11 Boekhandel Schröder en
  Dupont Amsterdam 1931
M37 Uitbreiding Museum
  Boymans-Van Beuningen Rotterdam 1963-1972
G11 Tentoonstellingsgebouw,
  Congrescentrum RAI Amsterdam 1977-1981
> D02, K25, K36, M37
Bod 1: J. László, Alexander Bodon, Budapest, 1977; Forum 1982-4

A. (Albert) Boeken (1891-1951)
G09 Tennis- en tentoonstellings-
  hal 'Apollo' Amsterdam 1933-1935
Lit 52; Forum 1951 p.156

N.A. de Boer, A.J.M. de Jong
A16 Woningbouw, Stedebouw
  Angelslo Emmen 1960
A17 Woningbouw, Stedebouw
  Emmerhout Emmen 1966

B.T. Boeyinga (1886-1969)
Gemeentelijke Woningdienst Amsterdam
H07 Tuindorp Oostzaan Amsterdam 1922-1924

J.W.C. Boks
> EGM (Eijkelenboom, Gerritse & Middelhoek)
M04 Bouwcentrum Rotterdam 1946-1949

A. Bonnema (1926)
A07 Girokantoor Leeuwarden 1972-1975
A09 Kantoorgebouw GSD,
  Woningbouw Leeuwarden 1972-1975
E26 Woningbouw Alkmaar 1977-1979

G. Boon (1921)
A15 Lagere Scholen Emmen 1961-1967
TABK 1970-4

H. Borkent (1938)
Blom van Assendelft, Koning, Borkent
F25 Woningbouw Nieuwmarkt Amsterdam 1979-1983
Lit 69

J.W. Bosboom (1860-1928)
L12 Woonhuis Den Haag 1898
Bosb 1: B. Moritz, Jan Willem Bosboom. Een Haags architect rond de eeuwwisseling, 's-Gravenhage, 1981

Th.J.J. (Theo) Bosch (1940)
1965-1971 arch. bij Van Eyck
1971-1983 Van Eyck & Bosch
F20 Stadsvernieuwing
  Nieuwmarkt Amsterdam 1970-1973
B02 Stadsvernieuwing Zwolle 1971-1975
F21 Woningbouw Sint
  Antoniesbreestraat Amsterdam 1975-1978
F22 Woningbouw
  Moddermolensteeg Amsterdam 1975-1978
F23 Woningbouw
  'Het Pentagon' Amsterdam 1975-1983
F06 Letterenfaculteit Amsterdam 1976-1984

G.C. Bremer (1880-1949)
L01 Stationspostkantoor Den Haag 1939-1949
K25 TH-wijk Delft 1947-1950
> K25-2

M. (Marcel) Breuer (1902-1981) (USA)
M16 Warenhuis De Bijenkorf Rotterdam 1955-1957
H34 Kantoorgebouw Van Leers
  Vatenfabrieken Amstelveen 1957-1958
L11 Amerikaanse Ambassade Den Haag 1957-1959
Breu 1: Marcel Breuer, Buildings and Projects 1921-1961, Stuttgart, 1961; Breu 2: A. Izzo, C. Gubitosi, Marcel Breuer Architettura 1921-1980, Napoli, 1981

Brinkman & Van der Vlugt > L.C. van der Vlugt

J.A. Brinkman (1902-1949)
1925-1936 Brinkman & Van der Vlugt > L.C. van der Vlugt
1937-1948 Brinkman & Van den Broek > J.H. van den Broek

M. (Michiel) Brinkman (1873-1925)
N08 Woningbouw Spangen Rotterdam 1919-1922
Broeba 2: Bouwen voor een open samenleving, Brinkman, Brinkman, Van der Vlugt, Van den Broek, Bakema, Rotterdam, 1962

W. Brinkman
K18 Woningbouw, Stedebouw Berkel en Rodenrijs 1969-1973
E24 Stadsvernieuwing Sluisdijk Den Helder 1974-1978

J.H. van den Broek (1898-1978)
1937-1948 Brinkman & Van den Broek

1949- Van den Broek & Bakema
> Van den Broek & Bakema
N02 Woningbouw met winkels
  Mathenesserplein Rotterdam 1927-1929
N16 Woningbouw Vroesenlaan Rotterdam 1929-1935
N17 Woningbouw, Stedebouw
  Ungerplein Rotterdam 1931-1936
M40 Van Dam Ziekenhuis Rotterdam 1931-1938
N13 Woonhuis Gestel Rotterdam 1937-1939
N18 Woonhuis Snoek Rotterdam 1937-1939
N38 Gebouwen Holland
  Amerika Lijn Rotterdam 1937-1949
K25 TH-wijk Delft 1947-1950
N24 Eigen Woonhuis 'Ypenhof' Rotterdam 1948-1952
Broek 1: R. Stroink (red.), Ir. J.H. van den Broek. Projekten uit de periode 1928-1948, Delft, 1981; BW 1968 p.322; TABK 1971 p.405

Van den Broek & Bakema
J.H. van den Broek (1898-1978), J.B. Bakema (1914-1981)
M09 Warenhuis Ter Meulen/
  Wassen/Van Vorst Rotterdam 1948-1951
N38 Kantoorgebouw Holland
  Amerika Lijn Rotterdam 1950-1953
M07 Winkelcentrum
  De Lijnbaan Rotterdam 1951-1953
K27 Ketelhuis Delft 1952-1957
E02 Winkelcentrum Nagele 1955-1957
K46 Woonhuis Wieringa Middelharnis 1956-1957
N14 Montessorilyceum Rotterdam 1955-1960
D04 Wereldomroep Radio
  Nederland Hilversum 1961
E03 Gereformeerde Kerk Nagele 1958-1962
K26 Aula Delft 1959-1966
B16 Woningbouw, Stedebouw
  Hengelose Es Hengelo 1962-1968
Q14 Woningbouw, Stedebouw
  't Hool Eindhoven 1962-1972
P05 Raadhuis Terneuzen 1963-1972
Q22 Bungalowpark
  'De Lommerbergen' Reuver 1967-1972
H36 Rekencentrum
  AMRO-bank Amstelveen 1970-1972
K47 Zwakzinnigeninstituut
  'Hernesseroord' Middelharnis 1966-1974
K28 Civiele Techniek Delft 1961-1975
Q02 Kernwandgebouwen Tilburg 1964-1975
C20 Raadhuis Ede 1969-1976
M23 Centrale Bibliotheek Rotterdam 1977-1983
N19 School, Buurthuis Rotterdam 1983-1984
> E01-13, E01-14, K25-3, K25-4, K25-5, K25-6, K25-7, K25-14,

K25-17, K25-19, M28-4, M40, N45, N47
Broeba 1: J. Joedicke, Architektur und Städtebau Das Werk van den Broek und Bakema, Stuttgart, 1963; Broeba 2: Bouwen voor een open samenleving. Brinkman, Brinkman, Van der Vlugt, Van den Broek, Bakema, Rotterdam, 1962; Broeba 3: C. Gubitosi, A. Izzo, Van den Broek/Bakema, Roma, 1976; Broeba 4: J. Joedicke, Architektur-Urbanismus, Architectengemeenschap van den Broek en Bakema, Stuttgart, 1976; Broeba 5: J.B. Bakema, Van Stoel tot Stad, Zeist, 1964; Broeba 6: J.B. Bakema, Thoughts about architecture, London, 1981; Forum 1957-6; B+W 1959-10; B+W 1963-4; Plan 1980-8

J. (Jan) Brouwer (1935)

A03	Gemeentehuis	Hoogezand-Sappemeer	1979-1983
L34	Sporthal	Den Haag	1983
H53	Woonwarenhuis Ikea	Amsterdam	1983-1985

P. (Pi) de Bruijn (1942)
1977- Oyevaar, Van Gool, De Bruijn

H40	Wijkcentrum Transvaal	Amsterdam	1970-1975
N31	Woongebouw	Rotterdam	1981-1983
H51	Kantorencomplex Nieuw-Amsterdam	Amsterdam	1978-1986

Lit 69

Buijs & Lürsen
J.W.E. Buijs (1889-1961), J.B. Lürsen (1894)

L22	Rudolf Steinerkliniek	Den Haag	1926-1928
L07	Coöperatie 'De Volharding'	Den Haag	1927-1928
L19	Woonhuis Leembruggen	Den Haag	1935-1936

Buijs 1: C. Rehorst, Jan Buijs, Architect van de Volharding, 's-Gravenhage, 1983; BW 1959 p.392

A. Cahen

F09	Woonhuis	Amsterdam	1964-1970

Cepezed
M. Cohen (1946), J. Pesman (1951)

A11	Industriële Woning Heiwo	Wolvega	1980-1982
E38	Bedrijfsverzamelgebouw	Haarlem	1985-1986

Arch 1982-4; WTABK 1983-17/18

J. (Jo) Coenen (1949)

Q25	Bakkerij Driessen	Nuth	1981
Q23	Uitbreiding LOM-school	Sittard	1980-1983
Q29	Meervoudige Welzijnsaccommodatie	Heerlen	1983-1985
K21	Stadskantoor	Delft	1984-1986

Lit 69; Arch 1980-6, 1982-2; Plan 1983-9; WTABK 1983-17/18; Casab 1984-sep; AR 1985-1

Coöperatieve Architectenvereniging (CAV)
H. Hagenbeek (1942), G. van Overbeek (1942), W. Heuperman (1948)

F24	Stadsvernieuwing Nieuwmarkt	Amsterdam	1979-1984

J. Crouwel jr. (1885-1962)

C42	Hoofdpostkantoor	Utrecht	1917-1924

Crou 1: P. Hefting, R. v. Raalte, Hoofdpostkantoor en Telefoongebouw, Neude 11, Utrecht, Architekt J. Crouwel, 1924, Utrecht, 1981

G. Daan, Th. Karelse

A02	Galerie Waalkens	Finsterwolde	1983-1984

C. (Cees) Dam (1932)

E46	Showroom Van Lent	Aalsmeer	1975-1977
L26	Residentie 'Seinpost'	Scheveningen	1975-1980
E12	Stadhuis	Almere-Stad	1982-1986
F28	Combinatie Stadhuis/Opera (Stopera)	Amsterdam	1979-1987

> F10

D.J. Dijk

L25	Wandelpier	Scheveningen	1955-1961

Tj. Dijkstra (1931) > VDL

K08	Verbouwing ''t Arsenaal'	Leiden	1975-1981

J.H.F. van Dillen (1930-1966) > G.Th. Rietveld
Rietveld, Van Dillen, Van Tricht

E44	Aula Begraafplaats	Hoofddorp	1958-1966

> F15, H31, Q34

P.H. Dingemans

Q38	Conservatorium	Maastricht	1965

Van Dommelen, Kroos, van der Weerd
voortzetting bureau Maaskant

H35	Raadhuis	Amstelveen	1975-1980

> C31, C51, K37, N30, Q07

G. Drexhage
Drexhage, Sterkenburg, Bodon, Veenstra (DSBV)
voortzetting bureau Van der Steur

K36	Raadhuis	Krimpen a.d. IJssel	1978-1980

> G11, K25-11, K25-15, K25-20, M37

W.M. Dudok (1884-1974)
1915-1928 Directeur Publieke Werken Hilversum
1928-1954 Gemeentearchitect Hilversum
1938- met R.M.H. Magnée

D10	Dr. H. Bavinckschool	Hilversum	1921-1922
D11	Eerste, tweede, vijfde, zevende Gemeentelijke Woningbouw	Hilversum	1916-1923
D01	Raadhuis	Hilversum	1924-1930
D09	Calvijnschool	Hilversum	1930
E21	Monument Afsluitdijk	Den Oever	1933
K31	HAV-Bank	Schiedam	1931-1935
C06	Kantoorgebouw De Nederlanden van 1845	Arnhem	1938-1939
M17	Erasmusflat/HBU	Rotterdam	1938-1939
E30	Hoofdgebouw Hoogovens	Velsen-Noord	1948-1951
F02	Havengebouw	Amsterdam	1957-1965

> L14

Dud 1: W. Retera Wzn., G. Friedhoff, Nederlandsche Bouwmeesters, W.M. Dudok, Amsterdam, s.a.; Dud 2: R.M.H. Magnée, Willem M. Dudok, Amsterdam, 1954; Dud 3: M. Cramer, H. van Grieken, H. Pronk, W.M. Dudok 1884-1974, Amsterdam, 1980; Dud 4: W. Holzbauer, W.M. Dudok – Town Hall in Hilversum, GA 58, Tokyo, 1981; Wendingen 1924-8, 1928-1; Bouw 1954 p.534; AR 1954 p.236

J. (Johannes) Duiker (1890-1935)
Duiker en Bijvoet
Duiker en J.G. Wiebenga

L35	Villadorp Kijkduin	Den Haag	1919-1922
E47	Woonhuis Suermondt	Aalsmeer	1924-1925
L16	Nirwana-flat	Den Haag	1927-1929
G02	Eerste Openluchtschool voor het Gezonde Kind	Amsterdam	1927-1930
D08	Sanatorium 'Zonnestraal'	Hilversum	1926-1931
L27	Derde Ambachtsschool	Scheveningen	1929-1931
F18	Cineac Handelsblad	Amsterdam	1933-1934
D13	Grand Hotel 'Gooiland'	Hilversum	1934-1936

Dui 1: E.J. Jelles, C.A. Alberts, Duiker 1890-1935, (Forum 1972-5/6); Dui 2: Duikergroep Delft, J. Duiker bouwkundig ingenieur, constructeur in stuc en staal, Rotterdam, 1982; Dui 3: M. Casciato, Johannes Duiker 1890-1935, Le Scuole, Roma, 1982; Dui 4: G. Milelli, Zonnestraal Il sanatorio di Hilversum, Bari, 1978; Dui 5: R. Zoetbrood, Jan Duiker en het sanatorium Zonnestraal, Amsterdam, 1984; Dui 6: T. Idsinga, Zonnestraal. Een nieuwe tijd lag in het verschiet. Geschiedenis van een sociaal en architectonisch monument, Amsterdam, 1986; Perspecta 13/14: R. Vickery, Bijvoet and Duiker; AR 1985-1: J. Molema, W. de Jonge, Johannes Duiker

M.F. Duintjer (1908-1983)
Duintjer, Istha, Kramer, v. Willegen

H33 Lyceum Buitenveldert Amsterdam 1959-1963
F29 Hoofdkantoor
 Nederlandse Bank Amsterdam 1960-1968
H54 Academisch Medisch
 Centrum Amsterdam 1968-1981
P.K.A. Pennink, e.a., Marius Duintjer, architect, Amsterdam, 1986

Dwars, Heederik, Verheij (DHV)
C25 Kantoorgebouw DHV Amersfoort 1967-1970
> H21

C. (Cornelis) van Eesteren (1897)
> H29, K25
R. Blijstra: C. van Eesteren, Beeldende Kunst en Bouwkunst in
Nederland, Amsterdam, 1968; Plan 1983-4; BW 1967 p.213

Eijkelenboom, Gerritse & Middelhoek (EGM)
W.C. Boks, W. Eijkelenboom, G. Gerritse, A. Middelhoek
M04 Bouwcentrum Rotterdam 1955-1956
24 Winkelpassage Scheveningen 1976-1982
10 Politiebureau Lelystad 1978-1984
> B10

P.J. Elling (1897-1962)
1949-1956 Merkelbach & Elling
1956- Elling & Van Gelderen
005 Woonhuis Hertog
 Hendriklaan Hilversum 1929
006 Woonhuis Joelaan Hilversum 1930
007 Woonhuis Rossinilaan Hilversum 1936
M14 Uitbreiding Lettergieterij
 v/h Tetterode Amsterdam 1949-1950
M41 Woningbouw, Stedebouw
 Frankendael Amsterdam 1947-1951
M11 Rijnhotel, AMVJ-gebouw Rotterdam 1949-1959
F16 Kantoorgebouw
 Geïllustreerde Pers Amsterdam 1959
003 VARA-studio's Hilversum 1958-1961
> K25-18

H. (Harry) Elte (1880-1944)
G07 Synagoge Amsterdam 1928

A. Elzas (1907)
G14 Synagoge Amsterdam 1934-1937
M16 Warenhuis De Bijenkorf Rotterdam 1955-1957
WTABK 1978-12

S.J. van Embden (1904) > OD 205
K25 TH-wijk Delft 1947-1950

Q16 TH-wijk Eindhoven 1954-1964
Q17 Hoofdgebouw, W-hal Eindhoven 1954-1964
B08 Campus TH-Twente Drienerloo 1960-1964
B10 Hallencomplex Drienerloo 1962-1964
K04 Soefi-tempel Katwijk aan Zee 1969-1970

J. Emmen
E31 Sluisgebouwen
 Noordersluis IJmuiden 1930
L01 Stationspostkantoor Den Haag 1939-1949

Environmental Design (ED)
J. v.d. Grinten (1928), L. Heijdenrijk (1932), L. Manche (1935)
B11 Toegepaste Wiskunde,
 Rekencentrum Drienerloo 1970-1973
C48 Tandheelkundig Instituut Utrecht 1970-1974
K41 Woningbouw
 Sterrenburg III Dordrecht 1972-1978
ED 1: Environmental Design, Amersfoort, 1974; Arch 1979-3

A.E. (Aldo) van Eyck (1918)
1971-1983 Van Eyck & Bosch
H20 Bejaardenwoningen Amsterdam 1951-1954
E01 Woningbouw, Stedebouw Nagele 1947-1957
E04 Lagere Scholen Nagele 1954-1957
H30 Burgerweeshuis Amsterdam 1955-1960
L36 Pastoor van Arskerk Den Haag 1964-1969
Q21 Woonhuis Visser
 (uitbreiding) Bergeyk 1967-1969
F20 Stadsvernieuwing
 Nieuwmarkt Amsterdam 1970-1973
B02 Stadsvernieuwing Zwolle 1971-1975
F21 Woningbouw Sint
 Antoniesbreestraat Amsterdam 1975-1978
F22 Woningbouw
 Moddermolensteeg Amsterdam 1975-1978
vEy 1: Aldo van Eyck, projekten 1948-1961, Groningen, 1981; vEy 2:
Aldo van Eyck, projekten 1962-1976, Groningen, 1983; vEy 3:
H. Hertzberger, A. v. Roijen-Wartman, F. Strauven, Aldo van Eyck,
Amsterdam, 1982; vEy 4: A. van Eyck, Niet om het even... wel
evenwaardig, van en over Aldo van Eyck, Rotterdam/Amsterdam,
1986; AdA 1975-jan/feb; Oppositions 9 (1977); Plan 1980-7; WTABK
1982-2; Forum 1983-3; WTABK 1985-1; Casab 1985-oct

G. Friedhoff (1892-1970)
B17 Raadhuis Enschede 1928-1933
BW 1958 p.77

J.H. Froger
K25 TH-wijk Delft 1947-1950

K. van der Gaast (1923)
K30 Station Schiedam 1959-1963
Q01 Station Tilburg 1957-1965
Bouw 1964 p.622; Forum 1985-3

P.J. Gerssen
N30 Adriaan Volkerhuis Rotterdam 1970-1973
C26 Hoofdkantoor Fläkt Amersfoort 1973-1974
C35 Hoofdkantoor Zwolsche
 Algemeene Nieuwegein 1982-1984
Plan 1984-9

Gimmie Shelter
K24 Semi-permanente
 Studentenhuisvesting Delft 1978-1981

Girod & Groeneveld
J.P.H.C. Girod (1937), R. Groeneveld (1932)
H10 Woningbouw Nova
 Zemblastraat Amsterdam 1975-1977
M30 School, Clubhuis,
 Woningbouw Rotterdam 1979-1984
> F09

F.J. van Gool (1922)
1945-1953 arch. Van den Broek & Bakema
1953-1957 Gemeente Amsterdam
1957-1986 Oyevaar, Van Gool, Stolle/De Bruijn, etc.
H06 Woningbouw, Stedebouw
 Buikslotermeer Amsterdam 1963-1966
F14 Twee Kantoorvilla's Amsterdam 1976-1979
A08 Uitbreiding Girokantoor Leeuwarden 1977-1982
> E01-5, M07
Lit 69

M.J. Granpré Molière (1883-1972)
Granpré Molière, Verhagen, Kok
N41 Tuindorp Vreewijk Rotterdam 1913
N27 Woonhuis 'De Boogerd' Rotterdam 1929-1930
P10 Kerk O.L. Vrouw van Altijd
 Durende Bijstand Breda 1951-1953
C18 Raadhuis Oosterbeek 1956-1966
Woorden en werken van Prof. Ir. Granpré Molière, Heemstede, 1949;
M.J. Granpré Molière, De eeuwige architectuur, Amsterdam, 1957;
BW 1958 p.513; Plan 1972-6

J. Gratama (1877-1947)
H25 Woningbouw, Stedebouw
 Plan West Amsterdam 1922-1927
H43 Woningbouw, Stedebouw

Betondorp Amsterdam 1921-1928
> K20

D. (Dick) Greiner (1891-1964)
H43 Woningbouw, Stedebouw
Betondorp Amsterdam 1921-1928

O. (Onno) Greiner (1924)
C24 Cultureel Centrum
'De Flint' Amersfoort 1974-1977
> H43
Grei 1: M. v.d. Marck, Onno Greiner, architect, Amsterdam, 1985;
Arch 1978-3

W. Greve
H43 Woningbouw, Stedebouw
Betondorp Amsterdam 1921-1928

J.H. Groenewegen (1901-1958)
E33 Montessorischool Bloemendaal 1930

E.F. Groosman/Groosman Partners
N45 Zuidpleinflat Rotterdam 1941-1947
M15 World Trade Center Rotterdam 1983-1986
> E01-4, E01-12, H44-6

A.J.H.M. Haak
K07 Taffeh-zaal in het Rijksmuseum
voor Oudheden Leiden 1977-1979
Arch 1979-3

P. Haffmans
H48 Moskee, Cultureel
Centrum Amsterdam 1982-1984

H. Hagenbeek > Coöperatieve Architectenvereniging

P.P. (Pietro) Hammel (1933)
Hammel, Witstok, Zwarts
M28 Stadsvernieuwing
Oude Westen Rotterdam 1970
N11 Asfaltcentrale Rotterdam 1969-1974
M29 Wijkgebouw 'Odeon' Rotterdam 1971-1976
K43 Woningbouw, Winkels Spijkenisse 1975-1977
> M28-5
P.P. Hammel, Unsere Zukunft: die Stadt/Een pleidooi voor de stad,
Frankfurt/Tilburg, 1972; Lit 69; Plan 1981-7

J.M. van Hardeveld (-1953)
N39 Betonwoningen Rotterdam 1924-1925

E. Hartsuyker (1925), **L. Hartsuyker-Curjel**
N44 Bejaardenhuisvesting
'De Zonnetrap' Rotterdam 1976-1980
M12 Woongebouw
Schouwburgplein Rotterdam 1980-1985
> E01-15, E01-16
PT-B 1968 p.44; Arch 1981-5

H.J. Henket (1940)
Q05 Barth Lijstenfabriek Boxtel 1979

A. van Herk (1944)
1973-1982 Van Herk & Nagelkerke
1983- Van Herk & De Kleijn
F03 Stadsvernieuwing
Haarlemmerhouttuinen Amsterdam 1981-1983
H37 Woningbouw Wittenburg Amsterdam 1982-1984
WTABK 1983-17/18

H. (Herman) Hertzberger (1932)
H18 Uitbreiding Linmij-
wasserijen Amsterdam 1963-1964
F30 Studentenhuis Amsterdam 1959-1966
K22 Montessorischool Delft 1966
K23 Diagoonwoningen Delft 1971
B07 Kantoorgebouw Centraal
Beheer Apeldoorn 1967-1972
H23 Verzorgingscomplex
'De Drie Hoven' Amsterdam 1971-1975
C41 Muziekcentrum
'Vredenburg' Utrecht 1973-1979
F04 Stadsvernieuwing
Haarlemmerhouttuinen Amsterdam 1978-1982
G06 Montessorischool,
Willemsparkschool Amsterdam 1980-1983
E19 Bejaardencomplex
'De Overloop' Almere-Haven 1980-1984
Hertz 1: A+U-75, 1977-3, Herman Hertzberger, Dutch Architect;
Hertz 2: G. Descombes e.a., Herman Hertzberger, Six architectures
photographiées par Johan van der Keuken, Milano, 1985; Hertz 3:
M. Kloos, Muziekcentrum Vredenburg, Utrecht; architect Herman
Hertzberger, Utrecht, 1985; H. Hertzberger, 'Het Openbare Rijk',
Delft, 1984 (collegedictaat); H. Hertzberger, 'Ruimte maken, ruimte
laten', Delft, 1984 (collegedictaat); Lit 69

G.W. van Heukelom (1870-1952)
C40 Derde Administratiegebouw NS Utrecht 1918-1921

vHeu 1: H. van Heukelom-v.d. Brandeler, Dr. Ir. G.W. van
Heukelom, De ingenieur – de bouwmeester – de mens, Utrecht, 195.

R. (Robert) van 't Hoff (1887-1979)
C28 Woonhuis 'Løvdalla' Huis ter Heide 1911
C29 Woonhuis Verloop Huis ter Heide 1915-1916
C30 Villa Henny Huis ter Heide 1915-1919
Lit 48; WTABK 1979-11; Bouw 1979-12, 1979-13, 1979-19

G.H.M. Holt (1904)
1945-1979 Holt & Bijvoet
E34 Uitbreiding Stoops
Openluchtbad Overveen 1934-193
C03 Schouwburg Nijmegen 1955-196
E40 Pastoor van Arskerk Haarlem 1958-196
> F28
Holt 1: H.P.G. de Boer, Architect G.H.M. Holt (1904): sociale
woningbouw, kerken, theaters, Amsterdam, 1983; WTABK 1983-4/5

W. Holzbauer (1930) (A)
F28 Combinatie Stadhuis/Opera
(Stopera) Amsterdam 1979-198
Holz 1: Hochschule für Angewandte Kunst, Wien, Wilhelm
Holzbauer; Bauten und Projekte 1953-1985, Salzburg, 1985

J. (Jan) Hoogstad (1930)
N36 Kantoorgebouw Moret &
Limperg Rotterdam 1977-198
K13 Raadhuis Driebruggen 1977-198
E18 Stadhuis Lelystad 1976-198
C32 Bibliotheek, Muziekschool Zeist 1982-198
Plan 1979-12; Arch 1982-3; Plan 1985-4

HWST/HWT – Hoogstad, Weeber, (Schulze), Van Tilburg > J. Hoogstad
> C.J.M. Weeber

J.H.A. Huysmans
Q41 St. Josephkerk Vaals 1958

E.J. Jelles (1932)
K19 Shell-researchlaboratorium Rijswijk 1965-196
A12 Vakantiehuis Gieten 1967-196
E06 Rijkskantoorgebouw Lelystad 1970-1975
> A03, H44-7
Jel 1: E.J. Jelles, Werken 1960-en verder; TABK 1969 p.319, 1971 p.45

H.L. de Jong (1882-1945)
F19 Tuschinski Theater Amsterdam 1918
AR 1973 p.323

De Jonge, Dorst, Lubeek, De Bruijn, De Groot
L. de Jonge (1919)
D14 Centraal Wonen Complex   Hilversumse Meent   1974-1977
> M28-9, N08

P. Joosting
M20 Hefbrug   Rotterdam   1924-1927
Joost 1: A. de Boode, P. van Oudheusden, De 'Hef'/biografie van een
spoorbrug, Rotterdam, 1985

L.C. Kalff (1897-1976)
Q13 Evoluon   Eindhoven   1962-1966
BW 1967 p.465

Ch.J.F. (Charles) Karsten (1904-1979) > Merkelbach & Karsten
WTABK 1984-4

B. (Bart) van Kasteel
F08 Restauratie Amsterdams
Historisch Museum   Amsterdam   1969-1975
L23 Reconstructie, Uitbreiding
Kurhaus   Scheveningen   1973-1981
K09 Universiteitsbibliotheek   Leiden   1976-1982

De Kat & Peek
K. de Kat (1937), D. Peek (1942)
H12 HAT-eenheden   Amsterdam   1983
H45 Woningbouw Venserpolder   Amsterdam   1980-1984
H03 Woongebouw IJ-plein   Amsterdam   1982-1984
> C01
Arch 1981-3

F.M.L. Kerkhoff (1858-1911)
K20 Woningbouw, Stedebouw
Agnetapark   Delft   1882-1885

P.A.M. Kilsdonk
E28 Station   Zaandam   1980-1983

P.C. Kleinlooh (1944)
C01 Bedrijfsgebouw ATAG   Ulft   1977-1980

M. (Michel) de Klerk (1884-1923)
H11 Woningbouw
'Eigen Haard', Postkantoor   Amsterdam   1913-1920
G15 Woningbouw
'De Dageraad'   Amsterdam   1919-1922
G17 Woningbouw Vrijheidslaan   Amsterdam   1921-1922
> F26
Kle 1: Michel de Klerk, Eigen Haard Housing and Apartment Blocks

(Henriette Ronnerplein) Amsterdam, GA-56, Tokyo, 1984; Kle 2:
M. Casciato, W. de Wit, Le Case Eigen Haard di De Klerk 1913-1921,
Roma, 1984; Kle 3: S.S. Frank, Michel de Klerk 1884-1923, An
Architect of the Amsterdam School, Ann Arbor, 1984; Casab
1957-april/mei

F. van Klingeren (1919)
na 1972: Werkgemeenschap Van Klingeren
E11 Multifunctioneel Centrum
'De Meerpaal'   Dronten   1966-1967
Q15 Multifunctioneel
Wijkcentrum ''t Karregat'   Eindhoven   1970-1973
L37 Jeugdherberg Ockenburgh   Den Haag   1971-1974
E07 Multifunctioneel Centrum
'Agora'   Lelystad   1973-1977
Wonen 1971-mei; Bouw 1971 p.1414, 1973 p.1601

J.P. Kloos (1905)
K05 Rijnlands Lyceum   Wassenaar   1937-1939
H22 Hangbrugmaisonettes   Amsterdam   1964-1970
Klo 1: M. Bock, K. Somer, Architect J.P. Kloos (1905), De ethiek van
de constructie, Amsterdam, 1986; J.P. Kloos, Architectuur een
gewetenszaak, Een pleidooi in woord en beeld, 's-Gravenhage, 1985;
Lit 69; Plan 1983-4; Arch 1983-3

H. (Henk) Klunder (1936)
C22 Parkstad Leusden   Leusden   1969-1972
K18 Woningbouw, Stedebouw   Berkel en Rodenrijs   1969-1973
E32 Woningbouw Westhoff   Spaarndam   1975-1977
E24 Stadsvernieuwing Sluisdijk   Den Helder   1974-1978
Bouw 1983-11

Kokon
F. van der Werf
C37 Woningbouw, Stedebouw
SAR-methodieken   Utrecht-Lunetten   1971-1982

A. (Auke) Komter (1904-1982)
B04 Woonhuis 'De Witte Raaf'   Hattem   1927-1936
G21 Roeivereniging 'De Hoop'   Amsterdam   1950-1952
Kom 1: W. de Wit, Auke Komter/architect, Amsterdam, 1978; Lit 51

J.J. Konijnenburg
B01 Uitbreiding Stadhuis   Zwolle   1963-1975

R. Koolhaas > Office for Metropolitan Architecture

Kraayvanger architecten
E.H.A. Kraayvanger (1899-1978), H.M. Kraayvanger (1903-1981)
M02 Stationspostkantoor   Rotterdam   1954-1959

M10 Concertgebouw
'De Doelen'   Rotterdam   1955-1966
> L01

P.L. Kramer (1881-1961)
E23 Villa, Park Meerwijk   Bergen   1915-1918
G15 Woningbouw
'De Dageraad'   Amsterdam   1919-1922
L08 Warenhuis De Bijenkorf   Den Haag   1924-1926
> F26, H25-13
Kra 1: W. Retera Wzn., Nederlandsche Bouwmeesters, P. Kramer,
Amsterdam, 1927; Kra 2: De Bijenkorf, 's-Gravenhage, Amsterdam,
1926

D. (Dries) Kreykamp
Q09 Bolwoningen   Den Bosch   1984

W. Kromhout (1864-1940)
F13 Hotel Café Restaurant
'American'   Amsterdam   1898-1902
M44 Scheepvaart Vereeniging
Zuid   Rotterdam   1920-1922
Krom 1: W. Retera Wzn., Nederlandsche Bouwmeesters,
W. Kromhout Czn., Amsterdam, 1927; Lit 83; BW 1934 p.169

A.J. Kropholler (1882-1973)
Q04 Raadhuis   Waalwijk   1929-1931
Q11 Van Abbemuseum   Eindhoven   1933-1935
Krop 1: G. Knuttel, Nederlandsche Bouwmeesters, A.J. Kropholler,
Amsterdam, s.a.; KB 1950/51 p.369

M. Kropholler > M. Staal-Kropholler

J. Kuyt
E37 Warenhuis V&D   Haarlem   1929

Dom H. van der Laan (1905)
Q40 Kapel, Klooster   Lemiers   1956-1967
Dom H. van der Laan, Le Nombre Plastique/Het Plastisch Getal,
Leiden, 1960/1967; Dom H. van der Laan, De Architectonische
Ruimte, Leiden, 1977; Lit 69; Arch 1982-4, 1984-3, 1984-4

G.F. LaCroix (1877-1923)
E23 Dubbel Woonhuis,
Park Meerwijk   Bergen   1915-1918

C. Lely (1854-1929)
E21 Afsluitdijk   Den Oever   1918-1933

P. (Paul) de Ley (1943)

| H09 | Stadsvernieuwing Bickerseiland | Amsterdam | 1975-1977 |
| H08 | Woningblok Westerdok | Amsterdam | 1980-1982 |

> B02, F20

B. (Ben) Loerakker (1931) > VDL > LRR

| H32 | Kantongerecht | Amsterdam | 1970-1975 |
| E09 | Combinatiegebouw | Lelystad | 1981-1983 |

> M28-7

Loerakker, Rijnboutt, Ruijssenaars (LRR)
B. Loerakker (1931), K. Rijnboutt (1939),
H. Ruijssenaars (1944)
1976-1980 VDL
1980- LRR

H32	Kantongerecht	Amsterdam	1970-1975
K08	Verbouwing ''t Arsenaal'	Leiden	1975-1981
E13	Centrumpassage	Almere-Stad	1979-1981
H52	Woningbouw 'Hoptille'	Amsterdam	1975-1982
N28	Woningbouw Gerdesiaweg	Rotterdam	1977-1982
E09	Combinatiegebouw	Lelystad	1981-1983
B06	Openbare Bibliotheek	Apeldoorn	1980-1984

> M28-7

VDL 1: Architectengroep Loerakker Rijnboutt Ruijssenaars bv, projectdocumentatie, s.l., s.a.

J.B. van Loghem (1881-1940)

E35	Woningbouw 'Rosenhaghe'	Haarlem	1919-1922
E42	Woningbouw Tuinwijk-Zuid	Haarlem	1920-1922
H43	Woningbouw, Stedebouw Betondorp	Amsterdam	1921-1928
E41	Sportfondsenbad	Haarlem	1933-1934
L17	Woonhuis Hartog	Den Haag	1937

> E43

Plan 1971-12, ir. J.B. van Loghem bi. Architect; S.U. Barbieri, Architektuur en plan, in Lit 76; 8 en O 1940 p.51; BW 1940 p.97; Plan 1981-12

J.M. Luthmann (1890-1973)

| B05 | Radiostation | Radio Kootwijk | 1919-1922 |

BW 1960 p.29; WTABK 1979-2

H.A. Maaskant (1907-1977)
1937-1954 Van Tijen en Maaskant
1960-1977 Maaskant, Van Dommelen, Kroos, Senf
voortzetting Van Dommelen, Kroos, Van der Weerd

| G04 | Drive-in woningen | Amsterdam | 1937 |

N20	Plaslaanflat	Rotterdam	1937-1938
M24	Industriegebouw Oostzeedijk	Rotterdam	1941-1947
M24	Industriegebouw Goudsesingel	Rotterdam	1948-1951
M03	Groothandelsgebouw	Rotterdam	1949-1951
P07	Tomadofabriek	Etten-Leur	1954-1955
M08	Lijnbaanflats	Rotterdam	1954-1956
M42	Euromast	Rotterdam	1958-1960
L25	Wandelpier	Den Haag	1955-1961
K37	Tomadohuis	Dordrecht	1959-1962
C31	Sportcentrum KNVB	Zeist	1956-1965
C51	Kantoorgebouw, Fabriek Johnson-Wax	Mijdrecht	1964-1966
Q07	Provinciehuis	Den Bosch	1963-1971
N30	Adriaan Volkerhuis	Rotterdam	1970-1973

> H35, N45

Maas 1: M. Fluks, M. Vink, S.U. Barbieri, Architect H.A. Maaskant (1907-1977), Amsterdam, 1983; Maas 2: L. Ott, Van Luchtkasteel tot Koopmansburcht, Rotterdam/'s-Gravenhage, 1969; Plan 1970-9; Bouw 1983-19

D.A.N. Margadant (1849-1915)

| E36 | Station | Haarlem | 1899-1908 |

Mecanoo
H. Döll (1956), F. Houben (1955), R. Steenhuis (1956)

| M05 | Jongerenhuisvesting Kruisplein | Rotterdam | 1981-1985 |

Mec 1: H. Döll e.a., Woningbouw Kruisplein – anders wonen in Rotterdam, Delft, 1985; Lit 110; Forum 1983-1/2; WTABK 1985-19/20

H. (Hein) van Meer (1928)

| H02 | Woningbouw IJ-plein | Amsterdam | 1982-1984 |

> H44-5

B. (Ben) Merkelbach (1901-1961)
1929-1949 Merkelbach & Karsten
1949-1960 Merkelbach & Elling

E25	Vakantiehuis Dijkstra	Groet	1934
D02	AVRO-studio's	Hilversum	1934-1936
H16	Woningbouw, Stedebouw Landlust	Amsterdam	1932-1937
H14	Uitbreiding Lettergieterij v/h Tetterode	Amsterdam	1949-1950
H41	Woningbouw, Stedebouw Frankendael	Amsterdam	1947-1951
M11	Rijnhotel, AMVJ-gebouw	Rotterdam	1949-1959
F16	Kantoorgebouw Geïllustreerde Pers	Amsterdam	1959

> H17

Merk 1: R. Blijstra, B. Merkelbach, Beeldende Kunst en Bouwkuns[t] in Nederland, Amsterdam, 1968

H.F. Mertens (1885-1960)

| M38 | Kantoorgebouw Unilever | Rotterdam | 1930-193[ ] |
| N04 | HAKA-gebouw | Rotterdam | 1931-193[ ] |

Bb 1930 p.518

J.M. van der Mey (1878-1949)

| F26 | Scheepvaarthuis | Amsterdam | 1912-1916 |
| H28 | Woningbouw Hoofddorpplein | Amsterdam | 1928-193[ ] |

> H25-5, H25-9

BW 1949 p.329

W. Molenbroek (1863-1922)

| M21 | Het Witte Huis | Rotterdam | 1897-189[ ] |

Molenb 1: F. Faro, H. Verschoor, Op het Witte Huis sta je hoger, Rotterdam, 1978

R. (Robert) Morris (1931) (USA)

| E05 | Observatorium | Lelystad | 1977 |

D. van Mourik

| H54 | Academisch Medisch Centrum | Amsterdam | 1968-198[ ] |
| L02 | Concertzaal | Den Haag | 1980-198[ ] |

J.A.M. Mulder

| Q15 | Multifunctioneel Wijkcentrum ''t Karregat' | Eindhoven | 1970-197[ ] |
| E07 | Multifunctioneel Centrum 'Agora' | Lelystad | 1973-197[ ] |

De Nijl
B. Cohen (1948), L. van Duin (1944), H. Engel (1949), C. Scheen (1941)

| N01 | Basisschool Delfshaven | Rotterdam | 1982-198[ ] |
| M32 | Woningbouw Oude Westen | Rotterdam | 1983-1985 |

WTABK 1983-17/18; Arch 1986-feb; Bouw 1986-8

OD 205
S.J. van Embden (1904); J.L.C. Choisy, N.P.H.J. Roorda van Eysinga, G. Smelt, J.E.B. Wittermans, A. Hagoort

K25	TH-wijk	Delft	1947-195[ ]
Q16	TH-wijk	Eindhoven	1954-196[ ]
Q17	Hoofdgebouw, W-hal	Eindhoven	1954-196[ ]
B08	Campus TH-Twente	Drienerloo	1960-196[ ]
B10	Hallencomplex	Drienerloo	1962-196[ ]

L18	Woonhuis Hillebrandt	Den Haag	1935
L18	Woonhuis Mees	Den Haag	1936
C27	Woonhuis Smedes	Den Dolder	1936
C49	Vakantiehuis Verrijn Stuart 'De Braamakkers'	Breukelerveen	1941
C04	Woonhuis Stoop	Velp	1951
C15	Sonsbeek-paviljoen (reconstructie)	Otterlo	1954
Q21	Woonhuis Visser	Bergeyk	1956
Q20	Weverij De Ploeg	Bergeyk	1956-1957
C23	Expositieruimte 'De Zonnehof'	Amersfoort	1958-1959
E27	Woonhuis V.d. Doel	Ilpendam	1959
Q34	Woonhuis Van Slobbe	Heerlen	1962-1964
E44	Aula Begraafplaats	Hoofddorp	1958-1966
H31	Gerrit Rietveld Academie	Amsterdam	1959-1967
F15	Rijksmuseum Vincent van Gogh	Amsterdam	1963-1973

> E01-1, E01-2

Riet 1: Th.M. Brown, The work of G. Rietveld, architect, Utrecht, 1958; Riet 2: B. Mulder, G.J. de Rook, Rietveld-Schröderhuis 1924-1975, Utrecht, 1975; Riet 3: D. Baroni, Gerrit Thomas Rietveld Furniture, London, 1978; Riet 4: A. Buffinga, G.Th. Rietveld, Beeldende Kunst en Bouwkunst in Nederland, Amsterdam, 1968; Riet 5: F. Bless, Rietveld 1888-1964. Een biografie, Amsterdam/ Baarn, 1982; Riet 6: De Rietveld Academie. Een akademiegebouw als model, Amsterdam, 1984; Riet 7: G.Th. Rietveld, Rietveld, 1924, Schröderhuis, (rep.), Utrecht, 1985; Riet 8: G. Rietveld, Teksten, Utrecht, 1979; Lit 48; Forum 1980-1, 1981-1

J.C. (Jan) Rietveld (1919-1986)

H20	Bejaardenwoningen	Amsterdam	1951-1954
H19	Woongebouw	Amsterdam	1956

> E01-1, E01-2

Forum 1980-2

K. (Kees) Rijnboutt (1939) > VDL > LRR

H46	Woningbouw Bijlmermeer	Amsterdam	1962-1973
N28	Woningbouw Gerdesiaweg	Rotterdam	1977-1982
H52	Woningbouw 'Hoptille'	Amsterdam	1975-1982

> M28-7

J.I. Risseeuw (1926)

C34	IONA-gebouw Vrije Hogeschool	Driebergen	1976-1978

A.H. van Rood

M20	Koninginnebrug	Rotterdam	1924-1929

D. Roosenburg (1887-1962)

E20	Gemaal 'Lely'	Medemblik	1928-1930
E22	Uitwateringssluizen	Den Oever	1933
G10	Rijksverzekeringsbank	Amsterdam	1937-1939

> K25-10

BW 1962 p.56

Ph.M. Rosdorff

K14	Ministerie van Onderwijs en Wetenschappen	Zoetermeer	1976-1985

J. Rothuizen (1892)

C19	Heveadorp	Doorwerth	1916-1918

WTABK 1978-2

H. Ruijssenaars (1944) > LRR

B06	Openbare Bibliotheek	Apeldoorn	1980-1984

> M28-7

H. Salomonson (1910)
Salomonson, Tempelman, Egbers

G05	Woonhuis	Amsterdam	1961
G12	Kantoorgebouw Turmac Tobacco Company	Amsterdam	1964-1966

> M37

SAR (Stichting Architecten Research)
N.J. Habraken (1928), J.C. Carp (1939)

C37	Woningbouw, Stedebouw SAR-methodieken	Utrecht-Lunetten	1971-1982

P. Satijn
bureau P. Schuffelers

Q39	ROZ-studio's	Maastricht	1975-1979

Sj. Schamhart (1919), **H. van Beek** (1942)
Atelier PRO

L13	Woongebouw 'Couperusduin'	Den Haag	1972-1975
L06	Algemeen Rijksarchief	Den Haag	1972-1979

> L12, L29

PT-B 1982 p.15

H.G.J. Schelling (1888-1978)

C53	Station	Bussum	1925-1928
C07	Station	Arnhem	1950-1954

BW 1958 p.509

M. (Mart) van Schijndel (1943)

E39	Bedrijfsgebouw Lumiance	Haarlem	1986

T. Schröder-Schräder (1889-1985)

C43	Schröderhuis	Utrecht	1924
C45	Woningbouw Prins Hendriklaan	Utrecht	1934

Forum 1981-1

Skidmore, Owings & Merrill (USA)
L. Skidmore (1897-1962), N.A. Owings (1903-1984), J. Merrill (1896-1975)

N05	Kantoorgebouw 'Europoint'	Rotterdam	1971-197

A. Bush-Brown, Skidmore, Owings & Merrill; Architektur und Städtebau 1973-1983, Stuttgart, 1983

D. Slebos

H21	Gemaal 'Halfweg'	Amsterdam	1977

B.G.J.J. Snelder

Q37	Gouvernementsgebouw	Maastricht	1978-198

J.A. Snellebrand (1891-1963), **A. Eibink** (1893-1975)

D03	VARA-studio's	Hilversum	1931

Sj. (Sjoerd) Soeters (1947)

H15	Kinderdagverblijf 'Borgheem', Woningbouw	Amsterdam	1980-198
E43	Woonhuis Bakels	Haarlem	1983-198
K10	Uitbreiding Bedrijfsgebouw	Zoeterwoude-Rijndijk	1984

> H52, N28

Lit 69; WTABK 1983-17/18; Arch 1981-3

J.F. Staal (1879-1940)
1902-1910 J.F. Staal, A.J. Kropholler

E23	Twee Villa's, Drie huizen onder één kap, Park Meerwijk	Bergen	1915-1918
G08	Woningbouw Bronckhorststraat	Amsterdam	1922-192
G16	De Wolkenkrabber	Amsterdam	1927-193
F07	Kantoorgebouw De Telegraaf	Amsterdam	1927-193
M14	Koopmansbeurs	Rotterdam	1935-194

> H25-6

M. (Margaret) Staal-Kropholler (1891-1966)

E23	Twee Villa's, Park Meerwijk	Bergen	1915-1918
G19	Woningbouw Holendrechtstraat	Amsterdam	1921-1922

> H25-3

. (Mart) Stam (1899-1986)
▮25-1928 arch. Brinkman & Van der Vlugt
▮34-1937 arch. Van Tijen
▮53-1959 arch. Merkelbach & Elling

▮03	Montessorischool	Amsterdam	1935
▮04	Drive-in woningen	Amsterdam	1937
6	Kantoorgebouw		
	Geïllustreerde Pers	Amsterdam	1959

E01-4, H17, H41, N07
am 1: BW 1969 p.541/Mart Stam, Documentation of his work, 1920-
▮65, London, 1970; Forum 1983-1/2

I.A. (Lotte) Stam-Beese (1903)

▮03	Montessorischool	Amsterdam	1935
▮04	Drive-in woningen	Amsterdam	1937
▮7	Woningbouw, Stedebouw		
	Pendrecht	Rotterdam	1949-1953

(Benno) Stegeman

▮7	Woningbouw	Zoetermeer	1971-1973
▮3	Woningbouw, Stedebouw	Capelle a.d. IJssel	1972-1978

J. van der Steur (1893-1953)
▮ortzetting: DSBV

▮6	Museum Boymans-Van		
	Beuningen	Rotterdam	1928-1935

K25-11, M43, N33
▮St 1: A.C. Vreugdenhil, De Maastunnel, Haarlem, s.a.

(Joop) van Stigt (1934)

▮9	Personeelskantine	Drienerloo	1963-1965
▮1	Raadhuis	Ter Aar	1965-1970
▮7	Woontorens	Amsterdam	1970-1975
▮7	Woningbouw	Almere-Haven	1974-1977
▮9	Faculteitsgebouwen	Leiden	1976-1982

ABK 1968 p.54; B+W 1976-1

(Peter) Struycken (1939)

▮8	Omgevingskunstwerk	Arnhem	1972-1978

▮ruy 1: P. Struycken, Beelden en Projecten, Otterlo, 1977

B. van der Tak

▮8	Kantoorgebouw Holland		
	Amerika Lijn	Rotterdam	1901

P. Thole
▮telier voor Architectuur en Stedebouw (AAS)

▮8	Molukse Kerk	Den Bosch	1980-1982

W. (Willem) van Tijen (1894-1974)
1937-1954 Van Tijen en Maaskant
1954-1974 Van Tijen, Boom, Posno (Van Randen)
voortzetting Werkgroep Kokon

M41	Parklaanflat	Rotterdam	1933
N15	Bergpolderflat	Rotterdam	1932-1934
N46	Woningbouw Frans		
	Bekkerstraat	Rotterdam	1934
G03	Montessorischool	Amsterdam	1935
N21	Clubgebouw Kralingsche		
	Zeil- en Roeivereniging	Rotterdam	1936
N29	Dubbel Woonhuis	Rotterdam	1936
G04	Drive-in woningen	Amsterdam	1937
N25	Manege, Woonhuis	Rotterdam	1937
N20	Plaslaanflat	Rotterdam	1937-1938
M24	Industriegebouw		
	Oostzeedijk	Rotterdam	1941-1947
N45	Zuidpleinflat	Rotterdam	1941-1947
M24	Industriegebouw		
	Goudsesingel	Rotterdam	1948-1951
M03	Groothandelsgebouw	Rotterdam	1949-1951
B08	Campus TH-Twente	Drienerloo	1960-1964

8 en O 1937 p.237; Plan 1970-9 (Themanummer)

J. van Tricht (1928) > G.Th. Rietveld
Rietveld, Van Dillen, Van Tricht

F15	Rijksmuseum Vincent van		
	Gogh	Amsterdam	1963-1973

> E44, H31, Q34

Tuns & Horsting
A.G.L. Tuns, H. Horsting

A13	Gezondheidscentrum	Assen	1980-1982
P06	Uitbreiding St. Franciscus-		
	ziekenhuis	Roosendaal	1980-1983

R. Uytenhaak

B03	Woonhuis, Werkplaats	Zwolle	1982-1985

C. Veerling (1926)
Gemeentewerken Rotterdam

M20	Willemsbrug	Rotterdam	1975-1981
K44	Metrostations	Spijkenisse	1978-1985

J.J.M. Vegter (1907-1982)

C09	Provinciehuis	Arnhem	1950-1955

H. (Henry) van de Velde (1863-1957) (B)

L21	Woonhuis Leuring	Den Haag	1903

C13	Museum Kröller-Müller	Otterlo	1919-1921

vdVe 1: Henry van de Velde, Geschichte meines Lebens, München,
1962; vdVe 2: A.M. Hammacher, De wereld van Henry van de
Velde, Antwerpen, 1967

K. (Koen) van Velsen (1952)

D12	Eigen Woonhuis	Hilversum	1980-1982
C54	Fotostudio, Woonhuis	Bussum	1982-1983
L10	Interieur Juwelierszaak	Den Haag	1983
C50	Woonhuis Cramer	Vinkeveen	1983-1984

WTABK 1983-17/18; Forum 1980-2

J. (Jan) Verhoeven (1926)

C21	Eigen Woonhuis	Hoevelaken	1965-1966
K18	Woningbouw, Stedebouw	Berkel en Rodenrijs	1969-1973
C21	Drie Woningbouwprojecten	Hoevelaken	1968-1975
E24	Stadsvernieuwing Sluisdijk	Den Helder	1974-1978
C52	Woningbouw, Winkels		
	'De Postkoets'	Laren	1977-1979
C12	Rijksbrandweeracademie	Arnhem/	
		Schaarsbergen	1975-1980
M27	Woningbouw, Stedebouw		
	Hofdijk	Rotterdam	1977-1983

KB 1967 p.120; B+W 1976-1; Bouw 1982-23

Verster, Dijkstra, Loerakker (VDL)
J. Verster (1924), Tj. Dijkstra (1931), B. Loerakker (1931)
1976-1980 VDL
1980- LRR

H32	Kantongerecht	Amsterdam	1970-1975
K08	Verbouwing ''t Arsenaal'	Leiden	1975-1981
E13	Centrumpassage	Almere-Stad	1979-1981
H52	Woningbouw 'Hoptille'	Amsterdam	1975-1982
N28	Woningbouw Gerdesiaweg	Rotterdam	1977-1982
E09	Combinatiegebouw	Lelystad	1981-1983
B06	Openbare Bibliotheek	Apeldoorn	1980-1984

> M28-7
VDL 1: Architectengroep Loerakker Rijnboutt Ruijssenaars bv,
projectdocumentatie, s.l., s.a.

L.C. van der Vlugt (1894-1936)
1925-1936 Brinkman & Van der Vlugt

A05	Middelbare Technische		
	School	Groningen	1922-1923
A06	Woonhuis Vink	Zuidhorn	1925
G20	Vergadergebouw		
	Theosophische Vereniging	Amsterdam	1925-1927
N22	Woonhuis Van der Leeuw	Rotterdam	1927-1929
G20	Administratiegebouw		
	Theosophische Vereniging	Amsterdam	1928-1929

N07	Van Nellefabriek	Rotterdam	1925-1931
K32	Woonhuis De Bruyn	Schiedam	1929-1931
M33	Kantoorgebouw		
	R. Mees & Zonen	Rotterdam	1929-1931
K02	Telefooncel	Noordwijk aan Zee	1931-1932
M34	Woonhuis Sonneveld	Rotterdam	1929-1933
M35	Woonhuis Boevé	Rotterdam	1931-1933
N26	Clubgebouw Rotterdamse		
	Golfclub	Rotterdam	1933
N15	Bergpolderflat	Rotterdam	1932-1934
N23	Woonhuis Vaes	Rotterdam	1932-1935
N42	Stadion Feyenoord	Rotterdam	1934-1936
K02	Vakantiehuis		
	L.C. van der Vlugt	Noordwijk aan Zee	1935-1936
M40	Van Dam Ziekenhuis	Rotterdam	1931-1938

vdVl: J.B. Bakema, L.C. van der Vlugt, Beeldende Kunst en
Bouwkunst in Nederland, Amsterdam, 1968; vdVl 2: J. Geurst,
J. Molenaar, Van der Vlugt, architect 1894-1936, Delft, 1983; vdVl 3:
J.J.H.M. Molenaar, Van Nelle's fabrieken. Bureau Brinkman en
Van der Vlugt 1925-1931, Utrecht, 1985; Broeba 1: J. Joedicke,
Architektur und Städtebau. Das Werk van den Broek und Bakema,
Stuttgart, 1963; Broeba 2: Bouwen voor een open samenleving.
Brinkman, Brinkman, Van der Vlugt, Van den Broek, Bakema,
Rotterdam, 1962; 8 en O 1936 p.205

P. Vorkink (1878-1960), **Jac.Ph. Wormser** (1878-1935)

K45	Landhuis 'Het Reigersnest',		
	Tuinmanswoning	Oostvoorne	1918-1921

C.J.M. (Carel) Weeber (1937)

K40	Woningbouw Bleyenhoek	Dordrecht	1973-1976
K12	Woningbouw, Stedebouw		
	Arenaplan	Alphen aan de Rijn	1976
K15	Woningbouw	Zoetermeer	1977-1979
H44	Woningbouw, Stedebouw		
	Venserpolder	Amsterdam	1979
N43	Woongebouw		
	'De Peperklip'	Rotterdam	1978-1982
K44	Metrostations	Spijkenisse	1978-1985
L03	Woningbouw	Den Haag	1982-1985
L02	Hotel	Den Haag	1980-1987

> H44-1, K25-16
Lit 69; Plan 1979-11, 1979-12; Arch 1980-9; Bouw 1983-18; AB 1986-2

J.G. Wiebenga (1886-1974)

A05	Middelbare Technische		
	School	Groningen	1922-1923
L16	Nirwana-flat	Den Haag	1927-1929
D08	Sanatorium 'Zonnestraal'	Hilversum	1926-1931
E45	ULO-school	Aalsmeer	1931-1932

> N07

H.Th. Wijdeveld (1885)

H39	Woningbouw Insulindeweg	Amsterdam	1920
H27	Woningbouw Hoofdweg	Amsterdam	1923-1926

H.Th. Wijdeveld, H.Th. Wijdeveld 1885-1985, mijn eerste eeuw,
Oosterbeek, 1985; Lit 69; Lit 105; Forum 1975-1 (Themanummer)

G. Wijnen

Q06	Raadhuis	Oirschot	1977-1981

Arch 1984-4

L. Willems

Q24	Groene Kruisgebouw	Brunssum	1934-1936

J. (Jan) Wils (1891-1972)

L32	Woningbouw		
	'De Papaverhof'	Den Haag	1919-1922
H29	Olympisch Stadion	Amsterdam	1926-1928
F12	Citytheater	Amsterdam	1934-1935

W1: Jan Wils, Genf, 1930; W2: O. Kiers, Jan Wils/het Olympisch
stadion, Amsterdam, 1978; Lit 48

N. Witstok

K18	Woningbouw, Stedebouw	Berkel en Rodenrijs	1969-1973
N11	Asfaltcentrale	Rotterdam	1969-1974
E24	Stadsvernieuwing Sluisdijk	Den Helder	1974-1978

P. Zanstra (1905)
1932-1954 Zanstra, Giesen, Sijmons
1963- Zanstra, De Clerq Zubli, Gmelig Meyling, Lammertsma

G13	Atelierwoningen	Amsterdam	1934
H13	Parkeergarage	Amsterdam	1970-1971

H. (Herman) Zeinstra (1937)

F27	Eigen Woonhuis	Amsterdam	1977
H12	HAT-eenheden	Amsterdam	1983

Arch 1981-1

L.P. Zocher

K20	Woningbouw, Stedebouw		
	Agnetapark	Delft	1882-1885

D. (Daan) Zuiderhoek (1911)

C25	Kantoorgebouw DHV	Amersfoort	1967-1970
C22	Parkstad Leusden	Leusden	1969-1972

M.E. Zwarts (1937)

A14	Industriële Woningen Shell	Assen	1967
H05	Polymerencentrum	Amsterdam	1972-1975

> K19, K25-12

Diverse architecten

H25	Woningbouw, Stedebouw		
	Plan West	Amsterdam	1922-192
K25	TH-wijk	Delft	1947-195
E01	Woningbouw, Stedebouw	Nagele	1947-195
H44	Woningbouw, Stedebouw		
	Venserpolder	Amsterdam	1979
E14	Experimentele Tijdelijke		
	Woningen	Almere-Stad	1982-198
M28	Stadsvernieuwing		
	Oude Westen	Rotterdam	1970-198

Gemeentelijke Woningdienst Amsterdam

H07	Tuindorp Oostzaan	Amsterdam	1922-192

Dienst Stadsontwikkeling Amsterdam

H17	Woningbouw, Stedebouw		
	Bosch en Lommer	Amsterdam	1935-194
H46	Woningbouw, Stedebouw		
	Bijlmermeer	Amsterdam	1962-197

Gemeentewerken Rotterdam

M43	Maastunnel,		
	Filtergebouwen	Rotterdam	1937-194
M20	Willemsbrug	Rotterdam	1975-198
K44	Metrostations	Spijkenisse	1978-198

> M42, N05

Dienst Volkshuisvesting Rotterdam

N33	Hergebruik Filtergebouwen	Rotterdam	1979-198
N32	Woningbouw		
	DWL-terrein	Rotterdam	1981-198

Bureau Zuiderzeewerken

E20	Gemaal 'Lely'	Medemblik	1928-1930
E21	Afsluitdijk	Den Oever	1918-193
E22	Uitwateringssluizen	Den Oever	1933

Rijksdienst IJsselmeerpolders

E07	Multifunctioneel Centrum		
	'Agora'	Lelystad	1973-197

Rijkswaterstaat

P01	Deltawerken	Zeeland	1953
K34	Stormvloedkering	Krimpen a.d. IJssel	1953-195
P02	Zeelandbrug	Zierikzee/	
		Colijnsplaat	1961-1965
P03	Stormvloedkering	Westenschouwen/	
	Oosterschelde	Kamperland	1965-1980

TREFWOORDENREGISTER/SUBJECT INDEX

H08 Woningbouw Westerdok, Amsterdam
P. de Ley, 1980-1982

F23 Woningbouw 'Het Pentagon', Amsterdam
Th.J.J. Bosch, 1975-1983

M27 Woningbouw Hofdijk, Rotterdam
J. Verhoeven, 1977-1983

F25 Woningbouw Nieuwmarkt, Amsterdam
H. Borkent, 1979-1983

H15 Woningbouw met kinderdagverblijf, Amsterdam
Sj. Soeters, 1980-1983

N35 Woningbouw 'De Muur', Rotterdam
Apon, Van den Berg, Ter Braak, Tromp, 1981-1983

N31 Woongebouw, Rotterdam
P. de Bruijn, 1981-1983

F03 Stadsvernieuwing Haarlemmerhouttuinen, Amsterdam
A. van Herk, C. Nagelkerke, 1981-1983

E09 Combinatiegebouw, Lelystad
B. Loerakker (LRR), 1981-1983

H12 HAT-eenheden, Amsterdam
De Kat & Peek, 1983

M22 Paalwoningen, Blaakoverbouwing, Rotterdam
P. Blom, 1978-1984

H44 Woningbouw Venserpolder, Amsterdam
Diverse Architecten, 1979-1984

M30 Woningbouw met voorzieningen, Rotterdam
Girod & Groeneveld, 1979-1984

F24 Stadsvernieuwing Nieuwmarkt, Amsterdam
H. Hagenbeek (CAV), 1979-1984

H45 Woningbouw Venserpolder, Amsterdam
De Kat & Peek, 1980-1984

N32 Woningbouw DWL-terrein, Rotterdam
W. Patijn, J. Mulder, 1981-1984

H37 Woningbouw Wittenburg, Amsterdam
A. van Herk, S. de Kleijn, 1982-1984

H03 Woongebouw IJ-plein, Amsterdam
De Kat & Peek, 1982-1984

H02 Woningbouw IJ-plein, Amsterdam
H. van Meer, 1982-1984

M31 Woningbouw met voorzieningen Oude Westen, Rotterdam
W.G. Quist, 1982-1984

Q09 Bolwoningen, Den Bosch
D. Kreykamp, 1984

M12 Woongebouw Schouwburgplein, Rotterdam
E. Hartsuyker, L. Hartsuyker-Curjel, 1980-1985

M05 Jongerenhuisvesting, Rotterdam
Mecanoo, 1981-1985

L03 Woningbouw, Den Haag
C.J.M. Weeber, 1982-1985

M32 Woningbouw Oude Westen, Rotterdam
De Nijl, 1983-1985

M28 Stadsvernieuwing Oude Westen, Rotterdam
Diverse architecten, 1970-1986

H04 Woongebouw met voorzieningen IJ-plein, Amsterdam
OMA, 1983-1987

VRIJSTAANDE WOONHUIZEN/ FREE-STANDING PRIVATE HOUSES

L12 Woonhuis, Winkel, Den Haag
J.W. Bosboom, 1898

L21 Woonhuis Leuring, Den Haag
H. van de Velde, 1903

C28 Woonhuis 'Løvdalla', Huis ter Heide
R. van 't Hoff, 1911

C16 Jachtslot 'St.-Hubertus', Otterlo
H.P. Berlage, 1915

C29 Woonhuis Verloop, Huis ter Heide
R. van 't Hoff, 1915-1916

K03 Villa 'Allegonda', Katwijk aan Zee
J.J.P. Oud, M. Kamerlingh Onnes, 1917

E23 Park Meerwijk, Bergen
C.J. Blaauw, J.F. Staal, M. Staal-Kropholler, P.L. Kramer, G.F. LaCroix, 1915-1918

C30 Villa Henny, Huis ter Heide
R. van 't Hoff, 1915-1919

K45 Landhuis 'Het Reigersnest', Tuinmanswoning, Oostvoorne
P. Vorkink, Jac.Ph. Wormser, 1918-1921

L35 Villadorp Kijkduin, Den Haag
J. Duiker, 1919-1922

C43 Schröderhuis, Utrecht
G.Th. Rietveld, T. Schröder-Schräder, 1924

E47 Woonhuis Suermondt, Aalsmeer
J. Duiker, B. Bijvoet, 1924-1925

A06 Woonhuis Vink, Zuidhorn
L.C. van der Vlugt, K. Siekman, 1925

C44 Chauffeurswoning, Utrecht
G.Th. Rietveld, 1927-1928

N22 Woonhuis Van der Leeuw, Rotterdam
Brinkman & Van der Vlugt, 1927-1929

D05 Woonhuis Hertog Hendriklaan, Hilversum
P.J. Elling, 1929

N27 Woonhuis 'De Boogerd', Rotterdam
M.J. Granpré-Molière, 1929-1930

D06 Woonhuis Joelaan, Hilversum
P.J. Elling, 1930

K32 Woonhuis De Bruyn, Schiedam
Brinkman & Van der Vlugt, 1929-1931

P11 Woonhuis Klep, Breda
G.Th. Rietveld, 1931

M34 Woonhuis Sonneveld, Rotterdam
Brinkman & Van der Vlugt, 1929-1933

M35 Woonhuis Boevé, Rotterdam
Brinkman & Van der Vlugt, 1931-1933

Q36 Woonhuis ''t Sonnehuys', Maastricht
F.P.J. Peutz, 1933

P11 Woonhuis Nuyens, Breda
G.Th. Rietveld, 1933

C36 Eigen Woonhuis, Utrecht
S. van Ravesteyn, 1932-1934

E25 Vakantiehuis Dijkstra, Groet
B. Merkelbach, Ch.J.F. Karsten, 1934

N23 Woonhuis Vaes, Rotterdam
Brinkman & Van der Vlugt, 1932-1935

L18 Woonhuis Hillebrandt, Den Haag
G.Th. Rietveld, 1935

B04 Woonhuis 'De Witte Raaf', Hattem
A. Komter, 1927-1936

K02 Vakantiehuis L.C. van der Vlugt, Noordwijk aan Zee
Brinkman & Van der Vlugt, 1935-1936

L19 Woonhuis Leembruggen, Den Haag
J.W.E. Buijs, J.B. Lürsen, 1935-1936

D07 Woonhuis Rossinilaan, Hilversum
P.J. Elling, 1936

L18 Woonhuis Mees, Den Haag
G.Th. Rietveld, 1936

C27 Woonhuis Smedes, Den Dolder
G.Th. Rietveld, 1936

N29 Dubbel Woonhuis, Rotterdam
W. van Tijen, 1936

L17 Woonhuis Hartog, Den Haag
J.B. van Loghem, 1937

N13 Woonhuis Gestel, Rotterdam
J.H. van den Broek, 1937-1939

N18 Woonhuis Snoek, Rotterdam
J.H. van den Broek, 1937-1939

C49 Vakantiehuis Verrijn Stuart 'De Braamakkers', Breukelerveen
G.Th. Rietveld, 1941

C04 Woonhuis Stoop, Velp
G.Th. Rietveld, 1951

N24 Eigen Woonhuis 'Ypenhof', Rotterdam
J.H. van den Broek, 1948-1952

Q21 Woonhuis Visser, Bergeyk
G.Th. Rietveld, 1956

K46 Woonhuis Wieringa, Middelharnis
Van den Broek & Bakema, 1956-1957

E27 Woonhuis v.d. Doel, Ilpendam
G.Th. Rietveld, 1959

G05 Woonhuis, Amsterdam
H. Salomonson, 1961

Q34 Woonhuis Van Slobbe, Heerlen
Rietveld, Van Dillen, Van Tricht, 1962-1964

C21 Eigen Woonhuis, Hoevelaken
J. Verhoeven, 1965-1966

A14 Industriële Woningen Shell, Assen
M.E. Zwarts, 1967

A12 Vakantiehuis, Gieten
E.J. Jelles, 1967-1968

Q21 Woonhuis Visser, Bergeyk
A.E. van Eyck, 1967-1969

F09 Woonhuis, Amsterdam
A. Cahen, 1964-1970

F27 Eigen Woonhuis, Amsterdam
H. Zeinstra, 1977

C47 Woonhuis De Waal, Utrecht
A. Alberts, 1978-1980

A11 Industriële Woning Heiwo, Wolvega
Cepezed, 1980-1982

D12 Eigen Woonhuis, Hilversum
K. van Velsen, 1980-1982

L20 Woonhuis Jager, Den Haag
Benthem & Crouwel, 1981-1982

C54 Fotostudio, Woonhuis, Bussum
K. van Velsen, 1982-1983

E15 Eigen Woonhuis Benthem, Almere-Stad
Benthem & Crouwel, 1982-1983

C50 Woonhuis Cramer, Vinkeveen
K. van Velsen, 1983-1983

E43 Woonhuis Bakels, Haarlem
Sj. Soeters, 1983-1984

B03 Woonhuis, Werkplaats, Zwolle
R. Uytenhaak, 1983-1984

E14 Experimentele tijdelijke woningen, Almere-Stad
Diverse architecten, 1982-1986

BIJZONDERE HUISVESTING/ SPECIAL ACCOMMODATION

K01 Vakantiehuis 'De Vonk', Noordwijk(erhout)
J.J.P. Oud, 1917-1918

Q32 Retraitehuis 'Mgr. Schrijnen', Heerlen
F.P.J. Peutz, 1932

G13 Atelierwoningen, Amsterdam
Zanstra, Giesen, Sijmons, 1934

H19 Woongebouw, Amsterdam
J. Rietveld, 1956

C17 Bio-Herstellingsoord, Arnhem/ Wolfheze
J.J.P. Oud, 1952-1960

H30 Burgerweeshuis, Amsterdam
A.E. van Eyck, 1955-1960

F30 Studentenhuis, Amsterdam
H. Hertzberger, 1959-1966

K47 Zwakzinnigeninstituut 'Hernesseroord', Middelharnis
Van den Broek & Bakema, 1966-1974

H23 Verzorgingscomplex 'De Drie Hoven', Amsterdam
H. Hertzberger, 1971-1975

D14 Centraal Wonen Complex, Hilversumse Meent
De Jonge, Dorst, Lubeek, De Bruijn, De Groot, 1974-1977

H42 Penitentiair Centrum Over-Amstel, Amsterdam
J.W.H.C. Pot, J.F. Pot-Keegstra, 1972-1978

GEBOUWEN VOOR HET ONDERWIJS/EDUCATION

D10 Dr. H. Bavinckschool, Hilversum
W.M. Dudok, 1921-1922

A05 Middelbare Technische School, Groningen
L.C. van der Vlugt, J.G. Wiebenga, 1922-1923

G02 Eerste Openluchtschool voor het Gezonde Kind, Amsterdam
J. Duiker, B. Bijvoet, 1927-1930

D09 Calvijnschool, Hilversum
W.M. Dudok, 1930

E33 Montessorischool, Bloemendaal
J.H. Groenewegen, 1930

L27 Derde Ambachtsschool, Scheveningen
J. Duiker, 1929-1931

E45 ULO-school, Aalsmeer
J.G. Wiebenga, 1931-1932

C33 Muziekschool, Zeist
G.Th. Rietveld, 1932

G03 Montessorischool, Amsterdam
W. van Tijen, M. Stam, C.I.A. Stam-Beese, 1935

K05 Rijnlands Lyceum, Wassenaar
J.P. Kloos, 1937-1939

K25 TH-wijk, Delft
J.H. Froger, S.J. van Embden, 1947-1950

L33 Tweede Vrijzinnig Christelijk Lyceum, Den Haag
J.J.P. Oud, 1949-1956

E04 Lagere Scholen, Nagele
A.E. van Eyck, H.P.D. van Ginkel, 1954-1957

N14 Montessorilyceum, Rotterdam
Van den Broek & Bakema, 1955-1960

Q03 Economische Hogeschool, Tilburg
J.H.A. Bedaux, J.A. van der Laan, 1957-1962

H33 Lyceum Buitenveldert, Amsterdam
M.F. Duintjer, 1959-1963

Q16 TH-wijk, Eindhoven
S.J. van Embden, OD 205, 1954-1964

Q17 Hoofdgebouw, W-hal, Eindhoven
OD 205, 1954-1964

B08 Campus TH-Twente, Drienerloo
W. van Tijen, S.J. van Embden, 1960-1964

B10 Hallencomplex, Drienerloo
OD 205, Ingen Housz, 1962-1964

Q38 Conservatorium, Maastricht
P.H. Dingemans, 1965

K26 Aula, Delft
Van den Broek & Bakema, 1959-1966

K22 Montessorischool, Delft
H. Hertzberger, 1966

H31 Gerrit Rietveld Academie, Amsterdam
Rietveld, Van Dillen, Van Tricht, 1959-1967

A15 Lagere Scholen, Emmen
G. Boon, 1961-1967

M39 Medische Faculteit, Rotterdam
OD 205, 1965-1968

B11 Toegepaste Wiskunde, Rekencentrum, Drienerloo
Environmental Design, 1970-1973

C48 Tandheelkundig Instituut, Utrecht
Environmental Design, 1970-1974

K28 Civiele Techniek, Delft
Van den Broek & Bakema, 1961-1975

Q18 Werktuigbouwkunde, Eindhoven
OD 205, 1968-1975

C34 IONA-gebouw Vrije Hogeschool, Driebergen
J.I. Risseeuw, 1976-1978

C12 Rijksbrandweeracademie, Arnhem/Schaarsbergen
J. Verhoeven, 1975-1980

K08 Verbouwing ''t Arsenaal", Leiden
Tj. Dijkstra (VDL), 1975-1981

K09 Faculteitsgebouwen, Leiden
J. van Stigt, 1976-1982

Q23 Uitbreiding LOM-school, Sittard
J. Coenen, 1980-1983

G06 Montessorischool, Willemsparkschool, Amsterdam
H. Hertzberger, 1980-1983

H15 Woningbouw met kinderdagverblijf, Amsterdam
Sj. Soeters, 1980-1983

A04 Academie 'Minerva', Groningen
P. Blom, 1976-1984

F06 Letterenfaculteit, Amsterdam
Th.J.J. Bosch, 1976-1984

M30 School, Rotterdam
Girod & Groeneveld, 1979-1984

N01 Basisschool Delfshaven, Rotterdam
De Nijl, 1982-1984

N19 School met buurthuis, Rotterdam
Van den Broek & Bakema, 1983-1984

C32 Muziekschool, Zeist
J. Hoogstad, 1982-1986

GEBOUWEN VOOR DE GEZONDHEIDSZORG/HEALTH

L22 Rudolf Steinerkliniek, Den Haag
J.W.E. Buijs, J.B. Lürsen, 1926-1928

D08 Sanatorium 'Zonnestraal', Hilversum
J. Duiker, B. Bijvoet, J.G. Wiebenga, 1926-1931

Q24 Groene Kruisgebouw, Brunssum
L. Willems, 1934-1936

M40 Van Dam Ziekenhuis, Rotterdam
Brinkman & Van der Vlugt, J.H. van den Broek, 1931-1938

C17 Bio-Herstellingsoord, Arnhem/Wolfsheze
J.J.P. Oud, 1952-1960

H54 Academisch Medisch Centrum, Amsterdam
Duintjer, Istha, Kramer, Van Willegen, D. van Mourik, 1968-1981

A13 Gezondheidscentrum, Assen
Tuns & Horsting, 1980-1982

P06 Uitbreiding St. Franciscus-ziekenhuis, Roosendaal
Tuns & Horsting, 1980-1983

SOCIAAL-CULTURELE GEBOUWEN/SOCIO-CULTURAL BUILDINGS

E11 Multifunctioneel Centrum 'De Meerpaal', Dronten
F. van Klingeren, 1966-1967

Q15 Multifunctioneel Wijkcentrum ''t Karregat', Eindhoven
F. van Klingeren, J. de Weijer, J.A.M. Mulder, 1970-1973

H40 Wijkcentrum Transvaal, Amsterdam
P. de Bruijn, R. Snikkenburg, 1970-1975

M29 Wijkgebouw 'Odeon', Rotterdam
P.P. Hammel, 1971-1976

K16 Wijkcentrum Meerzicht, Zoetermeer
A. Alberts, 1972-1977

E07 Multifunctioneel Centrum 'Agora', Lelystad
J.A.M. Mulder, Rijksdienst IJsselmeerpolders, 1973-1977

C24 Cultureel Centrum 'De Flint', Amersfoort
O. Greiner, 1974-1977

C34 IONA-gebouw Vrije Hogeschool, Driebergen
J.I. Risseeuw, 1976-1978

K06 Buurtcentrum 'Op Eigen Wieken', Leiden
M.E. Polak, 1976-1978

E09 Combinatiegebouw, Lelystad
B. Loerakker (LRR), 1981-1983

N19 School, Buurthuis, Rotterdam
Van den Broek & Bakema, 1983-1984

MUSEA, TENTOONSTELLINGS-GEBOUWEN/MUSEUMS AND EXHIBITIONS

C13 Museum Kröller-Müller, Otterlo
H. van de Velde, 1919-1921

L29 Gemeentemuseum, Den Haag
H.P. Berlage, E.E. Strasser, 1927-1935

M36 Museum Boymans-Van Beuningen, Rotterdam
A.J. van der Steur, 1928-1935

G09 Tennis- en tentoonstellingshal 'Apollo', Amsterdam
A. Boeken, W. Zweedijk, 1933-1935

Q11 Van Abbemuseum, Eindhoven
A.J. Kropholler, 1933-1935

M04 Bouwcentrum, Rotterdam
J.W.C. Boks, 1946-1949

C15 Sonsbeek-paviljoen (reconstructie) Otterlo
G.Th. Rietveld, 1954

C23 Expositieruimte 'De Zonnehof', Amersfoort
G.Th. Rietveld, 1958-1959

Q13 Evoluon, Eindhoven
L.C. Kalff, L. de Bever, 1962-1966

M37 Uitbreiding Museum Boymans-Van Beuningen, Rotterdam
A. Bodon, 1963-1972

F15 Rijksmuseum Vincent van Gogh, Amsterdam
Rietveld, Van Dillen, Van Tricht, 1963-1973

F08 Restauratie Amsterdams Historisch Museum, Amsterdam
B. van Kasteel, J. Schipper, 1969-1975

C14 Uitbreiding Museum Kröller-Müller, Otterlo
W.G. Quist, 1969-1977

Q30 Thermenmuseum, Heerlen
P.W.L. & J.H.F. Peutz, 1975-1977

K07 Taffeh-zaal in het Rijksmuseum voor Oudheden, Leiden
A.J.H.M. Haak, 1977-1979

G11 Tentoonstellingsgebouw, Congrescentrum RAI, Amsterdam
DSBV, 1977-1981

A02 Galerie Waalkens, Finsterwolde
G. Daan, Th. Karelse, 1983-1984

P04 Dienstgebouw Stormvloedkering Oosterschelde, Zeeland
W.G. Quist, 1980-1985

L30 Onderwijsmuseum; Omniversum, Den Haag
W.G. Quist, 1980-1985

M18 Maritiem Museum 'Prins Hendrik', Rotterdam
W.G. Quist, 1981-1986

THEATERS, BIOSCOPEN, CONCERTGEBOUWEN, STUDIO'S/THEATRES, CINEMAS, CONCERT HALLS, STUDIOS

F19 Tuschinski Theater, Amsterdam
H.L. de Jong, 1918

G20 Vergadergebouw, Amsterdam
Brinkman & Van der Vlugt, 1925-1927

F18 Cineac Handelsblad, Amsterdam
J. Duiker, 1933-1934

F12 Citytheater, Amsterdam
J. Wils, 1934-1935

D02 AVRO-studio's, Hilversum
B. Merkelbach, 1934-1936

D13 Grand Hotel 'Gooiland', Hilversum
J. Duiker, B. Bijvoet, 1934-1936

Q26 Bioscoop Royal, Heerlen
F.P.J. Peutz, 1937

K39 Verbouwing Schouwburg 'Kunstmin', Dordrecht
S. van Ravesteyn, 1938-1940

C03 Schouwburg, Nijmegen
G.H.M. Holt, B. Bijvoet, 1955-1961

M10 Concertgebouw 'De Doelen',
Rotterdam
E.H.A. & H.M. Kraayvanger,
R.H. Fledderus, 1955-1966
D03 VARA-studio's, Hilversum
P.J. Elling, 1958-1961
D04 Wereldomroep Radio Nederland,
Hilversum
Van den Broek & Bakema, 1961
K26 Aula, Delft
Van den Broek & Bakema, 1959-1966
L28 Nederlands Congresgebouw, Den
Haag
J.J.P. Oud, H.E. Oud 1956-1969
Q19 ''t Speelhuis', Helmond
P. Blom, 1972-1976
C24 Cultureel Centrum 'De Flint',
Amersfoort
O. Greiner, 1974-1977
C41 Muziekcentrum 'Vredenburg',
Utrecht
H. Hertzberger, 1973-1979
Q37 ROZ-studio's, Maastricht
P. Satijn, 1975-1979
L30 Omniversum, Den Haag
W.G. Quist, 1983-1985
F28 Combinatie Stadhuis/Opera
(Stopera), Amsterdam
W. Holzbauer, C. Dam, 1979-1987
L02 Danstheater; Concertzaal; Hotel,
Den Haag
OMA; D. van Mourik; C.J.M. Weeber,
1980-1987

BIBLIOTHEKEN/LIBRARIES

L06 Algemeen Rijksarchief, Den Haag
Sj. Schamhart, H. van Beek, 1972-1979
L05 Koninklijke Bibliotheek, Den Haag
OD 205, 1973-1982
K09 Universiteitsbibliotheek, Leiden
B. van Kasteel, 1976-1982
M23 Centrale Bibliotheek, Rotterdam
Van den Broek & Bakema, 1977-1983
B06 Openbare Bibliotheek, Apeldoorn
H. Ruijssenaars (LRR), 1980-1984
Q29 Meervoudige Welzijns-
accommodatie, Heerlen
J. Coenen, P. Mertens, 1983-1985
C32 Bibliotheek, Muziekschool, Zeist
J. Hoogstad, 1982-1986

GEBOUWEN VOOR HORECA EN RECREATIE/ HOTELS, CATERING, AND RECREATION

F13 Hotel Café Restaurant 'American',
Amsterdam
W. Kromhout, 1898-1902
M06 Café 'De Unie' (reconstructie),
Rotterdam
J.J.P. Oud, 1924-1925
D13 Grand Hotel 'Gooiland', Hilversum
J. Duiker, B. Bijvoet, 1934-1936
N12 Diergaarde Blijdorp, Rotterdam
S. van Ravesteyn, 1937-1941
M11 Rijnhotel, AMVJ-gebouw,
Rotterdam
Merkelbach & Elling, 1949-1959
M42 Euromast, Rotterdam
H.A. Maaskant, 1958-1960
L25 Wandelpier, Scheveningen
D.J. Dijk, H.A. Maaskant, D.C. Apon,
1955-1961
B12 Mensa in verbouwde boerderij,
Drienerloo
P. Blom, 1962-1964
B09 Personeelskantine, Drienerloo
J. van Stigt, 1963-1965
B13 Mensa 'De Bastille', Drienerloo
P. Blom, R. Blom van Assendelft,
L. Lafour, 1964-1969
Q22 Bungalowpark
'De Lommerbergen', Reuver
Van den Broek & Bakema, 1967-1972
L37 Jeugdherberg Ockenburgh,
Den Haag
F. van Klingeren, 1971-1974
L23 Reconstructie, Uitbreiding
Kurhaus, Scheveningen
B. van Kasteel, 1973-1981

SPORTGEBOUWEN/SPORTS

H29 Olympisch Stadion, Amsterdam
J. Wils, C. van Eesteren, G. Jonkheid,
1926-1928
N26 Clubgebouw Rotterdamse
Golfclub, Rotterdam
Brinkman & Van der Vlugt, 1933
E41 Sportfondsenbad, Haarlem
J.B. van Loghem, Verspoor & Muylaert,
1933-1934

G09 Tennis- en tentoonstellingshal
'Apollo', Amsterdam
A. Boeken, W. Zweedijk, 1933-1935
E34 Uitbreiding Stoops Openluchtbad,
Overveen
G.H.M. Holt, 1934-1935
N42 Stadion Feyenoord, Rotterdam
Brinkman & Van der Vlugt, 1934-1936
N21 Clubgebouw Kralingsche Zeil- en
Roeivereniging, Rotterdam
W. van Tijen, 1936
N25 Manege, Woonhuis, Rotterdam
W. van Tijen, 1937
G21 Roeivereniging 'De Hoop',
Amsterdam
A. Komter, 1950-1952
C31 Sportcentrum KNVB, Zeist
Maaskant, Van Dommelen, Kroos,
Senf, 1956-1965
L34 Sporthal, Den Haag
J. Brouwer, 1983

RELIGIEUZE GEBOUWEN/ RELIGIOUS BUILDINGS

L31 First Church of Christ, Scientist,
Den Haag
H.P. Berlage, 1925-1926
G07 Synagoge, Amsterdam
H. Elte, 1928
N40 Hersteld Apostolische Kerk,
Rotterdam
J.J.P. Oud, 1928-1929
G14 Synagoge, Amsterdam
A. Elzas, 1934-1937
P10 Kerk O.L. Vrouw van Altijd
Durende Bijstand, Breda
M.J. Granpré Molière, 1951-1953
Q41 St. Josephkerk, Vaals
J.H.A. Huysmans, 1958
E40 Pastoor van Arskerk, Haarlem
G.H.M. Holt, 1958-1961
E03 Gereformeerde Kerk, Nagele
Van den Broek & Bakema, 1958-1962
E44 Aula Begraafplaats, Hoofddorp
Rietveld, Van Dillen, Van Tricht,
1958-1966
Q40 Kapel, Klooster, Lemiers
Dom H. van der Laan, 1956-1967
L36 Pastoor van Arskerk, Den Haag
A.E. van Eyck, 1964-1969

K04 Soefi-tempel, Katwijk aan Zee
S.J. van Embden, 1969-1970
Q33 Ondergrondse Kerk, Heerlen
L. Bisscheroux, 1975-1977
M26 Uitbreiding St. Laurenskerk,
Rotterdam
W.G. Quist, 1976-1981
C36 Emmauskerk, Nieuwegein
A. Alberts, A. Hamelberg, 1975-1977
Q08 Molukse Kerk, Den Bosch
J.P. Thole (AAS), 1980-1982
H48 Moskee, Cultureel Centrum,
Amsterdam
P. Haffmans, 1982-1984

WINKELS/SHOPS

L08 Warenhuis De Bijenkorf, Den Haag
P.L. Kramer, 1924-1926
E37 Warenhuis V&D, Haarlem
J. Kuyt, 1929
F11 Boekhandel Schröder en Dupont,
Amsterdam
A. Bodon, 1931
F10 Toonzaal Metz & Co, Amsterdam
G.Th. Rietveld, 1933
Q27 Warenhuis Schunck, Heerlen
F.P.J. Peutz, 1936-1942
M09 Warenhuis Ter Meulen/Wassen/
Van Vorst, Rotterdam
Van den Broek & Bakema, 1948-1951
M07 Winkelcentrum De Lijnbaan,
Rotterdam
Van den Broek & Bakema, 1951-1953
E02 Winkelcentrum, Nagele
Van den Broek & Bakema, 1955-1957
M16 Warenhuis De Bijenkorf,
Rotterdam
M. Breuer, A. Elzas, 1955-1957
Q10 Warenhuis De Bijenkorf,
Eindhoven
G. Ponti, Th.H.A. Boosten, 1965-1970
C55 Maxis Supermarkt, Muiden
OD 205, 1972-1974
E46 Showroom Van Lent, Aalsmeer
C. Dam, 1975-1977
K43 Woningbouw, Winkels, Spijkenisse
P.P. Hammel, 1975-1977
C52 Woningbouw, Winkels
'De Postkoets', Laren
J. Verhoeven, 1977-1979

E13 Centrumpassage, Almere-Stad
K. Rijnboutt (LRR), 1979-1981
Q25 Bakkerij Driessen, Nuth
J. Coenen, 1981
L24 Winkelpassage, Scheveningen
Eijkelenboom, Gerritse & Middelhoek
(EGM), 1976-1982
L10 Interieur Juwelierszaak, Den Haag
K. van Velsen, 1983
H53 Woonwarenhuis Ikea, Amsterdam
J. Brouwer, 1983-1985

KANTOORGEBOUWEN/ OFFICE BUILDINGS

L09 Kantoorgebouw De Nederlanden
van 1845, Den Haag
H.P. Berlage, 1895-1896
M21 Het Witte Huis, Rotterdam
W. Molenbroek, 1897-1898
F31 Kantoorgebouw Algemeene
Nederlandsche Diamantbewerkers-
bond, Amsterdam
H.P. Berlage, 1898-1900
N38 Gebouw Holland Amerika Lijn,
Rotterdam
C.B. van der Tak, 1901
F01 Koopmansbeurs, Amsterdam
H.P. Berlage, 1896-1903
F05 Kantoorgebouw Eerste Hollandsche
Levensverzekeringsbank, Amsterdam
G. van Arkel, 1904-1905
C11 Kantoorgebouw Nederlandsche
Heidemaatschappij, Arnhem
K.P.C. de Bazel, 1912-1913
F26 Scheepvaarthuis, Amsterdam
J.M. van der Mey, 1912-1916
C40 Derde Administratiegebouw NS,
Utrecht
G.W. van Heukelom, 1918-1921
M44 Scheepvaart Vereeniging Zuid,
Rotterdam
W. Kromhout, 1920-1922
F17 Kantoorgebouw Nederlandsche
Handel-Maatschappij, Amsterdam
K.P.C. de Bazel, 1919-1926
L14 Kantoorgebouw De Nederlanden
van 1845, Den Haag
H.P. Berlage, 1921-1927

N37 Goederenkantoor Fyenoord, Rotterdam
S. van Ravesteyn, 1927
L07 Coöperatie 'De Volharding', Den Haag
J.W.E. Buijs, J.B. Lürsen, 1927-1928
G20 Administratiegebouw, Amsterdam
Brinkman & Van der Vlugt, 1928-1929
F07 Kantoorgebouw De Telegraaf, Amsterdam
J.F. Staal, G.J. Langhout, 1927-1930
N07 Van Nellefabriek, Rotterdam
Brinkman & Van der Vlugt, 1925-1931
M33 Kantoorgebouw R. Mees & Zonen, Rotterdam
Brinkman & Van der Vlugt, 1929-1931
M38 Kantoorgebouw Unilever, Rotterdam
H.F. Mertens, 1930-1931
K31 HAV-Bank, Schiedam
W.M. Dudok, 1931-1935
G10 Rijksverzekeringsbank, Amsterdam
D. Roosenburg, 1937-1939
K38 Kantoorgebouw Holland van 1859, Dordrecht
S. van Ravesteyn, 1937-1939
C06 Kantoorgebouw De Nederlanden van 1845, Arnhem
W.M. Dudok, 1938-1939
M17 Erasmusflat/HBU, Rotterdam
W.M. Dudok, 1938-1939
M14 Koopmansbeurs, Rotterdam
J.F. Staal, 1935-1940
L15 Kantoorgebouw BIM/Shell, Den Haag
J.J.P. Oud, 1938-1946
H14 Uitbreiding Lettergieterij v/h Tetterode, Amsterdam
Merkelbach & Karsten/Merkelbach & Elling, 1949-1950
E30 Hoofdgebouw Hoogovens, Velsen-Noord
W.M. Dudok, 1948-1951
M03 Groothandelsgebouw, Rotterdam
H.A. Maaskant, W. van Tijen, 1949-1951
N38 Gebouwen Holland Amerika Lijn, Rotterdam
Van den Broek & Bakema, 1950-1953

M25 Spaarbank, Rotterdam
J.J.P. Oud, 1942-1955
M04 Bouwcentrum, Rotterdam
J.W.C. Boks, 1955-1956
H34 Kantoorgebouw Van Leers Vatenfabrieken, Amstelveen
M. Breuer, 1957-1958
F16 Kantoorgebouw Geïllustreerde Pers, Amsterdam
Merkelbach & Elling, 1959
M13 Kantoorgebouw De Utrecht, Rotterdam
J.J.P. Oud, 1954-1961
K37 Tomado-huis, Dordrecht
Maaskant, Van Dommelen, Kroos, Senf, 1959-1962
F02 Havengebouw, Amsterdam
W.M. Dudok, R.M.H. Magnée, 1957-1965
C51 Kantoorgebouw, Fabriek Johnson-Wax, Mijdrecht
Maaskant, Van Dommelen, Kroos, Senf, 1964-1966
G12 Kantoorgebouw Turmac Tobacco Company, Amsterdam
H. Salomonson, 1964-1966
F29 Hoofdkantoor Nederlandse Bank, Amsterdam
M.F. Duintjer. 1960-1968
C25 Kantoorgebouw DHV, Amersfoort
D. Zuiderhoek, DHV, 1967-1970
B07 Kantoorgebouw Centraal Beheer, Apeldoorn
H. Hertzberger, 1967-1972
H36 Rekencentrum AMRO-bank, Amstelveen
Van den Broek & Bakema, 1970-1972
Q31 Kantoorgebouw AZM, Heerlen
L. Bisscheroux, 1970-1972
N30 Adriaan Volkerhuis, Rotterdam
Maaskant, Van Dommelen, Kroos, 1970-1973
C26 Hoofdkantoor Fläkt, Amersfoort
P.J. Gerssen, 1973-1974
E06 Rijkskantoorgebouw, Lelystad
E.J. Jelles, 1970-1975
N05 Kantoorgebouw 'Europoint', Rotterdam
Skidmore, Owings & Merrill, 1971-1975

A07 Girokantoor, Leeuwarden
A. Bonnema, 1972-1975
A09 Kantoorgebouw GSD, Leeuwarden
A. Bonnema, 1972-1975
P09 Kantoorgebouw Suikerunie, Breda
W.G. Quist, 1973-1976
F14 Twee Kantoorvilla's, Amsterdam
F.J. van Gool, 1976-1979
C01 Bedrijfsgebouw ATAG, Ulft
P.C. Kleinlooh, 1977-1980
N36 Kantoorgebouw Moret & Limperg, Rotterdam
J. Hoogstad, 1977-1981
H49 Hoofdkantoor KBB, Amsterdam
OD 205, 1975-1982
A08 Uitbreiding Girokantoor, Leeuwarden
F.J. van Gool, 1977-1982
C39 Hoofdkantoor RABO-bank, Utrecht
Articon, 1978-1983
C35 Hoofdkantoor Zwolsche Algemeene, Nieuwegein
P.J. Gerssen, 1982-1984
K10 Uitbreiding Bedrijfsgebouw, Zoeterwoude-Rijndijk
Sj. Soeters, 1984
H51 Kantorencomplex Nieuw-Amsterdam, Amsterdam
P. de Bruijn, 1978-1986
H50 Hoofdkantoor NMB, Amsterdam
A. Alberts, 1979-1986
M15 World Trade Center, Rotterdam
Groosman Partners, 1983-1986
E39 Bedrijfsgebouw Lumiance, Haarlem
M. van Schijndel, 1986
M19 Kantoorgebouw Willemswerf, Rotterdam
W.G. Quist, 1983-1987

UTILITAIRE GEBOUWEN/ FACTORIES, LABORATORIES, AND INDUSTRIAL BUILDINGS

B05 Radiostation, Radio Kootwijk
J.M. Luthmann, 1919-1922
E20 Gemaal 'Lely', Medemblik
D. Roosenburg, Bureau Zuiderzeewerken, 1928-1930
N07 Van Nellefabriek, Rotterdam
Brinkman & Van der Vlugt, 1925-1931

N04 HAKA-gebouw, Rotterdam
H.F. Mertens, J. Koeman, 1931-1932
H14 Uitbreiding Lettergieterij v/h Tetterode, Amsterdam
Merkelbach & Karsten/Merkelbach & Elling, 1949-1950
M24 Industriegebouw, Rotterdam
H.A. Maaskant, W. van Tijen, 1941-1947
M24 Industriegebouw, Rotterdam
H.A. Maaskant, W. van Tijen, 1948-1951
M03 Groothandelsgebouw, Rotterdam
H.A. Maaskant, W. van Tijen, 1949-1951
PO7 Tomadofabriek, Etten-Leur
H.A. Maaskant, L. van Herwijnen, 1954-1955
K27 Ketelhuis, Delft
Van den Broek & Bakema, 1952-1957
Q20 Weverij De Ploeg, Bergeyk
G.Th. Rietveld, 1956-1957
H18 Uitbreiding Linmij-wasserijen, Amsterdam
H. Hertzberger, 1963-1964
K42 Drinkwaterproduktiebedrijf, Berenplaat
W.G. Quist, 1959-1965
C51 Kantoorgebouw, Fabriek Johnson-Wax, Mijdrecht
Maaskant, Van Dommelen, Kroos, Senf, 1964-1966
K19 Shell-researchlaboratorium, Rijswijk
E.J. Jelles, 1965-1967
Q12 Watertoren, Eindhoven
W.G. Quist, 1968-1970
N11 Asfaltcentrale, Rotterdam
P.P. Hammel, N. Witstok, N. Zwarts, 1969-1974
H05 Polymerencentrum, Amsterdam
M.E. Zwarts, 1972-1975
N34 Drinkwaterproduktiebedrijf, Rotterdam
W.G. Quist, 1973-1977
H21 Gemaal 'Halfweg', Amsterdam
D. Slebos, 1977
Q05 Barth Lijstenfabriek, Boxtel
H.J. Henket, 1979
C01 Bedrijfsgebouw ATAG, Ulft
P.C. Kleinlooh, 1977-1980
K35 Scheepsbouwloods Van der Giessen-De Noord, Krimpen a.d. IJssel
W.G. Quist, Bureau Aronsohn, 1978-1982

P04 Dienstgebouw Stormvloedkering Oosterschelde, Zeeland
W.G. Quist, 1980-1985
E38 Bedrijfsverzamelgebouw, Haarlem
Cepezed, 1985-1986

VERKEERSGEBOUWEN/TRAVEL

E36 Station, Haarlem
D.A.N. Margadant, 1899-1908
C53 Station, Bussum
H.G.J. Schelling, 1925-1928
Q35 Seinhuis, Maastricht
S. van Ravesteyn, 1932-1933
N38 Gebouwen Holland Amerika Lijn, Rotterdam
J.H. van den Broek, 1937-1938
C07 Station, Arnhem
H.G.J. Schelling, 1950-1954
C02 Station, Nijmegen
S. van Ravesteyn, 1954
M01 Centraal Station, Rotterdam
S. van Ravesteyn, 1950-1957
C05 Benzinestation, Arnhem
S. van Ravesteyn, 1957
K30 Station, Schiedam
K. van der Gaast, J.H. Baas, 1959-1963
Q01 Station, Tilburg
K. van der Gaast, 1957-1965
H13 Parkeergarage, Amsterdam
Zanstra, Gmelig Meyling, De Clerq Zubli, 1970-1971
E28 Station, Zaandam
P.A.M. Kilsdonk, 1980-1983
A10 Station, Heerenveen
Articon, 1980-1984
P08 Douane-emplacement, Hazeldonk
Benthem & Crouwel, 1983-1984
K44 Metrostations, Spijkenisse
C.J.M. Weeber, C. Veerling (Gemeentewerken), 1978-1985

CIVIELE WERKEN/PUBLIC WORKS

E31 Sluisgebouwen Noordersluis, IJmuiden
J. Emmen, 1930
G18 Berlagebrug, Amsterdam
H.P. Berlage, 1926-1932
E21 Afsluitdijk, Den Oever
C. Lely, Bureau Zuiderzeewerken, 1918-1933

CHRONOLOGISCH REGISTER/CHRONOLOGICAL INDEX

L07 Coöperatie 'De Volharding', Den Haag
J.W.E. Buijs, J.B. Lürsen, 1927-1928
C44 Chauffeurswoning, Utrecht
G.Th. Rietveld, 1927-1928
G07 Synagoge, Amsterdam
H. Elte, 1928
N22 Woonhuis Van der Leeuw, Rotterdam
Brinkman & Van der Vlugt, 1927-1929
N02 Woningbouw met winkels, Mathenesserplein, Rotterdam
J.H. van den Broek, 1927-1929
L16 Nirwana-flat, Den Haag
J. Duiker, J.G. Wiebenga, 1927-1929
G20 Administratiegebouw, Amsterdam
Brinkman & Van der Vlugt, 1928-1929
N40 Hersteld Apostolische Kerk, Rotterdam
J.J.P. Oud, 1928-1929
D05 Woonhuis, Hilversum
P.J. Elling, 1929
E37 Warenhuis V&D, Haarlem
J. Kuyt, 1929
D01 Raadhuis, Hilversum
W.M. Dudok, 1924-1930
N40 Woningbouw Kiefhoek, Rotterdam
J.J.P. Oud, 1925-1930
G02 Eerste Openluchtschool voor het Gezonde Kind, Amsterdam
J. Duiker, B. Bijvoet, 1927-1930
G16 De Wolkenkrabber, Amsterdam
J.F. Staal, 1927-1930
F07 Kantoorgebouw De Telegraaf, Amsterdam
J.F. Staal, G.J. Langhout, 1927-1930
A01 Raadhuis, Usquert
H.P. Berlage, 1928-1930
H28 Woningbouw Hoofddorpplein, Amsterdam
J.M. van der Mey, J.J.B. Franswa, 1928-1930
E20 Gemaal 'Lely', Medemblik
D. Roosenburg, Bureau Zuiderzeewerken, 1928-1930
N27 Woonhuis 'De Boogerd', Rotterdam
M.J. Granpré Molière, 1929-1930
D09 Calvijnschool, Hilversum
W.M. Dudok, 1930

D06 Woonhuis, Hilversum
P.J. Elling, 1930
E31 Sluisgebouwen Noordersluis, IJmuiden
J. Emmen, 1930
E33 Montessorischool, Bloemendaal
J.H. Groenewegen, 1930

1931-1940

N07 Van Nellefabriek, Rotterdam
Brinkman & Van der Vlugt, 1925-1931
D08 Sanatorium 'Zonnestraal', Hilversum
J. Duiker, B. Bijvoet, J.G. Wiebenga, 1926-1931
K32 Woonhuis De Bruyn, Schiedam
Brinkman & Van der Vlugt, 1929-1931
M33 Kantoorgebouw R. Mees & Zonen, Rotterdam
Brinkman & Van der Vlugt, 1929-1931
L27 Derde Ambachtsschool, Scheveningen
J. Duiker, 1929-1931
Q04 Raadhuis, Waalwijk
A.J. Kropholler, 1929-1931
M38 Kantoorgebouw Unilever, Rotterdam
H.F. Mertens, 1930-1931
C45 Woningbouw Erasmuslaan, Utrecht
G.Th. Rietveld, 1930-1931
F11 Boekhandel Schröder en Dupont, Amsterdam
A. Bodon, 1931
P11 Woonhuis Klep, Breda
G.Th. Rietveld, 1931
G18 Berlagebrug, Amsterdam
H.P. Berlage, 1926-1932
K02 Telefooncel, Noordwijk aan Zee
Brinkman & Van der Vlugt, 1931-1932
N04 HAKA-gebouw, Rotterdam
H.F. Mertens, J. Koeman, 1931-1932
E45 ULO-school, Aalsmeer
J.G. Wiebenga, 1931-1932
Q32 Retraitehuis 'Mgr. Schrijnen', Heerlen
F.P.J. Peutz, 1932
C33 Muziekschool, Woonhuis, Zeist
G.Th. Rietveld, 1932
C38 Woningbouw Schumannstraat, Utrecht
G.Th. Rietveld, 1932

E21 Afsluitdijk, Den Oever
C. Lely, Bureau Zuiderzeewerken, 1918-1933
B17 Raadhuis, Enschede
G. Friedhoff, 1928-1933
M34 Woonhuis Sonneveld, Rotterdam
Brinkman & Van der Vlugt, 1929-1933
M35 Woonhuis Boevé, Rotterdam
Brinkman & Van der Vlugt, 1931-1933
Q35 Seinhuis, Maastricht
S. van Ravesteyn, 1932-1933
N26 Clubhuis Rotterdamse Golfclub, Rotterdam
Brinkman & Van der Vlugt, 1933
E21 Monument Afsluitdijk, Den Oever
W.M. Dudok, 1933
Q36 Woonhuis ''t Sonnehuys', Maastricht
F.P.J. Peutz, 1933
F10 Toonzaal Metz & Co, Amsterdam
G.Th. Rietveld, 1933
P11 Woonhuis Nuyens, Breda
G.Th. Rietveld, 1933
E22 Uitwateringssluizen, Den Oever
D. Roosenburg, Bureau Zuiderzeewerken, 1933
M41 Parklaanflat, Rotterdam
W. van Tijen, 1933
C46 Eigen Woonhuis, Utrecht
S. van Ravesteyn, 1932-1934
N15 Bergpolderflat, Rotterdam
W. van Tijen, Brinkman & Van der Vlugt, 1932-1934
F18 Cineac Handelsblad, Amsterdam
J. Duiker, 1933-1934
E41 Sportfondsenbad, Haarlem
J.B. van Loghem, Verspoor & Muylaert, 1933-1934
E25 Vakantiehuis Dijkstra, Groet
B. Merkelbach, Ch.J.F. Karsten, 1934
C45 Woningbouw Prins Hendriklaan, Utrecht
G.Th. Rietveld, T. Schröder-Schräder, 1934
N46 Woningbouw Frans Bekkerstraat, Rotterdam
W. van Tijen, 1934
G13 Atelierwoningen, Amsterdam
Zanstra, Giesen, Sijmons, 1934
L29 Gemeentemuseum, Den Haag
H.P. Berlage, E.E. Strasser, 1927-1935

M36 Museum Boymans-Van Beuningen, Rotterdam
A.J. van der Steur, 1928-1935
N16 Woningbouw Vroesenlaan, Rotterdam
J.H. van den Broek, 1929-1935
K31 HAV-Bank, Schiedam
W.M. Dudok, 1931-1935
N23 Woonhuis Vaes, Rotterdam
Brinkman & Van der Vlugt, 1932-1935
G09 Tennis- en tentoonstellingshal 'Apollo', Amsterdam
A. Boeken, W. Zweedijk, 1933-1935
Q11 Van Abbemuseum, Eindhoven
A.J. Kropholler, 1933-1935
E34 Uitbreiding Stoops Openluchtbad, Overveen
G.H.M. Holt, 1934-1935
F12 Citytheater, Amsterdam
J. Wils, 1934-1935
L18 Woonhuis Hillebrandt, Den Haag
G.Th. Rietveld, 1935
G03 Montessorischool, Amsterdam
W. van Tijen, M. Stam, C.I.A. Stam-Beese, 1935
B04 Woonhuis 'De Witte Raaf', Hattem
A. Komter, 1927-1936
N17 Woningbouw, Stedebouw, Ungerplein, Rotterdam
J.H. van den Broek, 1931-1936
N42 Stadion Feyenoord, Rotterdam
Brinkman & Van der Vlugt, 1934-1936
D13 Grand Hotel 'Gooiland', Hilversum
J. Duiker, B. Bijvoet, 1934-1936
D02 AVRO-studio's, Hilversum
B. Merkelbach, 1934-1936
Q24 Groene Kruisgebouw, Brunssum
L. Willems, 1934-1936
K02 Vakantiehuis L.C. van der Vlugt, Noordwijk aan Zee
Brinkman & Van der Vlugt, 1935-1936
L19 Woonhuis Leembruggen, Den Haag
J.W.E. Buijs, J.B. Lürsen, 1935-1936
D07 Woonhuis, Hilversum
P.J. Elling, 1936
L18 Woonhuis Mees, Den Haag
G.Th. Rietveld, 1936
C27 Woonhuis Smedes, Den Dolder
G.Th. Rietveld, 1936
N21 Clubgebouw Kralingsche Zeil- en Roeivereniging, Rotterdam
W. van Tijen, 1936

N29 Dubbel Woonhuis, Rotterdam
W. van Tijen, 1936
H16 Woningbouw, Stedebouw Landlust, Amsterdam
Merkelbach & Karsten, 1932-1937
G14 Synagoge, Amsterdam
A. Elzas, 1934-1937
G04 Drive-in woningen, Amsterdam
W. van Tijen, M. Stam, C.I.A. Stam-Beese, H.A. Maaskant, 1937
L17 Woonhuis Hartog, Den Haag
J.B. van Loghem, 1937
N25 Manege, Woonhuis, Rotterdam
W. van Tijen, 1937
Q26 Bioscoop Royal, Heerlen
F.P.J. Peutz, 1937
M40 Van Dam Ziekenhuis, Rotterdam
Brinkman & Van der Vlugt, J.H. van den Broek, 1931-1938
N38 Gebouwen Holland Amerika Lijn, Rotterdam
J.H. van den Broek, 1937-1938
N20 Plaslaanflat, Rotterdam
W. van Tijen, H.A. Maaskant, 1937-1938
N13 Woonhuis Gestel, Rotterdam
J.H. van den Broek, 1937-1939
N18 Woonhuis Snoek, Rotterdam
J.H. van den Broek, 1937-1939
K05 Rijnlands Lyceum, Wassenaar
J.P. Kloos, 1937-1939
K38 Kantoorgebouw Holland van 1859, Dordrecht
S. van Ravesteyn, 1937-1939
G10 Rijksverzekeringsbank, Amsterdam
D. Roosenburg, 1937-1939
M17 Erasmusflat/HBU, Rotterdam
W.M. Dudok, 1938-1939
C06 Kantoorgebouw De Nederlanden van 1845, Arnhem
W.M. Dudok, 1938-1939
H17 Woningbouw, Stedebouw Bosch en Lommer, Amsterdam
Dienst Stadsontwikkeling, 1935-1940
M14 Koopmansbeurs, Rotterdam
J.F. Staal, 1935-1940
K39 Verbouwing Schouwburg 'Kunstmin', Dordrecht
S. van Ravesteyn, 1938-1940

1941-1950

M43 Maastunnel, Filtergebouwen, Rotterdam
J.P. van Bruggen (Gem. Technische Dienst), 1937-1941

N12 Diergaarde Blijdorp, Rotterdam
S. van Ravesteyn, 1937-1941

C49 Vakantiehuis Verrijn Stuart 'De Braamakkers', Breukelerveen
G.Th. Rietveld, 1941

Q28 Raadhuis, Heerlen
F.P.J. Peutz, 1936-1942

Q27 Warenhuis Schunck, Heerlen
F.P.J. Peutz, 1936-1942

L15 Kantoorgebouw BIM/Shell, Den Haag
J.J.P. Oud, 1938-1946

M24 Industriegebouw, Rotterdam
H.A. Maaskant, W. van Tijen, 1941-1947

N45 Zuidpleinflat, Rotterdam
W. van Tijen, E.F. Groosman, 1941-1947

L01 Stationspostkantoor, Den Haag
G.C. Bremer, J. Emmen, H.J.J. Engel, 1939-1949

M04 Bouwcentrum, Rotterdam
J.W.C. Boks, 1946-1949

K25 TH-wijk, Delft
J.H. Froger, S.J. van Embden, 1947-1950

H14 Uitbreiding Lettergieterij v/h Tetterode, Amsterdam
Merkelbach & Karsten/Merkelbach & Elling, 1949-1950

1951-1960

H41 Woningbouw, Stedebouw Frankendael, Amsterdam
Merkelbach & Karsten/Merkelbach & Elling, 1947-1951

M09 Warenhuis Ter Meulen/Wassen/ Van Vorst, Rotterdam
Van den Broek & Bakema, 1948-1951

E30 Hoofdgebouw Hoogovens, Velsen-Noord
W.M. Dudok, 1948-1951

M24 Industriegebouw, Rotterdam
H.A. Maaskant, W. van Tijen, 1948-1951

M03 Groothandelsgebouw, Rotterdam
H.A. Maaskant, W. van Tijen, 1949-1951

C04 Woonhuis Stoop, Velp
G.Th. Rietveld, 1951

N24 Eigen Woonhuis 'Ypenhof', Rotterdam
J.H. van den Broek, 1948-1952

G21 Roeivereniging 'De Hoop', Amsterdam
A. Komter, 1950-1952

N47 Woningbouw, Stedebouw Pendrecht, Rotterdam
C.I.A. Stam-Beese, 1949-1953

N38 Gebouwen Holland Amerika Lijn, Rotterdam
Van den Broek & Bakema, 1950-1953

M07 Winkelcentrum De Lijnbaan, Rotterdam
Van den Broek & Bakema, 1951-1953

P10 Kerk O.L. Vrouw van Altijd Durende Bijstand, Breda
M.J. Granpré Molière, 1951-1953

P01 Deltawerken, Zeeland
Rijkswaterstaat, 1953

C07 Station, Arnhem
H.G.J. Schelling, 1950-1954

H20 Bejaardenwoningen, Amsterdam
A.E. van Eyck, J. Rietveld, 1951-1954

C02 Station, Nijmegen
S. van Ravesteyn, 1954

C15 Sonsbeek-paviljoen, Otterlo
G.Th. Rietveld, 1954

M25 Spaarbank, Rotterdam
J.J.P. Oud, 1954-1955

C09 Provinciehuis, Arnhem
J.J.M. Vegter, H. Brouwer, 1950-1955

P07 Tomadofabriek, Etten-Leur
H.A. Maaskant, L. van Herwijnen, 1954-1955

L33 Tweede Vrijzinnig Christelijk Lyceum, Den Haag
J.J.P. Oud, 1949-1956

M08 Lijnbaanflats, Rotterdam
H.A. Maaskant, A. Krijgsman, H.D. Bakker, 1954-1956

Q21 Woonhuis Visser, Bergeyk
G.Th. Rietveld, 1956

H19 Woongebouw, Amsterdam
J. Rietveld, 1956

E01 Woningbouw, Stedebouw, Nagele De 8, 1947-1957

M01 Centraal Station, Rotterdam
S. van Ravesteyn, 1950-1957

K27 Ketelhuis, Delft
Van den Broek & Bakema, 1952-1957

E04 Lagere Scholen, Nagele
A.E. van Eyck, H.P.D. van Ginkel, 1954-1957

M16 Warenhuis De Bijenkorf, Rotterdam
M. Breuer, A. Elzas, 1955-1957

E02 Winkelcentrum, Nagele
Van den Broek & Bakema, 1955-1957

K46 Woonhuis Wieringa, Middelharnis
Van den Broek & Bakema, 1956-1957

Q20 Weverij De Ploeg, Bergeyk
G.Th. Rietveld, 1956-1957

C05 Benzinestation, Arnhem
S. van Ravesteyn, 1957

H34 Kantoorgebouw Van Leers Vatenfabrieken, Amstelveen
M. Breuer, 1957-1958

Q41 St. Josephkerk, Vaals
J.H.A. Huysmans, 1958

M11 Rijnhotel, AMVJ-gebouw, Rotterdam
Merkelbach & Elling, 1949-1959

K34 Stormvloedkering, Krimpen aan den IJssel
H.G. Kroon, J.A.G. van der Steur (Rijkswaterstaat), 1958-1959

M02 Stationspostkantoor, Rotterdam
E.H.A. & H.M. Kraayvanger, 1954-1959

L11 Amerikaanse Ambassade, Den Haag
M. Breuer, 1957-1959

C23 Expositieruimte 'De Zonnehof', Amersfoort
G.Th. Rietveld, 1958-1959

F16 Kantoorgebouw Geïllustreerde Pers, Amsterdam
Merkelbach & Elling, 1959

E27 Woonhuis v.d. Doel, Ilpendam
G.Th. Rietveld, 1959

C17 Bio-Herstellingsoord, Arnhem/ Wolfheze
J.J.P. Oud, 1952-1960

H24 Woningbouw Sloterhof, Amsterdam
J.F. Berghoef, 1955-1960

N14 Montessorilyceum, Rotterdam
Van den Broek & Bakema, 1955-1960

H30 Burgerweeshuis, Amsterdam
A.E. van Eyck, 1955-1960

M42 Euromast, Rotterdam
H.A. Maaskant, 1958-1960

A16 Woningbouw, Stedebouw Angelslo, Emmen
N.A. de Boer, A.J.M. de Jong, 1960

1961-1970

M13 Kantoorgebouw De Utrecht, Rotterdam
J.J.P. Oud, 1954-1961

L25 Wandelpier, Scheveningen
D.J. Dijk, H.A. Maaskant, D.C. Apon, 1955-1961

C03 Schouwburg, Nijmegen
G.H.M. Holt, B. Bijvoet, 1955-1961

D03 VARA-studio's, Hilversum
P.J. Elling, 1958-1961

E40 Pastoor van Arskerk, Haarlem
G.H.M. Holt, 1958-1961

D04 Wereldomroep Radio Nederland, Hilversum
Van den Broek & Bakema, 1961

G05 Woonhuis, Amsterdam
H. Salomonson, 1961

Q03 Economische Hogeschool, Tilburg
J.H.A. Bedaux, J.A. van der Laan, 1957-1962

E03 Gereformeerde Kerk, Nagele
Van den Broek & Bakema, 1958-1962

K37 Tomado-huis, Dordrecht
Maaskant, Van Dommelen, Kroos, Senf, 1959-1962

B14 Raadhuis, Hengelo
J.F. Berghoef, J.F. Hondius, 1948-1963

H33 Lyceum Buitenveldert, Amsterdam
M.F. Duintjer, 1959-1963

K30 Station, Schiedam
K. van der Gaast, J.H. Baas, 1959-1963

Q16 TH-wijk, Eindhoven
S.J. van Embden, OD 205, 1954-1964

Q17 Hoofdgebouw, W-hal, Eindhoven
OD 205, 1954-1964

B08 Campus TH-Twente, Drienerloo
W. van Tijen, S.J. van Embden, 1960-1964

B12 Mensa in verbouwde boerderij, Drienerloo
P. Blom, 1962-1964

B10 Hallencomplex, Drienerloo
OD 205, 1962-1964

Q34 Woonhuis Van Slobbe, Heerlen
Rietveld, Van Dillen, Van Tricht, 1962-1964

H18 Uitbreiding Linmij-wasserijen, Amsterdam
H. Hertzberger, 1963-1964

C02 Stationspostkantoor, Nijmegen
S. van Ravesteyn, 1964

C31 Sportcentrum KNVB, Zeist
Maaskant, Van Dommelen, Kroos, Senf, 1956-1965

F02 Havengebouw, Amsterdam
W.M. Dudok, R.M.H. Magnée, 1957-1965

Q01 Station, Tilburg
K. van der Gaast, 1957-1965

K42 Drinkwaterproduktiebedrijf, Berenplaat
W.G. Quist, 1959-1965

P02 Zeelandbrug, Zierikzee/Colijnsplaat
Rijkswaterstaat, 1961-1965

B09 Personeelskantine, Drienerloo
J. van Stigt, 1963-1965

Q38 Conservatorium, Maastricht
P.H. Dingemans, 1964-1965

M10 Concertgebouw 'De Doelen', Rotterdam
E.H.A. & H.M. Kraayvanger, R.H. Fledderus, 1955-1966

C18 Raadhuis, Oosterbeek
M.J. Granpré Molière, 1956-1966

E44 Aula Begraafplaats, Hoofddorp
Rietveld, Van Dillen, Van Tricht, 1958-1966

K26 Aula, Delft
Van den Broek & Bakema, 1959-1966

F30 Studentenhuis, Amsterdam
H. Hertzberger, 1959-1966

Q13 Evoluon, Eindhoven
L.C. Kalff, L. de Bever, 1962-1966

H06 Woningbouw, Stedebouw Buikslotermeer, Amsterdam
F.J. van Gool, 1963-1966

C51 Kantoorgebouw, Fabriek Johnson-Wax, Mijdrecht
Maaskant, Van Dommelen, Kroos, Senf, 1964-1966

G12 Kantoorgebouw Turmac Tobacco Company, Amsterdam
H. Salomonson, 1964-1966

C21 Eigen Woonhuis, Hoevelaken
J. Verhoeven, 1965-1966

A17 Woningbouw, Stedebouw Emmerhout, Emmen
N.A. de Boer, A.J.M. de Jong, 1966
K22 Montessorischool, Delft
H. Hertzberger, 1966
Q40 Kapel, Klooster, Lemiers
Dom H. van der Laan, 1956-1967
H31 Gerrit Rietveld Academie, Amsterdam
Rietveld, Van Dillen, Van Tricht, 1959-1967
A15 Lagere Scholen, Emmen
G. Boon, 1961-1967
K19 Shell-researchlaboratorium, Rijswijk
E.J. Jelles, 1965-1967
E11 Multifunctioneel Centrum 'De Meerpaal', Dronten
F. van Klingeren, 1966-1967
A13 Industriële Woningen Shell, Assen
M.E. Zwarts, 1967
F29 Hoofdkantoor Nederlandse Bank, Amsterdam
M.F. Duintjer, 1960-1968
B16 Woningbouw, Stedebouw Hengelose Es, Hengelo
Van den Broek & Bakema, 1962-1968
M39 Medische Faculteit, Rotterdam
OD 205, 1965-1968
A12 Vakantiehuis, Gieten
E.J. Jelles, 1967-1968
L28 Nederlands Congresgebouw, Den Haag
J.J.P. Oud, H.E. Oud, 1956-1969
B13 Mensa 'De Bastille', Drienerloo
P. Blom, R. Blom van Assendelft, L. Lafour, 1964-1969
L36 Pastoor van Arskerk, Den Haag
A.E. van Eyck, 1964-1969
Q21 Woonhuis Visser, Bergeyk
A.E. van Eyck, 1967-1969
F09 Woonhuis, Amsterdam
A. Cahen, 1964-1970
H22 Hangbrugmaisonettes, Amsterdam
J.P. Kloos, 1964-1970
K11 Raadhuis, Ter Aar
J. van Stigt, 1965-1970
C25 Kantoorgebouw DHV, Amersfoort
D. Zuiderhoek, DHV, 1967-1970

Q12 Watertoren, Eindhoven
W.G. Quist, 1968-1970
K04 Soefi-tempel, Katwijk aan Zee
S.J. van Embden, 1969-1970
M28 Stadsvernieuwing Oude Westen, Rotterdam
Actiegroep Oude Westen, P.P. Hammel, 1970
Q10 Warenhuis De Bijenkorf, Eindhoven
G. Ponti, Th.H.A. Boosten, 1965-1970

1971-1980

Q07 Provinciehuis, Den Bosch
Maaskant, Van Dommelen, Kroos, 1963-1971
H13 Parkeergarage, Amsterdam
Zanstra, Gmelig Meyling, De Clerq Zubli, 1970-1971
K23 Diagoonwoningen, Delft
H. Hertzberger, 1971
Q14 Woningbouw, Stedebouw 't Hool, Eindhoven
Van den Broek & Bakema, 1962-1972
M37 Uitbreiding Museum Boymans-Van Beuningen, Rotterdam
A. Bodon, 1963-1972
P05 Raadhuis, Ternuizen
Van den Broek & Bakema, 1963-1972
Q22 Bungalowpark 'De Lommerbergen', Reuver
Van den Broek & Bakema, 1967-1972
B07 Kantoorgebouw Centraal Beheer, Apeldoorn
H. Hertzberger, 1967-1972
C22 Parkstad Leusden, Leusden
H. Klunder, D. Zuiderhoek, 1969-1972
Q31 Kantoorgebouw AZM, Heerlen
L. Bisscheroux, 1970-1972
H36 Rekencentrum AMRO-bank, Amstelveen
Van den Broek & Bakema, 1970-1972
H46 Woningbouw, Stedebouw Bijlmermeer, Amsterdam
Dienst Stadsontwikkeling, 1962-1973
F15 Rijksmuseum Vincent van Gogh, Amsterdam
Rietveld, Van Dillen, Van Tricht, 1963-1973
B15 Woningbouw 'De Kasbah', Hengelo
P. Blom, 1969-1973

K18 Woningbouw, Stedebouw, Berkel en Rodenrijs
W. Brinkman, H. Klunder, J. Verhoeven, N. Witstok, 1969-1973
B11 Toegepaste Wiskunde, Rekencentrum, Drienerloo
Environmental Design, 1970-1973
F20 Stadsvernieuwing Nieuwmarkt, Amsterdam
Van Eyck & Bosch, 1970-1973
Q15 Multifunctioneel Wijkcentrum ''t Karregat', Eindhoven
F. van Klingeren, J. de Weijer, J.A.M. Mulder, 1970-1973
N30 Adriaan Volkerhuis, Rotterdam
Maaskant, Van Dommelen, Kroos, 1970-1973
K17 Woningbouw, Zoetermeer
B. Stegeman, 1971-1973
K47 Zwakzinnigeninstituut 'Hernesseroord', Middelharnis
Van den Broek & Bakema, 1966-1974
N11 Asfaltcentrale, Rotterdam
P.P. Hammel, N. Witstok, N. Zwarts, 1969-1974
C48 Tandheelkundig Instituut, Utrecht
Environmental Design, 1970-1974
L37 Jeugdherberg Ockenburgh, Den Haag
F. van Klingeren, 1971-1974
C55 Maxis Supermarkt, Muiden
OD 205, 1972-1974
C26 Hoofdkantoor Fläkt, Amersfoort
P.J. Gerssen, 1973-1974
K28 Civiele Techniek, Delft
Van den Broek & Bakema, 1961-1975
B01 Uitbreiding Stadhuis, Zwolle
J.J. Konijnenburg, 1963-1975
Q02 Kernwandgebouwen, Tilburg
Van den Broek & Bakema, 1964-1975
Q18 Werktuigbouwkunde, Eindhoven
OD 205, 1968-1975
C21 Drie Woningbouwprojecten, Hoevelaken
J. Verhoeven, 1968-1975
F08 Restauratie Amsterdams Historisch Museum, Amsterdam
B. van Kasteel, J. Schipper, 1969-1975
H40 Wijkcentrum Transvaal, Amsterdam
P. de Bruijn. R. Snikkenburg, 1970-1975

E06 Rijkskantoorgebouw, Lelystad
E.J. Jelles, 1970-1975
H32 Kantongerecht, Amsterdam
B. Loerakker (VDL), 1970-1975
H47 Woontorens, Amsterdam
J. van Stigt, 1970-1975
B02 Stadsvernieuwing, Zwolle
A.E. van Eyck, Th.J.J. Bosch, 1971-1975
H23 Verzorgingscomplex 'De Drie Hoven', Amsterdam
H. Hertzberger, 1971-1975
N05 Kantoorgebouw 'Europoint', Rotterdam
Skidmore, Owings & Merrill, 1971-1975
A07 Girokantoor, Leeuwarden
A. Bonnema, 1972-1975
A09 Kantoorgebouw GSD, Woningbouw, Leeuwarden
A. Bonnema, 1972-1975
H05 Polymerencentrum, Amsterdam
M.E. Zwarts, 1972-1975
L13 Woongebouw 'Couperusduin', Den Haag
Sj. Schamhart, H. van Beek, 1972-1975
Q19 Paalwoningen, Helmond
P. Blom, 1974-1975
C20 Raadhuis, Ede
Van den Broek & Bakema, 1969-1975
M29 Wijkgebouw 'Odeon', Rotterdam
P.P. Hammel, 1971-1975
Q19 ''t Speelhuis', Helmond
P. Blom, 1972-1976
P09 Kantoorgebouw Suikerunie, Breda
W.G. Quist, 1973-1976
K40 Woningbouw Bleyenhoek, Dordrecht
C.J.M. Weeber, 1973-1976
K12 Woningbouw, Stedebouw Arenaplan, Alphen aan de Rijn
C.J.M. Weeber, 1976
C14 Uitbreiding Museum Kröller-Müller, Otterlo
W.G. Quist, 1969-1977
K16 Woningbouw, Wijkcentrum Meerzicht, Zoetermeer
A. Alberts, 1972-1977
E07 Multifunctioneel Centrum 'Agora', Lelystad
J.A.M. Mulder, Rijksdienst IJsselmeerpolders, 1973-1977

N34 Drinkwaterproduktiebedrijf, Rotterdam
W.G. Quist, 1973-1977
C24 Cultureel Centrum 'De Flint', Amersfoort
O. Greiner, 1974-1977
D14 Centraal Wonen Complex, Hilversumse Meent
De Jonge, Dorst, Lubeek, De Bruijn, De Groot, 1974-1977
E17 Woningbouw, Almere-Haven
J. van Stigt, 1974-1977
C36 Emmauskerk, Nieuwegein
A. Alberts, A. Hamelberg, 1975-1977
Q33 Ondergrondse Kerk, Heerlen
L. Bisscheroux, 1975-1977
E46 Showroom Van Lent, Aalsmeer
C. Dam, 1975-1977
H10 Woningbouw Nova Zemblastraat, Amsterdam
Girod & Groeneveld, 1975-1977
K43 Woningbouw, Winkels, Spijkenisse
P.P. Hammel, 1975-1977
E32 Woningbouw Westhoff, Spaarndam
H. Klunder, 1975-1977
H09 Stadsvernieuwing Bickerseiland, Amsterdam
P. de Ley, J. van den Bout, 1975-1977
Q30 Thermenmuseum, Heerlen
P.W.L. & J.H.F. Peutz, 1975-1977
E05 Observatorium, Lelystad
R. Morris, 1977
H21 Gemaal 'Halfweg', Amsterdam
D. Slebos, 1977
F27 Eigen Woonhuis, Amsterdam
H. Zeinstra, 1977
K41 Woningbouw Sterrenburg III, Dordrecht
Environmental Design, 1972-1978
H42 Penitentiair Centrum Over-Amstel, Amsterdam
J.W.H.C. Pot, J.F. Pot-Keegstra, 1972-1978
K33 Woningbouw, Stedebouw, Capelle aan den IJssel
B. Stegeman, 1972-1978
C08 Omgevingskunstwerk, Arnhem
P. Struycken, 1972-1978
F32 Moederhuis, Amsterdam
A.E. van Eyck, 1973-1978

E24 Stadsvernieuwing Sluisdijk, Den Helder
W. Brinkman, H. Klunder, J. Verhoeven, N. Witstok, 1974-1978
F21 Woningbouw Sint Antoniesbreestraat, Amsterdam
Van Eyck & Bosch, 1975-1978
F22 Woningbouw Moddermolensteeg, Amsterdam
Van Eyck & Bosch, 1975-1978
K06 Buurtcentrum 'Op Eigen Wieken', Leiden
M.E. Polak, 1976-1978
C34 IONA-gebouw Vrije Hogeschool, Driebergen
J.I. Risseeuw, 1976-1978
L06 Algemeen Rijksarchief, Den Haag
Sj. Schamhart, H. van Beek, 1972-1979
C41 Muziekcentrum 'Vredenburg', Utrecht
H. Hertzberger, 1973-1979
E16 Woningbouw, Stedebouw, Almere-Haven
Apon, Van den Berg, Ter Braak, Tromp, 1974-1979
Q39 ROZ-studio's, Maastricht
P. Satijn, 1975-1979
F13 Twee Kantoorvilla's, Amsterdam
F.J. van Gool, 1976-1979
E26 Woningbouw, Alkmaar
A. Bonnema, 1977-1979
K07 Taffeh-zaal in het Rijksmuseum voor Oudheden, Leiden
A.J.H.M. Haak, 1977-1979
C52 Woningbouw, Winkels 'De Postkoets', Laren
J. Verhoeven, 1977-1979
K15 Woningbouw, Zoetermeer
C.J.M. Weeber, 1977-1979
H44 Woningbouw, Stedebouw Venserpolder, Amsterdam
C.J.M. Weeber, 1979
Q05 Barth Lijstenfabriek, Boxtel
H.J. Henket, 1979
L26 Residentie 'Seinpost', Scheveningen
C. Dam, 1975-1980
H35 Raadhuis, Amstelveen
Van Dommelen, Kroos, Van der Weerd, 1975-1980
C12 Rijksbrandweeracademie, Arnhem/Schaarsbergen
J. Verhoeven, 1975-1980

N44 Bejaardenhuisvesting 'De Zonnetrap', Rotterdam
E. Hartsuyker, L. Hartsuyker-Curjel, 1976-1980
C01 Bedrijfsgebouw ATAG, Ulft
P.C. Kleinlooh, 1977-1980
C47 Woonhuis De Waal, Utrecht
A. Alberts, 1978-1980
K36 Raadhuis, Krimpen aan den IJssel
DSBV, 1978-1980

1981-1987

H54 Academisch Medisch Centrum, Amsterdam
Duintjer, Istha, Kramer, Van Willegen, D. van Mourik, 1968-1981
L23 Reconstructie, Uitbreiding Kurhaus, Scheveningen
B. van Kasteel, 1973-1981
K08 Verbouwing ''t Arsenaal', Leiden
Tj. Dijkstra (VDL), 1975-1981
M20 Willemsbrug, Rotterdam
P. Veerling, 1975-1981
M26 Uitbreiding St. Laurenskerk, Rotterdam
W.G. Quist, 1976-1981
G11 Tentoonstellingsgebouw, Congrescentrum RAI, Amsterdam
DSBV, 1977-1981
N36 Kantoorgebouw Moret & Limperg, Rotterdam
J. Hoogstad, 1977-1981
K13 Raadhuis, Driebruggen
J. Hoogstad, 1977-1981
Q06 Raadhuis, Oirschot
G. Wijnen, A.J.C. van Beurden, 1977-1981
K24 Semi-permanente Studentenhuisvesting, Delft
Gimmie Shelter, 1978-1981
E29 Kantongerecht, Zaandam
B. van Aalderen, J. Daalder, 1979-1981
E13 Centrumpassage, Almere-Stad
K. Rijnboutt (LRR), 1979-1981
Q25 Bakkerij Driessen, Nuth
J. Coenen, 1981
C37 Woningbouw, Stedebouw SAR-methodieken, Utrecht-Lunetten
Kokon, SAR, 1971-1982
L05 Koninklijke Bibliotheek, Den Haag
OD 205, 1973-1982

H49 Hoofdkantoor KBB, Amsterdam
OD 205, 1975-1982
H52 Woningbouw 'Hoptille', Amsterdam
K. Rijnboutt (VDL), 1975-1982
L24 Winkelpassage, Scheveningen
Eijkelenboom, Gerritse & Middelhoek (EGM), 1976-1982
K09 Universiteitsbibliotheek, Leiden
B. van Kasteel, 1976-1982
K09 Faculteitsgebouwen, Leiden
J. van Stigt, 1976-1982
A08 Uitbreiding Girokantoor, Leeuwarden
F.J. van Gool, 1977-1982
N28 Woningbouw Gerdesiaweg, Rotterdam
K. Rijnboutt (VDL), 1977-1982
F04 Stadsvernieuwing Haarlemmerhout-tuinen, Amsterdam
H. Hertzberger, 1978-1982
K35 Scheepsbouwloods Van der Giessen-De Noord, Krimpen a.d. IJssel
W.G. Quist, Bureau Aronsohn, 1978-1982
N43 Woongebouw 'De Peperklip', Rotterdam
C.J.M. Weeber, 1978-1982
A11 Industriële Woning Heiwo, Wolvega
Cepezed, 1980-1982
H08 Woningbouw Westerdok, Amsterdam
P. de Ley, 1980-1982
H01 Woningbouw, Stedebouw IJ-plein, Amsterdam
OMA, 1980-1982
Q08 Molukse Kerk, Den Bosch
J.P. Thole (AAS), 1980-1982
A13 Gezondheidscentrum, Assen
Tuns & Horsting, 1980-1982
D12 Eigen Woonhuis, Hilversum
K. van Velsen, 1980-1982
L20 Woonhuis Jager, Den Haag
Benthem & Crouwel, 1981-1982
F23 Woningbouw 'Het Pentagon', Amsterdam
Th.J.J. Bosch, 1975-1983
M23 Centrale Bibliotheek, Rotterdam
Van den Broek & Bakema, 1977-1983

M27 Woningbouw, Stedebouw Hofdijk, Rotterdam
J. Verhoeven, 1977-1983
C39 Hoofdkantoor RABO-bank, Utrecht
Articon, 1978-1983
F25 Woningbouw Nieuwmarkt, Amsterdam
H. Borkent, 1979-1983
A03 Gemeentehuis, Hoogezand-Sappemeer
J. Brouwer, 1979-1983
N33 Hergebruik Filtergebouwen, Rotterdam
W. Patijn, J. Mulder, 1979-1983
Q23 Uitbreiding LOM-school, Sittard
J. Coenen, 1980-1983
G06 Montessorischool, Willemspark-school, Amsterdam
H. Hertzberger, 1980-1983
E28 Station, Zaandam
P.A.M. Kilsdonk, 1980-1983
H15 Kinderdagverblijf 'Borgheem', Woningbouw, Amsterdam
Sj. Soeters, 1980-1983
P06 Uitbreiding St. Franciscus-ziekenhuis, Roosendaal
Tuns & Horsting, 1980-1983
N35 Woningbouw 'De Muur', Rotterdam
Apon, Van den Berg, Ter Braak, Tromp, 1981-1983
C10 Expeditieknooppunt PTT, Arnhem
Articon, 1981-1983
N31 Woongebouw, Rotterdam
P. de Bruijn, 1981-1983
F03 Stadsvernieuwing Haarlemmerhout-tuinen, Amsterdam
A. van Herk, C. Nagelkerke, 1981-1983
E09 Combinatiegebouw, Lelystad
B. Loerakker (LRR), 1981-1983
E15 Eigen Woonhuis Benthem, Almere-Stad
Benthem & Crouwel, 1982-1983
C54 Fotostudio, Woonhuis, Bussum
K. van Velsen, 1982-1983
L34 Sporthal, Den Haag
J. Brouwer, 1983
H12 HAT-eenheden, Amsterdam
De Kat & Peek, 1983
L10 Interieur Juwelierszaak, Den Haag
K. van Velsen, 1983

L04 Ministerie van Buitenlandse Zaken, Den Haag
Apon, Van den Berg, Ter Braak, Tromp, 1974-1984
A04 Academie 'Minerva', Groningen
P. Blom, 1976-1984
F06 Letterenfaculteit, Amsterdam
Th.J.J. Bosch, 1976-1984
E08 Stadhuis, Lelystad
J. Hoogstad, 1976-1984
M22 Paalwoningen, Blaakoverbouwing, Rotterdam
P. Blom, 1978-1984
E10 Politiebureau, Lelystad
Eijkelenboom, Gerritse & Middelhoek (EGM), 1978-1984
M30 School, Clubhuis, Woningbouw, Rotterdam
Girod & Groeneveld, 1979-1984
F24 Stadsvernieuwing Nieuwmarkt, Amsterdam
H. Hagenbeek (CAV), 1979-1984
A10 Station, Heerenveen
Articon, 1980-1984
E19 Bejaardencomplex 'De Overloop', Almere-Haven
H. Hertzberger, 1980-1984
H45 Woningbouw Venserpolder, Amsterdam
De Kat & Peek, 1980-1984
B06 Openbare Bibliotheek, Apeldoorn
H. Ruijssenaars (LRR), 1980-1984
N32 Woningbouw DWL-terrein, Rotterdam
W. Patijn, J. Mulder, 1981-1984
C35 Hoofdkantoor Zwolsche Algemeene, Nieuwegein
P.J. Gerssen, 1982-1984
H48 Moskee, Cultureel Centrum, Amsterdam
P. Haffmans, 1982-1984
H37 Woningbouw Wittenburg, Amsterdam
A. van Herk, S. de Kleijn, 1982-1984
H03 Woongebouw IJ-plein, Amsterdam
De Kat & Peek, 1982-1984
H02 Woningbouw IJ-plein, Amsterdam
H. van Meer, 1982-1984
N01 Basisschool Delfshaven, Rotterdam
De Nijl, 1982-1984

PERSOONSREGISTER/NAME INDEX

(De vetgedrukte nummers verwijzen naar objecten die door de betrokkene zijn ontworpen. De overige nummers betreffen verwijzingen ■ Numbers in bold type refer to works designed by those indexed. All other numbers denote mention alone.)